Teoria e Projeto na
Primeira Era da Máquina

Coleção Debates
Dirigida por J. Guinsburg

Equipe de realização – Tradução: A. M. Goldberger Coelho; Produção: Ricardo W. Neves e Raquel Fernandes Abranches.

reyner banham

TEORIA E PROJETO NA PRIMEIRA ERA DA MÁQUINA

PERSPECTIVA

Título do original inglês
Theory and Design in the First Machine Age

© The Architectural Press, Londres, 1960

Dados Internacionais de Catalogação na Publicação (CIP)
(Câmara Brasileira do Livro, SP, Brasil)

Banham, Reyner
   Teoria e projeto na primeira era da máquina / Reyner Banham ; [tradução A. M. Goldberger Coelho]. -- São Paulo : Perspectiva, 2013. -- (Debates ; 113 / dirigida por J. Guinsburg)

   Título original: Theory and design in the first machine age.
   3ª reimpr. da 3. ed.
   Bibliografia
   ISBN 978-85-273-0357-6

   1. Arquitetura moderna - Século 20 I. Guinsburg, J. II. Título. III. Série.

06-5948 CDD-724.6

Índices para catálogo sistemático:
1. Arquitetura moderna : Século 20 724.6

3ª edição – 3ª reimpressão

Direitos em língua portuguesa reservados à
EDITORA PERSPECTIVA S.A.
Av. Brigadeiro Luís Antônio, 3025
01401-000 – São Paulo – SP – Brasil
Telefax: (0--11) 3885-8388
www.editoraperspectiva.com.br
2013

SUMÁRIO

Introdução: A Era da Máquina 11
PRIMEIRA PARTE: CAUSAS PREPARA-
    TÓRIAS: ESCRITORES ACADÊMICOS
    E RACIONALISTAS, 1900-1914 19
1. A tradição Acadêmica e o Conceito de Composição Elementar 23
2. Choisy: Racionalismo e Técnica 39
3. A Sucessão Acadêmica: Garnier e Perret   59
4. Inglaterra: Lethaby e Scott 79
5. Alemanha: A Indústria e a Werkbund ... 93

6. A Estética Fabril 113
7. Adolf Loos e o Problema do Ornamento .. 133

SEGUNDA PARTE: ITÁLIA: MANIFESTOS E PROJETOS FUTURISTAS, 1909-1914 151

8. Futurismo: O Manifesto de Fundação .. 155
9. Futurismo: Teoria e Desenvolvimento ... 165
10. Sant'Elia e a Arquitetura Futurista 191

TERCEIRA PARTE: HOLANDA: O LEGADO DE BERLAGE: *DE STIJL*, 1917-1925 213

11. Holanda: Berlage e as Atitudes em Relação a Wright 217
12. *De Stijl*: A Fase Holandesa 235
13. Expressionismo: Amsterdã e Berlim 263
14. *De Stijl*: A Fase Internacional 281

QUARTA PARTE: PARIS: O MUNDO DA ARTE E LE CORBUSIER 315

15. Arquitetura e a Tradição Cubista 319
16. Construção Progressista em Paris: 1918-1928 341
17. *Vers une Architecture* 353
18. Le Corbusier: Planejamento Urbano e Estético 381

QUINTA PARTE: BERLIM, A BAUHAUS, A VITÓRIA DO NOVO ESTILO 413

19. A Escola de Berlim 417
20. A Bauhaus 435
21. Alemanha: Os Enciclopedistas 473
22. Conclusão: Funcionalismo e Tecnologia 499

Este livro é dedicado àqueles que tornaram possível e necessário escrevê-lo:

Nikolaus Pevsner, pelo impulso original e pela orientação constante e incansável.

Giovanni Bernasconi e H. L. C. Jaffé, pelas publicações sobre Sant'Elia e *de Stijl* que alteraram materialmente a orientação deste estudo.

André Lurçat, Ernö Goldfinger, Pierre Vago, Rob van t'Hoff, Mart Stam, Walter Segal, Marcel Duchamp e Artur Korn, pelo uso de suas memórias ou bibliotecas.

Alison e Peter Smithson, James Stirling, C. A. St. John Wilson, Peter Carter, Colin Rowe e Alan Colquhoun, meus contemporâneos, por uma constante visão da corrente principal da arquitetura moderna, que está fluindo, e ao último em particular por uma proposição que, verdadeira ou falsa, foi a inspiração deste estudo:

O que distingue a arquitetura moderna é sem dúvida, um novo sentido de espaço e a estética da maquina.

AGRADECIMENTOS

Agradece-se aos seguintes pelo uso das ilustrações.

Os números referem-se ao número das figuras.

Arphoto 86-88, 96; Photo Chevojon, Paris, 13; Mario Chiattone, 50, 51; Doeser Fotos, Holanda, 56, 77; E. M. van Ojen, 123; Buckminster Fuller, 13, 137; Gemeente Musea van Amsterdam 54, 65, 67, 69; Lucien Hervé 131, 132; Lucia Moholy-Nagy 121, 122; Museo Civico, Como, 42-49; Museum of Modern Art, Nova York, 79; Mart Stam, 71; Stedlijk Museum, Amsterdã, 58, 59.

INTRODUÇÃO: A ERA DA MÁQUINA

Este livro foi concebido e escrito nos últimos anos da década de 50, uma época que tem sido alternativamente chamada de Idade do Jato, década do Detergente, a Segunda Revolução Industrial. Quase todo rótulo que identifique algo que valha a pena identificar neste período chamará nossa atenção para algum aspecto da transformação por que passou a ciência e a tecnologia, pois estas transformações afetaram poderosamente a vida humana e abriram novas possibilidades de escolha na ordenação de nosso destino coletivo. O acesso a fontes de energia quase ilimitadas é contrabalançado pela possibilidade de tornar inabitável nosso planeta, mas também isto é contrabalançado, na medida em que estamos no limiar do espaço, pela possibilidade cada vez maior de abandonar nossa ilha, que é a Terra, e deitar raízes em outro lugar. Nossas explorações sobre a natureza da informação tornaram possível, por um lado, pôr a funcionar a eletrônica a fim de eliminar o enfado do pensamento de rotina e, por outro lado, talhar o pensamento humano de forma que ele satisfaça as necessidades de elites do poder de visão estreita.

Estes, está claro, são os grandes panoramas que afetam a economia, a moral e a sociologia, do mesmo modo remoto e estatístico que o aperfeiçoamento da cavalaria, o desenvolvimento das organizações feudais, a ascensão da economia do dinheiro. Mas, ao contrário do que aconteceu com esses desenvolvimentos do passado, que praticamente não tocaram nos objetos da vida diária, na hierarquia da família e na estrutura das relações sociais, as revoluções técnicas de nosso tempo atingem-nos com uma força infinitamente maior porque as pequenas coisas da vida também passaram por um audível e visível processo de revolução.

Mesmo um homem que não possua um barbeador elétrico provavelmente utiliza — pelo menos no mundo ocidentalizado — algum produto anteriormente inconcebível, como um creme de barbear em aerosol que sai de uma lata pressurizada igualmente inconcebível, e aceita com equanimidade o fato de que se pode permitir jogar fora, com regularidade, lâminas de barbear que gerações anteriores teriam guardado e cuidado durante anos. Mesmo uma dona de casa que não tenha uma máquina de lavar utiliza detergente sintético, que vem em pacotes de plástico sintético, em tecidos sintéticos cuja qualidade e desempenho fazem os segredos zelosamente guardados da seda parecerem triviais. Um adolescente, grudado a um rádio transistorizado, com circuito impresso, ou a uma vitrola em seu quarto, pode ouvir uma música que, literalmente, não existia antes de ter sido gravada, e que é reproduzida com um nível de qualidade que os ricos de uma década atrás não poderiam ter obtido com seu dinheiro. O automóvel médio de hoje, correndo por estradas que foram especialmente projetadas para ele, proporciona um transporte mais suntuoso em veículos mais deslumbrantes do que os imperadores em seus palanquins poderiam desejar.

Muitas tecnologias contribuíram para esta revolução doméstica mas, muitas delas produzem em nós um impacto sob a forma de pequenas máquinas — barbeadores, máquinas de cortar e secadores de cabelo; rádio, telefone, vitrola, gravadores e televisão; misturadores, amoladores, fogões automáticos, refrigeradores, aspiradores de pó, máquinas de polir... Uma dona de casa, sozinha, freqüentemente dispõe hoje de mais cavalos de força do que tinha um trabalhador na indústria no começo do século. É este o sentido de nossa vida na Idade da Máquina. Vivemos numa Idade Industrial há já um século e meio, e podemos muito bem estar entrando numa Segunda Idade Industrial, com a atual revolução nos mecanismos de controle. Mas já entramos na Segunda Idade da Máquina, a idade dos aparelhos eletrodomésticos e da química sintética, e podemos olhar para a Primeira, a idade do poder dos meios e da redução das máquinas à escala humana, como um período do passado.

Embora os primeiros traços da Primeira Idade da Máquina devam ter aparecido com a disponibilidade de gás de carvão para iluminação e aquecimento, o mecanismo da luz e do calor continuou a ser uma chama, como sempre fora desde a Idade da Pedra. A eletricidade por fio produziu, aqui, uma mudança fundamental, uma das mais importantes na história da tecnologia doméstica. E mais: trouxe para dentro de casa pequenas máquinas controladas pela mulher, especialmente o aspirador de pó. As técnicas trouxeram também o telefone, e pela primeira vez a comunicação doméstica e social não dependia de se mandarem mensagens escritas ou decoradas. A máquina de escrever portátil pôs uma máquina nas mãos dos poetas, os primeiros gramofones fizeram da cerimônia social que era a música um serviço doméstico.

Todas estas máquinas ainda estão conosco na Segunda Idade da Máquina, desenvolvidas e melhoradas por conquistas tecnológicas mais recentes, mas entre essas duas idades há uma diferença que é mais do que quantitativa. Na Segunda, métodos de produção em massa altamente desenvolvidos distribuíram aparelhos eletrônicos e produtos químicos sintéticos por uma ampla camada da sociedade — a televisão, máquina simbólica da Segunda Idade da Máquina, tornou-se um meio de comunicação de massa que fornece entretenimento popular. Na Primeira, todavia, apenas o cinema estava ao alcance de um amplo público, cuja vida doméstica tinha sofrido poucas transformações, e foi nos lares da classe média superior que a Primeira Idade da Máquina produziu seus maiores impactos, os lares que se podiam proporcionar estas novas, convenientes e caras colaborações para um modo de vida mais agradável, as casas que tendiam a produzir arquitetos, pintores, poetas, jornalistas, os criadores dos mitos e símbolos pelos quais uma cultura se reconhece a si mesma.

Assim, foi às mãos de uma elite, e não às massas, que foi entregue a máquina simbólica dessa Primeira Idade da Máquina: o automóvel. Era mais do que um símbolo do poder; era também, para a maior parte dessa elite, o gosto inebriante de um novo tipo de poder[1]. Uma das curiosidades não comentadas do trecho inicial da Idade Industrial é que, a despeito de sua dependência maciça do poder mecânico, poucos da elite da época — talvez mesmo, ninguém — tinham qualquer experiência pessoal do controle desse poder. Podiam comprar o uso desse poder com dinheiro, e viajar em seus grandes navios e famosos expressos, mas não sujavam as mãos com os controles. Isto era deixado para uma elite da

1. John Davidson Scots, químico e jornalista, que morreu em 1909, expressou o aspecto da motorização da elite de um modo mais explícito do que qualquer outro escritor de seu tempo, e comparou esse modo com a experiência das massas que viajavam de trem, num poema tardio intitulado "The Testament of Sir Simon Simplex concerning Automobilism" (literalmente, O testamento do senhor Simão Simplório a respeito do automobilismo), do qual são típicos estes versos:

classe trabalhadora formada por maquinistas, motoristas e assim por diante, que se aposentavam na classe média quando deixavam de trabalhar.

Mas, com o advento de carros mais facilmente compráveis, tornou-se possível e moda, para as classes formadoras da opinião pública, possuir e controlar pessoalmente unidades de até sessenta ou mesmo cem cavalos-vapor. Embora trouxessem para esta nova situação alguns usos e costumes do tempo das cavalariças, o efeito psicológico dessa mudança constitui uma revolução que calou fundo. Muitos deles tinham claramente consciência de que os homens que faziam e serviam seus carros tinham uma mente e uma constituição inteiramente diferentes das daqueles que tinham alimentado seus cavalos e tomado conta deles. E além disto, o pulo nas velocidades de umas formidáveis vinte e cinco milhas por hora para umas alucinantes sessenta, com a marca mágica das cem constituindo uma meta cada vez mais próxima para aqueles que eram realmente ricos e determinados, produziu uma mudança na experiência das pessoas, que era qualitativa, e não apenas quantitativa — a dinâmica de um carro rápido é de uma qualidade diferente da de um cavalo de corrida. O Homem Multiplicado pelo Motor, para usar a expressão de Marinetti, era de um tipo diferente dos homens cavalo-carroça que tinham dominado o mundo desde o tempo de Alexandre, o Grande.

> Class, mass and mob for fifty years and more
> Had all to travel in the jangling roar
> Of railways, the nomadic caravan
> That stifled individual mind in man,
> Till automobilism arose at last!
> ...
> And things that socialism supposed extinct,
> Degree, nobility and noble strife,
> A form, a style, a privacy in life
> Will re-appear; and, crowning nature's plan
> The individual and the gentleman
> In England reassume his lawful place...*

* "Elite, massa e ralé, por cinqüenta anos e mais, / Tiveram todas de viajar no estrépito estridente / Das ferrovias, caravana de nômades / Que sufocava a mente individual do homem, / Até que o automobilismo surgiu finalmente! / ... / E coisas que o socialismo supunha extintas, / Estirpe, nobreza e nobre disputa, / Uma forma, um estilo, um isolamento na vida / Reaparecerão; e, coroando o plano da natureza, / O indivíduo e cavalheiro / Na Inglaterra reassumem seu lugar devido. (...)" (N. do T.)

Nestas novas circunstâncias, a barreira de incompreensão que tinha sido erigida e mantida entre os homens e seu meio ambiente mecanizado durante todo o decorrer do século XIX, tanto na mente de Marx quanto na de Morris, começou a esfacelar-se. Homens cujos meios de mudar as idéias de um lugar para outro tinham passado por uma revolução, em suas mesas de escrever, através da máquina de escrever e do telefone, não mais podiam tratar o mundo da tecnologia com hostilidade ou indiferença, e se há um teste que separa os homens dos rapazes em, digamos, 1912, é a atitude que tem para com Ruskin. Homens cujos pontos de vista sobre a arte e a função do *design* eram os mais variados possíveis uniam-se, apesar de tudo, em seu ódio por *ce déplorable Ruskin* *.

A cadeia humana de Pioneiros do Movimento Moderno que vai de Gropius a William Morris e, antes deste, a Ruskin, Pugin e William Blake, não vai além de Gropius. O vaso precioso da estética artesanal que tinha passado de mão em mão foi largado e se quebrou, e ninguém se deu ao trabalho de juntar os pedaços. Quando Gropius, na Proclamação da Bauhaus de 1919, falou em habilidade manual, ele estava, de fato, falando para si mesmo. Sua reinstauração como um dos líderes do *design* moderno por volta de 1923 foi efetuada no sentido de reconhecê-lo como o líder de uma escola dedicada à arquitetura da Idade da Máquina e ao projeto de produtos da máquina, utilizando uma estética da Idade da Máquina que tinha sido elaborada por outros homens em outros lugares.

Naturalmente, essa estética da Idade da Máquina não era uma criação inteiramente nova — os homens que a elaboraram chegaram à Primeira Idade da Máquina curvados sob o peso de dois mil anos de cultura em suas costas, mas o mínimo de equipamento mental novo de que dispunham tinha de dar conta do novo meio ambiente. Num dos extremos, os futuristas propunham-se jogar fora sua carga cultural e se-

---

* Esse deplorável Ruskin. (N. do T.)

guir adiante equipados apenas com uma nova sensibilidade; no outro extremo, homens como Perret e Garnier, na França, sentiam que o novo devia sujeitar-se, no dizer de Valéry, ao velho ou, pelo menos, às linhas gerais do velho. Entre o dinamismo futurista e o cuidado acadêmico desenvolveu-se a teoria e o projeto da arquitetura da Primeira Idade da Máquina. Se essas teorias e essa arquitetura eram aquilo que nós, olhando para trás a partir da Segunda Idade da Máquina, consideraríamos como próprias, ou mesmo adequadas, à situação em que estavam, é uma questão que será deixada em suspenso até o capítulo final, depois que tiverem sido descritos os eventos e as teorias desse período. Todavia, enquanto não temos uma teoria adequada à nossa própria Idade da Máquina estamos indo para a frente em ponto morto com as idéias e a estética que sobraram da Primeira Idade. Portanto, o leitor poderá, a qualquer momento, encontrar entre essas relíquias de um passado econômica, social e tecnologicamente tão morto quanto as cidades-Estados da Grécia, algumas idéias que ele usa todos os dias. Se isso lhe acontecer, deverá fazer-se duas perguntas: primeira, são suas idéias tão atuais quanto acha que são (esta é a Segunda Idade da Máquina e não a Primeira); segunda, quão fora de moda são, na verdade, as idéias que ele põe de lado como sendo meras modas das décadas do jazz (pois uma Idade da Máquina é mais semelhante a outra Idade da Máquina do que qualquer outra época que o mundo já conheceu). A revolução cultural que ocorreu por volta de 1912 foi ultrapassada, mas não foi revertida.

Primeira Parte: CAUSAS PREPARATÓRIAS:
ESCRITORES ACADÊMICOS RACIONALISTAS,
1900-1914

Esta edição difere de versões anteriores quanto ao fato de terem sido acrescentadas, à bibliografia, algumas poucas obras substanciais de que tive conhecimento desde que terminei o texto original. Até aqui, o conteúdo dessas obras não parece exigir maiores revisões neste texto, mas convida-se o leitor a consultar os livros com data posterior a 1957 — a maioria deles pode ser encontrada em bibliotecas especializadas em arquitetura — a fim de se atualizarem.

As notas de rodapé são dadas apenas em relação a citações de publicações de importância subsidiária, sendo as obras principais relacionadas no começo da seção em que são discutidas.

Causas preparatórias: escritores acadêmicos e racionalistas, 1900-1914

GUADET, J. *Éléments et théories de l'Architecture.* Paris, 1902.

BLANC, C. *Grammaire des Arts de Dessin.* Paris, 1967.

FERRAN, A. *Philosophie de la Composition Architecturale.* Paris, 1955.

CHOISY, A. *Histoire de l'Architecture.* Paris, 1899.

MORANCÉ & BADOVICI. *L'Oeuvre de Tony Garnier.* Paris, 1938.

GARNIER, T. *Une Cité Industrielle.* Paris, 1918.

JAMOT, B. *Auguste Perret et l'Architecture du Béton Armé.* Bruxelas, 1927.

COLLINS, P. *Concrete — The Vision of a New Architecture.* Londres, 1959.

LETHABY, W. R. *Form in Civilization.* Londres, 1922.

———. *Architecture.* Londres, 1911.

GOODHART-RENDEL, H. *English Architecture since the Regency.* Londres, 1953.

SCOTT, G. *The Architecture of Humanism.* Londres, 1914.

LINDNER & STEINMETZ. *Die Ingenieurbauten und ihre Entwicklung.* Leipzig, 1923.

MUTHESIUS, H. *Stilarchitektur und Baukunst.* Berlim, 1902.

PEVSNER, N. *Pioneers of the Modern Movement.* Londres (1 ed.), 1936 (em relação a uma breve exposição sobre a Deutscher Werkbund).

LOOS, A. *Trotzdem.* Innsbruck, 1930.
(em relação a *Ornament und. Verbrechen, Architektur* e trechos de *Das Andere*).

Periódicos

Die Form, VII, 1932
(em relação a uma exposição mais completa dos primórdios da Deutscher Werkbund, por Peter Bruckmann).

Jahrbuch des Deutschen Werkbundes, 1912 e 1913
(em relação ao *Wo stehen wir* de MUTHESIUS, *Probleme der Ornamente* de GROSZ, ensaios de MUTHESIUS, GROPIUS e outros sobre o projeto de fábricas, etc.).

1. A TRADIÇÃO ACADÊMICA E O CONCEITO DE COMPOSIÇÃO ELEMENTAR

Enquanto uma série de gestos revolucionários, por volta de 1910, ligados em grande parte aos movimentos cubista e futurista, foi o principal ponto de partida para o desenvolvimento da arquitetura moderna, também houve um certo número de causas predisponentes particulares que ajudaram a guiar o fluxo principal de desenvolvimento para os canais através dos quais ele fluiu durante os anos 20. Essas causas predisponentes tiveram, todas, origem no século XIX e, em linhas gerais, podem ser agrupadas em três tópicos: primeiramente, o sentido da responsabilidade de um arquiteto para com a sociedade em que ele se encontra, idéia de procedência principalmente inglesa, de Pugin, Ruskin e Morris, que foi resumida em uma organização fundada em 1907, a Deutscher Werkbund; em segundo lugar, a abordagem racionalista, ou estrutural, da arquitetura, novamente de procedência inglesa, de Willis, mas elaborada na França por Viollet-le-Duc e codificada na magistral *Histoire* de Auguste Choisy, bem no final do século, embora a tradição paralela na Alemanha não tenha qualquer grande expoente depois do Gottfried Semper; e, em terceiro lugar, a tradição de instrução acadêmica, distribuída por todo o mundo, mas que deve a maior parte de sua energia e autoridade à École des Beaux-Arts em Paris, da qual emergiu, logo depois do início deste século, o sumário conciso, feito por Julien Guadet, de seu curso de conferências professorais — embora, mais uma vez, nenhum trabalho equivalente tenha surgido na Alemanha nessa época.

A atitude daqueles que iriam tornar-se os mestres da arquitetura moderna em relação a essas tradições do passado tendia a ser equívoca. A Werkbund e seus membros eram objetos de suspeita em alguns círculos, embora a maioria dos arquitetos mais jovens aceitasse os imperativos morais estreitamente ligados àquele. A atitude racionalista tinha grande prestígio, porém, de fato, era repudiada pela maioria deles, e a tradição acadêmica de maneira geral era vilipendiada, porém muitas das idéias por ela englobadas eram adotadas por eles.

Esta última circunstância torna difícil avaliar a contribuição feita por Guadet à teoria moderna. Aqueles que rejeitavam a disciplina acadêmica faziam-no porque sentiam ser ela hostil à idéia que eles tinham da arquitetura, que sustentavam ser funcional, científica e divorciada de considerações estilísticas. Contudo, com base na evidência fornecida por seus cinco volumes de *Éléments et Théories de l'Architecture*, Guadet — a própria encarnação da academia — era tão funcional, científico e a-estilístico quanto aqueles. Inversamente, eles, por sua vez, enquanto repudiavam os "padrões falsos das academias", aceitavam muitas idéias acadêmicas sem saber de onde elas tinham vindo. Assim, Gropius, em 1923, após criticar as academias por não estimularem a ciência estética, prossegue nos parágrafos seguintes fazendo uso de um certo número de conceitos estéticos que se assemelham àqueles de origem acadêmica francesa [1].

Esse estado de coisas foi, até certo ponto, o produto da especialização e compartimentalização dentro das próprias academias e também de certos silêncios observados no ensino acadêmico referente a assuntos que eram tidos como óbvios demais ou sagrados demais para discussão. Em primeiro lugar, deve-se notar que muitas das idéias acadêmicas aceitas pelos arquitetos vêm, não do lado da instrução da Beaux-Arts correspondente à arquitetura, mas do lado correspondente à pintura. A *Grammaire des Arts de Dessin*. escrita por Charles Blanc, bibliotecário da École des Beaux-Arts, e publicada em 1867, tornara-se parte do subconsciente racial, por assim dizer, de muitas tribos de artistas criativos no mundo ocidental e suas idéias podem ter equivalentes mesmo onde não tiveram influência direta (p. ex. na Alemanha). A ênfase dada aos métodos técnicos de expressão (pincelada, cor, composição, etc.) em relação ao tema, na pintura — 128 páginas sobre aqueles, e somente 19 sobre este — ajudou a preparar o caminho para o surgimento da arte abstrata. Pode muito bem ser que também tenha ajudado a preparar o caminho para Guadet: a insistência de Blanc sobre a *ordonnance* de uma pintura como seu meio fundamental de expressão encontrou eco repetidas vezes na insistência de Guadet sobre a importância da *composition* na arquitetura.

E, mais, a relativa falta de interesse pelo tema, por Blanc, é seguida em Guadet de uma ausência completa de interesse pelo estilo. Esse é um dos notáveis silêncios em *Éléments et Théories;* o outro refere-se ao planejamento axial. A atitude de Guadet em relação a esses assuntos, ambos tão cruciais para

1. Ver Cap. 20.

o ensino acadêmico, parece ser produto de seu envolvimento íntimo e vitalício com aquele sistema de ensino. Ele tornou-se Professor em 1886, depois de cinqüenta e dois anos de imaculada respeitabilidade acadêmica, adornada, adequadamente, com numerosos primeiros lugares, medalhas e o Prêmio de Roma. Seu próprio mestre fora Henri Labrouste, o "velhaco" acadêmico da metade do século e, através dele, Guadet era um elo de uma cadeia acadêmica ininterrupta cujas origens datavam dos primeiros dias do século XIX e do apogeu da arquitetura neoclássica na França. Tanto perpassava a tradição através dele, que sua própria insistência na composição, montagem de um edifício partindo de seus volumes componentes, é apenas um eco do que foi dito por J. N. L. Durand, em 1821 [2].

Um edifício completo qualquer não é, e não pode ser, outra coisa senão o resultado da montagem e reunião (composição) de um número maior ou menor de partes.

Mas o modo específico de reunir as partes é algo que Guadet discute muito pouco — ocupa um capítulo dentre oito no livro segundo do primeiro dos cinco volumes de *Éléments et Théories,* não é muito esclarecedor e é completamente alagado pela massa de informações práticas contidas nos outros quatro volumes. O fato era, simplesmente, que a disposição simétrica das partes de um edifício em relação a um ou mais eixos era o princípio diretor da arquitetura acadêmica de modo tão indiscutível que ele não tinha necessidade de discuti-lo, mais do que teria de discutir a roupagem das formas do edifício em um ou outro de vários "estilos catalogados" admitidos (como Lethaby iria chamá-los). Os detalhes de tais estilos podiam ser obtidos em um bom livro sobre armações, como o *Parallèle* de Normand, a disciplina axial seria parte do ar respirado pelo estudante, e a

---

2. Na p. 6 de sua *Partie Graphique* (Paris, 1821), volume suplementar de seu conhecido *Précis* (Paris, 1809), que teve ampla distribuição na Europa, inclusive uma tradução alemã, e transformou as idéias de Durand em uma das bases neoclássicas internacionais sobre as quais a teoria arquitetônica moderna foi construída (muitas vezes não intencionalmente).

tarefa de Guadet como Professor era lidar com a informação que não poderia ser adquirida nessas duas fontes. Até que a idéia de composição axial deixou de ser inquestionável, nenhuma justificação ou explicação dela apareceu impressa; surgiu, então, a *Philosophie de la Composition Architecturale*, de Albert Ferran publicada em 1955, mas moldada inteiramente no estado de espírito da primeira década do século, quando Ferran contava-se entre os últimos alunos de Guadet, e em grande parte ilustrada com projetos ganhadores do Prêmio de Roma daquela época.

Disso resulta uma coisa curiosa: aqui estava o homem que foi o mestre de Auguste Perret e Tony Garnier, par de progenitores do Movimento Moderno na França, cujo livro formou o clima mental em que talvez metade dos arquitetos do século XX cresceu, e fornece indícios valiosos da atmosfera em que a outra metade, alemã, quase chegou à maturidade, e, contudo, não continha qualquer dos temas principais — planejamento axial e estilo histórico — da disciplina mental que o produziu. A influência direta do livro, de fato, sempre foi ligeira. Volumoso, suntuoso, caro e em grande parte impossível de ler, seu lugar tem sido as prateleiras de bibliotecas de referência, mais do que alojamentos de estudantes. Mas tem sido muito consultado para informação, se é que foi raramente lido para instrução. O próprio Guadet viu sua posição da seguinte maneira:

> Não aspiro ao papel de guia para toda a jornada; para os que partem depois de mim, indico a bagagem necessária para a viagem

e a maior parte de seus grossos cinco volumes está ocupada com a bagagem necessária para a viagem, para um estudante da École — instrumentos e técnicas da arte de desenhar, sistemas de proporção, paredes e suas aberturas; pórticos, vãos e ordens; telhados, arcos, tetos e escadas: planos-tipo e esquemas de acomodação para todos os tipos concebíveis de edifícios públicos e semipúblicos, até questões como a provisão de acomodações sanitárias para escolas infantis. Em suma, cinco volumes de sabedoria pré-digerida sobre assuntos funcionais, todos de segunda mão, muitos desatualizados, tudo vital para o sucesso onde quer que o sistema da Beaux-Arts florescesse — daí sua influência contínua avançando profundamente pelo século, e daí, também, as várias tentativas de escrever "um novo Guadet", culminando no *Forms and Functions of Twentieth-Century Architecture* de Talbot Hamlin.

Não obstante, entre as linhas dessa massa de informação, e em textos anexados, tais como a introdução e a reimpressão de sua conferência inaugural de 1894, emerge uma certa porção da teoria de Guadet, e parte dela merece comentários, quer por seu interesse intrínseco, quer pelos seus ecos que podem ser ouvidos mais tarde, no decorrer do século. Para começar, sua atitude em relação ao passado não é inteiramente a que se poderia esperar de um acadêmico. É dos mestres e monumentos de períodos anteriores que ele prefere tirar seus exemplos, mas reconhece o surgimento de novas funções e tipos de edifício durante a vida de seus próprios contemporâneos, e admite que

Là, il faudra bien que je fasse des emprunts au vivants *.

Isso pode ser apenas prudente, mas nota-se, em outras partes, uma tendência a desdenhar a pura arqueologia na escolha do estilo.

Em Munique, eles imaginam Parthenons utilitários; em Londres, em resposta às necessidades inteiramente modernas dos clubes, pode-se encontrar velhos amigos como o Palazzo Farnese, o Procuratie (...) até a própria modelagem para maior servidão de imitação.

Contra isso, ele coloca o exemplo dos inovadores da geração de seus mestres, Labrouste.

Felizmente, certos artistas que nos orgulham — nossos mestres — viram, e fizeram-nos ver, que a liberdade não é simplesmente o direito de mudar de uniforme, e nossa arte gradualmente libertou-se de tal arqueologia. Nem tudo foi sucesso, mas todos os esforços nesse sentido frutificaram e hoje sabemos e proclamamos que nossa arte tem direito à liberdade, que apenas a liberdade garante sua vida e fecundidade; resumindo, sua saúde...

* Aqui, será preciso que eu tome emprestado aos vivos. (N. do T.)

Se insisto nestas considerações não é, na verdade, para esquecer tudo aquilo que passou; pelo contrário, nossa arte, como nossa linguagem, como toda nossa civilização, é — e deve ser — a rica herdeira de um espólio que se acumulou durante os séculos. Mas detesto as proscrições artísticas, como todas as proscrições, e a exclusividade artística, como todas as exclusividades, e quero que compreendam o sentido, amplo e severo, que atribuo à palavra "Clássico" que coloco como cabeçalho destes estudos.

Deixando de lado, por enquanto, o sentimento libertário da última frase, vemos aqui uma atitude abstrata e ambivalente em relação à história — para ser compreendida, e não imitada, suas lições materializadas menos nos monumentos reais dos tempos passados do que nos princípios que podem ser deles abstraídos. Ver-se-á que esta última idéia é particularmente importante para a avaliação da compreensão que Guadet tinha de *ce mot de classique* *.

Esta atitude com relação à história foi considerada, por Guadet, como científica:

O arquiteto é, hoje, ou deveria ser, vários homens num só: um homem de ciência em todos os aspectos que dizem à construção e suas aplicações, um homem de ciência também em seu profundo conhecimento de toda a herança da arquitetura.

e isto implica, claramente, um sentido da palavra *ciência* diferente daquele que era corrente entre a geração de seus próprios alunos. Ele entende a ciência no sentido generalizado em que Leonardo da Vinci entendia ciência, como erudição mais um método lógico (a *Introdução ao Método de Leonardo da Vinci*, de Paul Valéry, apareceu apenas cinco anos antes da publicação do livro de Guadet, e provavelmente não é coincidência o fato de que Leonardo é a autoridade mais citada por Ferran), e não como a maior parte dos autores do século XX entendem esse termo, ou seja, como uma disciplina mental baseada em pesquisa experimental. Se havia algo contra o que Guadet se mostrava hostil, era contra os estudos físicos exatos como base para o projeto

* A palavra "clássico". (N. do T.)

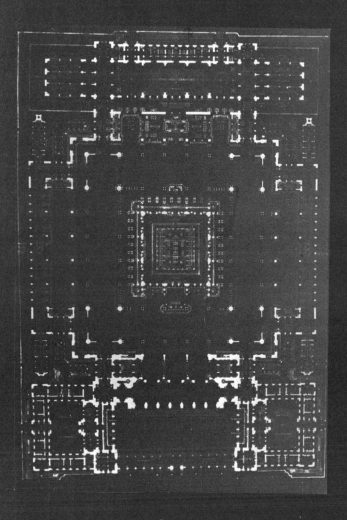

1. Tony Garnier. Projeto para um banco nacional. Projeto vencedor do Prêmio de Roma de 1899. Trata-se de um planejamento acadêmico francês em sua forma mais sistemática e hábil, com o mais brilhante discípulo de Guadet "compondo" a planta com "elementos" de acordo com os preceitos do mestre.

Deve-se-lhe dizer o que pode ser construído; mais tarde, verá através do que pode assegurar sua construção, isto é, a realização de algo que ele já deve ter concebido.

e, no entanto, ele seguramente considerava seus próprios métodos de ensino como científicos e, em dados momentos, esboça um paralelo enérgico entre os *ateliers* da École e os laboratórios de um instituto científico.

A confusão que ele fez a respeito deste ponto difundiu-se bastante nos anos seguintes, embora nem sempre se deva atribuir a culpa por isto à influência que ele exerceu. A maior parte da estética acadêmica de Blanc e seus seguidores, que era científica no sentido mais antigo e mais geral, adquiriu prestígio devido à ciência em seu sentido mais novo e mais especializado, a despeito dos resultados inconclusivos das tentativas de Charles Henry, na década de 90, de torná-los científicos também no sentido experimental [3]. A declaração de Ozenfant e Jeanneret segundo a qual

l'art et la science dépendent du nombre [4]

sugere que também eles, enquanto reivindicavam para suas teorias o prestígio da ciência avançada do século XX, ainda estão pensando a ciência em termos da condição que ela tinha antes de tornar-se "a filosofia experimental". Esta confusão a respeito do significado de "científico" encontrou um paralelo numa confusão igual a respeito dos dois possíveis significados de "objetivo", e a estética da arte abstrata, que em grande parte derivou de Charles Blanc, que é capaz de tornar-se objetiva no sentido de logicamente impecável, também tem sido considerada objetiva no sentido de substanciada pela experiência, o que não ocorreu até agora.

A esta altura, é necessário estabelecer a conexão com a arte abstrata, uma vez que de vez em quando Guadet tem sido representado como encorajando uma

---

3. A respeito das colocações mais recentes de Charles Henry, ver CHRISTOPHER GRAY, *Cubist Aesthetic Theories* (Baltimore, 1953). Henry foi diretor de um Laboratório de Psicologia da Percepção, anexo à École des Beaux-Arts, e suas idéias ainda estavam tão em voga na década dos 20 que foram republicadas, na maior parte, em *L'Esprit nouveau*, a respeito o qual cf. Cap. 17.
4. Ver Cap. 15.

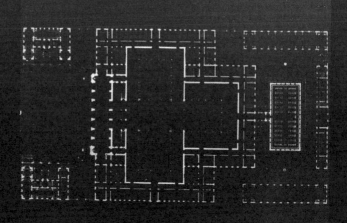

2. Sirot. Projeto para um banco nacional; participou sem êxito do Prêmio de Roma de 1899. A composição elementar é ainda mais visível na planta.

3. Walter Gropius e Adolf Meyer. Planta da fábrica Fagus, Alfeld, 1911-1913. Composição elementar conforme uma disciplina puramente funcional.

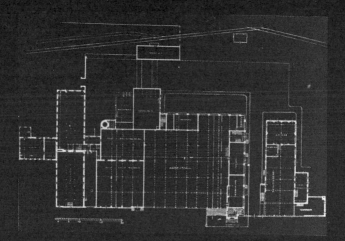

arquitetura abstrata. Colin Rowe, por exemplo, disse que ele "pensava numa arquitetura da forma pura"[5], mas as ilustrações em *Éléments et Théories*, o trabalho realizado na École enquanto foi professor ali, e os poucos edifícios a serem produzidos por seu escritório não dão substância a esta idéia. Seria mais verdadeiro dizer que ele favoreceu o aparecimento de uma arquitetura da forma pura do mesmo modo que Blanc favoreceu o aparecimento da arte abstrata. Blanc não dava muita atenção ao aspecto subjetivo, Guadet dava menos atenção ainda aos detalhes estilísticos, mas isto não implica que tenham pensado deixar estes elementos de fora. Guadet encara o estilo como sendo algo que esta fora da competência de seu curso, algo aberto à escolha e temperamento do projetista individualmente considerado, e os exemplos em seu livro são tirados de todos os estilos e períodos; ele é uma espécie de eclético negativo e, como indicamos mais acima, sua atitude é libertária: ele detestava as proscrições e o exclusivismo.

O ponto central de seu afastamento do problema estilístico é o sentido *large et sévère* em que ele entendia a palavra *classique*. É algo semelhante ao "classicismo a-histórico" posteriormente proposto por Oud[6], ou o classicismo diagramático de Labrouste e, mais ainda, os mestres como Ledoux e Durand em cujo trabalho assentavam-se as raízes da Beaux-Arts. É como o sentido de *Grego* para Alois Hirt, também nos primeiros anos do século XIX, quando dizia

> Todo aquele que constrói corretamente, constrói como os gregos — isto é, de uma maneira racional e correta, um sentido que muitas vezes reaparece nas comparações que Le Corbusier fazia da maquinaria com a arquitetura grega[7].

Assim, pelo menos em três tópicos correntes na década de 20, o significado de história, o estatuto da ciência e o estatuto da tradição clássica, encontramos Guadet antecipando-se em opiniões que seriam amplamente defendidas, embora seja arriscado propor alguma influência dele ou alguma conexão histórica entre esses

5. No *Art Bulletin* (Nova York, jun. 1593, p. 170).
6. Ver Cap. 12.
7. Ver Cap. 17.

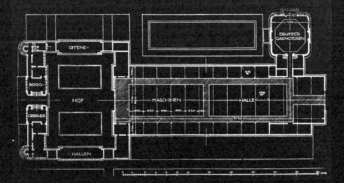

4. Walter Gropius e Adolf Meyer. Planta do Pavilhão Werkbund, Colônia, 1914. Composição elementar conforme os preceitos acadêmicos.

5. Walter Gropius. Planta dos edifícios da Bauhaus, Dessau, 1926. Composição elementar conforme os preceitos elementaristas.

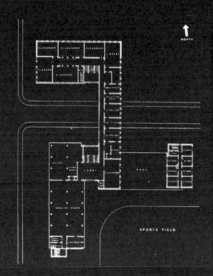

fatos. No entanto, a respeito de um tópico, e da maior importância, certamente se pode propor uma conexão histórica: a concepção que ele tinha do processo atual de projetar edifícios. Se seus pontos de vista a respeito do estilo eram negativos demais para chegar às páginas impressas, suas opiniões sobre a composição simétrica eram demasiado positivas para fazê-lo. Foi durante seu tempo como professor que a Beaux-Arts ofereceu um treinamento que estava quase completamente focado sobre a elaboração de planos simétricos multi-axiais de padrões de uma elegância abstrata, porém não funcional. O projeto em elevação tornou-se tão secundário que Ferran, por exemplo, achava necessário ilustrar apenas os planos, deixando que o leitor inferisse as elevações a partir da colunização etc., mostrada no plano; e toda vez que Ferran manifesta uma preferência entre um plano e outro — preferência que sempre parece seguir a do júri do Prêmio de Roma — é sempre uma preferência por esquemas que são simétricos em muitos eixos.

Mas esta insistência sobre a axialidade não se encontra nos *Éléments et Théories,* uma vez que Guadet se refere à simetria axial absoluta como sendo *non-sens;* aquilo a que dá ênfase é a maneira de ajustar as partes do edifício no plano axial

Este curso tem por objeto o estudo da composição de edifícios em seus elementos e em sua totalidade, a partir do duplo ponto de vista de adaptá-los a programas definidos e às necessidades materiais

e ele expõe este ponto de vista em mais de uma ocasião

Compor é usar aquilo que se conhece (*ce qu'on sait*). A composição tem materiais, assim como os tem a construção, e estes materiais são, justamente, os Elementos da Arquitetura.

e novamente

Na verdade, nada é mais atraente do que a composição, nada mais sedutor. É este o verdadeiro campo do artista, com nenhum limite ou fronteira a não ser o impossível. Compor, o que é isso? É pôr juntas, unir, combinar, as partes de um todo. Estas partes, por sua vez, são os Elementos da Composição, e assim como irão realizar suas concep-

35

ções com paredes, aberturas, abóbadas, telhados — todos, elementos de arquitetura — estabelecerão sua composição com quartos, vestíbulos, saídas e escadas. Estes são os Elementos da Composição.

Estes elementos são *ce qu'on sait,* a informação utilitária que forma o conteúdo dos três últimos volumes dos *Éléments et Théories;* composição é o modo de reuni-los, e os dois conceitos formam uma filosofia do projeto que era comum tanto aos acadêmicos quanto aos modernos. A abordagem do assunto é particular; pequenos membros funcionais e estruturais (elementos de arquitetura) são reunidos a fim de perfazerem volumes funcionais, e estes (elementos de composição) são reunidos, perfazendo o edifício em seu todo. Fazer isto é compor no sentido literal e derivado da palavra, pôr junto.

Mas este não é o único modo de projetar edifícios, ou o único modo de criar uma grande arquitetura. Para citar um exemplo que será discutido mais tarde, Mies van der Rohe desenhou seus apartamentos em Weissenhof através da subdivisão de um volume enorme a fim de extrair dele espaços funcionais. Embora tenha havido, mais tarde, uma série de edifícios concebidos deste modo, pelo próprio Mies, por projetistas de quadras de escritórios como Skidmore, Owings e Merril, e por engenheiros como Buckminster Fuller, exemplos deste modo de abordar o problema foram raros no período coberto por este estudo, e pode-se considerar como característica geral da arquitetura progressiva do começo do século XX o fato de que ela era concebida em termos de um volume separado e definido para cada função separada e definida, e composta de tal forma que essa separação e definição era deixada clara.

Em vista da dependência da teoria de composição elementar de Guadet em relação aos escritores neoclássicos como Durand, não deve surpreender o fato de encontrar que essa clara separação das partes dos edifícios tem sido identificada como uma característica da arquitetura neoclássica em geral — por Kaufmann, que também chamou a atenção para seu ressurgimento na arquitetura do século XX [8] — e até mesmo de sua primeira fase — por Wittkower, que chamou a atenção para a distinção das partes nos desenhos de Lord Burlington [9]. Parece que a teoria sobreviveu através de todo o século XIX; a prática esteve um tanto submersa, exceto onde floresceram práticas estéticas a-estilísticas, como as do Pitoresco, e a reemergência desse modo parte por parte de desenho pode muito bem ter sido devida ao impacto da "Livre Arquitetura Inglesa" pitoresca sobre uma tradição neoclássica estabelecida, como na Alemanha, onde ela não pode ser diretamente atribuída ao impacto de Guadet.

Assim, enquanto não deve surpreender muito o fato de encontrar-se Le Corbusier, discípulo de Perret, usando persistentemente a composição elementar, e mesmo pagando tributo direto a Guadet ao colocar a seguinte legenda em uma versão alternativa de seu desenho para a Liga das Nações [10]:

Aqui... uma proposição alternativa, empregando os mesmos elementos de composição.

a presença de Gropius entre os arquitetos com essa mesma convicção deve ser atribuída presumível, e parcialmente, ao impacto do entusiasmo de Muthesius pelo livre planejamento inglês sobre a tradição da *Schinkelschuler* do neoclassicismo. Contudo, vale a pena notar que, enquanto dois dos mais famosos e mais originais desenhos de Gropius, a fábrica Fagus de 1911-13 e a Bauhaus em Dessau, de 1925-26, compõem, ambos, seus elementos de maneira livre, e o igualmente famoso Pavilhão Werkbund na exposição de Colônia de 1914 compõe seus elementos concebidos disparmente de acordo com regras de composição simétrica puramente da Beaux-Arts, completas até mesmo com

---

8. Kaufmann trata do assunto tanto em *Von Ledoux bis Le Corbusier* (Viena, 1935), quanto em *Architecture in the Age of Reason* (Londres, 1955), mas em nenhum dos dois casos ele fornece documentação próxima, embora esta última obra contenha algumas citações sugestivas de Gropius e outros.

9. Ver "Lord Burlington and William Kent" (*Archaeological Journal*, Londres, 1945), onde o Prof. Wittkower aponta que, na elevação dos desenhos feitos por Lord Burlington para o Tottenham Park, cada parte da casa forma uma unidade distinta de direito próprio.

10. *Une Maison, Un Palais* (Paris, 1928, p. 97).

eixos secundários e terciários, como os que foram discutidos mais tarde, e de modo bastante independente, no livro de Ferran.

Entretanto, a menção de Bauhaus levanta a questão de outra teoria de composição elementar, que pode ter influenciado Gropius em seu desenho. Foi a propagada pelo Movimento Elementarista, e tomou a forma de supor que pinturas, esculturas etc., eram compostas de certos elementos geométricos fundamentais [11]. Esse movimento inspirou-se na Arte Abstrata Russa e Holandesa e, dessa forma, deve alguma coisa às teorias de Charles Blanc. Ela se harmonizou bem com idéias que vinham do lado arquitetônico do pensamento acadêmico e que estavam em voga na época, mas sua tendência era focalizar a atenção naquilo que Guadet teria chamado de elementos de arquitetura, não de composição; isto é, em componentes estruturais, e é com esse sentido que a palavra "elemento" entrou para o vocabulário comum da corrente principal de desenvolvimento.

---

11. Ver Cap. 14.

2. CHOISY: RACIONALISMO E TÉCNICA

Se a principal tese de Guadet está quase que perdida sob uma enxurrada de informações variadas, a de Choisy, na qual a informação é, em toda parte, subserviente, está sempre à vista, mesmo se ela continuamente levanta questões colaterais ou lança luz sobre outros assuntos. Seu livro [1] é história, mas é

1. Esta discussão de Choisy e suas idéias baseia-se exclusivamente na *Histoire*, uma vez que essa foi sua obra mais lida e que exerceu maior influência entre as seguintes duas gerações de arquitetos. Seus outros livros, tais como a exaustiva série *Art de Bâtir*, cada um lidando com alguma das principais fases da história arquitetônica, tais como a romana ou a bizantina, eram mais especializados e mais volumosos e, portanto, muito pouco conhecidos dos leitores de arquitetura em geral, embora suas conclusões efetivas estejam resumidas nas partes relevantes da *Histoire*.

história com um único tema — a Forma como conseqüência lógica da Técnica — que torna a arte da arquitetura sempre e em toda parte a mesma.

Com todos os povos, a arte submeter-se-á às mesmas escolhas, obedecerá às mesmas leis; a arte pré-histórica parece conter todas as outras em embrião.

Para Guadet, composição era o tema perene; para Choisy, era construção. A diferença é de *background* e trabalho, não de geração, pois eles eram homens quase da mesma idade: Guadet, nascido em 1834, morreu em 1908; Choisy, somente sete anos mais jovem, morreu em 1909. Também havia uma diferença de temperamento; aparentemente, Guadet era muito o *Grand Professeur* e, em seus últimos anos, foi quase tão difuso em personalidade quanto em seus escritos, mas

Embora de estatura baixa, M. Choisy era um homem de aparência muito distinta, com algo de militar em sua personalidade[2]

e as fotografias tiradas dele na época em que recebeu a Medalha de Ouro RIBA, 1904, mostram um homem de traços um tanto rígidos, eficiente, na espécie de casaco de corte quadrado usado por capitães-de-mar e engenheiros de construção.

Engenheiro por treinamento, ele tinha uma visão terra-a-terra, de cunho prático, da arquitetura, a qual permaneceu para ele, como para Henri Labrouste, *L'Art de Bâtir*. Para ele, a essência da boa arquitetura foi sempre a construção, a função do bom arquiteto sempre foi esta: fazer uma avaliação correta do problema com que se deparava, após a qual a forma do edifício seguir-se-ia logicamente dos meios técnicos a seu dispor

O estilo não muda de acordo com o capricho de uma moda mais ou menos arbitrária, suas variações não são nada senão as dos processos... e a lógica dos métodos implica a cronologia dos estilos.

2. Necrológio em *The Builder* (Londres, 25 set. 1909).

no que, evidentemente, ele não estava sozinho, uma vez que os racionalistas semperianos tinham adotado uma posição semelhante na Alemanha, e também os racionalistas goticizantes na Inglaterra. Thomas Graham Jackson, por exemplo, viu a questão sob um aspecto menos absoluto, porém em termos muito semelhantes [3].

Clamar, junto com algumas pessoas, por um novo estilo, como se este pudesse surgir só porque é desejado desfilar sua *Art Nouveau*... é ignorar todo o ensinamento da história.
Não foi dessa maneira que os grandes estilos do passado surgiram. (...) Foi nas sugestões de construção que o arquiteto das grandes eras artísticas encontrou sua inspiração mais verdadeira.

Porém, em termos de influência, Choisy teve certas vantagens em relação a outros teóricos racionalistas — vantagens históricas, técnicas e literárias. A vantagem histórica encontrou-se no fato de seu livro aparecer, em 1899, no momento em que a *Art Nouveau* estava a ponto de começar a declinar. As objeções de T.G. Jackson surgiram quando ela já tinha passado seu apogeu, mas aqueles que cedo leram Choisy veriam suas opiniões sobre as origens do estilo serem comprovadas ante os próprios olhos durante a década seguinte. A *Art Nouveau,* considerada então, amplamente, como um *caprice de mode,* estava visivelmente provando ser efêmera; um fastio, pelo arbitrário entre a geração mais nova estava-se cristalizando em admiração pelo lógico, e o necrológio feito por Choisy para o Gótico tardio deve ter soado aos participantes dessa geração como um *rappel à l'ordre* aplicável à sua própria situação.

A complexidade tinha atingido seu apogeu, um retorno às formas simples era a única maneira de rejuvenescer a arte.

As vantagens técnicas de Choisy estavam no aparecimento de seu livro e nas ilustrações deste. A *His-*

3. THOMAS GRAHAM JACKSON, *Reason in Architecture* (Londres, 1906, pp. 156-7). Esse livro foi a reprodução das conferências dadas por Graham nas Royal Academy Schools naquele ano, afloramento temporão do goticismo racionalista do século XIX e parte do *background* para as idéias de Walter Richard Lethaby, discutidas no Cap. 4.

toire de l'Architecture está englobada em dois volumes substanciais, mas não volumosos; não é grande demais para levar para casa. O texto está disposto em parágrafos um tanto curtos, cada um tratando, normalmente, de um único assunto, de maneira que a referência é feita facilmente e, quase que em cada uma das páginas, há pelo menos uma de suas notáveis ilustrações. Nada poderia reforçar tão bem a idéia da continuidade da prática arquitetônica quanto a completa homogeneidade de estilo dessas 1700 ilustrações, todas desenhadas por ele mesmo, de acordo com uma fórmula quase invariável. Os desvios dessa fórmula não são numerosos — uma ocasional perspectiva, elevação pura ou plano — porém, mais importante, eles não são dignos de nota. A fórmula é: isométrica em sua disposição, ela apresenta plano, seção e elevação em uma única imagem, suprime-se o detalhamento e deixa-se um diagrama elegante e imediatamente compreensível.

No há qualquer tentativa de efeito artístico nelas, elas são representações de fato cuidadosas e desenhadas com erudição.

Tão convincentes foram elas na época que mesmo o autor do necrológio do *The Builder,* que, em todos os outros lugares, mostra-se tão crítico dos métodos de Choisy, deixou de observar que elas são abstrações puras e não tratam com fatos, por exemplo, como parecerá o edifício a um observador que se encontre dentro ou à frente dele. Não obstante, quase com certeza foi essa qualidade de abstração, de uma construção lógica mais do que acidentes de aparência, o elegante padrão de branco e preto sobre a página, que tornou tais ilustrações tão caras à geração nascida por volta de 1880, a geração que, fora da arquitetura mas jamais perdendo contato com ela, também aperfeiçoou a arte abstrata. Le Corbusier, ao menos, apropriou-se de tais ilustrações e usou muitas delas em *L'Esprit Nouveau,* veículo através do qual elas ganharam uma circulação mais recente e ampla.

Sua vantagem literária está no estilo de escrever, que combina com os parágrafos curtos já discutidos. Seu argumento global freqüentemente é difuso demais para ser lido consecutivamente, mas parágrafos individuais, de estilo conciso e aforístico, ficam na mente em virtude de sua concisão equilibrada e de sua eminente racionalidade. Assim, diz ele sobre os frontões dóricos:

> A inclinação do frontão é a do telhado, que é governada por esta dupla condição: que a chuva escorra, e que as telhas não.

Explicação limpa e razoável, mesmo se lhe faltam provas documentais e concretas para sustentá-la, e tornada convincente por esse próprio caráter de razoabilidade. Como observou o autor do necrológio em *The Builder*:

> ... se ele estava inclinado demais a tratar como provado aquilo que ele tinha apenas conseguido representar como provável, muitas de suas hipóteses quanto à construção antiga impressionam o leitor, em suas brilhantes demonstrações, como sendo mais possivelmente a verdadeira solução do que quaisquer outras que pudessem ser apresentadas.

Essas proposições incisivas que, com tanta freqüência, pareciam, a seus leitores, ter esclarecido algum problema, explicado algum mistério de forma definitiva, sem dúvida são largamente responsáveis pelo caráter duradouro de sua reputação. Notáveis e citáveis, elas davam uma orientação clara e lógica às mentes que procuravam um rumo em questões de detalhe, bem como princípios diretores e, em alguns casos, chegou mesmo a fornecer a fraseologia e a forma de palavras para discussões posteriores.

Algumas vezes, também, isso assume um tom quase de profecia, e não nos podemos impedir de pensar se a intenção de Le Corbusier de ser incluído entre os fundadores da revista *L'Esprit Nouveau* pode ter sido condicionada por um eco mental de

> Percebemos como um sinal do novo espírito (*l'esprit nouveau*) a procura da verdade, da independência, de uma arte rejuvenescida que rompe com os tipos convencionais.

Choisy estava, de fato, discutindo o novo espírito da arquitetura gótica emergente, mas nada poderia descrever melhor os objetivos (senão o desempenho) de *L'Esprit Nouveau,* durante os cinco anos e meio de sua existência, do que essa associação de

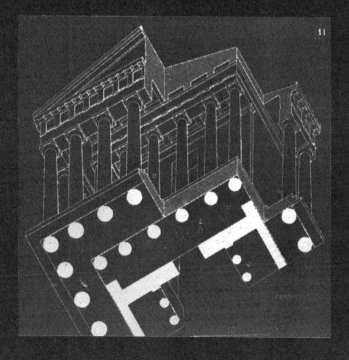

6. Auguste Choisy. O Parthenon, uma prancha de sua *Histoire de l'Architecture* (1898), mostrando seu modo característico de projetar uma versão simplificada do edifício em seção, elevação e planta.

uma procura pela verdade com uma arte rejuvenescida que rompeu com os tipos convencionais de arquitetura.

Subjacente à notabilidade de seus escritos — ou talvez em parte causada por estes —, estava o êxito de Choisy em impor seus processos mentais aos leitores. Quando estes tinham algum problema insolúvel, voltavam-se ao método favorito de Choisy de fazer uma apreciação correta da qual se seguiria logicamente a solução.

La question posée, la solution était indiquée *.

Na maior parte das vezes, eles tinham tendências para exprimir a questão nos termos empregados por Choisy e, assim — de modo quase inevitável —, eram praticamente incapazes de surgir com quaisquer respostas que não fossem as dele. Ele pôs em circulação toda uma cunhagem de perguntas e respostas que permaneceram correntes até serem desvalorizadas, muito mais tarde, não pela experiência de seus seguidores, mas por uma espécie diferente de história da arquitetura, a de estudiosos como Worringer e Sedlmayr, ou — na própria França — Focillon.

Essa desvalorização sequer começou a afetar a abordagem teórica dos próprios arquitetos até bem depois do período abrangido pelo presente estudo, e a cunhagem de Choisy, incorporando os valores arquitetônicos principais, bem como as miudezas da discussão, precisa ser examinada com algum detalhe.

Tendo em mente o conceito básico de forma arquitetônica como conseqüência lógica da técnica, deve-se notar que, para Choisy, *technique, méthode, procédé* e *outillage* são aspectos da sociedade enquanto um todo, a gama completa de mecanismos e relacionamentos que são movimentados para a construção de um edifício.

Os edifícios classificam-se como testemunhas que fixam o estilo de vida e a condição moral da humanidade, época por época. Isso aplica-se igualmente, a seus olhos, a unidades menores dentro da moldura

---

* Levantada a questão, a solução estava indicada. (N. do T.)

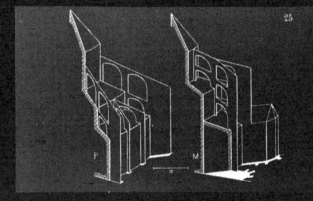

7. Auguste Choisy. Arcobotantes aéreos, da *Histoire*: os fatos da estrutura reduzidos a uma forma diagramática e insubstancial.

8. Auguste Choisy. O coro de São Clemente, da *Histoire*: uma interpretação simplificada da mobília litúrgica que muito deve ter influenciado uma arquitetura simplificada.

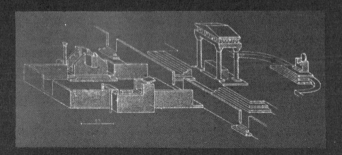

social mais ampla. No que se refere ao planejamento das catedrais góticas, ele observa que essas igrejas cívicas tinham de ter uma dupla finalidade:

> ... servir tanto para reuniões do povo, quanto para ritual sagrado. Daí seu caráter misto de edifícios ao mesmo tempo municipais e religiosos. Algumas vezes prevalecia a influência cívica; em outras, a eclesiástica e suas alternâncias explicam e resumem a história dos tipos sucessivos de plantas.

e mesmo unidades menores dentro da igreja tinham, em sua opinião, uma influência possível de ser traçada, pois ele observa, em relação ao planejamento de conventos:

> ... de um grupo para outro, o caráter difere de acordo com o próprio espírito da Regra.

"De acordo com o próprio espírito da Regra" é um tipo de causação muito vago e generalizado mas, por vezes, Choisy parece não entrever nada de mais definido do que uma espécie de necessidade abstrata como como fator determinante.

L'arc-boutant ... ne fut point inventé, il s'imposa *

E ele corrobora isso, mais tarde, com

> É da natureza do gótico, como o é com todas as descobertas, que raramente se possa nomear sem discussão o verdadeiro inventor; as sementes são incubadas na obscuridade e, repentinamente, testemunhamos vários brotos, que implicam somente a lógica dos fatos.

Tal posição, de fatalismo arquitetônico, provavelmente é inevitável em alguém que adota uma visão estritamente determinista da história da arquitetura, e faz sobressair a diferença entre um racionalista como Choisy, sob o regime historiográfico mais antigo, e um homem simplesmente racional, sob uma disciplina histórica diferente, que estaria inclinado a supor que uma inaptidão para dar nomes deriva da ausência de documentação necessária. Em todo caso, é uma abordagem que deprecia o esforço pessoal e tendia a deixar seus seguidores parados, esperando que um novo princípio arquitetônico, como o arcobotante, viesse impor-

* O arcobotante não foi inventado; ele se impôs. (N. do T.)

-se. Uma tal atitude, contudo, era compreensivelmente bem recebida em um período de repulsa contra a *Art Nouveau* e seus hipotéticos excessos da volição pessoal.

Entretanto, uma vez que Choisy não estava apresentando argumentos especificamente contra a *Art Nouveau*, mas falava em termos mais gerais, o curso de suas observações parece algumas vezes favorecer alguns aspectos da prática da *Art Nouveau*. Assim, o conceito do *designer* completo recebe um apoio implícito quando ele fala, com admiração, dos arquitetos da Renascença que

> ... possuíam uma universalidade de talento; todos os assuntos referentes à forma constituíam seu domínio... a superioridade da Renascença encontra-se em não serem as artes independentes umas em relação às outras, mas formarem uma única arte em que se fundiam todas as expressões do belo.

Idéias como essas ajudaram a preparar os arquitetos franceses, que não tinham o sustentáculo do tipo do Movimento das Artes e Ofícios da Alemanha, para incursões, no pós-guerra, às artes vizinhas da pintura e do *design* de produtos; provocaram a circulação do conceito de uma única arte dominante do *design* abrangendo todas as outras, e começaram a tornar de uso corrente a palavra *forma* enquanto parte da terminologia da teoria do *design* — palavra intimamente associada a desenvolvimentos posteriores no campo do desenho industrial.

Nesse contexto, considera-se geralmente a forma como tendo leis próprias; leis de harmonia, proporção, e assim por diante. No que diz respeito a essas leis, porém, Choisy é ambíguo. Ele nota o uso da proporção sistemática, por exemplo, sempre que encontra evidências dela, mas raramente atribui-lhe grande importância

> Os egípcios não aceitavam a idéia de que o efeito de um monumento reside inteiramente na harmonia abstrata de suas linhas.

e, embora ele registre o uso de *tracés régulateurs* na Idade Média e na Renascença, apresentá-lo como uma justificação para o uso destes, como Le Corbusier parece ocasionalmente desejar fazer, é deturpá-lo. Com efeito, suas observações mais conhecidas sobre os *tracés* geométricos aparecem em uma glosa de Serlio, cujo propósito parece ser unicamente o de um comentário irônico sobre as linhas reguladoras enquanto exercício intelectual

> Tomemos de Serlio... a disposição proporcional de uma porta em um painel de largura m',n'... (construção C).
> Na realidade, a construção C resulta em dar à porta uma largura igual a um terço de $m'n'$ e uma altura igual a duas vezes a largura, mas o método gráfico que conduz a este resultado é interessante por si mesmo e contém todo um método.

mas não se tem a sensação de que Choisy realmente considera que esse método valha a pena, se o mesmo resultado poderia ter sido alcançado através da simples medição.

Contudo, enquanto racionalista, ele naturalmente inclinava-se para o ordenado e o lógico, e alguma espécie de sistema de dimensionamento e proporção recebe aprovação implícita através de seu uso de linguagem ligeiramente depreciativa

> ce vague sentiment de l'harmonie qu'on nomme le goût *

para descrever a alternativa; gosto pessoal. Em todo caso, parece provável que aquilo por que ele se interessa não é a harmonia pura de proporções, mas o uso de módulos dimensionais que implicam uma sensação de escala, derivando da multiplicação de um componente estrutural padrão.

> Proporções modulares: observamos que elas resultam, como conseqüência inevitável, do uso do tijolo.
> A arte clássica possuía apenas uma harmonia abstrata baseada unicamente na proporção; mas, como observou Lassus, é à Idade Média que pertence a arte de enfatizar as dimensões, e o princípio da escala.

Este princípio da escala parece subsistir, na visão que Choisy tem da Idade Média, em duas coisas. Primeiro, dimensionamento feito pelo tamanho de um homem, ao invés de aumentar as alturas das portas etc., à medida que o edifício torna-se maior

---

* Esta vaga sensação de harmonia a que chamamos gosto. (N. do T.)

> O homem não muda as dimensões de acordo com a importância do monumento.

e segundo, como uma conseqüência dos métodos romanescos e góticos de colocação de pedras, camada por camada, os quais, alega ele, levaram à necessidade de tornar todas as dimensões verticais em múltiplos das alturas das camadas, de modo que capitéis e frisos, umbrais de portas e hastes de colunas, respondiam, todos, ao mesmo módulo. Embora esta última observação seja discutível, a importância da idéia de construir por uma escala humana, apresentada nesse contexto de influências, não pode ser negligenciada.

Os pedreiros góticos que praticaram esta técnica foram os heróis de seu segundo volume, tendo sido heróis do primeiro os construtores dos templos dóricos. Nas palavras do *Compte Rendu* de de Dartien:

> Arte grega e gótica... estes são os assuntos aos quais podemos dizer que M. Choisy dedicou-se preferencialmente. São sempre a arquitetura grega e a arquitetura gótica que se sobressaem, uma, por quase metade do primeiro volume, a outra, por metade do segundo.

e ele prossegue justificando Choisy nessa distribuição de ênfase:

> E é justo que seja assim, pois estas duas arquiteturas, tão absolutamente diferentes em espírito, colocam-se na primeira fileira de todos os estilos, graças ao alto valor das qualidades que possuem em comum — clareza de métodos, sinceridade de expressão, espontaneidade, delicadeza e intensidade de sentimento artístico[4].

As opiniões de Choisy sobre esses dois estilos preferidos são do maior interesse e tiveram um grande poder produtivo; porém, antes de passarmos a eles, há um aspecto estranho de sua *Histoire* (aspecto estranho que partilhou com outros racionalistas) que afeta sua visão do lugar do dórico na cultura técnica grega e que deve ser tratado em primeiro lugar.

---

4. Este *Compte Rendu* adota de ponta a ponta um tom extremamente laudatório e apareceu imediatamente após a publicação da *Histoire*. Tem o ar de ser ou um "inspirado" elogio excessivo (o que dificilmente teria sido necessário para uma obra de Choisy naquela época) ou uma lisonja interesseira. Contudo, pode ser lido proveitosamente como uma avaliação racionalista "oficial" da obra do mestre.

Esse aspecto estranho, que era uma certa fascinação com o uso das formas e métodos de um material em conexão com outro, apresenta um interesse próprio, em todo caso, conforme será visto mais adiante. Tal procedimento deveria presumivelmente ser anátema para um racionalista, mas parece que Choisy não lhe opõe objeções muito fortes. Quase que de maneira inevitável ele compara o dórico à estrutura de madeira, como o haviam feito gerações inteiras de neoclássicos, mas o faz de uma maneira que parece inverter as implicações normais dessa comparação. O dórico, para ele, não deve nada à carpintaria, a qual ele julga ser um empréstimo feito à técnica da construção de navios, e

... a diferença de nosso sistema de carpintaria é radical; o madeiramento grego... é pura e simplesmente um empilhamento, uma verdadeira alvenaria de madeira.
A ordem dórica seria a aplicação desse modo de construção à pedra.

de modo que o pré-dórico seria uma arquitetura de madeira imitando os ainda não descobertos modos de construção com pedra. Choisy, entretanto, encontra o tipo de inversão do clássico na arquitetura indiana.

A pedra funciona à maneira da madeira, com todas as técnicas de junção adequadas à madeira... uma carpintaria de pedra.

Isso, evidentemente, dizia respeito ao passado; porém, para os materiais de sua própria época, notadamente o ferro, Choisy acreditava que formas e métodos apropriados já tinham sido desenvolvidos.

Nos Halles de Paris, podemos ver realizado todo um corpo de formas que surgem naturalmente do material empregado.

Mas nem todos os racionalistas estavam tão certos assim, e Thomas Graham Jackson, em suas conferências da Royal Academy, de 1906, após insistir em que o ferro não deveria ser usado da mesma forma que o tijolo e a pedra, não obstante continua:

Muitas vezes chamou-me a atenção que a construção com vigas e alvenaria dos séculos XV e XVI contém muitas sugestões para esta nova maneira de construir. Em primeiro lugar, é um estilo de travejamento no sentido literal da palavra, um estilo de postes e vigas. (...) E a construção com ferro assemelha-se muito à marcenaria. Também ela é um sistema de travejamento, de postes e vigas, amarração e escoras; possui a rigidez e a resistência à tração da madeira em grau superior e mantém-se unida graças a juntas, espeques e parafusos, da mesma forma como na carpintaria graças a seus encaixes e entalhes[5].

Essa transposição de formas e métodos pode parecer confusa aos leitores posteriores, mas a maior confusão — confusão muito produtiva e influente — foi a transposição feita por Auguste Perret das técnicas de emoldurar em madeira para a construção reforçada [6], procedimento que ele, aparentemente, sustentava ser garantido por Choisy. Contudo, certo ou errado, esse ato de transposição serviu à importante finalidade de trazer um novo material para dentro do corpo aceito de procedimentos formais no desenho de edifícios e, ao dotá-lo de uma estética retangular de postes e vergas, tornou-o passível de ser integrado à estética retangular da arte abstrata que apareceu depois de 1918 e, assim, em um sentido bem real, determinou o aparecimento da nova arquitetura.

Mas os métodos estruturais de Perret têm um débito maior do que esse para com Choisy, e especialmente para com suas opiniões sobre a estrutura gótica. O gótico, como já foi dito acima, era um dos dois estilos preferidos por Choisy porque, a seus olhos, ele constitui o ápice do método lógico na estrutura.

Vem o período gótico... a nova estrutura é o triunfo da lógica na arte; o edifício torna-se um ser organizado, constituindo cada uma de suas partes um membro vivo, sendo sua forma governada não por modelos tradicionais, mas por sua função, e somente sua função.

Essa é a visão que Choisy tem do gótico; porém, como acontece tão freqüentemente com ele, em retrospecto, soa como uma diretiva para seus sucessores. Lógica, análise, função, economia, desempenho...

Em toda parte, no detalhamento das formas, reconhecemos o espírito de análise que governa a economia da obra inteira... com efeito, uma construção onde a pedra trabalha até o limite de sua resistência.

5. *Reason in Architecture*, p. 167.
6. Ver Cap. 3.

e a conseqüência disso foi que, na teoria posterior do Movimento Moderno, supunha-se que a aparência do edifício estaria fixada até um certo ponto.

Graças ao próprio fato de que a pedra trabalha com seu máximo esforço, o tamanho absoluto não é de forma alguma arbitrário; e o olho, o mais seguro dos instrumentos matemáticos, estabelece imediatamente a escala, à qual chegam os cálculos no devido tempo.

Esse parágrafo apresenta várias idéias importantes que iriam desfrutar de grande circulação. A idéia de um relacionamento matemático inevitável das partes de um edifício em uma escala absoluta, não em uma escala relativa, que se adequa claramente à idéia de dimensionamento modular discutida acima; e a idéia do olho como juiz acurado de medição, idéia que desempenhou um papel vital na chamada estética objetiva da arte abstrata do pós-guerra.

Toda a visão que Choisy tem da estrutura gótica está claramente influenciada por suas primeiras leituras de Willis e Viollet-le-Duc, e foi uma visão do gótico que um de seus supostos seguidores, Pol Abraham, iria colocar seriamente em questão ao demonstrar as consideráveis redundâncias e amplas margens de segurança de todas aquelas estruturas góticas que conseguiram sobreviver [7]. Abraham também fez muito para desacreditar a teoria de Viollet-le-Duc segundo a qual a abóbada gótica era uma leve estrutura de painéis executada sobre um travejamento de asnas, idéia que também foi empregada por Choisy e por ele ampliada para abranger também as estruturas de parede do período.

A abóbada gótica não é senão uma abóbada de espigões, onde os painéis são independentes e estão sustentados pela estrutura de asnas... e a parede não é senão um enchimento.

7. POL ABRAHAM, *Viollet-le-Duc et le Rationalisme Médiévale* (Paris, 1933). Embora possam haver poucas dúvidas de que esta "demolição" de Viollet-le-Duc é exagerada, e foi citada fora de contexto com excessivo entusiasmo, e que os construtores medievais possam de fato ter acreditado que as asnas sustentavam os painéis e assim por diante, a demonstração feita por Abraham das redundâncias estruturais é inteiramente convincente e deixa bem claro que, nos edifícios góticos que sobrevivem, a pedra muito raramente é empregada até o máximo de suas possibilidades.

Moldura e enchimento, vigas que sustentam a carga, e painéis de separação que não o fazem — tais conceitos parecem ter sido correntes sempre que a visão do gótico de Willis/le-Duc deparou-se com a construção em ferro do século XIX — pois aquilo que era aplicável com ressalvas à Sainte Chapelle, era-o plenamente à Galérie des Machines, onde os arcos estavam assentados sobre cilindros e o enchimento de vidro do teto era feito por um sistema de pequenas asnas que preenchiam os espaços entre as armações principais — uma reelaboração contemporânea, em vidro e ferro, da visão do gótico de Viollet-le-Duc como uma forma de estrutura elástica, autocompensadora. Porém, mais importante do nosso ponto de vista é o fato de que Auguste Perret incorporou a idéia de Choisy de uma moldura que suporta a carga com um enchimento leve, e daí em em diante, o conceito da separação entre suporte e roupagem tornou-se uma das idéias mais discutidas, embora das menos praticadas, do Movimento Moderno.

O espírito do gótico, da maneira como Choisy o viu, era progressivo, previsor e permitia que seus praticantes abordassem

... os problemas mais intimidadores com a disposição do mesmo espírito de progresso e reforma que animava a sociedade como um todo.

e novamente o uso do presente histórico (*anime*) deve ter soado a seus leitores mais jovens como um convite feito a estes. Também seria um convite a que estes tomassem os gregos por modelo, pois

A Grécia Antiga e nossa Idade Média vão de encontro uma à outra no que se refere a essa fé no progresso.

A Grécia que ele tem em mente é a Grécia do Império de Péricles, dórica, não helenística, e ele atinge seu ponto mais alto quando escreve sobre a arquitetura dórica — mais alto ainda do que o gótico, sobre o qual, de fato, ele tem uma pequena reserva; os arcobotantes não podem ser vistos de dentro da nave principal do edifício e isso lhe provoca *inquietude*

54

... à primeira vista, não se compreende sua estabilidade porém ele não tem essas reservas em relação ao dórico. Contudo, ao discutir esse outro de seus estilos preferidos, ele coloca em justaposição duas idéias que raramente são encontradas juntas em obras de teoria — a forma pura e a composição pictórica — embora, evidentemente, elas tenham existido juntas na prática neoclássica, especialmente em Nash e Schinkel. A maneira pela qual ele chega a essa posição é tão interessante quanto seria produtiva a justaposição.

O dórico, para ele, é um estilo reformista, uma revolução contra a decoração aplicada de épocas anteriores.

... a época micênica considerava a decoração somente como uma forma de exibição aplicada e externa

isso, porém, não era suficientemente bom para os gregos de Choisy

Eles iriam precisar de um acento mais masculino de uma expressão mais firme; colocaram seu ideal em uma arquitetura que desprezava as fáceis seduções do ornamento, uma arquitetura que visava, acima de tudo, uma beleza severa de linha... novos tipos, mais abstratos e mais simples.

e foi o reflorescimento de tais qualidades que Choisy achava admirável na arquitetura da Renascença.

O que a arquitetura tinha acabado de obter novamente era um senso de beleza clássica em sua pureza mais elevada e mais abstrata.

Mas esse estilo, digno de nota por sua pureza abstrata de forma não decorada (para ele, tríglifo e métope não eram decoração), é colocado firmemente por Choisy no contexto de agrupamento pictórico. E deve-se entender pictórico em seu sentido mais estrito, não no sentido já gasto do cartão postal. Deve-se entendê-lo a partir de uma sucessão de quadros (*tableaux*) vistos pelo visitante que se aproxima do Parthenon, e

---

8. A idéia de uma arquitetura masculina ou máscula foi transmitida primeiramente por canais acadêmicos. Assim, Charles Blanc escrevera em sua *Grammaire*: "Na ordem dórica as proporções são masculinas... a arquitetura dos dóricos deveria ser sólida, maciça, vigorosa, e deveria demonstrar sua força da mesma maneira que um atleta flexiona seus músculos" — prefiguração grotesca, embora tranqüilizantemente terra-a-terra, da teoria de Geoffrey Scott, um tanto sobrenatural, dos valores humanistas na arquitetura, discutida no Cap. 4.

como uma maneira de procedimento proposital, não acidental. Ele compara os planos da Acrópole antes e depois que o fogo arrasou a maior parte de seus edifícios e comenta que, embora o plano anterior fosse o resultado de uma acumulação de acidentes,

> ... o outro está concebido metodicamente, de acordo com uma visão global e adaptado a um local que tinha sido limpado pelo fogo e, nesta nova Acrópole, as assimetrias aparentes são apenas um meio de dar um aspecto pitoresco ao grupo arquitetônico mais habilmente equilibrado que jamais existiu.

Isso é dar um valor muito alto à composição pitoresca, e compõe um contraste notável com a prática da Beaux-Arts e suas rotinas de eixos maiores e menores. Ele identifica os componentes do método pitoresco com absoluta acuidade: o respeito pelo local.

> Os gregos jamais visualizaram um edifício sem o local que o emoldurava e sem os outros edifícios que o rodeavam... localizando-o como o teria feito a natureza

tirando proveito de fatores dados

> A arquitetura curvava-se a tais sujeições, e transformava-as em proveito próprio

equilíbrio de massas

> Cada motivo arquitetônico, por si só, é simétrico, mas cada grupo é tratado como uma paisagem onde somente as massas equilibram-se

como pode ser visto por um observador que caminha ao nível do chão

> O método de equilibrar emergirá de um estudo dos quadros sucessivos que a Acrópole do século V apresentava ao visitante.

E o pitoresco não é apenas bastante bom para os gregos, é também a maneira natural.

> Assim faz a Natureza... a simetria reina em cada parte, mas o todo está sujeito somente àquelas leis de equilíbrio para as quais a palavra "balanço" é, ao mesmo tempo, expressão física e imagem mental.

Esse modo *ad hoc* e natural de composição obviamente tinha atrativos para Choisy enquanto homem prático; não obstante, a associação do dórico grego, apogeu da disciplina e regularidade arquitetônica, com a composição assimétrica permanece como uma realização notável no contexto do *design* francês do fim do século XIX. A mensagem não foi à revelia e, embora as assimetrias do edifício do pós-guerra fossem ter uma base estética mais complicada do que essa, as ilustrações de Choisy, bem como suas argumentações, surgem como apoio às opiniões antiaxiais sobre o planejamento de Le Corbusier. Mesmo assim, pode-se pôr em dúvida se Choisy percebeu que estava colocando uma mina sob os métodos aceitos de planejamento e que seria explodida por uma geração mais jovem. Suas derradeiras palavras sobre a Grécia são convencionais.

A arte grega... parece ser um culto desinteressado ofertado à idéia de harmonia e beleza abstrata.

Choisy, de fato, tem trechos pouco vigorosos, onde não está em sua melhor forma. Sua visão do desenvolvimento lógico e teleológico da arquitetura faz poucas concessões a tais fatores eventuais tais como o exercício da vontade humana, com o resultado de que sua atitude em relação à Renascença é confusa e contraditória, e isto em grande parte porque ele deixou de levar em conta toda a gama de determinantes sociais. De modo semelhante, seu estudo do século XIX é pouco satisfatório porque ele deixou de levar em conta toda a gama de determinantes técnicas. Parece que ele não observou que, na época em que o livro estava sendo escrito, tanto o equipamento quanto os materiais estavam em revolução, e que — mesmo de acordo com seus padrões — também a arquitetura deveria estar em revolução. Mas ele pára com a Bibliothèque Nationale de Labrouste, observando que esta era um começo que continha mais do que promessas, e silencia quanto ao último terço do século. Nesse ínterim, o instrumental estava sofrendo uma revolução devida à eletricidade e ao motor de combustão interna; a *construção,* devida ao aço e ao concreto armado. Contudo, ele podia dizer, sobre a abordagem do edifício gótico

57

Reconhecemos ali nossos motores atuais, bastante próximos, a grua, o cabrestante, toda nossa maquinaria, a qual, em si, nada mais é senão a maquinaria da Antiguidade.

Embora possam ser grandes suas contribuições para o equipamento mental do Movimento Moderno, o fato de ele ter deixado de apreciar a emergência de seu equipamento mecânico significa que ele não podia contribuir com nada de decisivo. Algo semelhante a contribuições decisivas, entretanto, viria de seus próprios sucessores diretos, Auguste Perret e Tony Garnier.

3. A SUCESSÃO ACADÊMICA: GARNIER E PERRET

Além da contribuição representada por engenheiros como Freyssinet, a França deu, ao desenvolvimento de uma nova arquitetura antes de 1914, apenas o trabalho de dois membros da sucessão acadêmica a Guadet: tanto Auguste Perret (1874-1954) quanto Tony Garnier (1869-1948) tinham sido seus alunos e se alimentado com os aspectos progressistas e negativos de seu ensinamento. Ambos também devem algo a Choisy, mas este débito é menor no caso de Garnier, cuja carreira foi academicamente respeitável; e é maior no caso de Perret, que não se manteve no rumo inicial.

Mas seja o que for que devem a Choisy, seu débito maior diz respeito ao projeto de edifícios — isto é, composição — e é para com Guadet, cujo curso freqüentaram, cuja influência sofreram na década de 90, quando Guadet estava no seu ponto mais alto como professor. Garnier conquistou o Prêmio de Roma de 1899 (dois anos depois da saída de Perret) com um projeto que ainda é mencionado (por Ferran)[1] como modelo de composição e que, de fato, representa o ideal da Beaux-Arts na sua forma mais abstrata e elegante. Trata-se de um projeto para o escritório central de uma casa bancária estatal, com seus principais locais de trabalho distribuídos perifericamente em torno de uma enorme quadra coberta em cujo centro, mas ocupando apenas um décimo da área, está o saguão principal da casa bancária. A escala é grandiosa, o espaço destinado à circulação monumental, as facilidades de entrada etc., é profundamente desproporcional — e no entanto este esquema conquistou a preferência dos membros do júri em relação a outros que apresentavam uma circulação bem mais eficiente e um sentido funcional bem maior. Pode-se perceber facilmente como uma geração, que alimentava suspeitas quanto ao arbitrário em conseqüência dos ensinamentos de Choisy, se revoltava contra tais princípios de um projeto, e contra os júris que os apoiavam.

Mas supor que Garnier fez seu projeto de uma maneira insincera, como aparentemente supunham os estudantes de Paris depois de 1918[2], ciumentos de sua reputação de pai da moderna arquitetura, é algo que não parece apoiar-se em dados sólidos. Se ele assim tivesse agido, é improvável que um crítico acadêmico tão astuto quanto Ferran tivesse se deixado conquistar por seu projeto cinqüenta anos mais tarde; os fatos apontam, antes, na direção de um enfoque segundo o qual ele se teria voltado para seu projeto da Cité Industrielle num ato de repúdio às idéias que, anteriormente, ele havia defendido com alguma sinceridade.

1. Em seu *Philosophie*, mencionado no Cap. 1.
2. André Lurçat contou ao autor que era bastante embaraçoso, para os jovens arquitetos progressistas do começo da década de 20, explicar um tal projeto.

Alguém ocupar seu tempo com um esquema desses enquanto era *pensionnaire* da Vila Medici constituía realmente um revolucionário curso de ação, mas há evidências de que ele também teve parte de seu tempo ocupada com exercícios acadêmicos mais convencionais [3]. No entanto, parece que seu estado de espírito, enquanto permaneceu lá, esteve bastante alterado e não acadêmico, pois é possível ler, numa de suas poucas declarações sobre arquitetura, escrita em 1900 [4]:

> Uma vez que toda a arquitetura está baseada em princípios falsos, a arquitetura da Antiguidade foi um erro. SÓ A VERDADE É BELA. Em arquitetura, a verdade é o produto de cálculos feitos com a finalidade de satisfazer necessidades conhecidas com meios conhecidos.

Tem-se aqui um eco das declarações de Guadet em *Composer, c'est faire l'emploi de ce qu'on sait* (Compor é utilizar aquilo que se conhece), mas o uso da palavra *cálculos* soa mais a Choisy, cujo livro tinha deixado uma impressão ainda recente na mente dos homens, embora o sentimento aí expresso vá bem além de qualquer coisa por ele expressa. Mas esta declaração parece assinalar perfeitamente o estado de espírito para o qual se poderia voltar um arquiteto: a partir da irrealidade que representava um programa do Prêmio de Roma, para a *vérité* de uma cidade industrial.

Essa *vérité*, no entanto, não estava de modo algum muito distante das conotações da Beaux-Arts. Ao contrário dos fragmentos da Città Nuova de Sant'Elia, de 1913-14 [5], o projeto de Garnier não se preocupa com os problemas de nenhuma cidade real em particular [6].

3. Em 1912, Tony Garnier publicou as plantas da reconstrução de Tusculum.
4. Citado na introdução à *L'Ouvre de Tony Garnier* (Paris, 1938) editada por Badovici e Morancé.
5. Ver Cap. 10.
6. Embora a maior parte do trabalho sobre a Cité Industrielle estivesse, supostamente, suficientemente acabada para a exibição de 1904, deve-se notar que ele não foi definitivamente publicado (num *portfolio* grande e complexo) a não ser em 1918, época em que Garnier conseguiu introduzir, na publicação, alguns dos edifícios que ele tinha efetivamente construído em Lyon, como se mencionará a seguir.

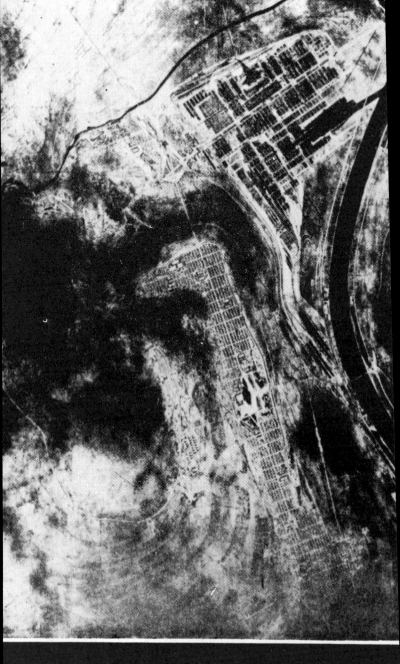

9. Tony Garnier. La Cité Industrielle, projeto de um imaginário planejamento urbano, 1904-1918. Uma cidade disposta segundo os conceitos da composição elementar, com o "elemento" residencial no centro e o "elemento" industrial à direita, embaixo.

La Cité Industrielle está situada num lugar imaginário
— de fato, um lugar ideal, pois uma elevação mais do
que conveniente ergue a área residencial bem acima
da zona industrial. As próprias zonas, embora sejam
do tipo que é geralmente considerado pelo pensamento
urbanístico do começo do século XX, são tratadas quase como elementos guadetescos. As funções residencial, industrial, de transporte, de esporte e saúde são
colocadas em áreas de terra compactas e separadas,
toda a indústria numa unidade, todas as residências em
outra, com comunicações totalmente inadequadas —
como entre a zona industrial e a residencial — uma
vez que a estrada axial que corre ao longo da área
residencial estrangula todo o tráfego que vai e que
parte da zona industrial numa única artéria, sem estradas auxiliares.

Mas as sobrevivências do academismo não são
apenas estas. A zona residencial, embora irregular em
seu aspecto geral, tem suas ruas assentadas numa malha retangular regular com *eixo de equilíbrio* e *eixo
secundário,* com suas *salles d'assemblées* nas interseções dessas ruas, no centro. As casas, embora livremente situadas — mais ou menos — estão alinhadas
com a rede viária. O padrão, na verdade, é como
Camillo Sitte sem os caminhos tortuosos. Com mais
detalhes, as plantas das casas — embora assimétricas,
em alguns casos — parecem derivadas daqueles preceitos sobre *la salle et ses dépendances* que Guadet
derivou de Blondel, enquanto que os lugares individuais, públicos e institucionais parecem ter sido extraídos diretamente das idéias de Guadet, especialmente
a *salle des collections* de sua escola de arte. No tratamento elevacional, os vários edifícios tendem a seguir o precedente guadetesco na medida em que apresentam inúmeras janelas e em que, de fato, estabelecem
uma série de normas às quais Garnier mais tarde retornaria em seu trabalho. Mas deve-se ressaltar que
não se trata do Guadet do *Cours de Théorie,* nem do
Guadet do Hôtel des Postes, que ele está seguindo aqui,
mas sim o Guadet que se reflete na pequena casa de
seu filho no Boulevard Murat, que será discutida mais

10. Tony Garnier. A torre de refrigeração do matadouro, *Grands Travaux de la Ville de Lyon*, 1913 aprox. O classicismo despojado de um arquiteto acadêmico avançado.

11. Paul Guadet. Casa no Boulevard Murat, 1910: classicismo despojado na tradição acadêmica.

adiante. As pequenas casas da Cité Industrielle, no entanto, são ainda mais simples que esta, com paredes sólidas e superfícies limpas, tetos planos e sem cornijas. É nestes pequenos edifícios que Garnier se revela mais verdadeiramente um pioneiro dos desenvolvimentos ulteriores da arquitetura, e Morancé e Badovici, quando publicaram seu livro sobre Garnier em 1931, chamaram especialmente nossa atenção, através de notas às ilustrações, para feitos como o *jardim teto-terraço* e a *supressão total da cornija.*

É aqui que ele se revela um pioneiro dos desenvolvimentos da forma arquitetônica, mas como um pioneiro do desenvolvimento do pensamento arquitetônico ele deve ser lembrado e avaliado simplesmente por ter pensado uma cidade industrial (de fato, qualquer cidade) como um assunto que merece estar presente na prancheta do arquiteto. Com este gesto, ele ampliou os termos de referência da arquitetura, e trouxe essa arte mais para perto da realidade — *la vérité* — de uma época industrializada. No entanto, o impacto desse gesto foi um pouco atenuado, no que diz respeito aos seus próprios contemporâneos, pelo fato de que — embora substancialmente completado por volta de 1904 — teve de esperar até o fim da guerra para ser publicado, e foi sobre uma geração mais jovem que ele exerceu maior influência. Esta era uma geração que tinha sido preparada pelos futuristas a respeito das idéias sobre as cidades industriais e que, nessa época, já tinha, para observar, alguns trabalhos completos de Garnier.

Embora a atitude não-convencional de Garnier para com a arquitetura não o recomendaria aos elementos regularmente constituídos da hierarquia administrativa francesa que lidava com as grandes comissões, ela lhe valeu a atenção de um dos mais ilustrados políticos franceses da época, Edouard Herriot, então prefeito de Lyon, cidade natal de Garnier. *Les Grands Travaux de la Ville de Lyon,* executados sob a direção de Herriot, ocuparam Garnier durante quatorze anos, de 1906 a 1920. Esse trabalho é, em parte, a realização e a ampliação das idéias que já existiam na

12. Auguste Perret. Edifício de apartamentos na Rue Franklin, Paris, 1903; uso pioneiro do concreto armado no trabalho doméstico, notável pela engenhosidade de sua frente côncava em U e pela exibição clara de sua construção, embora tanto os materiais estruturais quanto os de preenchimento sejam revestidos de cerâmica.

Cité Industrielle, como o estádio e o grande centro hospitalar em Grange Blanche, e, em parte, a superação de muitas deficiências conspícuas da Cité.

A despeito do nome, esse projeto tinha-se revelado bem fraco quanto ao seu aspecto industrial. Das cento e sessenta e cinco páginas e inúmeras ilustrações da edição de 1918 da Cité Industrielle, apenas cinco páginas são dedicadas à indústria. E destas, duas configuram empréstimos que ele fez do seu trabalho real sobre as construções industriais em Lyon. Pois uma boa parte de seu trabalho para Herriot consistiu em planejar mercados e matadouros em escala bem ampla. Este trabalho incluía um enorme *hall* com um teto em armação de treliça, à maneira da Galerie des Machines de Contamin, e um admirável grupo de edifícios auxiliares abrigando casas de força, armazéns, frigoríficos etc., nos quais ele combina seu aprendizado classicista (cornijas e uma forma de caneluras dóricas nas chaminés) com o atendimento das necessidades industriais de produzir uma arquitetura que pudesse suportar uma comparação, por um lado, com os edifícios industriais do começo do século XIX e, por outro lado, com os projetos de contemporâneos como Behrens, Poelzig ou Sant'Elia.

Há, na obra de Auguste Perret, uma interação semelhante entre o aprendizado classicista e as necessidades técnicas, mas as semelhanças entre ele e Garnier vão além desse ponto. Como já foi dito, Perret abandonou a École des Beaux-Arts em 1895, antes de completar o curso mas depois de haver demonstrado uma considerável aptidão para seus estudos, a fim de juntar-se ao negócio comercial de seu pai. Ele vinha fazendo projetos, independentemente, desde 1890, ano em que entrou para a École, de modo que já possuía, quase desde o começo, aquela combinação de arquiteto e prático homem de negócio que lhe atribuiu uma condição comparável à de Peter Behrens, bem como uma influência sobre a geração que surgia — pois parece claro que estes dois classicistas de transição estiveram entre as figuras mais influentes na formação da geração que produziu (mais do que foi pioneira na) a arquitetura moderna.

13. Auguste Perret. Garagem na Rue Ponthieu, Paris, 1906; construção em concreto aparente, dentro da disciplina do classicismo despojado das academias.

Com Perret, essa influência consiste principalmente em três edifícios, concluídos antes de 1914, e a estrutura de um quarto, e em seu breve período como professor e político na década dos 20. Um exame destes edifícios mostrará que o sucesso deles consistiu em ter imposto, sobre uma estrutura de concreto armado, uma estética eclética — derivada tanto de Guadet como de Choisy — que seus contemporâneos (e também a geração seguinte) acreditaram ser a forma natural da construção em concreto armado. Na verdade, ele deixou a estrutura de concreto num estágio não mais desenvolvido do que ele próprio a tinha encontrado, e algumas críticas mais recentes chegam mesmo a propor que ele atrasou o desenvolvimento dessa técnica. Por outro lado, ele fez do concreto um material esteticamente aceitável (pelo menos aos olhos da geração mais nova), condição esta que o concreto seguramente não tinha antes dele, a despeito dos esforços de Hennebique. E esta aceitação do concreto foi completada com o reconhecimento de um lugar para o concreto entre os conceitos arquitetônicos e estruturais reconhecidos e honrados através dos tempos — e não simplesmente através de uma ampliação desses conceitos a fim de que incluíssem as possibilidades da construção em concreto.

Os três prédios de antes de 1914 dependem, como o próprio Perret admitiu, de uma transposição choisiesca do concreto armado para as formas e usos da construção em madeira — uma malha retangular de colunas e vigas. Este processo, que pouco utiliza as qualidades monolíticas, e menos ainda as plásticas, do material, e apesar das afirmações dos seguidores de Perret, parece ter uma derivação complicada. Diz-se que o próprio Perret teria afirmado que seu processo derivava das construções em meia-armação de madeira do Norte da França (quase do mesmo modo como Thomas Graham Jackson queria que a construção em ferro se baseasse na meia-armação de madeira da Inglaterra), mas há, aqui, mais do que isso. A casa do Boulevard Murat, realizada por Perret para Paul Guadet em 1912, tem uma pequena grade de vigas e colunas claramente expostas na parte da frente, com os

14. Auguste Perret. Desenho de parte da estrutura do Théâtre des Champs-Elysées, datado de 1913. Embora o crédito pelo projeto do edifício como um todo seja atribuído a Henry van de Velde, a estrutura é sem dúvida de Perret, e exemplifica seu modo de lidar com o concreto como se sua natureza se assemelhasse à da madeira.

15. Auguste Perret. Igreja de Notre-Dame, Le Raincy, 1923; uma elaborada (e influente) realização do racionalismo de Choisy em termos de concreto armado.

espaços entre elas ocupados por vidraças e tímpanos
de pedra — com a linha mais elevada de tímpanos,
diretamente abaixo da cornija que se projeta, tendo
sido tratada como um friso dórico — e o projeto todo
apresenta a qualidade de uma elevação racionalizada,
geometricizada, um pouco ao estilo dos modelos de
prédios de escritórios feitos pela escola de Chicago
mas que é, ao mesmo tempo, perfeitamente concebível
enquanto algo que derivou da abordagem mais antiga
que Guadet fez dos *éléments de l'architecture*. Por
outro lado, se Perret derivou este tipo de estrutura
a partir de uma prática em madeira independente de
Guadet, mesmo assim ele tinha, aqui, visíveis antecedentes em Paris. A gradativa substituição de vigas de
madeira por vigas de concreto pode ser vista ao longo
das construções industriais da área da Rue des Cordeliers. O vão entre as colunas e o tamanho das vigas
são quase sempre os mesmos tanto para a madeira como para o concreto, mesmo no caso de estruturas completas de concreto, algumas das quais até apresentam
os anéis de suporte utilizados nas extremidades das vigas quando se trata de construção em madeira e que,
teoricamente, são desnecessários no concreto. É difícil precisar as datas dessas estruturas, mas alguns detalhes referentes às portas, por exemplo, sugerem que
algumas dessas construções completamente em concreto
podem ser da década de 1890.

Naturalmente, a maneira como Perret inicialmente
utilizou o concreto não chega a ser mais ousada do
que aquela encontrada na Rue des Cordeliers, e, em
seu primeiro importante edifício-manifesto de concreto,
na 25 *bis* Rue Franklin, apenas uma viga — a aba
ao nível do primeiro andar — apresenta uma distância
que seria de todo inconcebível em madeira. Não obstante, esta construção é bastante original, se não por
outra coisa pelo menos pela maneira como evita os
resultados inumanos das necessidades de iluminação
previstas no plano urbanístico de Paris. A solução
encontrada por Perret — colocar o pátio exigido na
frente do edifício, e não atrás — já apresenta, em 1903,
a qualidade górdia de alguns dos modos como Le
Corbusier evitava dificuldades, e resulta num primeiro

andar na forma de um U côncavo de frente para a
rua — algo completamente original para a Paris, naquela época. Mas isto nada tem a ver com concreto
armado; mesmo os cantiléveres que fazem os braços do
U avançar sobre a rua têm uma forma tal que provavelmente poderiam ter sido feitos em madeira ou tijolo.

Igualmente importante é o modo como Perret utiliza sua fachada a fim de exprimir tanto sua atitude
material quanto a choisiesca em relação à estrutura.
Os principais elementos de suporte — horizontais ou
verticais — são mostrados na face da parede, mas sem
deixar à mostra nenhuma porção de concreto, uma vez
que as vigas são recobertas por telhas. Na parte superior do edifício, as áreas entre os elementos da estrutura não são preenchidas, criando-se assim arcadas
abertas, mas em todos os demais andares estes espaços
são preenchidos por janelas. Não se registra nenhuma
tentativa de separar a função de suportar peso da função de abrigar que as paredes apresentam; o travejamento é efetivamente coplanar à face da malha estrutural e, internamente, embora o plano seja livre (porém
não mais livre do que alguns dos fragmentos das plantas de Blondel a que Guadet se referiu), as paredes
tendem a correr simplesmente de um elemento estrutural a outro, não havendo colunas que se apresentem
livres e isoladas.

A importância deste edifício depende, na verdade,
mais da originalidade de sua planta, do uso do concreto e da utilização dos elementos de estrutura visando
um efeito exterior do que de seus aspectos estruturais.
Seu outro edifício mais importante de antes da guerra,
a Garage Ponthieu de 1905, marca a volta dessa posição mais avançada para uma posição que mais se
aproxima à de Guadet, embora o concreto estrutural
seja, aqui, exposto. Tem-se discutido este edifício como se ele fosse uma simples estrutura cujas formas
eram o produto simples de um propósito e dos materiais utilizados "despidos de todo refinamento... exibindo toda a falta de graça de uma nova arquitetura
que se estava fazendo" e "ao esqueleto de concreto

armado atribui-se uma possibilidade total de determinar a natureza da fachada"[7]. Esta última afirmação é questionável; a primeira é falsa.

A resposta vem do próprio Perret, que dizia ser a Garage Ponthieu a "primeira tentativa (no mundo) de um concreto armado estético"[8], e parece claro que a estética que ele tinha em mente era a da Beaux-Arts. A fachada é composta na forma de uma *travée* rítmica de pseudopilastras dispostas 3 : 5 : 3, com o ritmo sendo marcado pelas janelas que ocupam aquilo que (num prédio da escola de Chicago) seria chamado de "friso ático", e a composição vertical é fechada por uma cornija que se projeta. Os elementos da fachada são, de fato, os da casa do Boulevard Murat, e embora não apresentem os elementos decorativos usados por Paul Guadet, a *modenature* utilizada está longe de ser não-refinada, enquanto que a grande janela-rosácea em cima das portas e o vidro colorido das próprias portas, para não mencionar as janelas cercadas por bronze do andar térreo, parecem sugerir fortemente uma pretensão estética.

Quanto a forma geral desta fachada, e seu relacionamento com o material empregado, deve-se observar que apenas um vão na fachada é tão extenso quanto as vigas internas: trata-se daquele que passa por cima da janela-rosácea, com a viga equivalente sob ela sendo suportada, visualmente, por duas colunetas, como se fosse *in antis*. O efeito destas colunas é dissipar e não reforçar, do exterior, a expressão da economia interna da garagem, sendo a passagem central entre as áreas de estacionamento da mesma extensão do vão central maior, e não da extensão da porta de entrada. Não se pode dizer com certeza se esta elevação exterior foi determinada pelo material empregado ou pela função do edifício; antes, sente-se aqui uma solução de compromisso entre as posições de Choisy e as de Guadet, ou seja, entre a expressão da técnica

---

7. Opinião expressa por PETER COLLINS em The doctrine of Auguste Perret. *Architectural Review* (Londres, ago. 1953) e opinião expressa por SIGFRIED GIEDION em *Space, Time and Architecture*, 3. ed., Londres, 1954, p. 329.

8. Opinião de Auguste Perret citada (bastante bem) na mesma página por Sigfried Giedion.

do período (incluindo-se os automóveis e o concreto armado) e este conceito da Beaux-Arts: "primeiro o projeto, depois a estrutura".

Num outro de seus trabalhos importantes do período de pré-guerra, Perret viu-se levado a adotar explicitamente esta última posição, quando trabalhou, como consultor de estruturas de Henry van de Velde, no projeto do Théâtre des Champs-Élysées. Esta colaboração não foi feliz, e terminou em brigas, polêmicas públicas e uma quantidade razoável de *mala sangre* [9], mas seja quem for que tenha realmente projetado o exterior e detalhado o interior, a estrutura principal é sem dúvida de Perret, e serve como testemunho de seu modo de pensar na época desse seu projeto (1912), e que é considerada, por seus seguidores, como um de seus melhores trabalhos. Uma vez que esta estrutura ficava inteiramente oculta, ele não precisava — como aconteceu na Garage Ponthieu — afivelar-lhe por cima uma máscara estética, ocultando com isso seu ousado uso do material; toda a estrutura é consistente, e incorpora elementos curvos e em forma de anéis que poderiam não se ajustar em seu exterior entablado.

Sente-se que essa estrutura está embebida do modo de construção de estruturas em madeira, formada por seções *standard* de madeira; dessa forma, nenhum dos elementos verticais se vê diminuído à medida que se aproxima do topo mas torna-se, pelo contrário, cada vez mais redundante em seção e bem longe do ideal choisiesco de pôr os materiais a trabalhar até seu ponto-limite. Ao invés de arcos para suportar pesadas cargas distribuídas, são utilizadas cantoneiras reforçadas sob as vigas de seção constante, e embora existam razões muito boas para a simplificação desta prática, a aparência geral da estrutura é a de uma peça complicada. As qualidades monolíticas da estrutura são usadas apenas para obter essas resistências torsionais que derivam, em marcenaria, de en-

---

9. Uma autoridade nessa disputa desairosa é PAUL JAMOT em *Auguste Perret et l'architecture du béton armé*. Essas desavenças, que consistiam basicamente em disputas sobre questões de prioridade e de auto-estima, foram anormalmente freqüentes neste século, mas a culpa, disso não deve ser necessariamente atribuída ao interesse mostrado, por parte de historiadores da arte, pela arquitetura de seus contemporâneos.

talhes ou de juntas embutidas. No entanto, encarada fora de contexto — que é a única maneira como ela pode ser olhada como imagem visual — esta estrutura é, por si própria, um excitante artefato; uma estrutura que, diversamente revestida, poderia assemelhar-se bastante à arquitetura estrutural da década de 20. Não há dúvida de que a geração seguinte achou que essa estrutura estava bem próxima dos seus próprios ideais — a geração que em peso foi admirar a igreja que ele construiu em Le Raincy.

Notre-Dame du Raincy é um monumento confuso, mas de considerável importância. Quase todas suas superfícies visíveis foram revestidas de concreto — sendo essa superfície exterior nada mais do que a superfície cuidadosamente oculta da estrutura — e quando foi terminada, em 1922, ela se constituiu numa confirmação da posição de Perret como um mestre do concreto armado aos olhos de uma geração que estava convencida de que os novos materiais iriam revolucionar a arquitetura. Mas a aceitação estética dessa igreja deve ter sido facilitada pelo fato de que nela não havia muita coisa nova, em termos de estrutura. Em relação à extensão dos vãos ela fica bem atrás ao que já tinha sido conseguido por Freyssinet, embora as colunas bastante altas e delgadas — quase trinta e cinco pés de altura, mas com apenas quatorze polegadas de diâmetro — representem uma bela proeza para a época.

Entretanto, a forma geral da construção está bem recoberta por precedentes choisiescos que já contavam, então, com mais de duas décadas de aceitação. À primeira vista, a forma da igreja é a do gótico, embora não apresente os mesmos arcos da igreja de concreto de Anatole de Baudot [10], mais antiga, pois ela apresenta uma nave central ligeiramente mais alta do que as naves laterais, das quais está separada por uma fila de altas colunas "ascendentes", e suas amplas janelas estão cheias de um traçado — literalmente, uma *remplissage* — de unidades geométricas pré-fun-

10. *I. e.*, Saint-Jean de Montmartre, um projeto goticizante de 1894.

didas. Mas esta *Saint Chapelle du béton armé* [11] evita as dificuldades que Choisy teve com os contrafortes externos que se tornavam invisíveis do lado interno através da adoção de um procedimento geral que se aproxima de sua análise da Basílica de Maxentius e de estruturas similares. Não há *organes de butée* externos, e as pressões laterais da abóbada da nave são absorvidas — pelo menos visualmente — pela estrutura das naves laterais, cujas abóbadas formam um ângulo reto com o eixo principal, como o fazem as abóbadas laterais da Basílica de Maxentius, enquanto que as pressões das abóbadas laterais são visivelmente absorvidas por uma trave vertical interposta entre elas e a abóbada central [12]. Esta solução foi aprovada por Choisy:

> O olho percebe de uma só vez a abóbada que cobre o edifício e os contrafortes que a suportam. Não há nada que não se explique por si só, é a própria clareza da arte grega.

e, aos olhos de seus seguidores, Notre-Dame du Raincy teria o duplo prestígio de ser ao mesmo tempo gótica e grega.

O mais jovem destes seguidores estava sendo dirigido para Perret e seus trabalhos dessa época por seus sucessores diretos, como Le Corbusier, e por racionalistas independentes como Adolf Loos. Ele estava em vias de ser elevado à categoria de patrono da nova arquitetura (advindo a canonização formal em 1923), quando um grupo de alunos descontentes da École des Beaux-Arts convenceu-o a tornar-se seu *maître d'atélier* [13] — estabelecendo-se o ateliê numa ala de interessante edifício de Perret, o Palais de Bois, uma estrutura temporária de madeira cujos vãos, de madeira, eram ligeiramente maiores que os da Garage Ponthieu, embora estivessem reconhecidamente suportando menor carga.

11. Esta descrição enganosa parece ter sido elaborada por Jamot.
12. Os desvios em relação ao protótipo clássico são o uso de uma abóbada cilíndrica contínua sobre a nave principal do edifício e o uso de colunas e vergas, ao invés das paredes-diafragma, sob a parte mais baixa das abóbadas laterais.
13. Para um testemunho vivo sobre esta fase da carreira de Perret, cf. ERNÖ GOLDFINGER em *Architectural Review* (Londres, maio 1954).

Nesse mesmo ano, foi convidado a contribuir com um prefácio ao primeiro volume do periódico de Morancé intitulado *L'Architecture Vivante,* que foi um dos mais importantes órgãos do Movimento Moderno. Esta *page liminaire* assumiu a forma de uma inscrição clássica, embora dificilmente a fraseologia fosse lapidar:

ARQUITETURA VIVA É AQUELA QUE EXPRIME FIELMENTE SEU TEMPO. NÓS A PROCURAREMOS EM TODOS OS DOMÍNIOS DA CONSTRUÇÃO NÓS ESCOLHEREMOS OBRAS QUE SE SUBORDINEM ESTRITAMENTE A SEU USO E QUE SE REALIZEM ATRAVÉS DA UTILIZAÇÃO JUDICIOSA DO MATERIAL ASCENDENDO À BELEZA ATRAVÉS DA DISPOSIÇÃO E DO PROPORCIONAMENTO HARMONIOSO DOS ELEMENTOS NECESSÁRIOS DE QUE SE COMPÕEM
MCMXXIII   AUGUSTE PERRET

e que nada continha, além da expressão "todos os domínios da construção", que Choisy e Guadet não aprovariam.

O desenvolvimento posterior de Perret, na direção de um classicismo pleno, escapa aos objetivos deste estudo, dado que não representou uma influência apreciável sobre o desenvolvimento do Movimento Moderno, enquanto que, por outro lado, seu trabalho sobre a racionalização e a estandardização dos elementos de construção também foge (quanto ao tempo) aos domínios deste estudo, uma vez que só assumiu uma forma notável por volta de 1930, em seu Garde-Meuble Nationale. Sua importância no presente contexto é como professor e exemplo da geração seguinte, e como o homem que, mais do que qualquer outro, tornou o concreto armado aceitável enquanto material visível da construção aos olhos daqueles que praticavam a arquitetura como uma arte; e isto ele o fez atribuindo ao concreto uma estética retangular, facilmente reconhecida e facilmente digerida.

4. INGLATERRA: LETHABY E SCOTT

Falando na Architectural Association de Londres, em 1915, W. R. Lethaby propunha que uma das coisas que se podia aprender da Alemanha era

... como apreciar a originalidade inglesa. Há cerca de vinte anos atrás houve um desenvolvimento bastante notável nas artes inglesas de todo tipo. Durante cinco ou seis anos, por volta de 1900, o governo alemão manteve em sua embaixada em Londres um *expert* arquiteto, Herr Muthesius, que se tornou, na Alemanha, o historiador da Livre Arquitetura Inglesa. Todos os arquitetos que, por essa época, fizeram algum edifício foram investigados, classificados, tabulados e, devo dizer, compreendidos. E então, assim que chegou nossa construção inglesa livre, ou pelo menos quando ela "quase o fez", houve uma tímida reação e o reaparecimento dos estilos catalogados. É igualmente verdadeiro, ou mesmo mais verdadeiro, que os progressos no desenho industrial alemão se basearam no movimento inglês Arts & Crafts.

Este trecho bastante característico da prosa de Lethaby, com uma organização etérea mas não de todo desprovido de sentido estético, relaciona dois pontos que na verdade são independentes um do outro, embora se possa entender facilmente que o sentimento de que a arquitetura inglesa tinha perdido uma certa virtude pudesse associar-se com o sentimento de que essa virtude tivesse ido embora, com Muthesius, para a pátria adotiva do movimento Arts & Crafts. De fato, a sincronização entre os estágios de declínio na Inglaterra e de desenvolvimento na Alemanha é tão grande que se torna fácil supor uma conexão entre esses fatos.

Assim, a fundação da Deutscher Werkbund em 1907 tinha sido precedida pela denúncia da *Art Nouveau* feita por Thomas Graham Jackson em 1906 e seguida, em 1908, por um ataque à Escola de Glasgow pela *Architectural Review*. É necessário suspeitar que uma das razões do declínio inglês foi a incapacidade de ver que a *Art Nouveau* de Glasgow era uma parte da "Livre Arquitetura Inglesa", e não um movimento de oposição. Um estado de sensibilidade despertada a respeito desta queda é visível na *Review* desde 1909.

> Nossa reputação na arquitetura doméstica, da qual nos acostumamos a nos orgulhar, está diminuindo... Um escritor na *Architectural Record*, Nova York, criticando nosso número especial — que, como se recorda, foi dedicado à arquitetura doméstica — anela por mais variedade e queixe-se da falta de um desenvolvimento racional.

Em 1911, ano em que foi terminada a fábrica Fagus, de Gropius, a *Review* foi a primeira a dar importância a um "estilo catalogado" num artigo assinado por A. E. Richardson intitulado "Le Style Neo-Grec". Seguiu-se, no ano seguinte, um estudo eulogístico de Schinkel, e essa tendência, exemplificada em ambos os artigos através de *a*) uma ressurreição do neoclassicismo e *b*) uma dependência dos modelos estrangeiros e não dos nativos será inteiramente confirmada por um outro artigo mais tarde nesse mesmo ano, "Architecture from the Classical Standpoint", não assinado mas que era richardsoniano no tom e guadetesco na atitude, *e.g.*

> A grande falha da arte moderna é a ausência de uma composição estudada.

No entanto, a tendência do argumento é antiparisiense

> A França, durante séculos a Academia da Europa, está deixando que o espírito clássico seja usurpado por tendências modernas básicas... as loucuras do Grand Palais, as excrescências ornamentais da Gare d'Orléans, capturaram a imaginação da geração atual.

e declara-se acreditar que a salvação está "na reticência anglo-saxônica" e num apelo a Roma

> Agora, com o estabelecimento da Escola Inglesa de Roma, podemos encarar o futuro com esperança já que a importância do espírito clássico para o desenvolvimento da moderna arquitetura está, enfim, recebendo atenção.

O aparecimento de sentimentos assim canhestros numa revista que já tinha sido mais ou menos o porta-voz do grupo de Lethaby evidencia uma mudança não apenas na política editorial (que já vinha mudando desde 1905, quando Mervyn Macartney tornou-se editor) como também uma mudança geral no clima intelectual da arquitetura inglesa. Essa mudança data também de 1904-05, e envolve o término quase simultâneo do Ritz Hotel, por Mewes e Davis, da nova ala do British Museum, por John Burnet, e do Central Hall, Westminster, por Lanchester e Richards. A concepção de todos os três era classicizante, acadêmica e francesa, e para a nova geração de arquitetos ingleses, da qual H. S. Goodhart-Rendel parece um exemplar típico, estes prédios demonstravam a "Expertise Restaurada". A nova direção continuou até 1914 e mais além; a *Architectural Review* sustentou-a em 1914 com artigos de A. E. Richardson sobre Jean-Charles Krafft e Jacques Hittorf, e confirmou a tendência que se afastava de Paris através de uma apreciação entusiástica daquele que é, de longe, o produto mais interessante desse período e dessa tendência, a obra *Architecture of Humanism,* de Geoffrey Scott.

O livro de Scott é o ponto alto da tendência classicizante, o ápice da revolta de sua geração contra a seriedade, a insularidade e o empirismo vitoriano. Essa obra é implícita e explicitamente hostil a Lethaby, marca o advento tardio, na crítica arquitetônica, da tradição do esteticismo empavonado de Walter Pater, e provavelmente teve um destino condigno ao tornar-se o manual das fases neogeorgiana e *playboy* da arquitetura inglesa. Mas o interesse dessa obra não é apenas provincial, pois embora esteja à margem da principal corrente do pensamento arquitetônico, ela ilustra explicitamente certos processos que ocorreram abaixo da superfície da corrente principal, e esclarece os pontos fortes e os pontos fracos do estilo livre de Lethaby.

A própria posição de Lethaby nunca foi tão explícita quanto a de Scott. Ele e seu grupo não foram pensadores sistemáticos, e sim homens de sensibilidade que trouxeram para dentro do novo século a atitude moralista de Ruskin e Morris, e que a deram de presente ao Movimento Alemão. Mas o próprio Lethaby, pelo menos, combina esta moralidade com um interesse racionalista pela construção e pela engenharia. Seu trabalho contém ecos de Viollet-le-Duc.

Estes arcos, vigas e colunas têm uma tensão idêntica à da corda de um arco; um pedreiro dá uma pancada num pilar para tornar audível sua tensão; podemos pensar numa catedral como estando tão "esticada" que, se batermos nela, produzirá uma nota musical.

e de Choisy

Uma boa linha de pesca, um violino bem afinado, têm suas justas proporções; e a arquitetura gótica não se desenvolveu através de uma visão estética das proporções, mas sim pondo a abóbada com suas nervuras, o arcobotante e a janela com barras de pedra a fazer o máximo possível.

É típica dele a comparação, nesta última citação, com o projeto não-arquitetônico. Ele queria uma arquitetura sem afetação, criada para a satisfação de necessidades compreendidas, e deste modo ele freqüentemente se volta para objetos como viadutos de estrada de ferro e bicicletas cujo valor, para ele, reside "em sua proximidade da necessidade". A um projeto deste tipo ele denominava "científico", e deve-se observar que o uso deste termo é bem menos inadequado em seu caso do que no caso de Guadet.

Aquilo para o que chamo a atenção, nas palavras mais simples e chãs, é a concentração sobre a educação prática, experimental e científica.

O método do projeto, para uma mente moderna, só pode ser compreendido no sentido científico, ou no sentido do engenheiro, como uma análise definida das possibilidades — e não como um etéreo trato poético de elementos poéticos.

Estes trechos, enfatizando o experimento e a análise, são de uma conferência que ele proferiu em 1910 na RIBA, intitulada *The Architecture of Adventure,* uma apoteose das atividades dos engenheiros e cientistas — especialmente Sir Christopher Wren, um classicista nativo, e não estrangeiro — na arquitetura. Mas pode-se ter a impressão, lendo-se outras conferências e textos seus, que sua admiração — como a de muitos outros arquitetos — voltou-se apenas para as disciplinas mentais da engenharia. Ele despreza as disciplinas práticas que complementam e tornam possíveis as disciplinas intelectuais.

Trabalho humano, é o que eu digo, e não a opressão da máquina. Maquinismo não é trabalho real do mesmo modo como os ruídos de um realejo não são música verdadeira.

À vista desta hostilidade, só podemos ficar pensando sobre quem foi o autor de uma notável nota anônima publicada pela *Architectural Review* em julho de 1905. O tom do parágrafo de abertura sugere uma fonte próxima a Lethaby, e o uso de sua etiqueta cheia de desprezo, "Arquitetura de Arquitetos", confirma-o. Mas o tom mais duro e a retidão do pronunciamento ultrapassam-no

Por que deveríamos nós, os arquitetos, viver num estado de eterna rebelião contra o presente? Falamos em retomar o fio da tradição arquitetônica a partir do ponto onde ele foi rompido. Não será isso, na verdade, uma desculpa para se voltar atrás, no tempo, uns dois séculos mais ou menos, e com isso deixar de lado as necessidades, as condições e as duras realidades da vida moderna? Não podemos, tranqüilamente, deixar de lado séculos de história, nem o fio da tradição nacional se rompe tão facilmente, a história providenciará para que isso não aconteça.

Os cientistas foram mais autênticos para com sua geração.

A beleza, a dignidade impressionante, a perfeita adequação e o estilo de uma locomotiva é algo incomparavelmente mais refinado do que o melhor trabalho do melhor arquiteto de nossos dias. Se apenas pudéssemos construir com a mesma propriedade, a mesma sabedoria, a mesma *aceitação pacífica dos materiais modernos e das condições modernas*, e com a mesma sinceridade! Se apenas pudéssemos pensar em nossos projetos como um problema inteiramente moderno e sem precedentes (e eles são um problema inteiramente moderno e sem precedentes) como é o trem, neste caso, sem dúvida, a mesma beleza, a mesma dignidade severa inevitavelmente se faria presente em nossos esforços, e as ruínas do passado poderiam virar pó, mas a tradição arquitetônica permaneceria conosco, em pé. Devemos começar pelas fundações e não pela cornija. Devemos pôr em nosso trabalho uma força construtora aborígine, e deixar que ela fale por si mesma: combinações engenhosas de estilo e invenções espertas são brincadeiras de tolos.

Está aberta a cova para a Arquitetura dos Arquitetos.

As exigências que nosso clientes, que não têm nenhum gosto, nos fazem em relação a frentes de vidro e coisas semelhantes são bem racionais; porém nós, escolados em nosso aprendizado de tradições e irrealidades, rebelamo-nos contra qualquer problema que não possa ser resolvido pelos métodos tradicionais. Temos vergonha de nossa nudez — e, no entanto, é na admissão de nossa nudez que reside nossa regeneração.

Em conclusão, que fique bem claro que apenas a força aborígine num prédio qualquer é que pode ser chamada arquitetura, e introduzir uma forma qualquer que não seja contemporânea é obstruir o progresso e a verdadeira expressão do moderno na arquitetura.

Esta firme e radical declaração de fé, que pré-ecoa quase todas as atitudes morais e intelectuais significativas do pensamento arquitetônico dos vinte e cinco anos seguintes, demonstra quão próxima da corrente principal de desenvolvimento pode estar a livre arquitetura inglesa. A dramática redução dessa arquitetura livre para as proporções de um mero vernáculo provinciano, em competição com uma versão provinciana do classicismo da Beaux-Arts, é um singular exemplo de perda de tenacidade e de colapso de uma energia criativa. Numa certa medida, essa situação pode ser atribuída a uma forma desordenada de pensamento e a escrúpulos excessivos — o fracasso na identificação da Escola de Glasgow como um aliado, ou na aceitação dos produtos da máquina, são exemplos desses escrúpulos. O pensamento confuso pode ser exemplificado com o caso de C. F. A. Voysey [1]. Sua arquitetura doméstica é a prova fundamental da importância e do valor do Estilo Livre e, através de Muthesius e outros, ele exerceu uma influência crítica sobre o desenvolvimento do Movimento Moderno. Todavia, é bastante comum ouvir-se dizer que a própria intenção de Voysey foi apenas a de aperfeiçoar e continuar o *cottage* vernacular do Sul da Inglaterra. Ele não tinha idéia alguma da importância daquilo que estava fazendo (parece que ele tinha aquela espécie quase patológica de modéstia típica de alguns intelectuais ingleses da província) e furiosamente rechaçou todas as tentativas de ligar seu nome ao Movimento Moderno. Nestas condições, não nos deve surpreender o fato de que suas práticas e seus objetivos variam tanto, esteticamente, uns em relação aos outros. Seu trabalho prima pela percuciente definição de uma superfície plana e lisa em relação a uma outra superfície, a delicada precisão de suas arestas e a arrojada geometria de suas formas; e, no entanto, tem-se uma citação sua, de 1908, na qual ele diz preferir

o suave efeito das linhas gerais de um velho prédio em que os ângulos foram feitos a olho, e não o efeito mecânico do moderno ângulo trabalhado.

1. Em defesa de Voysey pode-se dizer que outros membros e defensores da livre arquitetura inglesa foram tão confusos quanto ele. Lethaby, por exemplo, insistiu em seu desprezo por um "pitoresco mofado" e Muthesius era igualmente mordaz em relação a esse ponto, a despeito do fato de que a Arquitetura Livre que eles tanto admiravam era mais o produto do pitoresco do que de qualquer outra coisa, e em certos aspectos não estava mais desenvolvida do que tinha sido a primitiva arquitetura pitoresca. Um antigo defensor do trabalho pioneiro de John Nash, consubstanciado numa construção de planta livre e pitoresca em Cronkhill (1804) expressou sua admiração por essa obra a seu autor em termos que teriam gratificado qualquer arquiteto de 1900: "É muito conveniente". A admiração de Choisy pelo pitoresco é algo que outros racionalistas podiam ter imitado com proveito (tal como efetivamente o fez Le Corbusier).

85

Mesmo sem um pensamento assim confuso, teria sido difícil o empirismo do estilo livre afirmar-se. Uma perspectiva infindável de decisões *ad hoc*, baseadas em princípios fundamentais e em responsabilidades pessoais, pois a totalidade da carreira de alguém é bem menos atraente do que um conjunto de respostas imediatas como as que o treinamento da Beaux-Arts podia oferecer, e apenas uma rigorosa disciplina moral e intelectual — como a do livre estilo adquirida na Alemanha — poderia ter feito desse movimento algo tão convincente a ponto de ser transmissível. Mas seus mestres ficaram a maior parte do tempo costeando ao longo do *momentum* moral acumulado na época anterior. Pior ainda: os mestres da geração anterior, como Norman Shaw, estavam transformando-se, na velhice, em classicistas totais (Regent Street, Gaiety Theatre), e emprestando sua autoridade à restauração da *expertise* francesa: os edifícios que possuíam esta *expertise* ofereciam suaves e novos prazeres estéticos de um tipo superficial, mais um certo apelo *snob* e a maioria dos jovens arquitetos de Londres logo passou a sentir profundo desprezo pelos mestres da *Art Nouveau* e do Estilo Livre — o melhor dos ditos satíricos de Goodhart Rendel está naqueles que ele dedicou a Mackintosh e Voysey, mas ele não conseguiu fazer graças às custas de Lethaby.

Mas, como já foi dito, um desejo de retorno às bases italianas encontra-se misturado com esta admiração pela França. A fundação da Escola Inglesa em Roma deu um corpo institucional a este desejo, e Geoffrey Scott deu a ele uma cabeça. *The Architecture of Humanism* foi escrito em Florença, o lar tradicional do *far niente* anglo-saxão; mas se essa obra apresenta uma tendência para pregar uma espécie de irresponsabilidade arquitetônica, mesmo assim não chega a ser um livro trivial ou mesmo superficial. É um derivado, por assim dizer, de um sério e respeitável programa acadêmico de trabalho:

Minha intenção foi a de formular os princípios fundamentais do projeto clássico em arquitetura.

e todo um capítulo, dos nove que compõem a obra, é dedicado à defesa da tradição acadêmica. É necessário dizer que à época em que Scott deixou de defender essa tradição, ela deixou de existir. O produto principal dessa tradição, tal como existiu à época em que Scott escrevia seu livro (1911-1914), foi o corpo teórico condensado em Guadet, mas

> Uma *tradição* acadêmica, aliada, como estava na Renascença, a um sentido vívido da arte, é frutífera, mas a *teoria* acadêmica é sempre estéril.

De fato, tudo o que parece sobrar dessa tradição, nele, é o direito de ignorar os preceitos do único escritor acadêmico que ele discute — Vitrúvio. Não obstante, este frágil corpo de uma tradição acadêmica poderia realizar grandes coisas.

> A influência acadêmica salvou a arquitetura da França e da Inglaterra. Ela proporcionou um cânon de formas com o qual até mesmo um arquiteto não inspirado poderia garantir, para si, um toque de distinção; e a genialidade, onde existisse, poderia usar este ensinamento escolástico como meio, não como um fim...

Isto é, muito claramente, bastante semelhante à *expertise* restaurada de Goodhart Rendel, que garantia, a partir da segurança fornecida pela experiência acumulada pela École des Beaux-Arts, que

> se o aluno escolhesse experimentar, ele experimentava com os pés firmemente instalados no chão

embora "experimento" não signifique aqui, manifestamente, a mesma coisa que significava para Lethaby, mas sim algo puramente formal.

Entretanto, como se disse mais acima, a *Architecture of Humanism* constituía um desvio do objetivo original que se tinha, quando se escrevia uma manual acadêmico. A razão deste desvio foi o sentimento que Scott tinha segundo o qual a arquitetura clássica não podia ser apreciada, e menos ainda entendida, por seus concidadãos porque a capacidade de julgar destes tinha sido obscurecida por uma quantidade de critérios arquitetônicos errôneos, ou falácias, que ele enumera (antes de pôr-se a demoli-los) como sendo as Falácias Romântica, Pitoresca, Naturalista, Mecânica, e Ética Biológica. As demolições que ele tentou não parecem, agora, muito convincentes, em parte porque eram — mais ou menos na ordem acima citada — as estruturas mentais que tinham salvado a arquitetura vitoriana da estagnação e da esterilidade, e em parte porque normalmente ele ataca apenas algumas versões dessas teorias que ele "ouviu dizer", sem ir às fontes originais. Assim, sem conhecer de primeira mão a Choisy, e ignorante da extensão da *técnica* a que Choisy procedeu a fim de cobrir toda a estrutura da sociedade, ele só se pode confessar surpreso com o fato de que o Prof. Moore, que "baseia todo seu trabalho, de um modo muito consistente, num ideal mecânico da arquitetura", pudesse prefaciar seu trabalho "com uma rápida e litúrgica recitação de todas as fórmulas éticas", uma vez que ele considera estas duas abordagens como sendo *profundamente opostas* (o grifo é de Scott).

Ele próprio, no entanto, é bastante consistente, e não defende a arquitetura renascentista através de um recurso às fontes (embora pareça que ele tenha consultado, por exemplo, Alberti, Serlio e Palladio) mas sim nos termos de uma teoria acadêmica tal como ela existia em seu próprio tempo, despida de todos os tons morais e sociais. Tendo apenas um pequeno traço em comum com a indiferença de Guadet pelos estilos particulares, e com isso pelos conteúdos simbólicos particulares e pelos conteúdos de narrativa, ele põe de lado todas as qualidades simbólicas e narrativas e oferece, no lugar delas, uma arquitetura da forma pura. Gaudet define sua posição do seguinte modo:

> A arquitetura, simples e imediatamente percebida, é uma combinação, revelada através da luz e sombra, dos espaços, massas e linhas.

Isto coloca-o bem próximo de certos teóricos da arte abstrata do pós-guerra, que também aceitaram o ponto de vista segundo o qual a percepção simples e imediata só ocorreria nos aspectos formais ou geométricos dos objetos vistos. Tal como aconteceu com os teóricos posteriores do abstracionismo, também ele considerava esta percepção simples e imediata como sendo algo absoluto e fundamental.

Estes poucos elementos constituem o âmago de nossa experiência arquitetônica; uma experiência que a fantasia literária, a imaginação histórica, a casuística da consciência, os cálculos da ciência não podem constituir ou determinar, embora possa ser por estas delimitada ou enriquecida.

Os "poucos" elementos mencionados são, mais tarde, apontados como sendo em número de quatro, por Scott:

Através da atuação direta da Massa, do Espaço, da Linha e da Coerência sobre nossa consciência física, a arquitetura comunica seu valor como arte.

São estes os quatro grandes elementos da construção de cujas leis os maiores mestres da Renascença não se desviaram, por mais variados que possam ter sido seus impulsos e suas obras. A deles é uma arquitetura que, através da Massa, do Espaço e da Linha, responde ao deleite físico humano, e que, através da Coerência, responde às perguntas de nosso pensamento.

A formação deste conceito tem um *background* complexo. Está claro que a teoria acadêmica francesa forneceu algo tanto à arquitetura quanto à pintura. Se *elementos* provêm de Guadet, o mesmo acontece com *coerência,* que Scott usa para significar tanto a aceitação de uma ordem matemática quanto, simplesmente, a *composição*. A conexão entre esta *coerência* e o *pensamento* soa como a colocação de Charles Blanc:

O meio fundamental que o pintor tem para expressar seu pensamento é a "ordenação".

e, a respeito da insistência sobre a *linha,* um dos fatores que responde à necessidade de um *deleite físico humano,* também lembra Blanc:

Reta ou curva, horizontal ou vertical, paralela ou divergente — todas as linhas têm uma relação secreta com nossos sentimentos.

Não é preciso traçar a origem destas idéias até as fontes acadêmicas francesas; não apenas as idéias da

Beaux-Arts sobre arquitetura eram correntes na Inglaterra da década anterior à guerra, como também as idéias sobre pintura, provenientes de fonte similar, tinham sido postas em circulação por Roger Fry e seu círculo.

Mas há um elemento novo entre os citados por Scott: o Espaço. Este não estava sendo discutido nos círculos de arquitetura da França nessa época, nem constava do *curriculum* da Beaux-Arts, como foi comentado por Guadet, Choisy e seus seguidores. Choisy usa a palavra *espaço* para designar uma área que se transformará num vão a ser atravessado por um arco ou coberto por um telhado, e naquelas ocasiões em que nós, atualmente, usaríamos a palavra "espaço" para indicar um volume não construído dentro de um edifício, ele está mais inclinado a utilizar o termo *o vazio*. O que Scott quer significar, com Espaço é, de fato, *Raum,* com quase todos os tons que essa palavra adquiriu na estética alemã, e ele confessa que a retirou dos textos de Theodor Lipps, junto com a teoria da *Einfühlung* (empatia).

A teoria de Lipps parece ter sido bastante conhecida no círculo anglo-saxão que ele freqüentava (Berenson, Vernon Lee e outros)[2] e é utilizada por Scott para dar aparência de objetividade à atitude extremamente solipsista que ele estava assumindo, a saber: a de que a arquitetura afeta-nos através de sua correspondência mímica com as ações e atitudes humanas. Sob exame, sua posição depende de uma espécie de trocadilho com a palavra *Humanista,* que ele utiliza indiscriminadamente para referir-se tanto ao mundo do aprendizado humano quanto à projeção dos sentimentos humanos nas formas da arquitetura. Este duplo entendimento parece ser totalmente inconsciente, mas é sobre ele, e nada mais, que se baseia toda sua teoria da arquitetura renascentista como uma arte da forma pura, do gosto puro e do puro prazer. Supostamente, o material a partir do qual o Prof. Wittkower desen-

---

2. Scott entrou em contato com este círculo na qualidade de bibliotecário de Berenson, e o conhecimento das idéias de Lipps por este círculo é discutido num apêndice do livro de ARNOLD WHITTICK, *Eric Mendelsohn* (2. ed., Londres, 1956).

volveu sua teoria (totalmente diferente) da arquitetura renascentista como uma arte da forma simbólica seria acessível a Scott se ele tivesse querido utilizar-se dele; mas, sob a repartição acadêmica que pôs de lado os valores simbólicos e narrativos, ele só podia explicar sua ligação com a arquitetura renascentista se a considerasse como algo sem significado a não ser ao nível empatético.

Mas ele produziu algo novo ao tomar emprestada de Lipps a idéia de *Raumempfindung* e ao introduzi-la no contexto da teoria acadêmica. Esta introdução não foi produtiva, mas conserva seu interesse como ilustração de um processo que deve ter acontecido alhures, embora não de um modo explícito. A mudança da idéia que Lipps tinha do espaço (como volume sentido), que é o sentido que esse termo tem, por exemplo, nos escritos de Muthesius, para o conceito posterior de espaço como um contínuo tridimensional, passível de uma subdivisão métrica sem sacrificar sua continuidade, parece depender amplamente da assimilação desse conceito à idéia de composição de Blanc/Guadet, e da ampliação dessa idéia, a fim de operar em três dimensões ao invés das duas dimensões da planta da construção ou da superfície do quadro, ambas as quais são campos bidimensionais metricamente subdivididos sem o sacrifício de sua continuidade. Tais idéias são manifestas — se não verbalmente explícitas — tanto no trabalho de Mies van der Rohe quanto no de Le Corbusier, depois de 1923. Os caminhos pelos quais chegaram a essas idéias são tortuosos, mas parece bastante certo que em algum lugar desse caminho deve ter ocorrido uma fusão entre as idéias de Lipps e as idéias acadêmicas, a partir do padrão de Scott.

5. ALEMANHA: A INDÚSTRIA E A WERKBUND

O ano de 1907, em retrospecto, deve parecer decisivo para a arquitetura alemã (e, pela mesma razão, para a arquitetura internacional). Embora nenhum tema novo fosse introduzido no pensamento arquitetônico, algumas atitudes, em relação a certos problemas contemporâneos, foram assumidas, e de forma tão resoluta quanto o seriam, um pouco mais tarde, pelos futuristas, e — o que é mais importante — foram logo traduzidas para a prática. Isto é, as discussões e exposições entre arquitetos e pessoas relacionadas com o *design* devotaram-se fundamentalmente a desenvolver programas e organizações para ação imediata, e não à formulação de corpos de teoria enciclopédica à maneira de Choisy ou Guadet. Existia efetivamente uma corrente paralela de pura especulação intelectual sobre a estética da arquitetura, originando-se em Lipps e produzindo um de seus clássicos na *Abstraktion und Einfühlung* de 1908 de Worringer, mas não parece ter havido qualquer combinação importante entre as duas correntes de pensamento — os homens de ação abeberavam-se na fonte da corrente lippsiana, não em Worringer.

O tema central do corpo de pensamento prático era o problema do mecanismo, ou antes, o relacionamento entre arquitetura, enquanto arte do *design,* com a produção mecânica em todas as suas fases, desde a oficina da fábrica até o anúncio do produto acabado. O relacionamento foi examinado mais de perto em dois pontos críticos: a estética da construção de maquinarias e a estética do projeto de produtos. Tomando oficialmente o primeiro ponto, os líderes do pensamento arquitetônico alemão, bem como os futuristas italianos, deploraram a aplicação do trabalho artístico às estruturas de maquinismos; porém, enquanto os futuristas pretendiam fazer surgir uma estética a partir da maquinaria e da técnica, os alemães esperavam introduzir um pouco de estética nestes.

Já em 1907, portanto, o *Verband Deutscher Architekten- und Ingenieur-vereine* estava desafiando a opinião dos peritos no seguinte ponto: como poderemos reforçar, em nível mais elevado do que o atual a importância de considerações de ordem estética para a construção de maquinarias.

Colocado dessa maneira, como uma espécie de colisão entre duas entidades distintas — a estética e a engenharia mecânica — o problema tendia a indicar duas respostas igualmente distintas, como o registram Lindner e Steinmetz:

Logo chegamos à conclusão de que qualquer solução para nossa nova situação envolvia a descoberta de um método de expressão novo, apropriado e sincero. Tendo ruído por terra a arquitetura de estilos, todos mudaram seus alvos e começaram a disparar em direções diferentes. Alguns pregavam a Pura Arte Funcional (*Reine Zweckkunst*), enquanto outros viam o ideal na livre criação artística, "cada um segundo sua capacidade" encontrando novas formas para novos problemas.

Este último parágrafo identifica, talvez de modo não-intencional, uma divisão básica no trabalho dos anos imediatamente posteriores a 1907. Lindner e Steinmetz associam "novas formas para novos problemas" com "livre criação artística" e não com "Arte Funcional Pura", e deve-se notar que aqueles mais intimamente associados com o puro serviço da função — Behrens, Muthesius, Mies van der Rohe e Gropius (com uma notável exceção [1]) não eram inventivos na forma, enquanto que os individualistas, mais tarde chamados de expressionistas, daquela mesma geração, na Alemanha — Poelzig, Berg, Marx, Stoffregen — contavam-se entre as mais férteis mentes criativas daquela época em sua profissão e entre os mais vigorosos continuadores do espírito da arquitetura livre inglesa. Deve-se enfatizar, aqui, que essa cisão do método prático não implica, àquela época, nenhuma cisão notável na abordagem teórica — isso não iria surgir até depois de 1922, quando a *Zweckkunst* finalmente adquiriu uma linguagem formal própria —, nem em qualquer diferença de fidelidade a uma organização. Todos esses arquitetos estavam ligados à Werkbund, e os dois aos quais mais se costuma colocar em contraste, Hans Poelzig e Peter Behrens, gozavam, ambos, do apoio de Hermann Muthesius, fundador da Werkbund.

Em todo caso, foram eventos relacionados com a Werkbund e com Peter Behrens que tornaram 1907 um ano decisivo, mais do que os inícios de uma divisão estilística entre os arquitetos progressistas alemães. Pois foi em 1907 que Behrens uniu-se à AEG (*Allgemeine Electricitätsgesellschaft*) e que Muthesius fundou a Deutscher Werkbund. Os dois eventos estão relacionados entre si, se é que não estão ligados, e cons-

---

1. São exceções os notáveis edifícios da fábrica de gás de Frankfurt am Main, de Behrens, os quais se distanciam claramente da linha de desenvolvimento em relação a um neoclassicismo casto que caracteriza suas outras obras da época.

95

tituem os dois lados de uma mesma moeda — uma *aproximação* entre *designers* criativos e a indústria de produção, no qual a indústria participava com maior boa vontade do que os *designers*.

A fundação da Werkbund teve lugar em meio a uma oposição bastante acirrada por parte do "sistema" do Movimento de Artes e Ofícios alemão, e o sucesso de Muthesius é um tributo à sua diplomacia, bem como à sua determinação e aos seus patrocinadores influentes. Ele era tido como suspeito por uma série de razões. Enquanto funcionário público prussiano que se considerava um instrumento para o avanço da política econômica alemã, ele naturalmente significava ordem e disciplina, e não o individualismo da Boêmia e o esteticismo do fracamente organizado *Kunstgewerbe* alemão de artesãos e *designers*. Além disso, parece que ele foi considerado como o importador de um estilo estrangeiro a ser imposto no movimento Artes e Ofícios alemão. Isso surgiu de maneira natural do fato de que ele esteve na Inglaterra, de 1896 a 1903, como adido comercial suplementar da embaixada alemã, com o encargo de estudar o alto prestígio do *design* e arquitetura ingleses e informar sobre eles. Seus relatórios não abrangeram só a arquitetura doméstica e a de igrejas, mas também os métodos de ensino — inclusive trabalhos de amadores feitos em escolas noturnas. Sua obra-prima como *rapporteur* foi indubitavelmente *Das Englische Haus,* que abordava, em três volumes, o último dos quais apareceu em 1905, cada aspecto do estilo livre inglês desde o Castelo de Stokesey até aparelhos sanitários. Pode-se ver o impacto produzido por esse livro já na Obenauer House, de Peter Behrens, de 1906, e persistiu até que foi ultrapassado pelas publicações de Wasmuth da obra de Frank Lloyd Wright. Assim, tais tentativas de unir a indústria e os *designers* e artistas desvinculados em uma única e eficaz organização que poderia fazer uma contribuição útil à economia nacional, foram consideradas, em certos círculos, como um ataque à arte alemã.

A situação polêmica chegou ao auge na primeira metade de 1907. Muthesius abriu com um discurso no novo Colégio Comercial de Berlim (do qual ele era então diretor), durante o qual queixou-se da superficialidade do "chamado estilo" usado, na época, pela Kunstgewerbe alemã; sua queixa, entretanto, tem uma base econômica. Como relata Peter Bruckmann (industrial progressista que empregava *designers* como Lauwericks):

> Ele profetizou uma recessão econômica aguda se os motivos usados na conformação de seus produtos continuassem a ser tomados emprestados, de modo leviano e desavergonhado, do tesouro de formas do século anterior.
>
> Aquilo que Muthesius apresentou publicamente nessa conferência foi refutado vigorosamente tanto pelos Ofícios quanto pela Indústria, e o *Verband für die wirtschaftlichen Interessen des Kunstgewerbes* em Berlim lutou furiosamente contra ele, colocando, na ordem do dia da reunião de junho de 1907, um item intitulado "Der Fall Muthesius".

O próprio Bruckmann tomou parte nessa reunião como parte interessada. Não que ele estivesse relacionado com Muthesius de alguma maneira pessoal, mas

> Senti, em Düsseldorf, que uma mudança era iminente e que deveria haver representantes da Indústria a favor de Muthesius e suas idéias. (...) Na questão de Muthesius, o Presidente da mesa acabou endossando as queixas da Indústria e dos Ofícios, chamando-o de difamador e inimigo da arte alemã... Dohrn, Lux e eu enfrentamos toda a assembléia, e a deixamos em balbúrdia total. Esse Congresso teve lugar em junho e logo a seis de outubro foi fundada a Werkbund alemã. Como seria possível atingir esse objetivo tão depressa?

A pergunta de Bruckman deve ser retórica, mais do que ingênua, uma vez que deve ter sabido tão bem quanto qualquer outro, enquanto representante da indústria progressista, por que as coisas ocorreram tão depressa entre junho e outubro. As principais indústrias alemãs estavam começando a interessar-se por produtos de qualidade e melhor *design,* como o demonstra a indicação de Peter Behrens, no mesmo mês de outubro, como consultor de *design* para tudo que a AEG construísse, fabricasse ou imprimisse. E a AEG não era a única a fazer isso; onde quer que as indústrias alemãs tivessem instalado organizações de vendas, estas logo voltavam-se para os *designers* —

16. Walter Gropius e Adolf Meyer. Fábrica Fagus feld, 1911-1913; canto sudoeste do bloco das oficinas, trando o famoso canto em vidro.

como no caso da *Stahlwerksverband* e o emprego que fizeram de Bruno Taut —, ao menos para seu material publicitário. Do outro lado, a seção mais responsável do movimento alemão do Kunstgewerbe — o Deutsche Werkstätten —, já em 1906 tinha começado a desenvolver móveis para produção em massa e, desde o princípio, estava associada com a Werkbund. Bruno Paul [2], *designer* desse mobiliário, foi nomeado em 1907 chefe da Gewerbeschule de Berlim — nomeação na qual Muthesius deve ter estado tão interessado quanto na de Behrens para a AEG, embora não pareça haver qualquer registro no sentido de que ele influenciou diretamente uma ou outra nomeação.

Em todo caso, foi dada urgência à tendência inteira para uma união dos ofícios e da indústria graças à situação econômica e ao interesse nacional. Muthesius tornara pública sua advertência em 1907, mas Karl Schmidt, diretor da Deutsche Werkstätten em Hellerau, já em 1903 advertia que os produtos industriais alemães eram tão inferiores que

> Dentro de um ano poderemos ver-nos em situação difícil para comprar matéria bruta suficiente do estrangeiro que nos mantenha em movimento, e o problema social, então, pode tornar-se cada vez mais agudo até que ele (a saber, o *design*) não mais seja apenas um problema cultural.

e foi essa mesma situação econômica que deu força à insistência de Muthesius no sentido de que o problema

> não era tarefa de um único órgão governamental, mas era uma preocupação digna do povo alemão como um todo.

Ora, a condenação feita por Karl Schmidt da produção industrial alemã fora em termos genéricos; ele diz simplesmente que ela é *minderwertig,* sem especificar sob quais aspectos é deficiente em qualidade. Isso era de se esperar; enquanto chefe do Hellerau Werkstätten, ele falava a partir do interior da tradição das Artes e Ofícios, posição que consistia em não fazer uma distinção entre qualidade visual e material dos produtos, em acreditar que estas esti-

---

2. Sobre Bruno Paul, ver *Pioneers of the Modern Movement*, de NIKOLAUS PEVSNER (1. ed., Londres, 1936, pp. 38, 198).

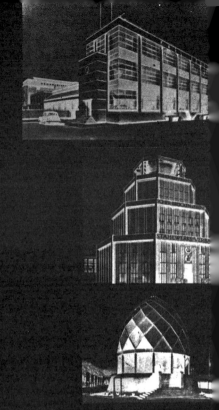

17. Walter Gropius e Adolf Meyer. Fábrica Fagus, Alfeld, 1911-1913. O tratamento bastante avançado do bloco das oficinas contrasta com o projeto de outros elementos da composição.

18-19. Bruno Taut. Pavilhão da Indústria do Ferro, Leipzig, 1913, e Pavilhão de Vidro, Colônia, 1914: duas estruturas que visam exibir a natureza do material que anunciavam. O Pavilhão de Vidro é um dos conceitos mais avançados de seu tempo.

vessem automaticamente relacionadas. Muthesius, ao se queixar do "chamado estilo" usado na Kunstgewerbe alemã, percorre claramente um caminho diverso. Entretanto, durante os poucos anos de existência da Werkbund, ela adotou a abordagem mais generalizada de Schmidt e fez da palavra *Qualität* [3] sua chave. Nessas condições, o máximo que se pode dizer é que foi um triunfo de organização — uma parte influente da produção manual e mecânica alemã tinha sido trazida para a esfera de um único corpo e, dentro desse corpo, fora chamada a atenção da indústria para a disponibilidade de um grupo de *designers* independentes; a atenção dos *designers* e dos artesãos tinha sido chamada para as oportunidades que existiam para eles na indústria, enquanto que o problema do *design*, em termos gerais, fora trazido para o foco de atenção da nação alemã. Faltava-lhe ainda, entretanto, uma direção estética específica.

Esta veio em 1911, e partiu de Muthesius. No Congresso da Werkbund desse ano, ele apresentou o que seria chamado, em uma terminologia posterior, o discurso-chave, intitulado *Wo stehen wir?* Era uma contribuição ao tema genérico do Congresso, "A Espiritualização da Produção Alemã", e esse tema genérico estava tão intimamente relacionado com a discussão detalhada do discurso de Muthesius, que parece possível que ele tivesse tido uma participação maior na decisão do próprio tema genérico. O discurso é longo e complexo, sua estrutura é mais retórica do que lógica, mas seu interesse para o presente estudo consiste em que ele introduziu, para a Werkbund, a idéia de que a estética podia independer da qualidade material; introduziu a idéia de padronização enquanto uma virtude, e da forma abstrata como base da estética do *design* de produtos; e introduziu tais idéias para uma audiência que incluía não só os jovens que iriam dar forma à arquitetura da Alemanha do pós-guerra — Mies van der Rohe, Walter Gropius, Bruno Taut —, mas também os da França, pois Charles Edouard Jeanneret, mais tarde Le Corbusier, tinha

---

3. A idéia de *Qualitätsarbeit* também é discutida em *Pioneers of the Modern Movement*.

20. Max Berg Jahrhunderthalle, Breslau, 1913. O uso mais desinibido do concreto armado num edifício não industrial nos primeiros trinta anos do século, equiparando-se ao Pavilhão de Vidro de Taut quanto à originalidade.

sido enviado à Alemanha em 1910 pela Escola de Arte de Chaux de Fonds (Suíça) a fim de fazer um estudo do progresso alemão no *design*, e especialmente da Werkbund. Na época do Congresso, ele tinha parado de trabalhar com Behrens, mas tinha-se transferido somente para a colônia da Werkstätte de Hellerau, onde estava trabalhando com Heinrich Tessenow, e ainda encontrava-se dentro da órbita da Werkbund. Grande parte do que Muthesius diz aparece, adequadamente modificada, nas publicações de Le Corbusier do início da década dos 20.

Da mesma forma como o *Manifest of Futurist Architecture* posterior, porém aparentemente não relacionado com ele, e como a obra anterior do próprio Muthesius, *Stilarchitektur und Baukunst* [4], o discurso é aberto com uma resenha histórica cujo objetivo é demonstrar a decadência da arquitetura do século XIX; nessa parte, porém, ele está vinculado a um tema mais geral referente às tarefas e aptidões especiais das diversas raças de homens e dos diversos períodos — tema que reaparece no final do discurso, tornado específico como o destino do povo alemão de fazer reviver as artes do *design* no século XX. Ao contrário da maioria das perspectivas históricas desse tipo, ele termina com uma nota de otimismo. Já em 1890, tinha-se iniciado uma recuperação, pois

> O primeiro indício literário, nítido e representativo, do começo de uma nova orientação espiritual foi o livro creio de força *Rembrandt als Erzieher,* que relembrou à Alemanha a importância da cultura artística em comparação com a científica.

Pode ser somente coincidência que Julius Langbehn [5], nesse livro, também convide o povo alemão a procurar liderança para essa regeneração espiritual na Baixa Alemanha (sendo ele mesmo de Holstein, considerava Rembrandt como da Baixa Alemanha), e que Peter Behrens, que aparece com tanta freqüência como a personificação do *designer* ideal de Muthesius,

---

4. Diatribe lethabítica ortodoxa contra os "estilos de catálogo" (exceto por uma demonstração não-lethabítica de interesse em Schinkel e no neoclassicismo) publicada em 1902.
5. Sobre Langbehn, ver, por exemplo, *Modern German Literature*, de JETHRO BITHELL (Londres, 1946, p. 497).

também seja da Baixa Alemanha, isto é, de Hamburgo.

A fundação da Werkbund, propõe Muthesius, tinha sido outro passo em direção a essa regeneração espiritual, mas

> A Deutscher Werkbund foi fundada numa época em que era necessária uma íntima associação de todos os homens de boa vontade contra as forças hostis. Seus dias de campanha nesse sentido agora são passados, as idéias que então eram colocadas em questão não são negadas hoje em parte alguma e gozam de aprovação geral. Terá sua existência, portanto, se tornado supérflua? Só se poderia pensar assim se se tivesse uma visão estreita das Artes e Ofícios. (...) Na verdade... a tarefa específica da Werkbund apenas começa. Até agora, preocupações com a qualidade situavam-se na primeira fila de nossas atividades, e podemos agora estar certos de que, na Alemanha, ganhou rapidamente importância o sentido de bons materiais e métodos; mas, exatamente por essa razão, segue-se que a obra da Werkbund não está terminada. Muito mais alto do que o material está o espiritual; muito mais alto do que função, material e técnica, encontra-se a Forma. Esses três aspectos materiais podem ser manipulados impecavelmente, porém se a Forma não o fosse, ainda estaríamos vivendo em um mundo meramente animalesco. Assim, permanece como objetivo à nossa frente uma tarefa muito maior e mais importante: despertar uma vez mais uma compreensão pela Forma e reviver as sensibilidades arquitetônicas.

A Forma, como surge aqui — e não é pela primeira vez no discurso — é uma coisa do espírito; porém, antes de Muthesius terminar, ela se transforma também em muitas outras coisas; de fato, Muthesius abrange quase todas as nuanças de significado que a palavra iria conter em escritos posteriores, exceto o de forma matematicamente proporcionadas

> A forma que não é o resultado de cálculos matemáticos, que não é realizada por mera função, que não tem nada a ver com o pensamento sistemático

contudo, embora ele seja vago quanto às origens, é preciso em relação às manifestações da Forma

> É, acima de tudo, arquitetônica; sua criação, um segredo do espírito humano, como a poesia e a religião. A Forma, que para nós é uma realização única e brilhante da arte humana — o templo grego, as termas romanas, a catedral gótica e o salão principesco do século XVIII

e deve-se observar que seu padrão de boa forma, enquanto inclui os triunfos do racionalismo da estrutura dórica e gótica, acrescenta a estes um triunfo da conformação de volumes internos, as termas romanas, e um triunfo segundo sua opinião — da colaboração frutífera das várias artes, o interior do século XVIII. A arquitetura do século XVIII, porém, tinha para ele um interesse além daquele de colaboração: também constituía a última vez em que a Forma tinha recebido o que lhe era devido, e depois, com Schinkel, desaparecera. Portanto, a produção de Schinkel, aparecia como

algo mais elevado, mais exaltado, daquilo que veio antes, algo que subseqüentemente perdemos

e perdemos de maneira tão completa que Gotfried Semper pode observar, já na Grande Exposição de 1851, que

em termos globais, os povos bárbaros e semicivilizados assumiram a liderança nas artes em relação aos povos com cultura.

Dada sua admiração pelo século XVIII e especialmente por Schinkel, muitas vezes externada, não é de surpreender o fato de que a Forma, da maneira pela qual ele a sentia, era uma espécie de essência geométrica destilada do *design* neoclássico. Isso é parcialmente confirmado pela arquitetura do *designer* que lhe era mais próximo, Peter Behrens, (em quem os ecos do neoclassicismo são tão visíveis quanto simplificados), e por um sugestivo paralelo literário traçado pelo próprio Muthesius. Ao final do discurso, ele se refere com menosprezo à instabilidade e mutabilidade de gosto de sua própria época e à falibilidade dos "ismos", e opõe como contraste a estabilidade da "essência mais íntima" (*innerste Wesen*) da arquitetura, a qual tem

... sua própria constância, calma e resistência. Através dos milênios de sua tradição continuamente enriquecida, pode-se dizer que ela representa o permanente na história humana.

Evidentemente, isto é mais outro apelo ao poder da tradição, em detrimento dos estilos e da *Art Nou-*

veau, porém Muthesius continua com um exame incidental de outras artes, o qual lhe fornece um aspecto novo.

Em sua constância de pensamento, é desfavorável à abordagem impressionista dominante em outras artes. Na pintura, na literatura, até certo ponto na escultura, o impressionismo é concebível e conquistou tais campos da arte. Mas o pensamento de uma arquitetura impressionista é absolutamente terrível — *Denken wir ihn nicht aus*! Já têm ocorrido ensaios individualistas na arquitetura que nos deixam alarmados — da mesma forma como o farão os primeiros sinais de impressionismo.

Não é necessário elaborar aqui o fato de que as reações contra o impressionismo na pintura eram chamadas de uma *renascença do sentimento clássico*, e que a reação de Maillol e outros escultores contra Rodin foi denominada de neoclássica [6]. O principal representante alemão desse sentimento foi Adolf Hildebrand, embora seu livro *Problem der Form* não fosse dirigido contra qualquer artista em particular, mas somente contra aquilo que ele chamou de *Positivismo*, isto é, a idéia de verdade para com a natureza implícita no impressionismo e a anarquia artística, segundo suas opiniões, que se seguiu àquela. Hildebrand estabelece, de forma abreviada, um vínculo entre uma cultura científica e uma falha de sensibilidade arquitetônica, o mesmo que Muthesius faz de modo difuso e extenso

É significativo em nossos tempos científicos que uma obra de arte, hoje, raramente ultrapasse o nível da imitação. O sentimento arquitetônico ou falta inteiramente, ou é substituído por um arranjo de formas... puramente externo.

e não é inconcebível que a insistência de Muthesius, em temas como Forma, Disciplina Arquitetônica e a importância do Espaço, possa dever-se diretamente à influência do livro de Hildebrand que, em 1907, já

---

6. Robert Rey empregou essa frase como título de um livro (Paris, 1931) sobre os pintores antiimpressionistas dos anos 1880 e 1890. O termo neoclássico é empregado em relação a Maillol e sua conexão em GISCHIA e VEDRÈS, *La Sculpture en France depuis Rodin* (Paris, 1945).

tinha atingido cinco edições [7], duas das quais fora da Alemanha.

Na literatura alemã a situação era análoga, exceto que os movimentos eram simultâneos, não-seqüenciais, sendo pioneiros, tanto do romance impressionista quanto do teatro neoclássico, homens da mesma geração de Muthesius (por exemplo, Emil Strauss, nascido em 1861 como Muthesius, e Paul Ernst, nascido só cinco anos mais tarde). Os objetivos e, de fato, a terminologia dos neoclássicos muitas vezes são notavelmente próximos aos de Muthesius. O livro de Paul Ernst *Der Weg zur Form* [8], no qual tais objetivos foram apresentados, surgido em 1906. Ele exigia a restauração, no drama, de uma inevitabilidade lógica da ação, a preservação das unidades clássicas e o uso de versos brancos. Esses artigos de fé pouco requerem de paráfrase para serem aplicáveis à arquitetura da Werkbund com suas tentativas de desenvolver logicamente os edifícios a partir de suas funções, com suas tendências em relação a composições axiais, simples, e com seu uso do detalhamento neoclássico simplificado ao qual se pode aplicar a metáfora de "verso branco". Ernst prefigura Muthesius também em sua exigência de que se exclua o não-essencial — *Nebensachen auszuschliessen* — enquanto sua quadrilha

> Wer ist weise, wer ist gut?
> Wer nach seinem Wesen tut.

poderia servir de lema não só para o próprio Muthesius, mas também para as fábricas desenhadas por jovens arquitetos da Werkbund tais como Walter Gropius, que tentavam planejar segundo o *innerste Wesen* não apenas da arquitetura em si, mas do programa funcional com o qual se confrontavam.

É necessário registrar, aqui, outro ponto referente à rejeição do impressionismo por Muthesius: os ensaios individualistas que o deixaram tão alarmado

---

7. A primeira edição apareceu em Estrasburgo em 1893; essa citação foi tirada da introdução à edição feita em Nova York em 1907.
8. Ernst e suas opiniões são também discutidos extensamente no livro de Bithell, pp. 282 a 289.

devem ser igualados, presumivelmente, com a classe de *designers* de Lindner e Steinmetz, que optavam pela criação artística desinibida e eram, portanto, expressionistas, e não impressionistas. Nisso Muthesius mostra-se menos perspicaz do que Worringer, o qual, também em 1911, na realidade cunhou a palavra expressionista para descrever, em termos gerais, aquilo que Roger Fry havia denominado de pós-impressionismo — mas somente na pintura; só posteriormente é que a palavra chegou a ser aplicada à pintura alemã e apenas muito mais tarde à arquitetura alemã, apesar de que a tendência à qual a palavra era aplicada havia sido notada já em 1907.

O que alarmou Muthesius em relação a esses ensaios individualistas foi que eles se desviavam do conceito que ele tinha do típico, pois ele prossegue imediatamente dizendo:

Mais do que qualquer outra arte, a arquitetura luta em direção ao típico. Só nisso pode existir realização. Só na procura contínua e que tudo abarca desse objetivo é que ela pode tornar a obter aquela eficácia e indubitável segurança que admiramos nas obras do passado, que seguiam o caminho da homogeneidade. E só dessa maneira ela poderá encontrar pintura e escultura da mesma qualidade... naqueles tempos o sentimento pelo rítmico e o arquitetônico estava universalmente vivo e governava todas as obras do homem, enquanto que, em tempos mais recentes, a arquitetura — chamada por Semper de "o legislador e apoio do qual nenhuma arte ousa prescindir" — tem sido arrastada na esteira de suas artes irmãs.

e, ao dizer isso, ele formulou um grupo de idéias correlacionadas, que se tornou uma espécie de preconceito tácito subjacente a uma grande parte do pensamento arquitetônico subseqüente: que, sob a liderança da arquitetura, todas as artes do *design* deveriam desenvolver-se em direção ao estabelecimento de padrões (tipos, normas) de um estilo homogêneo — preconceito que foi traduzido em fatos visíveis, por alguns anos, na Bauhaus, na década de 20.

A homogeneidade e o típico, porém, têm mais do que conotações estéticas para Muthesius. Para ele, as implicações dessas palavras penetram tão profundamente na Sociologia e História, quanto o fazem as da *technique* nas mãos de Auguste Choisy.

> Assim, o restabelecimento de uma cultura arquitetônica é condição básica de todas as artes. (...) É questão de trazer de volta, a nosso estilo de vida, aquela ordem e disciplina da qual a boa Forma é a manifestação exterior.
>
> Na moderna organização social e econômica, existe uma forte tendência para a conformidade sob pontos de vista dominantes, uma estrita uniformidade de elementos individuais, uma depreciação do não-essencial em favor dos essenciais imediatos. E tais tendências sociais e econômicas têm uma afinidade espiritual com as tendências formais de nosso movimento estético.

E aqui ele lançou as bases de outro preconceito: que certos usos formais são apropriados a certas condições da sociedade. Isso encontra-se implícito, ainda, em seu parágrafo seguinte, porém o tema principal agora é um retorno à idéia de um destino alemão no *design*.

> A Alemanha goza mais de uma reputação de estrita e exata organização em seus negócios, indústria pesada e instituições sociais do que qualquer país no mundo; nossa disciplina militar pode ser citada como fundamento disso. Sendo esse o caso, talvez esta seja a expressão da vocação alemã: resolver o grande problema da forma arquitetônica. Embora nossos grandes trustes econômicos possam apreciar as tendências arquitetônicas de nossa época, as circunstâncias forçam-nos a perguntar se podemos ainda depender diretamente apenas de firmas e associações desse tipo para sustentar o progresso da arquitetura. Para que isso tenha êxito, toda a classe de alemães instruídos e, acima de tudo, nossos particulares mais ricos, devem ser convencidos da necessidade de Forma pura, a fim de que esta possa progredir mais em nossa terra.

Se isso soar incomodamente como um político do século XIX tentando alistar o apoio liberal para alguma empresa militar, atraindo os intelectuais para a retaguarda dos soldados profissionais, é porque era de fato dessa maneira, em linhas amplas, que Muthesius considerava a situação. A nova insistência em espiritualização e boa Forma era, ao menos em parte, somente outra tática em uma contínua guerra comercial na qual a estética ainda constituía uma margem competitiva. Le Corbusier acusou Behrens, posteriormente, de ter planejado edifícios a fim de fazer avançar a propaganda prussiana, citando, por exemplo, as fábricas da AEG, e existe, por certo, um tom nacionalista nas linhas finais do discurso, o que nos faz lembrar que a Werkbund era vista por Muthesius como um adjunto da política estatal.

Somente quando cada membro de nossa nação revestir instintivamente suas necessidades com a melhor Forma é que atingiremos, como raça, um nível de gosto digno dos anteriores esforços progressistas da Alemanha. Esta evolução do gosto, a fruição da manipulação da Forma, tem um significado decisivo para o futuro *status* da Alemanha no mundo. Primeiro, devemos colocar em ordem nossa própria casa e, quando tudo for claridade e luz, dentro, podemos começar a ter algum efeito no exterior. Só então apareceremos ao mundo como uma nação digna de confiança, dentre outras coisas, para lidar com esta tarefa: restaurar, para o mundo e a época contemporânea, os benefícios perdidos de uma cultura arquitetônica.

Da mesma maneira como aqueles que muito devem ao futurismo principiaram, por assim dizer, descontando as intenções patrióticas de Marinetti, assim os que mais devem a Muthesius logo deixaram o prussianismo de lado, mas tanto franceses quanto alemães inclinaram-se efetivamente a reter o tom autoritário que acompanhava sua teoria de tipos e uniformidade. A intenção deles é mais legislar para seu público do que servi-lo. No que se refere, porém, ao Congresso da Werkbund de 1911, a questão patriótica não era o que eles desejavam discutir. Foram a Forma e o Tipo que dominaram a primeira parte do debate sobre o discurso.

Cornelius Gurlitt, no primeiro discurso da tribuna, deixou claro que a intenção de mudar de política estava entendida

A questão unicamente de qualidade não pode mais continuar a ser decisiva; a palavra Forma merece ser colocada a seu lado na ponta de lança de nossos esforços

bem como estava entendida a conseqüência muthesiana

Então surge outra questão importante: Tipo ou Individualidade?

mas, apesar de sua reputação como sério historiador da arte e da arquitetura, ele não estava preparado para tratar tal questão com a dedicação que Muthesius pretendia.

Essa questão — quando se vai a Hellerau — não se acha resolvida, mas em exame, e de muitas maneiras interessantes e espirituosas. Lá, pode-se ver, nas casas e no planejamento de casas, criações individuais ombro a ombro com tipos — aquelas de acordo com o gosto dos *designers*, estas segundo o gosto das pessoas que vivem dentro das casas. (...)

A questão sobre o típico não era completamente nova — de qualquer forma, não nas esferas da Werkstätte, uma vez que os desenhos de Bruno Paul para mobiliário de produção em massa, do ano anterior, tinham sido chamados de *Typenmöbel* — e a segunda contribuição da tribuna tem a aparência suave de resposta preparada. K. E. Osthaus, do Museu Folkwang de Hagen [9], empregou um argumento que seria repetido *ad nauseam* nos próximos quarenta anos, ao apresentar o século XVIII como uma justificativa histórica para a padronização e o típico

Vim para cá diretamente da França, onde encontrei, para minha surpresa, toda uma série de cidadezinhas desenvolvidas, todas segundo o mesmo padrão estético. Como exemplo posso tomar Rennes, cidade que foi completamente devastada no século XVIII e subseqüentemente reconstruída de acordo com um esquema arquitetônico unificado. Trata-se essencialmente de um modelo de plano Típico, que torna quase impossível diferençar uma casa de outra. Contudo, embora a cidade exteriorize uma aparência mais uniforme do que talvez qualquer outra do mundo, as pessoas extraem dela uma vida artística das mais vigorosas, apesar da uniformidade exterior. O Típico, da maneira como é visto plenamente desenvolvido ali, formou-se através da igualização e refinamento de necessidades pessoais. Assim, não funcionará necessariamente como um obstáculo à criação artística.

Essa exposição das virtudes da tipicidade do século XVIII mais ou menos encerra o círculo de debates iniciados por Muthesius, quando este dirigiu seus ouvintes ao século XVIII para encontrar os últimos

---

9. Osthaus era um dos "heróis da cultura" da época (para empregar mal uma frase útil) e empenhava-se ativamente em servir de intermediário para o trabalho de *designers* progressistas tais como Behrens, van de Velde, Gropius e Bruno Taut.

exemplos visíveis da boa Forma. As atitudes adotadas em 1911 permaneceram válidas, em sua maioria, até 1914 e muito mais além — a polêmica de Henry van de Velde contra Muthesius no Congresso de 1914 ainda deixava a questão formulada como "Tipo ou Individualidade" e deve ser considerada, da mesma forma como seu elegante teatro na exposição da Werkbund, em Colônia, nesse mesmo ano, como uma corajosa ação de retaguarda levada a efeito por um tipo de *designer* em extinção. Além disso, deve-se notar que as preocupações de Muthesius com problemas como situação nacional, estética, padronização e mecanização iriam ter uma realização parcial — da mesma forma como os problemas dos Futuristas — na Guerra Mundial que veio a seguir. Sob pressão das necessidades militares e de uma situação econômica tensa, o *DIN-Format* começou a ser aplicado a uma gama cada vez maior de produtos industriais. Consistiu, essencialmente, no congelamento, *ad hoc,* de uma série de dimensionamentos amplamente usados como medidas-padrão para aquela determinada classe de produtos (*Deutsche Industrie-Normen*); assim, "nossa disciplina militar" tornou-se efetivamente o fundamento da padronização e do Típico. O *DIN-Format* jamais chegou a ser totalmente abandonado após a guerra, e foi ressuscitado e revisado na Segunda Grande Guerra. Normalmente é tomado como sendo inspiração dos estudos da Bauhaus em padronização dimensional de componentes de construção e, assim, encontra-se nas origens de toda a tendência em direção à coordenação modular que perpassa o Movimento Moderno.

6. A ESTÉTICA FABRIL

A Fábrica Fagus em Alfeld, planejada de 1911 em diante por Gropius e Meyer, e em construção até 1913, é freqüentemente tomada como sendo o primeiro edifício do adequadamente chamado Movimento Moderno, fim da fase pioneira da arquitetura moderna. Podem restar poucas dúvidas de que ele deva essa elevada estima, em parte, ao relacionamento pessoal de Gropius com os historiadores do Movimento Moderno, e também, em parte, aos acidentes da fotografia; através de uma seleção hostil de foto-

113

grafias [1], é possível fazer com que ele não pareça mais "moderno" do que digamos, o desenvolvimento de Eppenhausen feito por Behrens em 1907. De fato, a modernidade daquele grupo de edifícios é visível somente em algumas partes de dois de seus lados, onde a oficina e a casa de força apresentam paredes envidraçadas para o sul. Esses dois blocos fazem um contraste tão grande com a nada ousada regularidade neoclássica do resto dos edifícios que se pode suspeitar que — como o planejamento informal e as vigorosas formas esculturais da fábrica de extração de limalha — eles tenham sido uma conseqüência não-intencional da *innerste Wesen* do programa funcional. O resto da fábrica está bem dentro dos limites e intenções do corpo contemporâneo de idéias e práticas da Werkbund; porém, aqueles edifícios envidraçados, com suas janelas erguendo-se com continuidade por três andares e envolvendo os cantos do edifício sem colunas de canto, destacam-se como grandes inovações, mas pode ser que não tenham sido planejados senão no começo de 1913, quando Gropius e Meyer já estavam trabalhando no Pavilhão da Werkbund para a Exposição de 1914, em Colônia.

Mais ainda lhes faltava o apoio de qualquer experiência acumulada nos círculos da Werkbund referente à estética dos invólucros envidraçados, e parece que uma pesquisa visual séria sobre esse assunto só foi tentada a partir do início dos anos 20. Não obstante, embora a prática fosse escassa, nos escritos teóricos Muthesius estava bem adiantado. Há tempos já ele tinha começado a construir o cânone das obras-primas em vidro e ferro do século XIX, que seria ampliado por Meyer, por J. A. Lux [2], por Lindner e Steinmetz, e iria receber forma definitiva no *Bauen in Frankreich* de 1928, de Giedion. Já em sua *Stilarchitektur und Baukunst* de 1902, Muthesius

---

1. Pode-se encontrar uma tal seleção hostil, feita por razões polêmicas, no livro de BRUNO ZEVI, *Poetica dell'Architettura Neo-Plastica* (Milão, 1953).

2. O livro de MEYER, *Eisenbauten* (Berlim, 1908), iria exercer, de um modo pouco visível, considerável influência; foi pouco lido pelos arquitetos, até onde se pode apurar, mas muito usado pelos historiadores. O efeito da *Ingenieuraesthetik* (Berlim, 1913), de LUX, parece ter sido muito menor.

enumera o Palácio de Cristal, as duas Bibliothèques de Labrouste, a Galerie des Machines e a Torre Eiffel, e tece comentários sobre o "fracasso" do Centenário de Chicago em manter o padrão fixado por exposições anteriores. A este cânone de obras-primas aceitas está anexada uma apologia geral dos saguões de estações, de mercados cobertos, de pátios envidraçados de museus e de lojas de departamentos. Embora não tenha elaborado mais essa lista quando contribuiu em um simpósio sobre planejamento de fábricas no *Jahrbuch* da Werkbund de 1913, ele chegou a revisá-la

> Grande parte das estruturas da engenharia mecânica, pontes, saguões de estações, faróis e silos, é esteticamente boa.

e, embora essa lista inclua estruturas de um tipo solidamente plástico (faróis, silos), era precedida por uma incursão no desenho de máquinas que dá ênfase ao ponto oposto.

> O contrário aparece na invenção da roda de bicicleta, com suas varetas de metal e seu pneu. Hoje em dia, ninguém mais acha nada de anormal nisso, e a estrutura leve das varetas de arame nos impressiona por ser fina e elegante.

Poder-se-ia esperar que tais sentimentos encontrassem eco no desenhista das transparências da Fábrica Fagus e do Pavilhão de Colônia mas, no que se refere às preferências estéticas manifestadas nas reflexões humanas e inteligentes de Gropius sobre planejamento fabril, são eles contrários às idéias de Muthesius

> Comparada com outras nações européias, a Alemanha apresenta um nítido avanço na estética da construção de fábricas. Porém, na prática da indústria — a América — existem grandes edifícios fabris cuja majestade ultrapassa até mesmo as melhores obras alemãs do gênero. Os silos do Canadá e da América do Sul, os depósitos de carvão das principais ferrovias e os mais novos salões de trabalho dos trustes industriais norte-americanos são comparáveis, por seu esmagador poder monumental, aos edifícios do antigo Egito.

e ele continua com o tema referente a monumentos quando elogia os edifícios de Behrens para a AEG como sendo *Denkmäler von Adel und Kraft* (mo-

21-22. Hans Poelzig. Torre d'água, Posen, 1910, e fábrica química, Luban, 1911. Poelzig pode ser considerado o líder dos expressionistas da Werkbund, e ambos estes trabalhos desviam-se de modo notável do classicismo da outra ala da Werkbund.

numentos de nobreza e vigor). Essa, evidentemente, não é a qualidade que Muthesius considerou admirável quando escolheu a Torre Eiffel, ou os saguões de estações, ou rodas de bicicleta, como dignos de elogios, e a posição teórica de Muthesius estava bem além de qualquer apoio vindo dos homens práticos.

O apoio que ele chegou a receber não veio dos classicistas da Zweck-Kunst que, sob certos aspectos, estavam mais próximos a ele, mas dos "Expressionistas" do grupo de Breslau e de um sobrevivente da *Art Nouveau*. Esse sobrevivente era August Endell, cuja tribuna principal para o hipódromo de Mariendorf, Berlim, obra de 1910, pode ser considerada como um sobrevivente tardio, consciente de si mesmo, mas perfeitamente controlado, da sensibilidade das estruturas em treliça do século XIX, enriquecido pelas experiências em arabescos tridimensionais que haviam caracterizado algumas seções da *Art Nouveau* do continente europeu (por exemplo, Horta, casa da Rue Paul-Emile Janson). É uma aproximação rara e precoce de uma verdadeira estrutura de grandes espaços [3].

O grupo de Breslau teve a vantagem de uma exposição que criou uma oportunidade para exercitar seu talento, e dois pequenos edifícios da exposição, de Bruno Taut, devem ser discutidos antes de nos voltarmos para os edifícios construídos para o Centenário de Breslau. Esses dois edifícios eram pavilhões para monopólios industriais: um para o Stahlwerksverband (Leipzig, 1913), outro para a Indústria do Vidro, na Exposição de Colônia de 1914. Aquele é o menos interessante; consiste de uma pirâmide envidraçada, recuada, construída por meio de postes de ferro e vergas, sobre uma base octogonal, mas encimada por uma grande esfera, cujo diâmetro preenche o octógono mais alto e pode ser visto através da estrutura imediatamente abaixo. O pavilhão de vidro tem muito mais originalidade, estando a maior parte de seu volume envolvida por um alto domo de estrutura aproximadamente geodésica, com travessas de aço e

3. Endell, como Muthesius, era admirador de estruturas como saguões envidraçados de estações.

23. Albert Marx. Casa das caldeiras, Bad Nauheim, 1912: o Expressionismo da Werkbund traindo algumas de suas origens *Art Nouveau*.

24. Heinrich Strofregen. Fábrica de linóleo Anker, Delmenhorst, 1912: uma versão mais rígida do Expressionismo da Werkbund, quase comparável a:

painéis de vidro. Isso apóia-se sobre um andar mais baixo, com dezesseis lados, no qual escadas com degraus de vidro ascendem em curvas por entre paredes de tijolos de vidro. Tanto estrutural quanto visualmente, essa é a mais brilhante combinação de vidro e ferro realizada por qualquer arquiteto, antes de 1914. Deixando de lado a possibilidade de ela ter sido influenciada pelo livro de Paul Scheerbart, *Glasarchitektur* [4], que apareceu no mesmo ano, suas raras qualidades sugerem que ela foi produzida em um momento de gênio que Taut não foi capaz de repetir. O mesmo deve ser dito do *Jahrhunderthalle*, de Max Berg, em Breslau (1913). Nenhuma outra obra da longa carreira de Berg, tanto como arquiteto da cidade de Breslau, quanto como *designer* independente, pode ser comparada a esse domo gigante e, da mesma forma que o domo de vidro de Taut, tal estrutura em concreto reforçado deve alinhar-se como o mais brilhante uso desses materiais realizado por qualquer pessoa naquela época (exceto, provavelmente, algumas das primeiras abóbadas de Freyssinet). Em comparação com o senso de plasticidade e forma tridimensional, o entendimento do concreto enquanto material a ser despejado e moldado, que tem um desempenho mais eficiente em formas abobadadas e arqueadas, como as que Berg exibe ali, a obra contemporânea de Perret não pode senão parecer rígida e intelectualmente limitada. Aqui, e somente aqui, não só na Alemanha, como em toda parte, estava um edifício que podia ser comparado ao cânone, de Muthesius, de edifícios de exposição do século XIX, em termos termos de escala, originalidade e exploração do material. A maneira pela qual ele foi esquecido e seus ensinamentos ignorados (da mesma forma como as lições dos hangares de Freyssinet foram ignoradas, embora fossem prestadas homenagens hipócritas a seu planejador), na década de 20, é um indício do êxito com o qual se podia aplicar uma estética que desafiasse o melhor uso do material, mesmo por arquitetos que aceitavam a verdade para com o ma-

4. Ver Cap. 19.

25. Peter Behrens. Fábrica AEG, Seção de Montagem Pesada, Berlim, 1912, mas não a:

26. Peter Behrens. Fábrica AEG, Seção de Montagem de Turbinas, Berlim, 1908, seu primeiro, e mais clássico edifício fabril para a AEG.

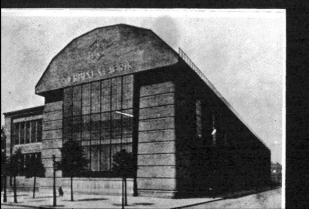

terial como dogma fundamental de sua filosofia do desenho, e também é um tributo ao poder de convicção contido na estética abstrata dos movimentos artísticos que surgiram imediatamente após a guerra.

Os outros edifícios principais para o "Centenário" foram obra de Hans Poelzig. Eles não o mostram sob seu ângulo melhor ou mais inventivo, seus detalhes são uma espécie de dórico grego borrado e o planejamento é acadêmico. Excetuando-se, porém, tais contextos "representacionais", Poelzig foi um dos desenhistas alemães mais coerentes e persuasivamente inventivos de sua geração. Com efeito, seus edifícios para a indústria produziram novas formas para novas necessidades, constituíram-se no principal ornamento da ala expressionista, ou individualista, da Werkbund, e foram a inspiração fundamental da fase expressionista de curta duração na arquitetura alemã depois de 1918.

A fábrica de produtos químicos em Luban, perto de Berlim, é o edifício mais conhecido dessa fase de seu trabalho; a distribuição pouco natural de janelas romanas em fachadas que de outra forma seriam não-moduladas atraiu críticas, mas foi efetuada com convicção e parece manter uma relação funcional com o *innerste Wesen* do uso de edifício. Essa obra data do mesmo ano que a Fábrica Fagus; contudo, foi completada com maior rapidez e não apresenta nenhuma das incoerências ou incertezas desta. O efeito do todo é homogêneo e calculado, mesmo que tenha pouca semelhança superficial com edifícios modernos posteriores. Como exercício em estrutura de tijolos, despojada porém cuidadosamente modulada, essa obra de Poelzig não se encontra inteiramente só, pois uma estética similar, embora tratada de modo mais austero, pode ser vista na fábrica de Stoffregen para a Companhia de Linóleo Anker, obra de 1912 cuja reputação sobreviveu à guerra mas posteriormente caiu no esquecimento. Da mesma forma, o tratamento escultórico do exterior da torre de água feita por Poelzig, em Posen, desenhada em 1910, encontra eco no telhado arrojado da casa de caldeiras, feita por Albert Marx, em Bad Nauheim, o qual, como a Companhia

27. Peter Behrens. Edifícios para o gasômetro Frankfurt-sobre-o-Meno, 1911: um raro afastamento dos modelos clássicos no trabalho industrial de Behrens de antes de 1914.

28. Walter Gropius. Alojamento de trabalhadores agrícolas, Jankow, 1906.

Anker, também foi obra de 1912. Na verdade, pode-se ver crescendo em torno de Poelzig e Berg, durante os últimos quatro anos antes da guerra, uma incipiente escola de *designers* fabris [5], descendentes independentes da Livre Arquitetura Inglesa, quase não afetados pelas preferências classicizantes da ala de Behrens, na Werkbund, evitando a decoração e tratando formas escultóricas com grande arrojo — arrojo somente comparável ao dos projetos futurista da época. Imediatamente após a guerra, parecia que essa escola poderia continuar do ponto de onde tinha sido interrompida, e, em uma atmosfera geralmente expressionista que afetava até mesmo Gropius e Mies van der Rohe, as primeiras obras de Erich Mendelsohn e Hugo Häring prometiam uma efetiva continuação [6]. Contudo, o movimento foi rapidamente inibido pela estética do abstracionismo russo e holandês mencionado acima, e veio a dar em nada.

A comparação com os futuristas pode ser tomada em um sentido mais profundo do que semelhanças formais externas, embora, como o demonstram alguns projetos de Poelzig, imediatamente anteriores à guerra, estas sejam notáveis; existe um esboço para um depósito de fábrica que poderia servir igualmente bem como protótipo do galpão de secagem da fábrica Luckenwalde de Mendelsohn, ou de alguns dos esboços de Sant'Elia em seu *Dinamismo Architettonico*. Por trás disso tudo, entretanto, fica patente que Poelzig tinha algo da sensibilidade mecânica dos futuristas, mesmo já em 1910, época em que é duvidoso que ele tenha lido algum manifesto futurista. O interior da torre de água, em Posen, com sua ênfase no equipamento mecânico e estrutura metálica, revela, além da mera realização de necessidades operacionais,

5. *Designers* dessa corrente na Werkbund foram bem representados no *Jahrbuch* de 1913.

6. A fábrica de Mendelsohn, em Luckenwalde, e os edifícios de fazenda de Häring, em Gut Garkau, prometiam, nos primeiros anos da década de 20, uma arquitetura extraordinariamente sem preconceitos em relação a materiais e planejamento; o uso de madeira nos exteriores, de forma arrojadamente escultórica, e o emprego de portais de concreto exposto nos interiores desses dois exemplos, aliado ao mais notável plano em forma de ferradura de Gut Garkau, sugerem um tipo de *design* que poderia ter enriquecido enormemente a arquitetura dos anos 20.

29-30. Walter Gropius e Adolf Meyer. Pavilhão da Werkbund, Colônia, 1914. Nas elevações, o classicismo da planta (cf. Fig. 4) quase não aparece em virtude dos diferentes estilos das partes, e o comentário crítico concentrou-se no uso do vidro que, no entanto, é menos avançado do que o existen-

um senso das possibilidades dramáticas inerentes a tais fatores, e a criação de formas e espaços que lhes dão ênfase.

Comparado com a obra realizada por esta ala do programa criativo da Werkbund, a obra realizada pelo outro lado — Behrens, Gropius e o próprio Muthesius — deve parecer menos arrojada e imaginativa. O desenvolvimento dos grandes salões das oficinas da AEG, feito por Behrens, mostra, com efeito, um crescimento coerente, que se afasta do pseudoclassicismo maciço da Turbinenfabrik de 1908-09, onde o tratamento dado aos cantos de superfície maciçamente rústica e gasta parece anular a estrutura de caixilhos e de vidro e ferro dos lados, até a Grossmaschinenfabrik de 1911-12, onde parece que ele finalmente sentiu que, envidraçadas ou sólidas, as paredes e o teto são apenas um leve invólucro que abrange um grande volume de espaço industrialmente utilizável. Mesmo os painéis em alvenaria entre as janelas dos lados parecem ser leves e tênues, coisa que pouco se assemelha à solidez das paredes de qualquer de seus trabalhos industriais anteriores. Por outro lado, esse edifício tem também certo aspecto de coisa barata e inacabada, como se restrições no orçamento tivessem tido um papel maior em seu planejamento do que, digamos, na Turbinenfabrik, que foi feita com a nítida intenção de obter prestígio. Sejam quais forem, porém, as influências alternativas que possam ter produzido efeitos, ele permanece fiel a um invólucro-padrão para todos esses salões de fábrica: o invólucro de um templo clássico, qualificado apenas por uma necessidade industrial (a saber, a necessidade de deixar espaço livre para a corrida de guindastes rolantes) que militava contra telhados simples de uma só cumeeira, e explica seus espigões com formas poligonais. A única exceção importante a esse tipo de espigão ocorre na Hochspannungsfabrik, de 1910, onde um par de frontões clássicos aparece bem baixo, na fachada principal, a fim de expressar a presença de um par de salões paralelos dentro do edifício, embora não pareça que tais salões penetrem funcionalmente a parede exterior, nesse ponto.

31. Frank Lloyd Wright. Hotel, Mason City, 1909. A influência européia de Wright, que se torna visível pela primeira vez no trabalho de Gropius e Meyer em Colônia, dependeu inteiramente de dois livros de fotografias publicados por Wasmuth — mesmo a origem da frente de tijolos do Pavilhão da Werkbund pode ser traçada até Wright através desses livros.

Curiosamente, esses desenhos mais elaborados de Behrens deixaram uma impressão menor no sentimento e pensamento arquitetônico subseqüente do que o fez a Turbinenfabrik, que parece ter servido como modelo, mesmo para a arquitetura expressionista do pós-guerra. Mas, de qualquer forma, está claro que a significação a longo prazo da arquitetura industrial de antes da guerra, de Behrens, não se encontra inteiramente nos próprios edifícios — exceto até o ponto em que estes demonstravam a habilidade de Behrens em revestir as necessidades industriais com formas que seriam reconhecidas, por seus contemporâneos, como "arquitetônicas", no sentido quase normal da palavra. Nisso, Behrens deve ser comparado mais intimamente com Auguste Perret, uma vez que este incorporou um novo material — o concreto — aos cânones aceitos do pensamento arquitetônico, da mesma maneira como Behrens incorporou um novo jogo de programas funcionais às disciplinas formais aceitas; disto, a demonstração mais exemplificativa era a Turbinenfabrik. É também demonstração da maneira exemplar como Behrens incorporou o ideal muthesiano de bom *designer*. Tendo-se originado na pintura, passou pelo planejamento gráfico e Gewerbekunst, pela arquitetura doméstica, indo, a seguir, para o desenho industrial no sentido mais amplo, ele se libertou da influência da *Art Nouveau* e realizou, na Turbinenfabrik, o tipo de forma schinkelesca que Muthesius exigiria dois anos mais tarde, dos *designers* da Werkbund.

Entretanto, seu schinkelismo não era de maneira alguma coerente. Em 1911, no mesmo período da casa Wiegand, em Dahelm, extremamente neoclássica, também produziu os edifícios da fábrica de gás em Frankfurt, talvez os edifícios industriais mais inventivos, em termos formais, de sua carreira de antes da guerra. Talvez por causa de alguma indecisão em sua mente, ou dentro da hierarquia de seu escritório, ele não exerceu uma influência neoclássica igual, ou igualmente benéfica, em seus discípulos-assistentes. Mies van der Rohe claramente o aceitou e — a julgar por seu projeto para a Casa Kröller — podia praticá-lo com ainda maior facilidade que seu mestre. Le Corbusier o re-

127

jeitou na prática, e Gropius parece que o aceitou, por escrito, mas sem qualquer benefício para sua arquitetura.

Pode ser que tenha havido alguma disposição fundamental no espírito de Gropius que explique a aparente divisão de intenções acima mencionada. Seu treinamento na Hochschule de Charlottenburg e em Munique foi o mesmo que, em outras personalidades (Poelzig, Berg, Mendelsohn), produziu *designers* de tendência expressionista, e as formas simples, vagas e clípticas de suas primeiras casas de Janhkow, na Prússia (1906), sugerem, dentro de um invólucro neoclássico, uma atitude escultórica em relação ao projeto que pode ser comparada à de Poelzig. O armazém de sólidas paredes da Fábrica Fagus parece dar continuidade a essa tendência, enquanto o programa rigidamente funcional impediu que qualquer idéia neoclássica, adquirida por Behrens nos anos intermediários, aparecesse no plano. Contudo, nos escritórios e na Fabrik para a Werkbund, em sua exposição de 1914, em Colônia, Gropius e Meyer tinham liberdade para arranjar os elementos dos edifícios como queriam. Uma comparação entre o edifício terminado com o plano mostrado no *Jahrbuch* de 1913 revela um rearranjo intensivo das partes, provavelmente relacionado com uma mudança de função de metade do edifício — a parte denominada *Werkstätte* no plano de 1913 transformando-se em salão para a exposição de maquinarias etc., com um pavilhão adicional para a companhia de motores Deutz.

O plano por fim utilizado é tão acadêmico quanto o empregado por Poelzig nos edifícios para o centenário de Breslau, mas com a adição de certos usos que parecem incomumente franceses. O edifício de escritórios está disposto axialmente na entrada principal, e o eixo corre por um pátio descoberto e pelo centro da Sala das Máquinas. O pátio é atravessado por um eixo secundário e — no papel, embora não como é visto efetivamente — tem simetria biaxial, estando as passagens de ligação entre os telheiros que flanqueiam o pátio e o escritório, por um lado, e a Sala das Máquinas, de outro, dispostos de maneira a criar idênticos esquemas de recuo em ambos os lados, embora as duas elevações confrontadas sejam totalmente diversas. Como algumas vezes pode ser visto em tipos mais "experimentais" de planos da Beaux-Arts, existe um elemento assimétrico, o Pavilhão Deutz, alinhado em um eixo terciário do outro lado da Sala das Máquinas.

Estilisticamente, os vários elementos desse grupo de edifícios são uma antologia bastante completa das modernas fontes ecléticas das quais podia lançar mão, na época, um *designer* da Werkbund atualizado. O que parece ser mais homogêneo com os objetivos da Werkbund e suas atitudes expressas é o Salão das Máquinas, manifestadamente baseado nos cobertos ferroviários de espigão admirados por Muthesius, simples na forma e inteiramente convincentes em seu formato, como o são os telheiros que flanqueiam o pátio, embora estes aparentem ser protótipos de unidades padronizadas tiradas da produção industrial. Uma certeza igual de projeto, embora seja uma forma muito menos arrojada, é exibida pelo Pavilhão Deutz. Claramente relacionado em seus detalhes, forma de plano e métodos de construção com o Pavilhão da Stahlwerksverband do ano anterior, feito por Taut, forma um forte contraste com a exposição da Indústria do Vidro de 1914, por Taut. Enquanto este avança em direção a maiores aventuras estruturais e formais com seu domo geodésico etc., a versão de Gropius é um recuo em direção à forma classicizante aceita, a do *Tholos* ou templo poligonal — ponto que é enfatizado pela cópia do Hermes do Parthenon, colocado em sua base, no final do longo espelho d'água que acompanhava o lado do Salão das Máquinas.

Mas o edifício de escritórios é a parte mais complexa de todo o conjunto, falando em termos estilísticos, e é também a mais fraca em termos arquitetônicos. Sua silhueta geral pode ser descrita somente como palladiana, à maneira de Wilton House, com um longo corpo central de dois andares, uma entrada central pouco marcada e torres terminais, ou quase; a posição dessas torres é, em termos arquitetônicos, a parte mais discutível do projeto. A origem da silhueta é wrightiana, bem como alguns dos detalhes (por exemplo, a moldura da entrada), e essa é a primeira demonstração nítida da influência de Wright nos círculos da Werkbund. A obra de Wright era bastante conhecida por volta de 1913-14, não só através das publicações de Wasmuth, mas também através das atividades de H. P. Berlage. Há uma notável semelhança entre a forma maciça do edifício de Gropius e o banco de Wright em Mason City, Estado de Iowa, completado um ano antes, especialmente no que diz respeito às torres que os flanqueiam e às suas cornijas sobressalentes. Desenhos desse edifício, publicados no primeiro volume de Wasmuth, são também a fonte para o uso de um ritmo com pequenos intervalos de colunas de tijolos com janelas estreitas, quase fendas, entre elas, e para muitos dos detalhes dos tijolos por todo o edifício.

Tivessem Gropius e Meyer se contentado em levar esse exercício wrightiano até sua conclusão formal natural, o resultado teria sido, talvez, uma obra pioneira de destaque, em um idioma novo para a Europa, embora claramente simpático aos modos de pensamento neoclássicos. Contudo, parece que sua disposição neoclássica de espírito não foi suficientemente forte para resistir à tentação de fazer do edifício um manifesto tanto da transparência muthesiana quanto da estrutura delicada. Do lado do pátio, o andar térreo e as estruturas do telhado wrightianos estão separados por um andar totalmente envidraçado, estendido por mais uns três pés além da parede estrutural de trás do edifício, formando uma passagem coberta que liga os vários escritórios do primeiro andar com as escadas ao final do edifício. Essas escadas não estão, como se poderia imaginar, dentro das torres, mas colocam-se à frente destas, na outra fachada, em projeções semicirculares, à maneira do último pavilhão da Vila Ast de Hoffmann (Viena, 1909). Contudo, enquanto Hoffmann usara uma forma e paredes sólidas com duas cornijas para dar ênfase a sua forma, Gropius e Meyer continuaram o envidraçamento total em torno dos extremos do edifício ao nível do primeiro andar e envolveram as escadas; nesse ponto é trazido para o andar térreo, a fim de produzir semitambores que se erguem até a altura da fachada principal. As escadas são, assim, visíveis do exterior, como a escada de canto da Fábrica Fagus e essa inovação técnica tem gozado de um considerável sucesso desde então, bem como inspirou alguns dos desenhos mais característicos de Mendelsohn. Mas é difícil considerá-lo um sucesso visual. Os dois lances de escada que são reveladas erguem-se com padrões diversos e, devido à presença de um patamar no último, visão incômoda que teria ficado melhor escondida, enquanto as vidraças por toda a extensão do edifício, ao nível do primeiro andar, revelam o fato de que as torres, ao invés de estarem baseadas firmemente em uma estrutura contínua até o nível do chão — como estão no protótipo de Wright — estão fixadas na estrutura interna, ao nível do telhado principal, por meio de cantiléveres.

Os cantiléveres podem ser desprezados, mas, nesse contexto, são de extrema infelicidade. O edifício inteiro parece carecer de uma consciência experimentada (como a que Paul Scheebart já possuía) das dificuldades das paredes de vidro do ângulo visual. O ritmo simples, fortemente marcado, do ordenamento vertical das janelas da Fábrica Fagus é substituído por uma disposição horizontal descontrolada, sem ter, entretanto, a aparência de ter sido pretendido o que mais tarde seria chamado de fachada "sem fim", e o efeito de transparência parece não ter sido estudado. Comparado com o Teatro de van de Velde na mesma exposição, isso deve parecer o exemplo mais desajeitado de projeto. Porém, o edifício de van de Velde, embora imensamente sofisticado, é destituído de inovações, em termos arquitetônicos. O futuro estava com Gropius e com aqueles que sentiam como ele. Tudo que lhes faltava era uma disciplina estética que desse sentido às transparências, cantiléveres, paredes de vidro e outras inovações técnicas.

A disciplina estética, entretanto, não foi daquelas que qualquer escola de arquitetura parece ser capaz de encontrar por si mesma, e a solução das dificuldades arquitetônicas viria da esfera da pintura e escultura, daquele desenvolvimento em direção à arte puramente abstrata que já tinha sido lançada pelos cubistas e futuristas, mas que não se tornou disponível como disciplina usável até depois da Guerra.

7. ADOLF LOOS E O PROBLEMA DO ORNAMENTO

Entre aqueles que contribuíram efetivamente para a formação do corpo de idéias que sustentou o Movimento Moderno deve-se citar, sem dúvida, Adolf Loos. No entanto, sua contribuição foi esporádica, pessoal e feita num tom nem sempre muito sério. Como arquiteto, ele surge como um dos primeiros a construir de um modo que realmente valorizava a simplicidade da forma como uma virtude em si mesma, mas que, no entanto, freqüentemente estragou essa simplicidade através de artifícios que propositalmente afastavam-se desse ideal, ou de materiais que a ocultavam. Como escritor, foi prolífico e geralmente bem informado, e no entanto a maior parte de sua influência depende de um ou, possivelmente, dois de seus ensaios mais opiniáticos. Como pessoa foi turbulento, combativo, contraditório e capaz de transformar disputas pessoais em cruzadas públicas; no entanto, foi admirado e cortejado, e aqueles que o conheceram ainda se sentem orgulhosos disso [1], mais de vinte anos após sua morte.

Sua carreira ativa divide-se em três partes principais. A primeira, que vai até sua volta dos Estados Unidos em 1897, não nos interessa de modo particular a esta altura. A segunda, caracterizada por uma intensa atividade como professor, jornalista e construtor em Viena — e que culminou no máximo de produtividade em 1910 —, produziu seus textos mais influentes e suas construções mais características. A terceira, que começa com sua chegada a Paris em 1923 na qualidade de celebridade reconhecida, é a fase de sua maior influência pessoal, porém a mais difícil de ser abordada historicamente — somos obrigados a aceitar o depoimento daqueles que então o conheceram e segundo o qual se sentiam felizes quando o agradavam [2], e se sentiam orgulhosos por serem aceitos no seu círculo de amigos e admiradores.

Mas esta terceira fase foi um produto da segunda. Ao chegar, sua celebridade dependia apenas em parte de sua reputação pessoal, e quase nada de seus edifícios, dos quais as pessoas só parecem ter tomado conhecimento por ouvir dizer. De início, tornou-se famoso por alguns de seus textos, que tinham acabado de ser republicados na França pela segunda vez, textos que ele mesmo considerava como as manifestações mais essenciais de seu credo. Como praticamente tudo o

1. Muitos arquitetos sentiram, ou dizem que sentiram, sua influência, ou em Viena ou em Paris — de modo especial André Lurçat, Richard Neutra, Raymond Schindler e Eric Mendelsohn.

2. Em conversa com o autor, Lurçat disse que um de seus primeiros desenhos *agradava muito a Adolf Loos*. Em alguma parte deste relacionamento, através da notória anglomania de Loos, pode estar a explicação daquilo que parece ser citações do trabalho de Charles Rennie Mackintosh, que aparecem na arquitetura parisiense do começo da década dos 20. Um exemplo disto é a sacada ogival envidraçada de Maison Guggenbuhl de Lurçat.

mais que ele escreveu, estes textos tinham aparecido inicialmente em jornais e periódicos de Viena, e eram fundamentalmente trabalhos ocasionais — como um polemista cheio de espírito, o que ele necessitava e a de *feuilletons* e notícias expostas, e escreveu sobre uma ampla variedade de assuntos, como indumentária, costumes, mobília, música etc., além de arquitetura. Todos esses textos demonstram uma mesma tendência: são anti-românticos, fastidiosos, puritanos (embora nunca inumanos) e autoritários (embora fazendo oposição às autoridades estabelecidas). O apelo possível que estas qualidades podiam fazer aos teóricos posteriores do Movimento Moderno é bastante evidente, mas eles podiam perfeitamente ter sido perdidos e esquecidos na Viena do pós-guerra, não fossem as atividades de um homem cujo relacionamento com a arquitetura Moderna é importante, embora oblíquo.

Este homem foi Herwarth Walden, proprietário de uma galeria e de uma revista, ambos denominados *Der Sturm* (A Tempestade), e foi um dos principais representantes da arte revolucionária, especialmente do Expressionismo, em Berlim. *Avant-gardiste* conscienciosos, que desprezava as convenções, ao modelo de Marinetti, fez de sua revista (fundada em 1910) e de sua galeria (que funcionou até 1924) uma carteira de compensações de idéias em escala internacional, algo ao estilo do que fez Léonce Rosenberg em Paris depois de 1919. Foi um dos que apresentaram o Futurismo ao público alemão em 1912; e também em 1912 publicou em sua revista cinco trabalhos de Loos[3]. Quem pode ter chamado sua atenção para estes ensaios foi Arnold Schoenberg, um amigo de Loos que também estava em contato com os pintores expressionistas alemães (era membro do grupo Blaue Reiter (cavaleiro azul) de Munique). O tom dos ensaios que aparecem em *Der Sturm* era do tipo que podia despertar a atenção dos que desprezavam as convenções, ainda que a resultante lógica de seus argumentos não o fizesse. De modo especial, o tom de *Ornament und Verbrechen*,

---

3. Uma bibliografia destas republicações encontra-se em Schreyer e Walden, *Der Sturm* (Baden-Baden, 1954).

que Loos tinha escrito em 1908, tinha tudo para despertar essa atenção, por fazer uso de argumentos de natureza sexual e antropológica; o mesmo com o tom de *Architektur,* através da apoteose que fazia do *design* camponês.

O acesso às páginas de *Der Sturm* estava limitado a uma audiência restrita porém internacional, e deu frutos na forma de uma republicação quase imediata em Paris, nas páginas dos *Les Cahiers d'Aujourd'hui* em 1913, numa tradução francesa de Georges Besson. A versão de Besson é vívida, porém um tanto expurgada: bastante no caso de *Ornament und Verbrechen,* e drasticamente no caso de *Architektur.* Não obstante, a substância fundamental de sua argumentação está presente nos dois casos, e estes dois ensaios (tudo o que dele foi traduzido) se constituiriam em apelos para pessoas e estruturas mentais similares tanto em Paris quanto em Berlim — neste último caso, para aqueles que mais tarde se tornaram membros do Dada. Pois quando *Ornament* foi reeditado na França, em 1920, em *L'Esprit Nouveau* — talvez a mais influente publicação desse ensaio, e que preparou o caminho para a chegada de Loos a Paris — foi durante o período em que Paul Dermée, um dadaísta ativo que muito fez para impedir a tentativa de ressuscitar *La Section d'Or,* ainda era um dos editores de *L'Esprit Nouveau.* Esse ensaio cumpriu assim uma dupla função: sustentou a exigência de Le Corbusier quanto a uma reforma da arquitetura e o abandono dos estilos de catálogo, e também apoiou a campanha dadaísta de zombaria contra as belas-artes, tornando possível a entrada de Loos para o círculo de Tristan Tzara e outros dadaístas.

L'Esprit Nouveau anunciava também a publicação de *Architektur* (sob o título de *L'Architecture Moderne*), mas isto nunca aconteceu, e o ensaio, finalmente, apareceu em francês em *L'Architecture Vivante* de Morancé, em 1923. Entre estas duas republicações de seus ensaios na França, Loos tinha reunido seus textos de 1897 a 1900 e publicara-os em 1921 em *Ins Leere gesprochen,* uma publicação que é um depoimento vívido de sua reputação naquela época — um texto em língua alemã aparecendo numa impressão francesa (a de Crès et Cie., os editores de Le Corbusier). *Ornament und Verbrechen* e *Architektur* foram republicados em alemão numa outra coletânea de ensaios, *Trotzdem,* que apareceu em Innsbruck em 1930.

Também na Áustria apareceu um *Festschrift* para seu sexagésimo aniversário (1930) e o estudo de Kulka sobre sua obra como arquiteto (1931). Deve-se notar este retorno a uma condição puramente austríaca, pois é evidente que no começo da década de trinta Loos não era a figura de proa que tinha sido no começo dos anos vinte, e *Trotzdem* não parece ser tão amplamente conhecido e citado quanto *Ins Leere gesprochen* — de fato, arquitetos, que leram este último, muitas vezes não têm conhecimento da existência de *Trotzdem*, embora conheçam *Ornament und Verbrechen*[4]. As razões deste obscurecimento de Loos provavelmente devem ser procuradas na diferença de geração entre Loos e os mestres praticantes da Nova Arquitetura, na drástica mudança de sensibilidade durante os anos vinte (resultante em grande parte da difusão das idéias abstratas e futuristas, que fizeram com que Loos parecesse fora de moda) e nas disputas pessoais com, por exemplo, Le Corbusier. Mais ainda, o principal impacto de Loos sobre seus contemporâneos mais jovens era sentido, no começo dos anos 20, via Paris e — além de sua influência pessoal — parece depender primacialmente de *Ins Leere gesprochen* e *Ornament.* O primeiro funcionou como suporte das idéias corbusianas da arquitetura enquanto equipamento, mas *Ornament,* porque exerceu alguma influência desde a época em que foi inicialmente publicado, e porque foi claramente o produto de um tempo e um lugar particulares, será abordado aqui.

O assunto deste ensaio — a condição da decoração arquitetônica — não era novo, e nos primeiros anos do século constituiu-se num tópico de discussão bem vivo. Mas as atitudes de Loos quanto a esse

---

4. A despeito das relações pessoais que mantinha com Loos nos anos 20, Lurçat, por exemplo, só parece conhecer *Ornament* a partir de sua republicação em *L'Esprit Nouveau.*

assunto vão bem além das de seus contemporâneos, e contrariam diretamente as noções de algumas doutrinas, especialmente a da Werkbund. Será útil, assim, examinar rapidamente a natureza das opiniões a respeito, por volta de 1910. A atitude dos racionalistas, e dos acadêmicos, era de fato de indiferença; T. G. Jackson faz uma piada familiar quando observa

> Aquele que não consegue projetar dirige-se, naturalmente, para o ornamento

mas, na verdade, ele não parece ter pensado numa arquitetura totalmente sem decoração, não mais do que o fez Guadet, a despeito de sua indiferença pelo estilo. De modo semelhante, Geoffrey Scott considera o ornamento como um elemento sem importância, se o controle básico da forma for suficientemente seguro

> Estes meios lhes bastavam (*i. e.*, aos arquitetos renascentistas). Tendo estes, podiam dispensar a escultura e a cor

um ponto de vista que é totalmente contrariado por Choisy

> A renascença italiana implicou apenas uma reforma do sistema de ornamentos

e, embora Choisy chegue uma vez a externar sua preferência por um edifício porque está destituído de ornamentos [5], em termos gerais, ele não é contra estes. Entre os livres arquitetos ingleses, encontra-se desprezo pelos estilos catalogados, mas não há qualquer hesitação em usar ornamentos de sua própria invenção e em explorar (embora de maneira menos vigorosa do que no caso de Loos) as qualidades decorativas inerentes dos materiais naturais. Voysey consta em registros como sendo contra os ornamentos de gesso nos tetos, mas isso só porque ele dava mau jeito no pescoço quando olhava para eles, e não se pode deixar de notar como Voysey transforma necessidades funcionais de somenos importância (tais como as aber-

---

5. "Saint Front em Perigueux, mais imponente em sua severa nudez do que San Marco... com todos os seus mosaicos e mármores." As observações de Choisy sobre o dórico, citadas no Cap. 2, também são um pouco nesse sentido.

turas em alguns de seus frontões) em proveito da decoração.

Porém, o que é mais notável, tendo em vista os desenvolvimentos posteriores, é não encontrar, dentro da linha de descendentes da Livre Arquitetura Inglesa e da Deutscher Werkbund, qualquer senso de impropriedade na ornamentação de maquinaria, estruturas de engenharia e produtos de máquinas. O desenvolvimento de um tal senso é um tributo prestado à revolução do gosto, realizada pelo próprio Loos e pelos estetas do abstracionismo dos anos da guerra. Antes dessa revolução, pode-se encontrar um lethabista anônimo observando, na *Architectural Review,* que existe

... uma estação de bombeiros bem nas imediações de Vauxhall onde o posto de observação é um simples pedaço de ferro trabalhado, maravilhosamente agradável em suas linhas. Acrescente-se a um esqueleto desses um pouquinho de modelagem desenhada e disposta de maneira caprichosa e o resultado será encantador.

Ainda mais notável é o único pronunciamento oficial da Werkbund sobre esse assunto, na época, um artigo de Karl Gross no *Jahrbuch* de 1912. É fácil supor que as exigências de Muthesius no sentido de se eliminar o *nebensächlich* ("sem importância") referem-se especificamente à ornamentação; um exame dos produtos da Werkbund, contudo, sugere que se referem somente à ornamentação "supérflua", o que não é a mesma coisa. É pouco provável que Muthesius tivesse sido capaz de manter unida sua heterogênea organização se houvesse privado toda uma ala da mesma — os artistas-*designers* — do único elemento para o qual possuíam treinamento ou eram capazes de contribuir, e em parte alguma ele investe contra o ornamento enquanto tal. Da mesma forma, Behrens demonstra uma atitude cindida em relação ao tema — seus produtos para usos industriais (por exemplo, arcos voltaicos) não são decorados, mas os de uso doméstico (por exemplo, fornos elétricos) têm ornamentos, e o próprio Gropius demonstra ser um ornamentador capacitado em seus desenhos para têxteis, etc., de 1913-14.

139

32. Adolf Loos. Casa Steiner, Viena, 1910: vista do jardim, com o tratamento quadrado, quase clássico da frente do jardim contrastando com a linha arredondada do telhado do lado da rua.

33. Adolf Loos. Casa Tzara, Paris, 1926 (fotografia retocada a fim de mostrar a condição final pretendida). Um dos projetos mais sofisticados de Loos, conservando no entanto um sabor do caráter local de Montmartre — cf. Fig. 88.

O artigo de Karl Gross, porém, também revela um fator qualificante nas discussões da Werkbund, que pode não ser mais do que um jogo de palavras, ou pode ser a pedra de toque que distingue o ornamento justificável do ornamento supérfluo. Aparece inicialmente como uma pergunta que dificilmente pode ser traduzida para o inglês (e para o português)

Muss Schmuck denn ohne weiteres Ornament sein?

porque não existem duas palavras em inglês (ou português) (por exemplo, Decoração/Ornamento) que tragam a distinção que Gross faz entre *Schmuck* e *Ornament*. O sentido genérico de *Schmuck* surge com nitidez em uma sentença posterior

Der erste Schmuck eines Gebäudes ist eine gute Massenverteilung *

que parece ser comparável em suas implicações com um trecho de Lamprecht, citado por Worringer:

... arquitetura, deixando-se de lado seus acessórios mais ou menos ornamentais, como a compreensão do espaço...

Em todo caso, isso é somente o *erste Schmuck,* e em parte alguma ele torna precioso o ponto em que as gradações de *Schmuck* começam a diluir-se em direção a *Ornament*. E, além disso, embora ele esteja claramente descontente com algumas das ornamentações contemporâneas (no segundo sentido), ele não lhe dá as costas em termos gerais. Com efeito, ele olha com antecipação para um *Ornamentik* do século XX. Suas opiniões quanto a esse tema sugerem que, embora esse ornamento possa ser de um novo estilo, o interesse principal para ele é o que havia sido declarado fora de moda pelo Congresso da Werkbund de 1911. Assim, enquanto ele admite que

A beleza da forma é agradável, mesmo sem ornamentação

e queixa-se de que o estilo industrial consiste em

procurar enganar, por meio de entulho ornamental sem valor que cobre formas pobremente concebidas

* O ornamento fundamental de um edifício é um bom arranjo das massas. (N. do T.)

141

a solução por ele apresentada não contempla as disciplinas formais e intelectuais propostas por Muthesius, nem o anátema absoluto já proposto por Loos, mas faz simplesmente um apelo por *Qualität*

> A decoração, e mesmo o ornamento no sentido técnico, deve permanecer obra de qualidade quando partimos pela estrada do ornamento do século XX.
>
> Se se quiser que o ornamento volte a ser aquilo que já foi e que deve continuar sendo, uma diferenciação particular que eleva um objeto da massa geral, ele deve ser obra de qualidade. O poder de sobrevivência dos ofícios artísticos baseia-se diretamente nessa premissa.

Aqui vemos um escritor, pertencente ao corpo mais progressista da época no campo do *design,* adotar uma linha que seria especificamente rejeitada pela geração seguinte de *designers,* também pertencentes àquele corpo, que se voltaram contra o ornamento de qualquer espécie e aceitaram as opiniões que Loos tinha sobre o assunto de maneira tão completa que este teve de se queixar de plágio. Para ele, a idéia de um *Ornamentik* do século XIX era insuportável, sem falar em um *Ornamentik* do século XX, e o ornamento estava irrecuperavelmente vinculado a objetos de pouca qualidade.

A razão pela qual as idéias de Loos prevaleceram sobre uma atitude mais cuidadosa encontra-se principalmente em três fatores. Primeiro, o anátema absoluto lançado por Loos sobre o ornamento resolvia o problema de Gross (e o de todos) por um meio rápido e cirúrgico. Segundo, ele foi tempestivo e específico. Numa época em que a *Art Nouveau* caía em descrédito, o ataque foi lançado contra determinados *designers* da *Art Nouveau,* bem como em termos mais gerais. E terceiro, sua forma de expressão forneceu à argumentação uma força fora do comum. Tanto a argumentação quanto o estilo estão resumidos com eficácia nos primeiros parágrafos de *Ornament and Crime.*

> O embrião humano passa por toda a história da evolução animal no útero de sua mãe, e um recém-nascido possui as impressões sensoriais de um cachorrinho. Sua infância o leva através dos estágios do progresso humano; aos dois anos, ele é um selvagem das Papuas; aos quatro, ele se

equipara ao homem das tribos teutônicas. Aos seis, ele está no mesmo nível de Sócrates e, aos oito, de Voltaire. Pois com essa idade ele aprende a distinguir o violeta, cor descoberta pela primeira vez no século XVIII (antes disso, as violetas eram azuis e a púrpura era vermelha). Os físicos podem apontar, hoje, cores a que deram nomes, mas que só poderão ser distinguidas por gerações posteriores.

As crianças são amorais e assim também são — em nossos padrões — os habitantes das Papuas. Se um papuano mata um inimigo e o come, esse fato não o torna um criminoso. Porém, se um homem moderno, matar alguém e o comer, ele será ou um criminoso ou um degenerado. Os papuanos tatuam-se, decoram seus barcos, seus remos, tudo, enfim, de que podem lançar mão. Mas um homem moderno que se tatue será ou um criminoso ou um degenerado. Pois existem prisões onde oitenta por cento dos detentos são tatuados, e homens tatuados que não estão na prisão são ou criminosos latentes ou aristocratas degenerados. Quando um homem tatuado morre em liberdade, isso simplesmente significa que ele não teve tempo para cometer seu crime.

O impulso de ornamentar a si mesmo e tudo o que estiver ao alcance é o ancestral da arte pictórica. É o balbuciar da pintura. Toda arte é erótica.

O primeiro ornamento que surgiu, a cruz, tem origem erótica; a primeira obra de arte, o primeiro ato criativo do artista original foi rabiscado na parede da caverna a fim de aliviar a pressão emocional — um traço horizontal, a mulher deitada; um traço vertical, o homem que a transfixa. O homem que fez isso sentiu o mesmo impulso de Beethoven, estava no mesmo paraíso de prazer que Beethoven ao compor a Nona Sinfonia. Mas o homem de nossos dias que rabisca símbolos eróticos nas paredes ou é um criminoso ou é um degenerado. Está claro que esse violento impulso pode apossar-se de um ou dois indivíduos pouco equilibrados mesmo nas culturas mais avançadas mas, como regra geral, pode-se classificar as culturas de diferentes povos pelo ponto até onde seus sanitários estão desenhados. Com crianças, essa é uma condição natural; suas primeiras expressões artísticas são rabiscos eróticos nas paredes de seus quartos. Mas o que é natural para a crianças e para os selvagens da Papua é um sintoma de degeneração no homem moderno.

Por conseguinte, elaborei a seguinte máxima e a proclamo ao mundo: a evolução da cultura marcha lado a lado com a eliminação do ornamento dos objetos úteis.

Raramente — exceto os Manifestos Futuristas — foi uma nova doutrina enunciada de maneira tão drástica e dinâmica, ou de uma forma que convence ao combinar-se com tantos corpos de opinião recebida — embora combinada em padrões novos. Loos jamais fez quaisquer extensões significativas aos argumentos expostos aqui, exceto pela idéia (não original) do ornamento como esforço desperdiçado; elaborações quase ilimitadas, entretanto, foram possíveis em virtude do grande número de níveis de referência. Muitas das idéias eram de domínio público. A falácia evolucionária, por exemplo, pode ser encontrada em Worringer:

> Springer, com acerto, compara essas produções (pinturas das cavernas) com as "realizações artísticas" dos nativos africanos; outra comparação bastante próxima teriam sido os rabiscos de uma criança

mas, enquanto Worringer opinava que tais rabiscos primitivos eram "abstratos lineares", Loos, aproveitando Freud (no que é um pioneiro), qualifica-os como representações simbólicas. Por outro lado, a comparação entre a tatuagem e alguns tipos de decoração arquitetônica pode ser encontrada em Lethaby já em 1911 [6], talvez completamente isolada das idéias de Loos.

Acima de tudo, existe seu ataque específico contra determinados mestres da *Art Nouveau,* o que sem dúvida ajudou a galvanizar uma até então vaga e desorganizada desconfiança em um sentimento definido de que a *Art Nouveau* era, ao menos, um erro do passado que não deveria ser repetido.

> Agora que o ornamento não está mais organicamente integrado em nossa cultura, ele cessou de ser uma expressão válida dessa cultura. O ornamento que é desenhado hoje não tem relevância para nós, para a humanidade em geral, nem para o ordenamento do Cosmos. Ele é não-progressista e não-criativo.
>
> O que aconteceu com a obra ornamental de Otto Eckmann? O que aconteceu com van de Velde? O artista costumava representar a saúde e a força no pináculo da humanidade, mas o ornamentalista moderno ou é um retardatário cultural, ou é um caso patológico. Ele mesmo é forçado a repudiar seu trabalho depois de três anos. Suas produções já são intoleráveis, hoje, para as pessoas cultas, e, dentro em pouco, tornar-se-ão igualmente intoleráveis também para as demais. Onde estão agora as obras de Eckmann, e onde estarão as de Olbrich daqui a dez anos? O ornamento moderno não tem ascendentes nem descen-

6. *Architecture*, p. 188.

dentes, não tem passado nem futuro. Pode ser recebido com alegria por povos sem cultura, para os quais a verdadeira grandeza de nossa época é um livro com sete selos mas, mesmo para eles, logo será esquecido.

A especificidade e natureza pessoal desse ataque foram posteriormente um tanto obscurecidas, mas é necessário que sejam ressaltadas aqui, por razões que mais adiante serão evidentes. *Ornament and Crime,* seja o que for que se tenha tornado, foi originalmente um ataque contra a *Wiener Sezession* e a *Wiener Werkstätte,* com as quais Loos havia tido uma discussão por volta de 1890, provocada, ao que parece, pelo fracasso de Josef Hoffmann em confiar a Loos a decoração e mobiliário do salão do conselho, da *Sezession.* O fato de que ele está apenas atacando o ornamento contemporâneo e os ornamentalistas contemporâneos é ressaltado pelo último parágrafo do ensaio, que termina assim:

... e o homem moderno pode empregar o ornamento de culturas históricas e exóticas como quiser, mas seus próprios talentos inventivos estão reservados e concentrados em outras coisas.

Loos, com efeito, é bastante liberal em relação às atividades de ornamentação daqueles a quem ele considera como culturalmente atrasados — civilizações antigas, pessoas primitivas, e mesmo os pobres trabalhadores de Viena. Somente a decoração sofisticada é feita por artistas instruídos de seu próprio tempo, os quais ele ataca, e ele mesmo está plenamente preparado para usar a ordem dórica, por exemplo, quando sente que a situação o requer.

Ele era também, como muitos reformistas, um tradicionalista e tinha tendência a olhar para trás, não para a frente. Não se pode encontrá-lo atacando Ruskin, como Marinetti iria fazer. Apesar de sua inevitável desconfiança pela Deutscher Werkbund (que ele parece considerar como uma trama dos artistas a fim de impingir um falso estilo a classes de produtos que deveriam ser não ornamentados), ele agradeceu a Muthesius por escrito por *Das Englische Haus,* e estava ligado à tradição do *cottage* inglês, da maneira como é condensada na Livre Arquitetura Inglesa. Ele tomou a arte dos alfaiates tradicionais ingleses como modelo de bom gosto reticente. Embora admirasse algumas conseqüências da indústria americana e toda a técnica de encanamentos americana, Loos não possuía o senso de maquinaria que tinham os futuristas, como auxílio da expressão pessoal, e ridiculariza as idéias de alta obsolescência e economia do desperdício que já estavam aparecendo nos EUA e que foram aceitas entusiasticamente pelos futuristas nos cinco anos seguintes. Inclina-se no sentido de ver o mobiliário e os utensílios como uma classe de bens cujo valor de mercado deve ser mantido, não como uma classe de equipamento a ser descartada quando passar de moda.

Tradicionalista, também era um classicista, como o demonstra o uso freqüente de detalhes clássicos — o forro artesanal do Bar Americano, em Viena, por exemplo — em seus edifícios, mas é possível especificar mais ainda; ele era também seguidor de Schinkel. Da mesma forma como o último parágrafo de *Ornament and Crime* revela, inesperadamente, uma atitude liberal em relação ao ornamento no passado, também o último parágrafo de *Architektur* revela, de maneira um tanto inesperada tendo em vista o resto do ensaio, uma fé tocante no valor da tradição da *Schinkelschüler*:

> Fischer von Erlach no sul, Schlüter no norte, foram celebrados, com justiça, como os maiores mestres do século XVIII. Depois, no limiar do século XIX situava-se Schinkel — porém nós o esquecemos. Possa o fulgor de sua realização imponente brilhar pelas gerações futuras de nossos construtores.

Não se pode deixar de achar essa apoteose final de Schinkel um tanto surpreendente, posto que os parágrafos precedentes de *Architektur* haviam demonstrado uma tendência bastante antigrega. Os gregos antigos são censurados por sua excessiva atenção à originalidade de detalhes e, inferindo-se que os romanos foram louvados por não fazê-lo, por inventar novas ordens após a dórica. O Parthenon é desprezado por ter sido pintado — ponto que os classicistas do movimento moderno que vieram mais tarde ficaram felizes por deixar de lado. É Roma e a arquitetura romana (da maneira como ele a entendia) que recebem a aprovação de Loos.

Derivamos dos romanos nosso senso social e nossa disciplina espiritual.

> Não foi por acidente que os romanos não estiveram em posição de descobrir novas ordens de colunas, novos estilos decorativos. (...) Os gregos desperdiçaram sua inventividade nas ordens; os romanos gastaram a deles no plano. E aquele que pode resolver os maiores problemas da planta não se preocupa com novos detalhes.

Assumindo uma posição quanto à autoridade da planta, Loos aproxima-se — aqui mais do que em qualquer outra parte — do corpo da disciplina acadêmica. É estranho, porém, que ele elogie ali a arquitetura romana, mas não mencione aquilo que outros teóricos da língua alemã achavam notável nela, a *Raumgestaltung* ("configuração do espaço"), nem mencione o que os teóricos franceses achavam digno de elogios, a *construction*. Essa visão altamente abstrata do edifício romano é colocada em oposição a uma visão curiosamente primitiva da natureza da arquitetura em geral. Continuando a trabalhar de trás para frente do ensaio, encontramos que ele precede seu elogio de Roma por uma demonstração da idéia que a arquitetura deve afetar as emoções, e emprega como imagem elucidativa o seguinte:

> Quando encontramos um monte de terra na floresta, com um metro e oitenta de comprimento e um metro de largura, com forma piramidal, então ficamos sérios e uma voz dentro de nós diz "Aqui jaz..." *Isso é arquitetura*.

Ora, isso não é abstrato, como é a cruz, primeira obra de arte rabiscada na parede da caverna; isso é simbólico, comunica informação e emoção, diversamente das respostas empáticas de Geoffrey Scott à forma arquitetônica. Apesar da aparente contradição em sua insistência sobre a planta na arquitetura romana, parece duvidoso que, para Loos, o aparentemente abstrato tenha alguma vez chegado a ser completamente abstrato, que a pureza da Forma Pura alguma vez o tenha interessado senão como símbolo da pureza de espírito.

Essa visão de Loos é reforçada pelos parágrafos iniciais de *Architektur,* os quais reúnem várias de suas aversões e preferências usuais. Ele situa a cena nas margens de um lago de montanha e elogia o caráter homogêneo dessa cena; tudo nela — montanhas, água, casas de camponeses, árvores e nuvens — parece ter sido formado pela mão de Deus. Mas,

> Agora, o que é isso? Uma nota falsa, um grito fora de lugar. Entre as casas dos camponeses, que não foram feitas por eles, mas sim por Deus, encontra-se uma vila. É obra de um bom ou de um mau arquiteto? Não sei. Sei somente que a paz e a beleza da cena foram destruídas.
> ... como se explica que todo arquiteto, bom ou ruim, provoque danos ao lago?
> O camponês não o faz, nem o engenheiro que constrói uma ferrovia na margem ou envia navios a fim de cravarem suas profundas esteiras nas águas do lago.

Fica claro, embora dificilmente explícito, nos parágrafos seguintes, que o camponês constrói bem, em harmonia com o universo, porque constrói sem pensar em arquitetura e sem interferência de arquitetos. Presume-se que o engenheiro faça o mesmo, na opinião de Loos, embora não chegue a mencionar novamente engenheiros no ensaio. Ora, construir, sem interferência de arquitetos e as preocupações destes com o estilo e os Estilos, tem para Loos, nessa conjuntura, uma conseqüência importante. Sem orientação de um arquiteto

> der Baumeister könnte nur Häuser bauen: im Stile seiner Zeit.

"No estilo de sua própria época" pode significar, somente, tendo em vista a opinião de Loos sobre a evolução do ornamento e da cultura, um estilo não decorado. Liberdade de ornamentação é o símbolo de uma mente incorrompida, mente que ele atribui apenas a camponeses e engenheiros. As gerações posteriores segui-lo-iam nessa opinião, ampliando assim as bases da idéia de engenheiros enquanto nobres e selvagens (idéia à qual Marinetti também contribuiu) e também — e isto é vital na criação do Estilo Internacional — ampliando as bases da idéia de que construir sem decoração é construir como um engenheiro e, portanto, de uma maneira adequada à Idade da Máquina.

Segunda Parte: ITÁLIA: MANIFESTO E
PROJETOS FUTURISTAS, 1909-1914

Boccioni, U. *Pittura, Scultura Futurista.* Milão, 1914 (para um panorama geral das atitudes do movimento e os textos dos primeiros manifestos).

Marinetti,, F. T. *Le Futurisme.* Paris, 1912.
La Splendeur Géometrique et Mécanique (manifesto). Milão, 1914.

Caramel & Longatti. *Antonio Sant'Elia* (catálogo da exposição permanente de Villa Olmo). Como, 1962.

Sartoris, A. *L'Architetto Antonio Sant'Elia.* Milão, 1930.
(Para o melhor texto do *Manifesto dell'architettura futurista*).

Gambillo & Fiori. *Archivi del Futurismo*. Roma, 1958.

Revistas

Rivista Tecnica, 7, 1956.
(Para o texto de *Messaggio sull'architettura moderna*).

8. FUTURISMO: O MANIFESTO DE FUNDAÇÃO

As qualidades que fizeram do Futurismo um ponto decisivo no desenvolvimento das teorias modernas do *design* foram fundamentalmente ideológicas e mais preocupadas com atitudes mentais do que com métodos técnicos ou formais — embora tais atitudes mentais muitas vezes tivessem influência enquanto veículos de transmissão de métodos técnicos e formais, que não eram, em primeiro lugar, invenção futurista.

Pode-se ver a nova orientação ideológica dos futuristas já no Manifesto de Fundação, publicado em

Le Figaro, em 20 de fevereiro de 1909. Esse Manifesto foi integralmente obra de Fillipo Tomaso Marinetti, fundador e contínuo incentivador do Movimento Futurista. Embora escrito originalmente em francês (Marinetti era formado em Letras, pela Sorbonne) e traduzido para o italiano somente mais tarde, parece que foi escrito *em* Milão e é, por certo, substancialmente autobiográfico [1]. Consiste de três partes, não intituladas separadamente, mas diferentes em estrutura e estilo. A primeira (ou Prólogo) é narrativa; a segunda firma um programa de ação e pontos de vista sob forma de quadros; e a terceira é um Epílogo reflexivo.

A primeira e a segunda partes são do maior interesse no contexto atual: o Prólogo para identificar o estado mental de Marinetti e a situação social que o rodeava; a segunda parte, para formular a atitude futurista em relação a vários problemas estéticos e culturais.

O Prólogo começa com uma descrição *fin-de-siècle:*

Tínhamos passado a noite em claro, meus amigos e eu, sob as lâmpadas árabes, cujos bojos de cobre filigranado estavam constelados de estrelas como nossas próprias almas... havíamos pisoteado nosso *ennui* ancestral sobre opulentos tapetes turcos, levando as discussões até os limites do raciocínio, e cobrindo inúmeras folhas de papel com nossos rabiscos frenéticos. (...)

No meio do parágrafo seguinte, o tom de voz começa a mudar

Estávamos sozinhos diante das estrelas hostis... sozinhos com os foguistas que suam na frente das fornalhas satânicas de grandes navios, sozinhos com os fantasmas negros que esquadrinham a noite nos ventres rubros de locomotivas enquanto se lançam para a frente em velocidades insensatas. (...)

e então a mudança de tom é reunida em duas imagens poéticas vigorosamente contrastantes

1. As duas melhores fontes sobre o Futurismo inicial são as contribuições de Paolo Buzzi e Benedetta Marinetti para o número especial de *Cahiers d'Art*, dedicado à pintura italiana (Paris, 1950), e "Antologia Futurista" de Libero di Libera em *Civiltà delle Macchine* (Roma, março de 1954).

Tivemos todos um sobressalto ao som de um bonde de dois andares que passava estrondosamente, inflamado de luzes multicoloridas, como uma aldeia em trajes de festa que o Pó na enchente arranca de suas margens e carrega, por gargantas e corredeiras, até o mar. Depois, porém, o silêncio tornou-se mais profundo, e ouvíamos apenas as devoções murmuradas do velho canal e o estalar dos velhos palácios artríticos, com barbas de hera, até que — repentinamente — ouvimos o rugir de automóveis famintos sob as janelas.

Esses trechos têm uma localização topográfica precisa, a qual aumenta o sentido de seu significado poético superficial. As linhas de abertura não são um pastiche de novela decadente, mas uma descrição real do interior da Casa Marinetti, mobiliada com o bricabraque oriental adquirido pelos pais de Marinetti durante sua estada em Alexandria (onde o próprio Marinetti nasceu). A Casa situava-se na via del Senato (já foi demolida) e dava, nos fundos, para o velho canal Naviglio (supostamente obra de Leonardo da Vinci, agora abandonado), cujo barulho de água em movimento ainda constituía uma característica do distrito, embora tivesse cessado de ser usado para finalidades de navegação. Os velhos palácios situavam-se em sua margem oposta. O bonde teria passado pela própria via del Senato, e o contraste entre uma tecnologia superada, nos fundos da casa, e uma tecnologia nova e visualmente estimulante, na frente, deve ter impressionado fortemente uma pessoa como Marinetti, sensível à cultura burguesa de aparência retrógrada da Itália do Norte e o contraste dessa cultura com a atmosfera experimental e arrojada de Paris, seu outro lar. A sensação de ultrapassagem de uma tecnologia velha, orientada para a tradição, inalterada desde a Renascença, por uma nova, sem tradições, era algo que poetas e filósofos de outros países europeus já haviam sentido, e isso havia deixado sua marca nos escritos deles. A experiência tinha sido tão gradual em alguns casos que, como na Inglaterra, não havia produzido qualquer crise cultural (exceto a reação "Artes e Ofícios") ou tinha sido precedida por outras perturbações tão radicais — como no caso da França, onde os Enciclopedistas haviam construído muito da nova tecnologia em sua obra, e a Revolução havia dominado outras mudanças culturais tão radicais que a tecnologia, por si mesma, não se alinhava entre os grandes impactos psicológicos.

A escala dos desenvolvimentos tecnológicos do século XIX, entretanto, tinha sido tanto ampla quanto remota. Excetuando-se a introdução da iluminação a gás, a aparência das ruas da maioria das cidades principais pouco se alterou entre 1800 e 1880, data após a qual o crescente uso de ônibus e bondes, e sua subseqüente mecanização, começou a alterar o padrão urbano com maior rapidez. Mas o precoce crescimento da indústria em Black Country, por exemplo, fez pouca diferença para a vida diária, com tração a cavalo e iluminação a chama, das classes formadoras da opinião inglesa.

Para um italiano do Norte, conduto, o impacto não foi nem gradual, nem remoto. Embora as ferrovias começassem a ser construídas, na Itália, logo depois de 1850, foram-no no Centro ou no Sul (Florença, Posilippo), e a industrialização em grande escala do Norte não começou senão depois do *Risorgimento* [2]. Cidades como Milão e Turim repentinamente viram-se mudadas de capitais de principados ou ducados em subsidiárias de uma Roma ressuscitada, e também se viram transformadas em centros industriais. A existente aristocracia e *intelligentsia* do Norte teve suas bases sociais drasticamente alteradas (em oposição à mudança gradual de autoridade, por exemplo, na Inglaterra) e a aparência de suas cidades dramaticamente alterada ao mesmo tempo — o bonde, novo, substituindo o canal, velho. Além do mais, essas mudanças ocorreram não em alguma província remota mas, literalmente, às portas de seus palácios ancestrais.

---

2. Na época da unificação da Itália, a economia do país era fundamentalmente agrária — e, em 1910, ainda o era. O processo de industrialização no Norte, porém, que havia começado com a introdução da fcrça a vapor nas fábricas têxteis na década de 1860, sofreu violenta aceleração no período do Futurismo. A produção de têxteis triplicou no período entre 1900 e 1912, a produção de ferro e aço elevou-se de 300 000 toneladas métricas para quase 1 000 000 toneladas métricas no mesmo período, e outras indústrias tiveram aumentos comparáveis. Ao mesmo tempo, a criação de uma indústria automobilística capaz de produzir máquinas à altura da concorrência internacional, deu à indústria uma aura de prestígio psicológico que não poderia ter sido dada por um simples aumento de quantidade dos produtos estabelecidos.

Foi essa comutação manifesta e radical para uma sociedade tecnológica que animou todo o pensamento futurista, e foi o senso de rápidas mudanças que, com toda probabilidade, permitiu-lhes explorar com maior rapidez do que quaisquer outros intelectuais europeus as novas experiências que tinham em comum com os poetas e pintores de Paris, Londres, Nova York, Bruxelas e Berlim. Pois o Prólogo do Manifesto continua dizendo:

> Aproximamo-nos das feras resfolegantes e pusemos as mãos em seus peitos em fogo. Então lancei-me, como um cadáver em um ataúde, ao longo do assento de meu carro, mas levantei-me em seguida sob a direção, como lâmina de guilhotina contra meu estômago

e segue-se uma descrição longa e vívida de uma corrida improvisada, logo de manhã cedo, pelos subúrbios mais afastados de Milão. A tonalidade desse trecho é muito pró-automóvel, e constitui uma das primeiras apreciações sobre os prazeres de dirigir que surgiu na literatura européia. Contudo, as páginas que descrevem a corrida de automóveis têm um significado mais profundo do que esse. Se os eventos descritos no Prólogo do Manifesto ocorreram em 1908, são então eventos de um tipo que dificilmente poderia ter ocorrido dez anos antes — é extremamente duvidoso que qualquer grupo de jovens de vinte anos pudesse ter obtido, em 1898, um certo número de automóveis seguros, às cinco horas da madrugada, e pudesse tê-los dirigido. A importância cultural dessa situação é a seguinte: a nova tecnologia não somente invadira as ruas (bondes, iluminação elétrica, cartazes litografados) e o lar (telefone, máquina de costura, luz elétrica, ventiladores, aspiradores de pó etc.), mas também, com o advento do automóvel, o poeta, o pintor ou o intelectual não era mais um receptor passivo da experiência tecnológica, mas podia criá-la para si mesmo. O comando de veículos da ordem de 60 hp para cima tinha até então estado nas mãos de profissionais especializados — maquinistas, engenheiros de navios e assim por diante. O advento do automóvel, porém, trouxe tais experiências e responsabilidades para o alcance do amador abastado nos anos imediatamente após 1900 e,

159

embora a experiência de andar de carro fosse deixar sua marca em grande parte da literatura do século XX, ninguém iria tratá-la com um veio tão elevado e tão poético quanto os Futuristas, e ninguém o faria com um senso tão forte de constituir ela um novo fator cultural, sem qualquer precedente poético. Como Boccioni mais tarde expressou [3]:

> Começou a era dos grandes indivíduos mecanizados, e todo o resto é paleontologia (...) portanto pretendemos ser os primitivos de uma sensibilidade que foi completamente superada.

No Manifesto de Fundação não aparece uma forma de palavras tão precisas assim, mas está implícita em ao menos um lugar, onde Marinetti interrompe o fluxo selvagem da retórica automobilística para dizer

> O nosso não foi um amor ideal, perdido nas nuvens ao alto, nem uma cruel rainha a quem temos de oferecer nossos corpos contorcidos como jóias bizantinas

e isso, com as evidências fornecidas por seus escritos posteriores, deve ser interpretado como uma zombaria a d'Annunzio, cuja sensibilidade, como sempre pretenderam os Futuristas, jamais tinha sido superada de modo adequado (embora também ele se voltasse para o automobilismo no ano seguinte). Qualquer sobrevivência de sensibilidade do século XIX, quer simbolista, quer decadente, era considerada para eles como inadequada à situação modificada do novo século, embora o próprio Marinetti estivesse profundamente em débito, em relação ao desenvolvimento de sua sensibilidade, para com figuras tão características do século XIX como Whitman e Mallarmé. Whitman, contudo, cuja obra era conhecida por Marinetti em tradução, podia oferecer — como nenhum outro poeta europeu da época — uma visão de um mundo de individualidade grandiosa, um mundo onde a maquinaria era uma parte aceita da vida. Tal mundo ainda era, para um europeu culto, um mundo estranho, ao qual somente se podia entrar através de uma violenta mudança psicológica,

---

3. Em seu prefácio ao catálogo da primeira exposição de pintura futurista em Paris, 1912.

como, por exemplo, a que Marinetti mima ao final do Prólogo.

... Girei o carro sobre si mesmo, como um cão raivoso tentando morder sua própria cauda, e ali, bamboleando em minha direção, vinham dois ciclistas, tão desconcertantes quanto dois argumentos igualmente convincentes, bem na minha linha de movimento. Freei com tanta rapidez que o carro, para meu desgosto, capotou, caiu dentro da valeta e parou com as rodas para cima. Ó valeta maternal, plena de água enlameada! Ó esgoto de fábrica! Engoli tua lama nutritiva e lembrei-me dos seios negros de minha pajem sudanesa. E, contudo, quando emergi, com as vestes rasgadas e pingando, de sob o carro virado, senti o ferro em brasa de uma alegria deliciosa em meu coração.

É claro que se deve tomar esse trecho como sendo a mímica de um batismo no Jordão, uma iniciação — a partir do solo — às experiências e categorias mentais do estranho mundo da sensibilidade mecânica, pois imediatamente após vem

Assim, com o rosto coberto de boa lama de fábrica — lambuzado de aparas de ferro e escória, suor e fuligem — contundidos e com os membros em talas, mas ainda intrépidos, pronunciamos nosso testamento fundamental para todos os espíritos vivos do mundo.

e seguem-se as proposições sob forma de listas da segunda seção.

Existem onze dessas proposições, de estilo declamatório e sem a relevância suficiente para o contexto presente que justifique serem citadas extensamente. A primeira e a segunda elogiam o perigo, a energia, a audácia etc.; a terceira faz um contraste entre a paixão dos Futuristas pelo movimento e pela atividade com a "Literatura" (significando provavelmente d'Annunzio) que exalta o repouso, o êxtase e os sonhos. A quarta é o mais conhecido de todos os escritos Futuristas.

4. Declaramos que o esplendor do mundo foi enriquecido por uma nova beleza: a beleza da velocidade. Um carro de corrida com o capô ornado de canos de escapamento como serpentes lançando fogo pelas narinas — um carro de corridas que ruge, matraqueando como uma metralhadora, é mais belo do que a vitória alada de Samotrácia.

E essa exaltação do espetáculo do movimento turbulento, barulhento, em relação à contemplatividade do silencioso repouso clássico, é seguida por uma exaltação da experiência dinâmica do automobilismo.

> 5. Cantaremos hinos ao homem na direção, cujo eixo ideal passa através do centro da terra, girando em torno de sua órbita.

As proposições que se seguem louvam a velocidade, anunciam a aniquilação do espaço e do tempo, e louvam a guerra como o agente limpador da sociedade (algo que críticos posteriores jamais perdoaram aos Futuristas, mas que permanece compreensível quando se lembra que, com populações italianas em torno do Adriático do norte ainda *Irredenti*, o *Risorgimento* permanecia como uma guerra ainda em ação para muitos patriotas italianos)[4], como o agente limpador da sociedade das adiposidades de uma monótona paz burguesa, atacada também na décima proposição.

> 10. Destruiremos todos os museus e bibliotecas, e academias de todos os tipos; combateremos o moralismo, o feminismo, e todo vil oportunismo e utilitarianismo.

Essa foi uma proposição sobre a qual mais tarde ele mudou de opinião, pois, enquanto permaneceu a hostilidade em relação a academias e ao passado, o feminismo (uma espécie de) foi posteriormente incorporado ao programa futurista como, (a) o epítome de um novo tipo de mulher não-romântica, em oposição às heroínas de d'Annunzio, e (b) como algo que iria romper o parlamentarismo liberal (e conseqüentemente o "vil oportunismo e utilitarianismo") assim que as mulheres tivessem o direito de votar. A décima primeira proposição conclui essa seqüência com uma apoteose do ambiente urbano e mecanizado da vida Futurista.

---

4. Muitas manifestações futuristas tinham intenções políticas — ou ao menos adquiriram-nas — especialmente em Trieste e Veneza, onde o senso de *Italia Irredenta* estava, compreensivelmente, ainda altamente inflamado. Esse aspecto do pensamento futurista levou, logicamente, às exigências de intervenção na Guerra e, menos logicamente, embora seja compreensível dada a dinâmica da política, à participação futurista nos levantes fascistas depois de 1918.

11. Cantaremos sobre a agitação de grandes massas — trabalhadores, pessoas em busca de prazer, desordeiros — e sobre o confuso mar de cores e sons enquanto a revolução varre uma metrópole moderna. Cantaremos o fervor noturno de arsenais e estaleiros inflamados por luas elétricas; estações insaciáveis engolindo as serpentes fumarentas de seus trens; fábricas penduradas das nuvens pelos fios torcidos de sua fumaça; pontes brilhando como facas ao sol, ginastas gigantescos que saltam sobre rios; vapores arrojados que perfumam o horizonte; locomotivas de vasto peito que escarvam o solo com suas rodas, como garanhões com bridas de tubos de aço; o vôo fácil dos aeroplanos, suas hélices batendo no vento como bandeiras, com um som semelhante ao aplauso de uma multidão poderosa.

Embora muitas dessas imagens promanem de fontes do século XIX (por exemplo, a locomotiva, de Whitman e Huysmans [5]), muitas não poderiam deixar de ser novas, particularmente o aeroplano, uma vez que aeronaves viáveis só começaram a existir na Europa a partir de 1906. Em todo caso, porém, tal concatenação de imagens mecanicistas parece não ter precedentes na literatura européia da época, e a ênfase no movimento e na desordem forma um forte contraste com os aspectos estático e monumental da engenharia que parecem ter sido admitidos pelos escritores alemães do mesmo período [6]). A terceira seção do Manifesto, que tem a natureza de uma apologia pessoal, pouco acrescenta à posição já assumida — exceto para acrescentar uma nota bastante patética sobre a juventude do círculo de Marinetti

O mais velho dentre nós tem apenas trinta anos e temos, portanto, ao menos dez anos para fazer nosso trabalho

---

5. O entusiasmo de Huysmans pelas locomotivas tornou-se exemplo proverbial e ainda foi assunto para comentário na década de 20 — Le Corbusier empregou-o como ponto de referência em uma história inadequadamente resumida das locomotivas em *Urbanisme* (ver Cap. 18). Para aeroplanos não havia, e não podia haver, uma tradição comparável de entusiasmo. A primeira máquina européia de comprovado sucesso foi o *Voisin Canard*, pilotado por Santos Dumont em 1906, perto de Paris. Entretanto, qualquer testemunho visual difundido dos aeroplanos, tal como o que Marinetti deve ter tido a fim de escrever um trecho tão patentemente diferente das projeções imaginárias da aviação de H. G. Wells, deve ter esperado até o *tour* europeu dos irmãos Wright, em 1908.

6. Ver as opiniões de Muthesius, Gropius e outros citadas no Cap. 5.

163

e para juntar a essa nota o primeiro sinal daquele senso de transitoriedade que iria tornar-se um motivo regular no pensamento futurista. Senso de transitoriedade em que o envelhecimento dos seres humanos está ligado à obsolescência de seu equipamento técnico. Marinetti visualiza uma geração mais jovem, mais verdadeiramente futurista que a sua própria, que acharia ele e seus amigos

agachando-se, temerosos de nossos aeroplanos... e tudo, exasperados por nossa ousadia, correrão para matar-nos, impelidos pelo ódio tornado mais implacável em virtude da extensão em que seus corações estão plenos de amor e admiração.

Isso é algo mais do que o desprezo rotineiro romântico pelos velhos, exatamente da mesma forma como todo o Manifesto é mais do que a *juvenilia* provincial pela qual normalmente é tomado. Ver-se-á que, simplesmente sendo jovem, sendo tanto um intelectual cosmopolita pela educação quanto patriota provinciano por disposição, Marinetti foi capaz de dar a um sentimento muito difundido de desgosto pelo velho e desejo do novo, uma orientação positiva e um ponto de ligação no mundo de fato; Marinetti mandou sua geração para as ruas, com seus Manifestos, a fim de revolucionar sua cultura, da mesma forma como os Manifestos políticos dos quais ele tomou a forma literária haviam ordenado que os homens saíssem às ruas a fim de revolucionar sua política.

9. FUTURISMO: TEORIA E DESENVOLVIMENTO

A atitude adotada por Marinetti no Manifesto de Fundação foi uma atitude de poeta, adotada em benefício de outros poetas. A resposta destes foi direta e, antes de decorridos três anos, um tipo característico de lírica futurista havia aparecido, escrita em versos livres de linhas curtas, revelando uma falta global à poesia francesa do final do século XIX, e tomando como tema *l'Eletricità* (Luciano Fulgore), *A un Aviatore* (Libero Altomare), *Il Canto della Città di Mannheim* (Paolo Buzzi) etc. A revista *Poesia* e as atividades de publicação associadas de Marinetti tornaram-se os principais instrumentos de atividade literária futurista.

Já em 1909, entretanto, existe um poema de Buzzi dedicado a Umberto Boccioni, que começa

> Érige les constructions massives pour la ville future
> Qu'elle s'élève dans le ciel libre des aviateurs *

o que indica que o círculo da *Poesia* já estava em contato com praticantes das artes plásticas e que ao menos um dos grandes temas futuristas, a Cidade do Amanhã [1], já estava em circulação. As memórias da Signora Benedetta Marinetti afirmam que, no mesmo mês em que foi publicado o Manifesto de Fundação, Marinetti encontrou-se com Umberto Boccioni, Carlo Carrà e Luigi Russolo e, um pouco mais tarde, no mesmo ano, Giacomo Balla. Estes quatro, e mais Gino Severini, constituem o corpo principal de pintores futuristas e, juntos, assinaram o *Manifesto dos Pintores Futuristas* (11 de fevereiro de 1910) e o *Manifesto Técnico da Pintura Futurista,* publicados em abril do mesmo ano, no décimo primeiro dia "canônico" (nada menos do que oito dos Manifestos foram publicados no décimo primeiro dia do mês).

Esses dois Manifestos referentes à pintura, e o manifesto posterior sobre escultura, são os pontos de partida básicos para toda a atividade futurista nas artes plásticas. Eles têm de ser tomados, porém, dentro de um contexto complicado que deve incluir tanto a atividade literária continuada de Marinetti (parte da qual não foi publicada com sua forma definitiva senão depois dos dois Manifestos sobre a pintura) como os desenvolvimentos ocorridos na pintura da Escola de Paris.

Existe, contudo, um intervalo de tempo antes que este segundo contexto se torne plenamente efetivo, pois em 1910 somente Severini tinha realmente estado em Paris e visto pinturas *fauve* e cubistas em primeira mão. O Manifesto de Fevereiro é, com efeito, quase que pu-

---

* Em tradução livre: "Erija as construções maciças para a cidade futura / Que ela se eleve no céu livre dos aviadores". (N. do T.)

1. Como exemplificado pelos projetos *La Città Nuova* e *Milano 2000* de ANTONIO SANT'ELIA, que são discutidos no capítulo seguinte.

ramente literário, para não dizer político. Os jovens artistas da Itália são conclamados a se rebelarem contra o culto esnobe e sem sentido do passado. Outras nações tratavam a Itália como se fosse uma alva Pompéia de sepulcros quando, na realidade, a Itália renasceu; ao *Risorgimento* político seguiu-se um intelectual, etc. etc. Isso em boa parte, tem suas origens em Marinetti, mas o Manifesto chega a conter algum material novo, algo de natureza fundamentalmente profissional, algo de conseqüências estéticas mais gerais. Assim

Da mesma forma como nossos ancestrais encontravam inspiração no mundo da religião que pesava sobre suas almas, devemos extrair a nossa dos milagres tangíveis da vida contemporânea (...)

o que indica uma abordagem um tanto sutil do problema da inspiração do pintor, transferindo-a para o mundo das idéias, mais do que para o mundo dos fatos visuais.

Ao contrário do que parece, o ataque que se segue contra o oficialismo acadêmico, por este não reconhecer os talentos de Segatini, Previati e Medardo Rosso, é mais do que uma questão de corporativismo. Esses homens eram os representantes de uma tradição milanesa de Modernismo, da qual os futuristas eram o ponto culminante, e Medardo Rosso era particularmente importante para estes enquanto inovador tanto na iconografia quanto no método.

A referência à arquitetura (que aparece entre as denúncias), *Um fim para os grandes negócios na arquitetura e os empreiteiros de concreto armado,* está em contradição direta com a posterior política arquitetônica dos futuristas e provavelmente estava em oposição às próprias opiniões de Marinetti na época. Ela sugere que a pintura futurista ainda não existia em forma visível ou material, e que as teorias existiam apenas no papel, pois uma vez que se tinham encontrado como pintores, materiais como concreto, papelão etc., logo caíram em suas graças.

O Manifesto Técnico de Abril foi escrito no mesmo vácuo, mas é menos retórico (o Manifesto de Fevereiro tinha sido "lançado" em uma demonstração futurista quase política em Turim)[2] e penetra muito mais profundamente nas orientações mentais básicas de seus autores. Ele enfatiza o dinâmico em relação ao estático, a deformação e multiplicação de imagens visuais causadas pela persistência da retina. Enfatiza o fato de que a arte se baseia em convenções e que as "verdades" são dispensáveis, que o espaço é (visualmente) simplesmente uma dessas convenções, que os raios-X introduziram novos análogos da visão normal.

Para confirmar em termos práticos a destruição dos modos tradicionais e estáticos de visão, o Manifesto dá o seguinte exemplo

As dezesseis pessoas em torno de alguém em um bonde são sucessivamente uma, dez, quatro, três. Elas ficam momentaneamente paradas, mas depois mudam de posição novamente, indo e vindo com o balanço e os saltos do bonde... símbolos persistentes de movimento universal.

trecho fortemente inspirado em Medardo Rosso, que não somente havia insistido na transitoriedade das aparências

Todos nós somos meramente efeitos de luz[3].

como também, fisicamente, criou precisamente a imagem visual em discussão, em sua escultura de grupo *Impressione d'Omnibus* (1884), onde as figuras parecem estar sofrendo o mesmo tipo de dissolução em movimento e luz bruxuleante que os futuristas tinham em mente.

Pinturas futuristas dessa época são agora extremamente raras, tendo sido destruídas ou repintadas, mas um certo número de Boccioni de antes de 1911 sobreviveu e muitas vezes tais obras mostram uma tentativa de trazer de volta para a pintura o estilo atmosférico de escultura que o próprio Medardo havia derivado das pinturas dos impressionistas. Medardo foi apaixo-

---

2. A célebre reunião em Politeama Chiarella, em 9 de fevereiro de 1910, que mais tarde tornou-se lendária em círculos futuristas, uma vez que suas passagens mais violentas constituíram notícias excelentes e, assim, firmaram o movimento aos olhos do público.

3. O breve estudo de Medardo Rosso que contém mais informação, em inglês, é o de P. M. FITZGERALD em *World Review* (Londres, jun. 1951).

nadamente admirado por Boccioni e forneceu um elo de ligação com a viva tradição impressionista milanesa, passando por alto a geração de sintetistas e nabis em Paris, sobre cuja obra ele só podia conhecer através de Severini. Esse elo com a tradição impressionista é importante porque faz parte da herança antiacadêmica que os futuristas transmitiriam à teoria posterior do Movimento Moderno, embora fosse contestada por grande parte da prática desse movimento.

Pois o Manifesto Técnico ainda não fornece diretrizes quanto ao aspecto que deveria ter uma pintura futurista em termos concretos. Suas proposições tabuladas formulam apenas uma disposição do espírito:

PROCLAMAMOS

1. Que uma complementaridade inerente é tão necessária à pintura quanto o é o verso livre para a poesia ou a polifonia para a música.
2. Que o dinamismo universal deve ser reproduzido como sensação dinâmica.
3. Que, na interpretação da natureza, deve haver sinceridade e castidade.
4. Que luz e movimento destroem a solidez dos corpos.

COMBATEMOS

1. A pátina e a obscuridade de falsas antiguidades.
2. O arcaísmo superficial ...
3. Falsos futuristas, secessionistas e independentes, os novos acadêmicos de todos os países.
4. O nu na pintura, tão cansativo e deprimente quanto o adultério na literatura.

É interessante observar que as proposições afirmativas são deles mesmos (ou de Medardo), enquanto que as negativas, exceto a de 3, são essencialmente de Marinetti, constituindo o ataque contra o nu uma extensão do ataque contra a preocupação dannunziana com o adultério ("d'Annunzio, toujours penché sur le corps nu d'une femme" *). A proposição negativa 3, entretanto, é bastante notável para sua época, pois

---

* "d'Annunzio, sempre debruçado sobre o corpo nu de uma mulher". (N. do T.)

169

a tendência geral da estética de vanguarda européia era continuar as tendência academicizantes da década de 1890, como pode ser constatado pelos escritos de Roger Fry[4] ou pelo círculo cubista em Paris. Mesmo um anti-secessionista tão truculento quanto Adolfo Loos permaneceu um classicista no íntimo [5], e parece que os futuristas estiveram quase sozinhos ao opinar que as estéticas platônica e classicizante não estavam afinadas com sua mecanolatria ou, de fato, com qualquer acomodação positiva e frutífera à nova tecnologia.

Antes de surgir o próximo Manifesto de importância sobre as artes plásticas, entretanto, (o manifesto sobre escultura, sob a assinatura duvidosa de Boccioni, em 11 de abril de 1912), o alcance do Futurismo havia sido aumentado por outros escritos e conferências de Marinetti, e os pintores haviam visitado Paris. Todo o aspecto do movimento foi alterado. A visita a Paris foi organizada e paga, principalmente, por Marinetti, mas os contatos que este manteve em Paris (por exemplo, com Gustave Kahn) não foram de muita valia imediata aos pintores. Severini, entretanto, podia reivindicar seu relacionamento com Braque e, através dele, os futuristas encontraram-se com Picasso e o resto do círculo cubista. A situação do cubismo naquele momento era extremamente interessante. 1911, em retrospecto, parece ser o ano em que chegou ao apogeu, em que a promessa feita pela *Moça com bandolim* de Picasso (1910) foi plenamente cumprida no *Retrato de Kahnweiler* e foi o ano de *Le Portugais* de Braque, sendo que em ambas essas obras fragmentos formalizados de pintura representativa são rompidos em uma fina camada de espaço, cuja profundidade é indicada sem se lançar mão da perspectiva acadêmica.

4. Sobre tais tendências em ROGER FRY, ver, de sua autoria, "*Essay on Aesthetics*" em *Vision and Design* (Londres, 1923), e sobre os cubistas, ver as obras discutidas no Cap. 15.

5. O veio clássico aparece não apenas em seus escritos, que são discutidos no cap. 7, mas também no uso persistente que fez de motivos tais como a coluna dórica; e loja Goldmann e Salatsch em Viena (1910), a qual, como o edifício de escritórios Mannesmann de Peter Behrens, emprega o dórico para marcar a entrada; e sua participação no concurso para a torre do *Chicago Tribune*, empregando uma coluna grega dórica, ampliada em uma escala gigantesca, a fim de conformar toda a parte superior do edifício, com as janelas nas caneluras!

O contato com tais pintores e tais pinturas teve um efeito galvanizador nos futuristas, e desapareceu a incerteza que tinham quanto à aparência de sua pintura; eles incorporaram dos cubistas um repertório, uma linguagem de recursos formais e tratamentos de superfície, e os transformaram tendo em vista seus próprios fins.

É necessário, neste ponto, ressaltar que esses fins não eram os mesmos dos cubistas. O Cubismo situava-se no final de uma longa tradição reformista que passa por Cézanne, indo em direção a Courbet; e Boccioni, pelo menos, reconhecia esse fato. A estética do Cubismo, quando chegou a ser escrita, era tradicionalista e acadêmica e de maneira alguma tão revolucionária quanto a do Futurismo — principalmente porque o Cubismo foi uma revolução dentro da própria pintura e não parte de uma profunda reorientação em direção a um mundo modificado [6]. Não obstante, as semelhanças formais e superficiais das pinturas, aliadas a certas semelhanças literárias entre os escritos de Apollinaire e os dos futuristas, levaram a que se acreditasse que o Futurismo derivava do Cubismo. Na verdade, o livro de Apollinaire, *Les Peintres Cubistes,* apareceu apenas em 1913 e havia sido antecipado pelos Manifestos Futuristas sobre a pintura, escultura, literatura e música, bem como em prefácios dos catálogos das exposições futuristas em Paris (1912, 1913), enquanto que, como fica patente pelo que foi dito acima, o interesse dos futuristas pela dissolução de corpos precede seu encontro com o Cubismo em mais de um ano. O interesse pelo desmembramento das formas era deles mesmos; o que conseguiram em Paris foi um método para realizar esse objetivo. O interesse pelos corpos em movimento era deles mesmos: foi uma convenção para representar o movimento que eles aprenderam dos cubistas.

Os cubistas de quem adquiriram esse recurso eram o Groupe de Puteaux, grupo centralizado em torno da família Duchamp, nos limites do círculo Picasso/Bra-

---

6. No prefácio de Boccioni para o catálogo da primeira exposição em Paris, ele afirma: "Se nossas pinturas são futuristas, é porque representam o resultado de conceitos de ética, estética, política e sociologia que são absolutamente futuristas!"

34. Medardo Rosso. *Impressione d'Omnibus*, 1884: trabalho pioneiro na observação da vida mecanizada pelo pai do Modernismo milanês.

35. Georges Braque, *Le Portugais*, 1911: um dos trabalhos pelos quais se pode definir o cubismo, com sua visão simultânea altamente fragmentada de aspectos dispersos da cena visual.

que. O grupo Puteaux [7] iria fazer mais do que uma contribuição ao desenvolvimento do *design* moderno, e o que podia oferecer aos futuristas, naquele ponto, era uma abordagem intelectual e diagramática da pintura, mais do que a abordagem intuitiva e quase-representativa de Braque ou Picasso. No *Moinho de Café* de Marcel Duchamp (obra ocasional, feita como presente de casamento para seu irmão), do começo de 1911, eles poderiam ver [8] não somente uma máquina "desmantelada" a fim de mostrar suas funções, mas também uma convenção para mostrar as diversas posições sucessivas da manivela enquanto gira. Essa obra provavelmente foi realizada sob a influência dos primeiros Manifestos futuristas, mas isso não altera o fato de que os próprios futuristas ainda não haviam chegado a um tal jogo de convenções, quer para o movimento, quer para a dissolução de formas.

A influência da visita a Paris era aparente nas obras imediatamente posteriores a sua volta a Milão; a representação dos estágios sucessivos do movimento logo surge na obra de Balla (por exemplo, o célebre *'Cão em uma coleira'* de 1912), mas em Boccioni o impacto foi maior.

Ele havia começado, pouco antes da partida para Paris, uma série de três pinturas intituladas *Stato d'Animo*: *'As despedidas', 'Aqueles que vão', 'Aqueles que ficam'*. Os primeiros esboços são quase completamente campos abstratos de formas que acenam, apressam-se ou ficam à toa. Foram todas drasticamente refeitas quando ele voltou, e os campos abstratos foram preenchidos com elementos quebrados, superpostos e transparentes, de máquinas e material rodante, vagões e rostos, chapéus, capas e edifícios. As convenções pictóricas empregadas para criar tais elementos são uma mistura inteligente e original dos métodos de Duchamp e dos métodos de Braque — de construção sistematicamente geométrica, mas com a superfície concreta da pintura ricamente variegada e texturada. A primeira

---

7. Sobre o tema do Groupe de Puteaux, ver Cap. 15.
8. O próprio Duchamp não acredita que possa ter havido qualquer influência devida a suas pinturas, e modestamente propõe como fonte comum os estudos fotográficos de movimento.

36. Pablo Picasso. *Retrato de D. H. Kahnweiler,* 1911:
outro trabalho canônico cubista, do tipo que ajudou os futuristas na criação de seu característico modo de visão.

37. Marcel Duchamp. *Moinho de café,* 1911:
muito mais perto das idéias futuristas do que qualquer outra obra parisiense do período, analisa o funcionamento da máquina, a rotação de suas partes.

dessas pinturas (*As despedidas*) também contém elementos de tipografia, usados como parte da composição planimétrica da pintura. Tal uso, que se encontra nas raízes de muitas reformas tipográficas posteriores, e que também preparou o caminho para a reintegração da tipografia na composição arquitetônica, é considerado geralmente como invenção cubista de 1911 (Braque: *Le Portugais*); se esse for o caso, porém, Boccioni pode tê-la alcançado nos mesmos meses, pois parece que um dos últimos desenhos para *As despedidas* em que ocorrem elementos tipográficos pode ser datado de 1911 e não de 1912. Embora, é claro, isso ainda pudesse se constituir em um empréstimo tomado a Braque, deve-se notar também que a pessoa íntima de Boccioni que mais se interessava pela tipografia era Marinetti, o qual adquirira, através de seus contatos com Mallarmé, um interesse pela composição de página livre, variada e aberta [9], em que palavras e mesmo letras eram tratadas como elementos de um desenho abstrato. Embora *Les Mots en Liberté* de Marinetti fosse publicado somente em 1919, a palavra *Motlibriste* circulava pelos meios futuristas antes de 1914, e Boccioni faz referências a *parole in libertà* no princípio de 1912.

É em relação às atividades escultóricas de Boccioni em 1912 que a crescente fusão entre prática parisiense e teoria milanesa se manifesta mais claramente. Um de seus trabalhos mais conhecidos em escultura, *Sviluppo d'una Bottiglia nello Spazio,* data desse ano. É um tema de natureza morta, algo que ele não havia tentado fazer antes de Paris, mas um desenho relacionado com essa obra mostra mais mudanças radicais do que apenas um novo tema.

O método fundamental desse esboço, tanto em termos de composição quanto em termos de estudo do

---

9. Sobre o tema das origens da tipografia futurista ver CARLOS MARTINI, Mallarmé-Marinetti-Gide em *Idea* (Roma, 17 maio 1953) e RENATO MUCCI, Mallarmé Pubblicista em *Civiltà delle Macchine* (Roma, nov. 1954). · Em relação a esse assunto, é interessante notar que Michel Seuphor sugeriu que pode ter sido Marinetti quem introduziu a idéia do caligrama, ou poema figurado, no círculo de Apollinaire, e esse fato poderia ter dado a partida no interesse dos cubistas pela arte tipográfica.

38. Umberto Boccioni. *La strada entra nella casa*, 1911: uma primeira realização do conceito futurista da cidade como sendo um campo de poderes e influências que interagem.

objeto, depende de uma rotação da garrafa sobre seu próprio eixo, enquanto ela é observada de diferentes alturas. Em um sentido remoto, um tal método foi empregado acidentalmente por Cézanne, intuitivamente por Picasso. Aqui, porém, ele é empregado sistematicamente e explorado em sua integralidade. A garrafa resolve-se em uma série de impetuosas formas convexo--côncavas que interpenetram as de um copo que se encontra ao lado daquela. Há um vigoroso senso plástico de que a garrafa e o copo são corpos de rotação, o que é bastante contrário às tendências achatantes do cubismo naquela época, embora tanto a técnica de desenho quanto o método de seccionamento geométrico provavelmente encontrem suas origens na École de Puteaux. Porém, ainda mais notável é o tratamento do tampo da mesa. Enquanto em Cézanne ou Picasso a multiplicação dos tampos de mesa devida ao ponto de vista mutável é disfarçada ou ignorada, em Boccioni recebe todo seu valor como parte da imagem. Três principais planos de tampo de mesa são definidos, quase paralelos entre si, e seus limites cruzam-se e superpõem-se nos cantos. Uma vez que tais efeitos são criados dentro de uma perspectiva mais ou menos convencional, deparamos com uma experiência espacial análoga à arquitetura da Prairie House de Wright, ou à obra de arquitetos sob a influência do movimento de Stijl no início da década de 20 [10].

O *Manifesto Técnico da Escultura Futurista* de Boccioni surgiu em abril de 1912; era integralmente de sua própria responsabilidade e talvez obra só sua, uma vez que a composição de frases não traduz um caráter particularmente marinettiano. A primeira seção é uma denúncia retórica rotineira do passado e da não-originalidade. A segunda seção, entretanto, justifica a palavra "técnico" de modo muito mais completo do que o faz o Manifesto da pintura, uma vez que, depois de Paris, ele sabia como deveria parecer o resultado.

---

10. De maneira mais óbvia, os planos que se superpõem da Robie House de 1909. Uma possível influência de Wright em Boccioni pode ser descontada, apesar das amplas leituras e interesses deste. No caso de Sant'Elia, discutido no capítulo seguinte, a possibilidade não pode ser deixada de lado com tanta facilidade.

177

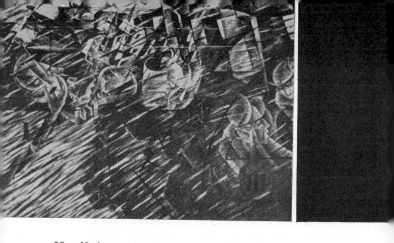

39. Umberto Boccioni. *Stati d'animo II, Quelli chi vanno*, 1912: segundo painel de um tríptico que expressa as emoções sentidas numa estação de trem; aqui, a partida.

40. Umberto Boccioni. Esboço de composição para *Stati d'animo I, Gli Adii*: outrora na coleção Walden, esta versão dos "Adeuses" representou um papel importante no interesse do futurismo pela tipografia fora da Itália.

Devemos começar a partir do núcleo central de um objeto enquanto este luta por realização, a fim de descobrir as novas leis, isto é, as novas formas que o relacionam de modo invisível mas matemático ao infinito plástico interior e ao infinito plástico visível exterior. A nova plasticidade será,, assim, a tradução em gesso, bronze, vidro, madeira, ou qualquer outro material, dos planos atmosféricos que unem e interceptam os objetos visíveis. (...) Assim, a escultura deve trazer os objetos à vida, ao tornar apreensíveis, plásticos e sistemáticos seus prolongamentos no espaço, uma vez que não se pode mais pôr em dúvida que um objeto termina quando outro começa, e que não existe um só objeto em torno de nós — garrafa, automóvel, árvore, casa ou rua — que não nos corte e nos seccione com algum arabesco de linhas curvas ou retas.

O desenho discutido acima, evidentemente, é uma demonstração mais ou menos programática dessa teoria do espaço estético, espaço que existe como campo de força ou influência irradiando-se do centro geométrico dos objetos que lhe dão origem, e constitui uma notável realização poética nascida, presume-se, de Bergson e Einstein [11].

A terceira seção compara Rodin, Bourdelle e Meunier desfavoravelmente em relação a Medardo Rosso, que (corretamente) merece uma apoteose como o pai da escultura "atmosférica" e da temática "não-heróica" da escultura. Medardo, entretanto, é criticado por permanecer pictórico em sua inspiração e por não desen-

---

11. Bergson foi amplamente discutido na época: no círculo da revista *Poesia,* no círculo de Apollinaire (sobre isso, ver mais uma vez *Cubist Aesthetic Theories,* de CHRISTOPHER GRAY), e pelos vorticistas na Inglaterra. A situação com Einstein é menos nítida: idéias marginais às teorias da relatividade por certo eram correntes nos círculos cubistas, e Gleizes faz uma referência confusa à geometria de Reimann em *du Cubisme,* enquanto Apollinaire, em um trecho muito citado e superestimado de seu *Peintres Cubistes,* refere-se a *la quatrième dimension* como exemplo do jargão de estúdio firmado já em 1912. Embora tenham sido lançadas dúvidas sobre a habilidade dos cubistas de terem conhecimento de tais assuntos, é claro que o círculo Braque-Picasso absorveu uma certa quantia de boatos matemáticos do notário Maurice Princet (ver Cap. 15), enquanto que os interesses do grupo de Puteaux eram notoriamente matemáticos e filosóficos. Parece que Boccioni teve parte de seus interesses originados nesses setores, mas parece que também houve uma fonte independente, uma vez que, posteriormente, ele passou a criticar as opiniões de Apollinaire sobre a quarta dimensão. No entanto, agrupando cubistas e futuristas, a título de argumentação, pareceria que a proposição de Giedion, no sentido de que as semelhanças entre a pintura da época e as idéias de Einstein são simplesmente "uma coincidência temporal", deve ser tratada com reservas — não se pode excluir a possibilidade de uma arte conscientemente "relativista".

179

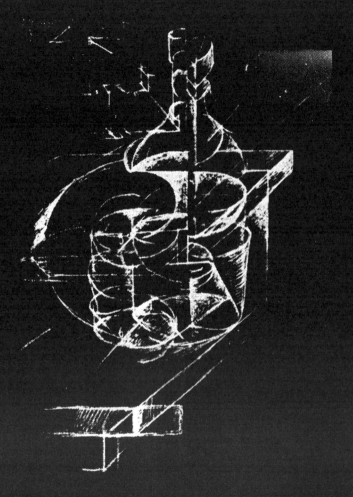

41. Umberto Boccioni. *Bottiglia + Tavola + Caseggiata*, 1912: esboço relacionado com a escultura *Garrafa desenvolvendo-se no Espaço*, combinando os conceitos do ponto de vista móvel e a teoria de campo do espaço.

volver-se na direção de *lo stile del movimento*. Esse estilo, ao sistematizar as vibrações da luz e as interpenetrações dos planos

... produzirá escultura futurista, cuja base é arquitetônica, não somente como uma construção de massas, mas também porque o bloco da escultura conterá dentro de si mesmo elementos arquitetônicos oriundos do ambiente escultórico em que o objeto existe.

Essa idéia é, claramente, um desenvolvimento da citação anterior e iria levar, na obra de Sant'Elia, a uma notável redefinição do relacionamento homem//edifício; para Boccioni, contudo, teve apenas conseqüências mais grosseiras.

Assim, do sovaco de um mecânico poderia surgir uma roda dentada, a linha de uma mesa poderia cortar a cabeça de um homem que está lendo, e as páginas agitadas do livro poderiam seccionar seu estômago.

Embora, em um nível mais teórico e metafísico, essa idéia seja uma nítida antecipação, mais uma vez, de desenvolvimentos da década de 20,

... proclamamos a absoluta e completa abolição de linhas determinadas e estátuas fechadas. Nós abrimos a figura e incluímos dentro dela aquilo que a cerca

antecipando o rompimento das barreiras entre o que está dentro e o que está fora, que será visto na arquitetura de 1927-33; e segue-se outra previsão, bastante sutil, (a partir de uma discussão do conceito de *lines--of-force*), da estética dos anos 20

Para nós, a linha reta será viva e palpitante; ela se prestará a todas as necessidades expressivas de nosso material, e sua severidade básica, despojada, será um símbolo da severidade metálica das linhas da maquinaria moderna

em que a sutileza está em ver que a linha reta seria simbólica, e não inerente ao *design* mecânico.

Dois outros pontos desse Manifesto merecem ser notados aqui. O delineamento da escultura cinética, pouco surpreendente nesse contexto

uma fonte de força capaz de dar um movimento rítmico relacionado adequadamente a seus planos e linhas e um apelo no sentido de ser ampliada a gama dos materiais do escultor, apelo esse que aparece entre as proposições tabuladas no final do Manifesto. Ali, pode-se ver Boccioni em um de seus papéis mais influentes, como codificador e sistematizador das práticas cubistas *ad hoc,* e sua inclusão dentro do corpo da teoria futurista, antes mesmo de elas terem sido sistematizadas e incluídas na teoria cubista.

4. Destruir a nobreza puramente literária e tradicional do bronze e do mármore. Negar que qualquer material deva ser usado exclusivamente para o todo de uma construção escultórica. Afirmar que mesmo vinte materiais diferentes podem ser reunidos em uma obra a fim de ampliar o alcance de sua emoção plástica. Enumeramos alguns: vidro, madeira, ferro, cimento, cabelo, couro, tecido, luz elétrica, etc.

Essa lista, na qual se observa que o concreto está de volta, é uma extensão inteligente dos princípios dos *papiers collés* cubistas, compostos de vários materiais diferentes, inventados por Braque em 1911. Ela tem também um tom positivo e obrigatório, enquanto que a referência feita por Apollinaire à colagem em *Les Peintres Cubistes,* que só iria aparecer depois de mais de um ano, é meramente permissiva (se tanto)

Não tenho qualquer preconceito quanto aos materiais do pintor.

No mesmo ano do Manifesto da escultura, a teoria geral do Futurismo foi levada adiante e ampliada por Marinetti, que publicou um livro composto de diversos textos, conferências etc., que foram fundidos por ele em uma exposição retórica bastante contínua sobre sua posição, sob o título de *Le Futurisme,* sendo que este parece existir somente em versão francesa; e, assim estava claramente destinado à circulação internacional, mais do que à circulação na Itália.

Grande parte do que está nesse livro contradiz opiniões amplamente difundidas sobre o Futurismo e faz com que este se aproxime mais dos cânones aceitos do Puritanismo, Humanitarismo etc., sobre os quais se supõe assenta a corrente principal do *design* Moderno. Marinetti proclama que os futuristas são contra o Anarquismo (este é outro aspecto de dissociação com o passado simbolista imediato) e contra Nietzsche, cujos super-homens são deixados de lado como sendo um antiquado sonho grego. Contra valores permanentes eternos (também anti-Simbolistas)

> Nós, que insistimos que uma obra-prima deve ser queimada junto com o cadáver de seu autor... contra a idéia do imortal e do imperecível, colocamos a arte do tornar-se, do perecível, do transitório e do dispensável

tema que seria transmitido às teorias arquitetônicas dos anos 20 [12].

Igualmente contrário àquilo que é normalmente tomado como sendo o estado de espírito futurista, encontra-se o curioso veio de puritanismo que percorre essa obra. Marinetti declara-se contrário a "clair de lune", "Femme-Beauté idéal et fatale", luxúria, adultério, incesto, e o senso de pecado como temas de literatura. Embora isso ocorra em uma passagem endereçada especificamente a d'Annunzio, "frère cadet des grands Symbolistes Français" *, o tema da atitude anti-romântica em relação à mulher aparece em outras partes de seu livro, a igualdade dos sexos é recomendada insistentemente, encoraja-se as *Suffragettes* (embora pela razão citada acima), e denuncia-se os poetas em termos quase platônicos por manterem vivo o enervante mito do amor romântico.

A alternativa deve ser a beleza da máquina, e o amor por uma máquina que pode enrubescer os rostos dos mecânicos

> Podia-se notar, na última grande greve de ferroviários na França, que os Comitês de Sabotagem não conseguiram persuadir um único mecânico a pôr sua locomotiva fora de ação.
> Acho isso bastante natural. Como poderia o homem matar um amigo tão fiel e devotado?

---

12. Le Corbusier, em seus livros do princípio da década de 20, estava muito preocupado com o problema de transformar em ferro velho e com o problema da não-permanência (em termos estéticos e outros) das estruturas da engenharia mecânica (ver Caps. 17 e 18).

* "irmão mais novo dos grandes simbolistas franceses". (N. do T.)

e permite-se que se insinue uma nota de irracionalidade mecanicista

> Sem dúvida já ouviram as observações atualmente feitas pelos motoristas e diretores de fábrica: Os motores são verdadeiramente misteriosos — dizem eles. É como se tivessem personalidade, mente, alma. É preciso deixá-los de bom humor... e então, de repente, essa máquina de ferro fundido, feita de acordo com os cálculos mais precisos, inexplicavelmente produzirá não somente a produção para que foi planejada, porém duas vezes isso, três vezes isso.

isso, entretanto, de fato prepara o caminho para uma observação de que os mecânicos não são como os outros homens e que parecem estar equipados com conjuntos alternativos de sensibilidade e valores.

> ... Encontra-se hoje, cada vez mais facilmente, homens do povo sem cultura ou educação que, não obstante, já são dotados daquilo que chamo dom da profecia mecânica, ou o talento para metais. São operários que já passaram pela educação dada pela máquina e, de alguma forma, são afiliados à maquinaria.

Essa é uma das primeiras vezes em que surge a idéia do engenheiro como forma de nobre selvagem, idéia que também aparecia em Loos e reaparece nos escritos de Le Corbusier [13], mas que não parece ser, na opinião de Marinetti, o mesmo conceito que "l'homme multiplié par le moteur" *, conceito que também aparece nesse livro e parece antes significar um amador instruído que emprega ao máximo as extensões tecnológicas e mecânicas de sua experiência oferecidas pelo século XX, um dos "grandes indivíduos mecanizados" de Boccioni. Além desse reforço da orientação futurista em direção à tecnologia e aos tecnologistas, *Le Futurisme* introduz três temas de fundamental importância para o desenvolvimento do *design* moderno: oposição ao artesanato, a arquitetura não-monumental da democracia e a usina elétrica como apoteose da tecnologia.

---

13. Em *Vers une Architecture*, Le Corbusier escreveu um extraordinário elogio dos engenheiros como "saudáveis e viris, ativos e úteis, equilibrados e felizes", como se fossem os aborígines incorruptos de uma terra imaginária sonhada por um romântico de princípios do século XIX (ver Cap. 17).

* "O homem multiplicado pelo motor." (N. do T.)

Enquanto a oposição de Adolf Loos ao artesanato era uma reação imediata aos excessos da Sezessionist Art Nouveau em Viena, as objeções de Marinetti originam-se nas fontes teóricas do Movimento das Artes e Ofícios, em Ruskin. As razões para tanto são, essencialmente, de natureza ocasional — sua conferência no Lyceum Club em março de 1912, para a qual ele precisava de uma imagem que simbolizasse o *passadismo* inglês

> Então quando se livrarem da ideologia linfática de seu deplorável Ruskin, a quem pretendo tornar completamente ridículo aos olhos de vocês. (...)
> Com seu sonho doentio de uma vida pastoral primitiva; com sua nostalgia por queijos homéricos e rocas lendárias; com seu ódio pela máquina, pelo vapor e pela eletricidade, esse maníaco da simplicidade antiga parece um homem que, tendo atingido a plena maturidade, deseja dormir novamente em seu berço e nutrir-se nos seios de uma ama já envelhecida, a fim de recuperar o estado despreocupado da infância

e isso é seguido por um ataque contra os defensores ingleses da reconstrução de tijolos sobre tijolos do campanário em Veneza, e por insultos generalizados contra os ingleses, pois dão toda sua atenção a Roma, Veneza e Florença — "que consideramos chagas sangrentas na face da Península" — e não a Gênova, Turim e Milão, as cidades da "nova Itália renascente que amamos".

A arquitetura da democracia mecanizada visualizada por Marinetti também contrasta fortemente com as opiniões de Loos — ao menos no que se refere à democracia pois, enquanto Loos, em *Das Andere*[14], tece louvores a uma simples democracia jeffersoniana de pioneiros, onde cartolas e fraques não precisam ser usados, Marinetti fala da democracia de grandes cidades constituída pela massa e pelo sindicato.

> E, além do mais, eu lhe respondo que uma vida de viagens pelo estrangeiro, o espírito da democracia e a decadência das religiões tornaram completamente inúteis os vastos edifícios permanentes e ornados que uma vez expressaram a autoridade real, a teocracia e o misticismo.

14. Panfleto periódico sobre costumes e moral publicado por Loos nos primeiros anos do século e incluído na antologia *Trotzdem*.

As forças contraditórias de bancos, líderes de moda, sindicatos revolucionários, metalúrgicos, engenheiros, eletricistas e aviadores, o direito de greve, a igualdade perante a lei, a autoridade dos números, o poder usurpador da multidão, a velocidade das comunicações internacionais e os hábitos de higiene e conforto, exigem, pelo contrário, grandes edifícios de apartamentos bem ventilados, ferrovias em que se pode confiar absolutamente, túneis, pontes de ferro, vastos navios de alta velocidade, vilas nas colinas que recebem a brisa e têm uma bela vista, imensos salões de reunião e banheiros destinados ao rápido cuidado diário do corpo.

A estética, respondendo diretamente à utilidade, não tem nada a ver, hoje em dia, com palácios reais de linhas imponentes e fundações de granito... opomo-nos a eles com uma estética futurista plenamente dominada e definitiva das locomotivas gigantescas, túneis em espiral, couraçados, torpedeiros, monoplanos e carros de corrida

Esses três parágrafos contêm, em miniatura, os argumentos e contrastes das teorias dos anos 20. Arquitetura clássica oposta a produtos da engenharia mecânica, edifícios colocados em pé de igualdade com ferrovias e pontes — isto é, vistos como equipamento; e três tipos principais de edifícios são identificados, fora do campo de transporte e comunicações: grandes edifícios bem ventilados, de aluguel reduzido, vilas suburbanas construídas levando-se em consideração a vista e a brisa, salões de reunião. Esses seriam os temas arquitetônicos dominantes de Le Corbusier; a diferença mais notável, entretanto, entre esse trecho e um escrito similar de pós-guerra é a ausência de consciência social — Marinetti vê essa gama de melhores equipamentos não como um direito social transcendental do homem democrático, mas como coisas que devem ser dadas a uma classe operária politicamente consciente e ativa. Eis aqui o realismo que chega às raias de um cinismo que poderia se tornar fascista.

O tema da usina elétrica é um tema típico de Marinetti. Amplamente distribuído pela retórica do Movimento Moderno depois da guerra, parece ser encontrado, antes de 1914, somente em seus escritos. Aparece em *Le Futurisme* ao final de um trecho altamente emotivo em que Marinetti se declara invejoso dos homens do século XXI, que viverão em uma Itália

> ... inteiramente revivescida, abalada e domada por novas energias elétricas

cujo poder derivado da exploração do mar, será controlado por um tipo de tecnocracia de engenheiros que

> ... vivem em câmaras de alta tensão, onde cem mil volts relampejam através de grandes paredes de vidro. Sentam-se aos painéis de controle com metros, interruptores, reostatos e comutadores, à direita e à esquerda, e em toda parte o brilho abundante de alavancas polidas. Esses homens desfrutam, em suma, de uma vida de poder entre paredes de ferro e cristal; têm mobílias de aço, vinte vezes mais leves e baratas do que as nossas. Finalmente estão livres dos exemplos de fragilidade e suavidade oferecidos pela madeira e pelos tecidos com seus ornamentos rurais. (...) Calor, umidade e ventilação regulados por um breve passe de mão, eles sentem a plenitude e a solidez de sua própria vontade. (...)

O tom de voz é de ficção científica, e podem ser vistas nítidas influências de Júlio Verne, mas é ficção científica do tipo raro que se torna realidade nos detalhes. As usinas de energia, nos dias atuais, assemelham-se de modo notável a isto e o trecho possui, de qualquer modo, o tom cantante da profecia. Fixa uma visão de uma vida tecnológica sofisticada, brilhante e eficiente, e de uma arquitetura correspondente que iria perseguir a imaginação da geração seguinte.

Dois anos mais tarde, Marinetti voltou a abordar esse tema em seu *Manifesto do Esplendor Geométrico e Mecânico, e a Sensibilidade dos Números* (março de 1914), porém com uma diferença:

> Nada é mais belo do que uma grande usina elétrica que zumbe, refreando as pressões hidráulicas de toda uma cadeia de montanhas, e a usina elétrica para toda uma paisagem, sintetizada em painéis de controle eriçados de alavancas e comutadores brilhantes.

Falta a qualidade de ficção científica; exceto o painel de controle, o ponto de contato humano, as qualidades da imagem são agora uma imensidão abstrata, pressões e força, a palavra *bourdonnante* empregada ("que zumbe") tem ar reprimido e de coisa dita em voz baixa que é raro entre os epítetos de elogio de Marinetti.

187

Essa visão mais contida e adulta da tecnologia parece ter sido parte de uma mudança que se estava operando no Futurismo como um todo. A visão mais abstrata aqui proposta pode encontrar um paralelo nas seguintes pinturas cada vez mais abstratas de Balla em 1912 e 1913. O tom de outras partes do *Manifesto do Esplendor Geométrico e Mecânico* é seco e rude, mais do que retórico. Esse esplendor é composto (além dos ingredientes futuristas usuais como velocidade e a cidade) por

... força extraída... ordem, disciplina, método... o otimismo agressivo que vem do esporte e da cultura física... a ubiqüidade, o tom lacônico e a simultaneidade que caracterizam o turismo, os grandes negócios e o jornalismo... concisão... precisão harmônica.

Tais qualidades foram percebidas pela primeira vez, de acordo com Marinetti, bem como seu esplendor mecânico, em um local totalmente futurista — na ponte de um couraçado; mas, embora a fonte de inspiração fosse a de sempre, as qualidades deduzidas não foram as que ele teria notado em 1909. Se tais qualidades podem ser colocadas em uma categoria, elas são abstratas, intelectuais — e francesas (*ordre, discipline, méthode*).

O contato contínuo com Paris, jamais interrompido após 1911, e reforçado pela absorção temporária do grupo cubista florentino e de sua revista *La Voce,* depois de 1912, sem dúvida alguma modificou as sensibilidades futuristas. A aceitação entusiástica da maquinaria e da vida urbana permaneceu intocada, mas a visão das conseqüências propriamente artísticas de sua orientação social foi modificada. A preferência expressa de Boccioni pelas linhas retas (mencionada acima) marca provavelmente o começo da mudança, e sua pintura, por volta do final de 1914, estava tornando-se cada vez mais parisiense, até que, em 1915 e 1916 (ano em que morreu), ele pintava, em tudo (exceto a cor) imitações de Cézanne.

Tampouco os cubistas haviam ficado intocados. A facção órfica de Delaunay era grandemente futurista em inspiração e as qualidades a ela atribuída por Apollinaire eram, efetivamente, citações ligeiramente alteradas de Boccioni. A revista futurista *Lacerbà* [15] circulava nos círculos cubistas e aparece em duas das naturezas mortas de Picasso. Pressionado por Boccioni, Apollinaire "tornou-se futurista" e escreveu um manifesto, *L'Antitradition Futuriste,* que foi distribuído como panfleto em Paris (em junho de 1913). Futurismo, orientado para o mundo da maquinaria e da tecnologia, e Cubismo, considerado por Apollinaire como uma pura construção geométrica do espírito, estavam-se aproximando muito e, em princípios de 1914, era tempo de perceber a inspiração mecanicista do Futurismo em termos de formas geométricas puras para a qual se inclinava a arte parisiense. A realização foi de Sant'Elia, e o produto foi a arquitetura futurista.

---

15. *Lacerbà* foi — efetivamente — *La Voce* modificado a fim de servir aos interesses tanto do grupo florentino quanto do círculo de Marinetti. Essa feliz consumação foi atingida apenas às custas de discussões vociferantes, uma batalha em que se arremessaram mesas de café e cadeiras, e muitas manobras nos bastidores. Não obstante, a opinião de Marinetti de que a Itália não era suficientemente grande para duas vanguardas foi aceita no final, e a desconfortável aliança perdurou até logo após o início da guerra, quando silenciosamente se desfez.

10. SANT'ELIA E A ARQUITETURA FUTURISTA

A aplicação do termo "futurista" às opiniões e projetos de Antonio Sant'Elia tem sido contestada com entusiasmo formalista por eruditos italianos desde 1955, mas somente com fundamentos biográficos, não em termos das idéias envolvidas. Os fatos biográficos [1] não são objeto de dúvida e podem ser expostos sumariamente. Sant'Elia nasceu em Como em 1888 e, assim, era um pouco mais jovem do que os mestres

1. Ver as memórias biográficas no início do livro de ALBERTO SARTORIS, *L'Architetto Antonio Sant'Elia*.

dos anos 20. Seus estudos, primeiro em Milão e depois na Universidade de Bolonha, foram interrompidos por um período de aprendizagem na Companhia de Canais Villoresi e de serviço no departamento de obras da comuna de Milão. Ao retornar de Bolonha a Milão em 1912, estabeleceu-se como arquiteto, porém a maior parte de seu tempo parece ter sido tomada por trabalho em outros escritórios, e, tudo leva a crer que nenhum edifício projetado e em seu nome tenha sobrevivido.

Sartoris afirmou que Sant'Elia estava em contato com os futuristas desde o momento em que voltou, e isso não tem sido questionado pelas recentes polêmicas. Em 1912,, 1913 e 1914, fez uma série (possivelmente várias centenas) de desenhos muito imaginativos de idéias para edifícios e planejamento urbano, e um grupo deles, sob o título de *Città Nuova,* foi mostrado na exposição do grupo *Nuove Tendenze* em maio de 1914. No catálogo dessa exposição, apareceu, acima do nome de Sant'Elia, um *Messaggio* sobre os problemas da arquitetura moderna; uma versão reformulada desse *Messaggio* apareceu no décimo primeiro dia canônico de julho de 1914 como o Manifesto da arquitetura futurista, ainda com o nome de Sant'Elia e sem quaisquer outros signatários. Depois do início da guerra, Sant'Elia, como Marinetti e Boccioni, apresentou-se como voluntário para o exército, antes mesmo da Itália ter entrado na luta. Talvez tenha morrido como herói na batalha de Monfalcone em outubro de 1916, dois meses depois de Boccioni. Seu nome e reputação foram alimentados com desvelo inusitado por Marinetti, que, por exemplo, levou seu trabalho ao conhecimento do grupo holandês *de Stijl,* em 1917, sendo que foi essa conexão estabelecida por Marinetti que aparentemente provocou as recentes tentativas de diminuir a importância, e mesmo de negar a existência das afiliações futuristas de Sant'Elia [2].

---

2. O líder na polêmica anti-Marinetti foi Giovanni Bernasconi, nas páginas da *Rivista Tecnica,* revista publicada em Lugano, da qual foi editor. Ele obteve suas informações pelos relatos do testemunho visual de Mario Chiattone, até à época em que este morreu, em 1957. A discussão depende principalmente dos detalhes de interpretação de conversas lembradas, e das diferenças entre os textos do *Messaggio* e

A discussão gira em torno das diferenças entre os textos do *Messaggio* e do Manifesto. Atualmente, parece que nenhum dos dois foi realmente escrito pelo próprio Sant'Elia, tendo o *Messaggio* sido elaborado, aparentemente, por Ugo Nebbia, a partir de idéias a ele expostas pelo arquiteto, "alle quali perfettamente aderivo"[3]. Se as afirmações de Nebbia são de confiança – e parece que mesmo os opositores de Marinetti confiam nelas –, um exame do texto do *Messaggio* deve fornecer não somente uma visão bastante clara das idéias que eram indiscutivelmente de Sant'Elia, mas também permitir avaliar o relacionamento das idéias com o Futurismo, sem que haja qualquer suspeita de interferência por parte de Marinetti como existe em relação ao Manifesto. O texto[4] do *Messaggio* é o seguinte:

> O problema da arquitetura moderna não é dar um novo arranjo às linhas; nem é uma questão de encontrar novas molduras, novas arquitraves para portas e janelas; nem de substituir colunas, pilastras e modilhões por cariátides, vespões e sapos; nem questão de deixar uma fachada em tijolo nu ou de cobri-la com pedra ou argamassa; em suma, não tem nada a ver com definir diferenças formalistas entre os novos e os velhos edifícios. Mas, sim, erguer a estrutura recém-construída sobre um plano racional, colhendo todos os benefícios da ciência e da tecnologia, decidindo generosamente cada exigência de nossos hábitos e nossos espíritos, rejeitando tudo o que é pesado, grotesco e que nos é antipático (tradição, estilo, estética, proporção), estabelecer novas formas, novas linhas, novas razões de existência a partir puramente das condições especiais da vida moderna, e sua projeção como valor estético em nossas sensibilidades.
>
> Uma arquitetura desse gênero não pode sujeitar-se a qualquer lei de continuidade histórica. Ela deve ser tão nova quanto o é nosso estado de espírito, e as contingências de nossa época na história.

do Manifesto (ver abaixo). Não diz respeito, entretanto, a qualquer confrontação das idéias que eram indiscutivelmente de Saint'Elia com as idéias correntes entre os futuristas. Uma tal confrontação fornece um quadro diverso, como será demonstrado mais adiante, daquele apresentado pelos que sustentam (geralmente devido a louváveis razões políticas) que Sant'Elia nunca foi um futurista. Por enquanto, parece que Bernasconi tem convencido na Itália, e seu ponto de vista é aceito, por exemplo, por Bruno Zevi e Giulia Veronesi.

3. Nebbia forneceu sua versão sobre a elaboração do *Messagio* em uma carta a *L'Expresso* (Roma, 9 dez., 1956).

4. Este é o texto estabelecido por Bernasconi – a quem se deve agradecer, apesar de suas opiniões – em *Revista Tecnica* (Lugano, 1956, n. 7) e posteriormente publicado por ele em *separata*.

A arte de construir pôde desenvolver-se através dos tempos, e passar de estilo a estilo, ao mesmo tempo em que mantinha inalterado o caráter geral da arquitetura, pois na história ocorreram muitas mudanças de gosto provocadas por mudanças na convicção religiosa ou pelas sucessões de regimes políticos, mas poucas foram ocasionadas por mudanças profundas em nossas condições de vida, mudanças essas que eliminam ou ultrapassam as condições antigas, da maneira como o fizeram a descoberta das leis naturais, o aperfeiçoamento de métodos técnicos, o uso racional e científico de materiais.

Na vida moderna, o processo de desenvolvimento estilístico sucessivo chega a um ponto de parada. A arquitetura, exaurida pela tradição, começa novamente, forçosamente, do começo.

Os cálculos de resistência dos materiais, o uso de concreto armado e de ferro excluem a "Arquitetura" da maneira como era compreendida no sentido clássico e tradicional. Os modernos materiais de estrutura e nossos conceitos científicos não se prestam, em absoluto, às disciplinas dos estilos históricos, e são a causa principal do aspecto grotesco das construções da moda, onde vemos a leveza e a orgulhosa esbeltez de vigas mestras, e a delgadeza do concreto armado, dobrados na curva pesada do arco, imitando a impassividade do mármore.

A formidável antítese entre o mundo moderno e o antigo é determinada por tudo que não existia anteriormente. Entraram em nossas vidas elementos de cuja possibilidade os antigos não podiam sequer suspeitar; contingências materiais cristalizaram-se, atitudes espirituais surgiram com milhares de repercussões: primeiro a formação de um novo ideal de beleza, ainda embrionário e obscuro, mas que já agita as massas com seu fascínio. Perdemos o senso do monumental, do maciço, do estático, e enriquecemos nossas sensibilidades com um gosto pelo leve e pelo prático. Não nos sentimos mais como homens de catedrais e antigos salões silenciosos, mas homens dos grandes edifícios, estações ferroviárias, estradas gigantescas, baías colossais, mercados cobertos, arcadas brilhantes, áreas de reconstrução e salutares derrubadas de favelas.

Devemos inventar e reconstruir *ex novo* nossa cidade moderna como um imenso e tumultuado estaleiro, ativo, móvel e em toda parte dinâmico, e o edifício moderno como uma máquina gigantesca. Os elevadores não mais devem esconder-se nos poços das escadas como vermes solitários, mas as escadas — ora inúteis — devem ser abolidas, e os elevadores devem apinhar as fachadas como serpentes de vidro e ferro. A casa de cimento, ferro e vidro, sem ornamentos pintados ou talhados, rica somente na beleza inerente de suas linhas e de sua forma, extraordinariamente rude em sua simplicidade mecânica, tão grande quanto exigido pela necessidade e não meramente tão grande quanto o permitem as leis de zoneamento, deve erguer-se da beira de um abismo tumultuoso; a própria rua, que não mais estará imóvel como um capacho ao nível das soleiras das portas, mas mergulhará por vários andares terra adentro, reunindo o tráfego da metrópole, ligado, para as transferências necessárias com andaimes de metal e transportadoras de esteira de alta velocidade.

Por tais razões insisto em que devemos abolir o monumental e o decorativo; que devemos resolver o problema da arquitetura moderna sem plagiar fotos da China, Pérsia ou Japão, e sem estupidificar-nos com regras vitruvianas, mas sim por meio de lances de gênio, equipados somente com uma cultura científica e tecnológica; que tudo deve ser revolucionado; que devemos explorar nossos tetos e pôr nossos porões a funcionar; depreciar a importância das fachadas; transferir questões de gosto do campo das cornijas insignificantes, dos capitéis frívolos e dos pórticos fúteis, para o campo mais vasto do agrupamento de massas na escala mais elevada; que é tempo de dar um fim à arquitetura comemorativa funérea; que a arquitetura deve ser algo mais vital do que isso, e que podemos atingir melhor esse objetivo mandando pelos ares, para começar, todos esses monumentos e pavimentos monumentais, arcadas e lances de escada, escavando nossas ruas e praças, elevando o nível da cidade, reordenando a crosta da terra e reduzindo-a a fim de tornar-se serva de cada uma de nossas necessidades e fantasias.

E concluo, contra:

A arquitetura da moda de todo estilo e nação.

Arquitetura classicamente solene, hierática, teatral, decorativa, monumental, graciosa ou agradável.

Preservação, reconstrução, reprodução de monumentos antigos.

Linhas perpendiculares e horizontais, formas cúbicas e piramidais, estáticas, graves e opressivas e absolutamente estranhas a nossas sensibilidades mais recentes.

Uso de materiais que sejam maciços, volumosos, duráveis e caros, todos estes opostos à complexidade da cultura e experiência modernas.

E afirmo:

Que a nova arquitetura é arquitetura do cálculo frio, da simplicidade e da temeridade arrojada; a arquitetura do concreto armado, ferro, vidro, fibras têxteis e de todos os substitutos de madeira, pedra e tijolo que são os responsáveis pelo máximo de elasticidade e leveza.

42. Antônio Sant'Elia. *Stazione Aeroplani*, 1912: um da série de esboços que derivam do problema da reconstrução da estação central de Milão: o projeto em vários níveis e a pista de aterrissagem de aviões já estão presentes.

43. Antonio Sant'Elia. Estação central da Città Nuova, 1913-1914: derivado do esboço acima, mas com uma definição mecânica e formal muito maior, este foi um dos desenhos cuidadosamente feitos para uma nova cidade (*Milano 2.000*) exibidos em 1914.

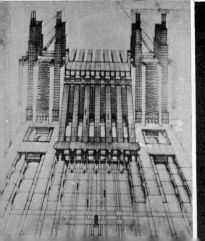

Que a verdadeira arquitetura não é, por tudo isso, uma combinação árida de praticidade e utilidade, mas permanece como arte, isto é, como síntese e expressão.

Que a decoração enquanto algo sobreposto ou ligado à arquitetura é um absurdo, e que somente do uso e disposição de materiais crus, nus e violentamente coloridos é que pode derivar o valor decorativo de uma arquitetura verdadeiramente moderna.

E finalmente afirmo que, assim como os antigos extraíam sua inspiração para a arte dos elementos do mundo natural, do mesmo modo nós — artificiais material e espiritualmente — devemos encontrar nossa inspiração no novo mundo mecânico que criamos, do qual a arquitetura deve ser a mais justa expressão, a síntese mais total, a integração artística mais eficaz.

Por qualquer padrão de juízo histórico, esse seria um documento notável para ter sido produzido no início de 1914, porque reúne as causas predisponentes e as idéias recentemente surgidas do período de antes da guerra, de uma maneira que só se tornou generalizada depois que a guerra terminou, e — mais importante — assume atitudes em relação a essas causas predisponentes que estão de acordo com aquelas novas idéias. Assim, o segundo parágrafo rejeita a arquitetura do passado; o terceiro adota uma opinião do passado que poderia ter sido aprovada (e provavelmente inspirada) por Choisy; o quarto explica por que o passado deve ser rejeitado; e o quinto explica essa rejeição em termos de conceitos que derivam principalmente de fontes racionalistas do século XIX, ou da tradição moralizante da Inglaterra. Esse tipo de reavaliação de corpos mais antigos de idéias, aceitando como verdadeiro muito do que tinham a dizer, mas recolocando-os dentro de novas molduras de referência que muitas vezes alteram completamente seu significado, tornar-se-ia a base comum das idéias principais dos anos 20 — por exemplo, a reelaboração da idéia de Guadet de composição elementar em termos de planejamento assimétrico, ou o uso da própria insistência de Choisy quanto à importância da técnica a fim de invalidar a própria proposição daquele de que os auxílios técnicos disponíveis aos arquitetos modernos eram os do mundo gótico ou, mesmo, do pré-histórico.

44-45. Antonio Sant'Elia. Projetos para um hangar e uma estação elétrica, ambos de 1913. Em esboços como estes, Sant'Elia deu uma forma quase "Expressionista Werkbund" à admiração futurista por certos tipos de edifícios industriais.

Mas Sant'Elia faz mais do que isso. Ele antecipa, na sua segunda afirmação, a disposição antifuncionalista de Le Corbusier e Gropius na década de 20 e, ao adotar a opinião de Berlage sobre a impropriedade de se acrescentar decoração à estrutura, avança para uma posição situada à frente da adotada por Adolf Loos em *Ornament und Verbrechen*. É perfeitamente possível que ele tenha conhecido a obra de Loos, porém essa possibilidade levanta de imediato o problema da relação com o Futurismo. Existe um nítido traço de *Art Nouveau* vienense do último período em alguns dos mais antigos desenhos sobreviventes de Sant'Elia, tais como o projeto para o cemitério de Monza [5], de 1912, executado em colaboração com Italo Peternostro. Bem antes da compilação do *Messaggio*, entretanto, essa qualidade havia desaparecido, sendo substituída por uma arrojada severidade elíptica, mais extremada do que a de qualquer de seus contemporâneos, mesmo Poelzig, e muito além de qualquer coisa feita em Viena por quem quer que seja, exceto talvez pelo próprio Loos. Mas não existem em absoluto semelhanças estilísticas com Loos, e os indícios apontam que, na época em que Sant'Elia desenvolveu seu próprio estilo não-decorado, não estava em contato direto com Viena — se é que alguma vez tenha estado.

Por outro lado, Marinetti e os futuristas forneciam uma linha direta de contato com Paris (onde a tradução de *Ornament und Verbrechen*, feita por Georges Bresson, havia aparecido em 1913) e uma linha de contato com *Der Sturm*, que havia reimpresso o ensaio em 1912. Se se sustentar que Sant'Elia não era um futurista na época em que o *Messaggio* foi composto, deve-se presumir impossíveis essas duas ligações com Loos. Entretanto, apesar de as palavras *futurista* e *Futurismo* não aparecerem no *Messaggio*, é difícil interpretá-lo senão como obra futurista em espírito, forma e inspiração. O espírito futurista está manifesto em sua rejeição do passado, da Monumenta-

---

5. Uma reimpressão bastante completa dos desenhos e projetos de Sant'Elia foi empreendida por TENTORI e MARIANI em *L'Architettura* (Roma, 1955, n. 2 e 1956, n. 5).

46. Antonio Sant'Elia, Casa a Gradinate, 1914: um dos projetos da Città Nuova, este desenho de um prédio de apartamentos com sacadas em diferentes níveis e anúncio luminoso no telhado tornou-se um dos projetos de Sant'Elia mais conhecidos fora da Itália.

47-48. Antonio Sant'Elia. Projetos para uma casa de força e uma estação geradora de eletricidade, 1913. Alguns dos desenhos de Sant'Elia revelam um modo de projetar sem decorações e geometricamente puro que parece antecipar a arquitetura dos anos 30.

lidade e do Classicismo, sua insistência nas mudanças revolucionárias na vida cultural, forjadas pela ciência e pela técnica. Também é futurista na veemência de suas opiniões e em sua forma completa com proposições afirmativas e negativas no final. Acima de tudo, ele contém numerosas idéias, ecos e citações parciais de publicações futuristas existentes.

Assim, o "novo ideal de beleza" liga-o ao Manifesto de Fundação do Futurismo; as "massas" que o fascinam ligam-no àqueles "homens do povo" a quem Marinetti atribuiu o dom da profecia mecânica em *Le Futurisme*. Os novos materiais propostos para substituir a madeira, a pedra e o tijolo, são diretamente comparáveis aos novos materiais (em alguns casos são idênticos) propostos por Boccioni a fim de substituir o mármore e o bronze no Manifesto sobre a escultura; a insistência no dinamismo é endêmica nos escritos futuristas enquanto que, na afirmação final, o contraste entre a inspiração dos antigos e a inspiração propriamente dita de um modernista é simplesmente uma reelaboração dos pronunciamentos feitos por Boccioni sobre os mesmos temas, embora exista a curiosa e significativa modificação de "mundo da religião que pesava sobre nossas almas" para "elementos do mundo natural" — onde Boccioni via a igreja como inspiração da grande arte do passado, Sant'Elia presumivelmente via troncos de árvores como inspiração do dórico, galhos como inspiração do gótico e folhagem como inspiração da maioria dos ornamentos conhecidos pela arquitetura antiga.

Mesmo assim, o sentimento continua futurista, e o documento, como um todo, encontra-se próximo demais ao Futurismo, em todos seus aspectos, para que possa ser considerado sob qualquer outro título. Além do mais, os esboços mais elaborados de Sant'Elia de 1913 e 1914 ressaltam a qualidade futurista de sua inspiração na época. Em ordem de crescente complexidade, mais do que cronológica, esses esboços começam com exercícios simples e quase abstratos de forma arquitetônica, altas estruturas intituladas *Dinamismo Architettonico* e dotadas algumas vezes da justificativa

49. Antonio Sant'Elia. La Città Nuova: dentre todos, o mais trabalhado dos desenhos para a nova cidade, apresentando conjuntamente torres de arranha-céus e circulação em vários níveis que dominou as idéias modernas sobre planejamento urbano até os tempos atuais.

funcional de faróis. As formas são nuas e suaves, de plano retangular ou semicircular, muitas vezes com seção inclinada a fim de se obter uma silhueta delgada, sua ênfase vertical ininterrompida por frisos ou cornijas, mas reforçada por arestas verticais arrojadamente marcadas. Embora nada do que foi desenhado por ele nessa linguagem tivesse sido construído, o monumento aos mortos de guerra (e ao próprio Sant'Elia) em Como foi elaborado a partir de desenhos desse tipo por Enrico Prampolini e Giuseppe Terragni [6], e — considerando-se que o próprio Sant'Elia supostamente jamais teria desenhado um monumento — dá uma idéia razoável das qualidades plásticas pretendidas por ele em tais esboços.

A ordem seguinte de complexidade em seus desenhos é representada por edifícios únicos para funções relativamente pouco complicadas. Inclui todos os tipos de edifícios que Marinetti havia indicado em *Le Futurisme*: vilas abertas à brisa e ao horizonte (e uma delas visivelmente influenciada por Wright), grandes edifícios de apartamentos (embora os desenhos mais conhecidos para edifícios de apartamentos do círculo de Sant'Elia fossem os do suíço Mario Chiattone), grandes salões de reunião (algumas vezes chamados de teatros) e outros, tais como hangares de aviação, pontes, fábricas e usinas elétricas. Em muitos desses projetos, apresentados todos em perspectiva e raramente em planta, a ênfase está nos mesmos elementos que aparecem nos esboços mais simples — paredes inclinadas, arcobotantes oblíquos, bases ou pódios quadrados, e vigorosas projeções semicirculares, quer como absides, quer em fileiras ao longo dos lados do edifício, sendo também os arcobotantes usados dessa mesma maneira repetitiva. Os mais notáveis de todos esses desenhos são os de usinas elétricas, que abarcam, em alguns, a mais grandiosa retórica vertical, em outros, uma simplicidade despretensiosa e, em um deles, o rigor geométrico das formas e o modo destas se agruparem é tal que somente a data 1913 sob a

---

6. Terragni, na época sob forte influência de Marinetti, recebeu o primeiro prêmio no concurso de 1926, mas o monumento não foi completado senão em princípios da década de 30.

50. Mario Chiattone. Projeto para um edifício de apartamentos, 1914. Chiattone, sócio de Sant'Elia em 1914-1915, produziu um certo número de projetos para edifícios de apartamentos que foram conhecidos e — no caso deste — exerceram uma certa influência ao Norte da Europa.

51. Mario Chiattone. Projeto para um edifício de apartamentos, 1914: um dos desenhos mais proféticos do futurismo — pelo menos um detalhe, embora o notável uso da cor não tenha sido imitado.

assinatura de Sant'Elia e uma borda ligeiramente *Art Nouveau* não nos permitem supor que tenha sido feito em fins da década de 20 ou mesmo na de 30.

Os mais complexos de todos os seus esboços são os fragmentos de planejamento urbano, feitos com técnica bastante precisa em comparação com seu estilo usual a mão livre, para serem exibidos em maio de 1914. A inspiração original desses projetos pareceria ter sido a proposta de reconstrução da Estação Central de Milão, questão levantada pela primeira vez em 1906, que envolvia mudá-la novamente para o local que ocupa atualmente, criando assim (*a*) a larga avenida do atual Viale Vittor Pisani e (*b*) a necessidade de uma passagem de veículos sob as linhas férreas, como existe agora. Os primeiros projetos de sua Estação Central exibem essas duas características, com a adição manifestamente futurista segundo a qual o Viale é mostrado coberto a fim de fornecer uma pista de aterragem para aviões entre suas duas filas de arranha-céus — projeto suicida que reaparece, juntamente com muitas outras coisas de Sant'Elia, em Le Corbusier [7].

Mas este determinado desenho é concebido em massas frouxamente modeladas, muito diferentes das formas precisas dos projetos de fins de 1913, e igualmente muito diferentes das formas nitidamente detalhadas, com arestas agudas, da Estação Central como apareceu redesenhada em 1914. Esses desenhos, de apresentação cuidadosa, ligam-se, tanto em estilo de técnica de desenho quanto no estilo dos edifícios que representam, com o resto da série da *Città Nuova* que foi exposta com eles, e a versão de Milão no ano 2000 feita por Sant'Elia [8], embora fragmentária, é mantida

---

7. Ver Cap. 18: é apenas possível que as idéias de Sant'Elia para uma cidade de vários níveis tenha origem em Paris, uma vez que Gustave Kahn, amigo de Marinetti por algum tempo antes de 1914, havia chamado a atenção para o médico *communard*, Tony Moilin, que propunha ruas em vários níveis, com linhas férreas acima e abaixo delas, convergindo em uma estação central, como cura para os problemas de trânsito de Paris em fins da década de 1860. Tais proposições antecipam claramente os projetos tanto de Sant'Elia quanto de Le Corbusier, e poderiam ter influenciado a ambos.

8. Alguns dos desenhos aparentemente têm a inscrição *Milano 2000*.

em coesão por uma unidade básica de estilo e — até mais importante — por uma unidade básica de visão. Sant'Elia vê sua cidade como baseada em uma rede complexa de serviços de transportes, chegando a atingir em alguns desenhos sete níveis de profundidade, de modo muito semelhante ao que havia proposto em suas observações sobre ruas no Manifesto. Dessa rede tridimensional de comunicações erguem-se os edifícios, geralmente *a gradinate,* isto é, com os andares recuados um em relação ao outro até o topo. Os andares, entretanto, têm igual profundidade, ou mesmo profundidade que aumenta, e o que sobressai na parte de trás é apoiado pela curva de um arco parabólico, cuja outra metade sustenta a parte de trás do edifício correspondente que se encontra de costas para o primeiro, deixando um túnel entre eles, para transporte e serviços [9]. Os poços de elevador estão nas fachadas e, erguendo-se na vertical, destacam-se dos andares de cima, aos quais estão ligados por pontes de comprimento cada vez maior à medida que se sobe. Esses recursos, que põe em realização, novamente, uma proposição do *Messaggio,* provavelmente foi-lhe sugerido pelos elevadores nas praias do Lago Como que se erguem de plataformas de embarque e estão ligados, por pontes, a pontos na encosta da montanha.

Parece que ele visualizou sua cidade como constituindo-se de núcleos de edifícios desse tipo, ligados pela rede de circulação em vários níveis aos pés daqueles. A semelhança com o conceito de espaço de "campo" de Boccioni, com corpos ligados por campos geométricos de força, é bastante notável, da mesma forma como o é a reaparição de boccionismos puramente superficiais, tais como o anúncio luminoso que aparece nos telhados de alguns desses projetos. Contudo, em relação ao recurso secundário de planejar o anúncio como parte do edifício, ele foi pioneiro dos desenvolvimentos posteriores, da mesma forma como

---

9. Esse tipo de estrutura foi realmente usado, uma década mais tarde, por Henri Sauvage, para seus apartamentos na Rue des Amiraux, Paris; ver Cap. 16. Embora as fachadas desses apartamentos fossem muito santelianas, com *gradinate* e torres verticais que se distanciam deles, a construção dos fundo em arco foi usada somente como vão para uma piscina e para garagens, não como um caminho de serviço.

o foi em sua visão plenamente tridimensional de problemas de planejamento urbano. Sob esses dois aspectos, a comparação com Tony Garnier é instrutiva. Garnier apresenta anúncios sobre o edifício principal de sua Cité Industrielle, mas parecem mais com uma reflexão tardia apensa a um desenho amplamente clássico, embora ele provavelmente tivesse sido o primeiro arquiteto a reconhecer que tal tipo de anúncio tinha um lugar apropriado. De modo semelhante, apesar de também ter sido o primeiro arquiteto a reconhecer que o planejamento de cidades industriais apresentava problemas especiais, suas conclusões, embora publicadas mais tarde do que as de Sant'Elia, são menos radicais, bem menos integradas, e iriam provar-se menos influentes, embora lhe tivessem sido prestadas homenagens pouco sinceras.

Depois de 1918, seria o conceito de Sant'Elia — de cidade em torres e vários níveis — que iria ocupar a imaginação dos homens, e a ampla distribuição de suas idéias referentes ao assunto parece ter-se devido quase que inteiramente à enérgica promoção da memória de Sant'Elia por Marinetti. É justo afirmar que sua reputação se deve grandemente a Marinetti (ao menos fora da Itália) não somente porque Marinetti fez com que sua obra circulasse em grupos como *de Stijl* e *Der Sturm,* mas também porque algumas das opiniões mais apreciadas, que são associadas com seu nome, são encontradas apenas no discutido Manifesto, não no *Messaggio,* o qual dificilmente alguém chegou a ver fora da Itália.

Concorda-se geralmente em que o Manifesto é principalmente de responsabilidade de Marinetti, mas a questão de o quanto na realidade ele escreveu continua confusa. As diferenças entre os dois textos são de duas espécies [10]. Primeiramente, alterações que consistem principalmente na inserção das palavras Futurismo ou futurista ao menor pretexto e deixando, sob outros aspectos, quase intato o *Messaggio,* e, em segundo lugar, a adição de novos parágrafos no prin-

---

10. O texto mais seguro do Manifesto está no livro de Sartoris já mencionado.

cípio do texto e entre as proposições do final. A autoria dos quatro novos parágrafos no início é obscura; não parecem ser escritos por Marinetti, e as objeções feitas por Sant'Elia ao texto do Manifesto foram em relação às adições do final, não às do princípio. Estas, com efeito, não contribuem muito para a discussão, e seu sabor pode ser tipificado adequadamente pela primeira:

> Desde o século XVIII não existe qualquer arquitetura. Uma espantosa mistura dos mais variados elementos de estilo, empregados para mascarar os esqueletos de edifícios modernos, é chamada de arquitetura moderna. A nova beleza do ferro e do concreto está sendo profanada pela superposição de incrustações decorativas carnavalescas, que não são justificadas nem pela antiguidade dos métodos de construção, nem por nossos gostos, tendo suas fontes no antigo Egito, Índia e Bizâncio...

e assim por diante, em sua maior parte uma expansão retórica dos sentimentos do corpo do *Messaggio,* com ecos ainda mais fortes de Loos.

Os trechos acrescentados no final, contudo, são mais pertinentes, podendo-se ler no primeiro, depois de "combato e desprezo"

> Toda a pseudo-arquitetura de vanguarda da Áustria, Hungria, Alemanha e América.

o que é simplesmente a política de Marinetti e deixa que se perceba claramente sua mão nesta última parte. As três proposições negativas seguintes estão virtualmente inalteradas, a quinta foi suprimida. As duas primeiras proposições afirmativas estão inalteradas, exceto pela inserção de *futurista* no lugar de *nova;* a terceira passou para quarta, a fim de dar lugar a uma nova proposição:

> Que linhas oblíquas e elípticas são dinâmicas por sua própria natureza, têm um poder emotivo mil vezes maior do que as horizontais e verticais, e não pode haver arquitetura dinamicamente integrada sem elas.

É difícil ver como Sant'Elia poderia ter discordado disso, uma vez que é uma extensão lógica de sua própria desaprovação de formas cúbicas etc. Não havia necessidade de que ele desaprovasse as duas seguintes, uma vez que elas eram dele mesmo, inalteradas, exceto pela inserção usual da palavra *futurista* no lugar de *novo,* mas ele poderia perfeitamente ter objetado quanto às últimas três, todas acrescentadas, embora seu *status* como pioneiro e profeta dos anos 20 ficasse ligeiramente diminuído com isso, pois elas, além do "anúncio" patente do último parágrafo, contêm as idéias mais avançadas às quais seu nome tem sido ligado, a saber:

Que a arquitetura como arte de dispor as formas de um edifício de acordo com leis preestabelecidas está acabada.

Que a arquitetura deve ser compreendida como o poder livre e arrojado de harmonizar meio ambiente e homem, isto é, de tornar o mundo das coisas uma projeção do mundo do espírito. Que, de uma arquitetura assim concebida, nenhuma resposta-padrão, plástica ou linear, poderia surgir, porque as características fundamentais da arquitetura futurista serão a disponibilidade e a transitoriedade. Nossas casas durarão menos tempo do que nós, e cada geração terá de fazer a sua própria. Essa constante renovação do ambiente arquitetônico contribuirá para a vitória do Futurismo, que já se afirma através de *Les mots en liberté,* do dinamismo plástico, da música sem compassos, da arte do ruído, através de tudo aquilo com que lutamos sem descanso contra a covardia *passéiste.*

Uma vez que a idéia de que cada geração deve fazer sua própria casa é, de longe, a mais conhecida daquelas às quais está ligado o nome de Sant'Elia, parece que sua reputação internacional é efetivamente obra de Marinetti.

Quer ele fosse ou não um futurista, a possibilidade de uma arquitetura futurista pereceu com Sant'Elia em 1916, da mesma forma como o desenvolvimento da pintura futurista se deteve, por certo, com a morte de Boccioni, no mesmo ano. Os esboços mais interessantes feitos por Mario Chiattone, arquiteto, colega de Sant'Elia no grupo *Nuove Tendenze,* parecem ter sido feitos, todos, antes da metade da guerra, apesar de ele ter vivido até 1957. Depois de 1918, Virgilio Marchi, um dos membros do círculo "Bar Bragaglia" de futuristas romanos, converteu uns restos da Via Avignonesi no bar acima mencionado e em um teatro experimental [11], restauração essa que mostra quanto Marchi havia retrocedido em relação à posição adotada por Sant'Elia, embora prestasse homenagens a este. Esse passo atrás é salientado pelo mero estilo que segue a moda do momento de seu livro, e é sublinhado, ainda, pelo texto e ilustrações de um pequeno livro sobre *Architettura Futurista* que Marchi publicou por essa época. Os esboços apresentam algumas afinidades com a obra dos expressionistas de Berlim, tais como Otto Bartning, mas sem o mesmo senso estrutural, e atinge o ponto mais baixo em um projeto para a "adaptação de uma estrutura existente ao Futurismo" — exemplo de decoração aplicada que teria horrorizado Sant'Elia, espalhada sobre um esqueleto de concreto nu que ele teria admirado.

As futilidades de Marchi, porém, são típicas do declínio do movimento como um todo. Tendo seus membros mais ativos e substanciais sido roubados pela morte e por demissões, tendo sua relevância sido roubada por um mundo que se havia forçosamente tornado futurista pela guerra, tendo sua independência de manobra sido roubada por um envolvimento demasiado íntimo com a revolução fascista, transformara-se em alvo do ridículo. Somente Marinetti e Balla sobreviveram da antiga brigada, tendo expirado em 1919 os dez anos de prazo que haviam sido concedidos para atingir seus objetivos. Efetivamente, entretanto, eles haviam atingido a maior parte de seus alvos. Excetuando-se Trieste, o grosso de suas reivindicações irredentistas havia sido satisfeito; o governo parlamentar havia sido ridicularizado e deposto; a política do gênero "ópera cômica" e as barbaridades nos bastidores do regime fascista faziam parte, por assim dizer, da especificação original para uma Itália viril e belicosa. Embora os olhos oficiais dessa Itália de fixassem demasiado freqüentemente no passado romano, mais do que no futuro milanês, o pequeno lugar dos futuristas na hierarquia ajudou de fato a tornar possível a arquitetura progressista e até mesmo a produzir alguns patronos na década de 20 e 30 —

---

11. Ambos estão ilustrados em seu livro *Architettura Futurista* (Foligno, 1923).

com a obra de Terragni em Como e arredores constituindo, até certo ponto, uma adoção consciente do manto de Sant'Elia, porém vazada na linguagem firmada do Estilo Internacional criado em outros países.

Contudo, foi nesses outros países que os futuristas atingiram mais plenamente seus objetivos. À medida que Marinetti mais se afundava em palhaçadas políticas, as idéias que ele e seu círculo haviam propagado antes de 1914 tornavam-se cada vez mais parte do inalienável fundamento comum dos principais desenvolvimentos da arquitetura moderna, como o demonstrarão os capítulos seguintes. A crescente pressão da mecanização fez com que o mundo parecesse mais e mais futurista e, à medida que os homens sentiam essa crescente pressão, encontraram idéias futuristas à mão para canalizar suas idéias e dar forma a sua expressão. A disponibilidade geral de tais idéias não é de surpreender em vista do trabalho empreendido por Marinetti a fim de distribuí-las pela Europa, de Madri a Moscou, de Roma a Berlim. Suas próprias viagens, e as de Boccioni (embora menos extensas), foram sustentadas e ampliadas por manifestações futuristas em Paris (1912, 1913, 1914), Londres (1912-13), Roterdã e Berlim (ambas em 1913), enquanto que toda a exposição (ou parte dela) montada em Paris, em 1912, parece ter sido vista em Bruxelas, Berlim, Hamburgo, Haia, Leipzig, Munique, Viena, Breslau, Wiesbaden, Zurique e Dresden e, em todas as vezes, foi acompanhada por Manifestos, sendo que alguns deles podiam ser obtidos em alemão, espanhol e russo por volta de 1914, bem como no francês e italiano "originais". Também foram publicados Manifestos locais independentes por grupos futuristas em Madri e Londres.

Na maioria desses lugares, tal como em Londres, onde o grupo logo se desmembrou [12], o interesse pelo

---

12. Parece que o grupo de Londres existiu principalmente na imaginação de Marinetti, Nevinson e, por pouco tempo, Wyndham Lewis. Dentre aqueles que se apressaram em afirmar sua qualidade de não-sócios conta-se Frederick Etchells, que mais tarde traduziu para o inglês dois dos livros de Le Corbusier e planejou o primeiro edifício moderno de escritórios em Londres, o Crawfords, em High Holborn.

Futurismo enquanto movimento teve vida breve, mas
a influência persistiu, em manifestações tão diversas
quanto a tipografia dadaísta, o surgimento da escultura cinética, a poesia de Maiakovsky — e os escritos
teóricos que sustentavam a arquitetura progressista por
toda a Europa. Na maioria dos casos, isso se devia
ao fato de se lançar mão de um depósito comum de
idéias, sem intervenção direta de qualquer dos próprios futuristas sobreviventes, mas no caso de *de Stijl*,
que examinaremos a seguir, aquilo que se poderia
chamar de "Futurismo subconsciente" foi suplementado e tornado consciente pelo envio de documentos
por Marinetti em 1917, dentre os quais algumas reproduções dos desenhos de Sant'Elia e o texto do Manifesto sobre Arquitetura Futurista.

Terceira Parte: HOLANDA: O LEGADO
DE BERLAGE: *DE STIJL*, 1917-1925

BERLAGE, H. P. *Grundlagen und Entwicklung der Architektur.* Berlim, 1908.

—. *Gedanken über Stil.* Leipzig, 1905.

DE GROOT, J. H. *Vormharmonie.* Amsterdã, 1912.

WRIGHT, F. Ll. Introdução ao "primeiro volume de Wasmuth":
Frank Lloyd Wright, Ausgeführte Bauten un Entwürfe. Berlim, 1910.

ASHBEE, C. R. Introdução ao "segundo volume de Wasmuth":

Frank Lloyd Wright (Chicago). Berlim, 1911.

DE FRIES, H. *Frank Lloyd Wright.* Berlim, 1926.

Jaffe, H. L. C. *de Stijl 1917-1927*. Amsterdã, 1956.

Brown, Theodore M. *The Work of G. Rietveld, Architect*. Utrecht, 1958.

Seuphor, M. *Piet Mondriaan*. Londres, 1957.

Oud, J. J. P. *Holländische Architektur (Bauhausbuch 10)*. Munique, 1926.

Mendelsohn, E., conferências reproduzidas em *Erich Mendelsohn, Das Gesamtschaffen des Architekten*, Berlim, 1930.

Whittick, A. *Eric Mendelsohn*. Londres (2. ed.), 1956.

Conrads & Sperlich. *Fantastic Architecture*. (Tradução inglesa com notas de G. e C. C. Collins). Londres, 1962.

Malevitch, K. *Die gegenstandslose Welt (Bauhausbuch 11)*. Munique, 1927.

Lissitsky, E. *Russland*. Viena, 1930.

Revistas

Wendingen, 1919-1925

(inclusive números especiais sobre Mendelsohn, em 1920, e sobre Frank Lloyd Wright, em 1925.)
de Stijl, 1917-1931.

G e *ABC*, 1923-1925.

11. HOLANDA: BERLAGE E AS ATITUDES EM RELAÇÃO A WRIGHT

Durante a guerra de 1914-18, somente os holandeses, dentre todas as nações que haviam contribuído para o crescimento de uma nova arquitetura, gozaram dos benefícios da neutralidade, e é somente no desenvolvimento de sua arquitetura que se pode ver o rompimento entre a primeira e a segunda fases do estilo do século XX que se desenvolvia sem os embaraços provocados pelas confusões da guerra. Fora da Holanda, raros são os arquitetos de grande envergadura cujas carreiras de fato atravessam os anos da guerra

— Gropius e Perret estão quase que sós em terem feito obra de igual interesse antes de 1914 e depois de 1918 — e a maioria das personalidades que caracterizaram o pós-guerra, tais como Mendelsohn, Mies van der Rohe, Le Corbusier, Lurçat, possuem carreiras inexpressivas ou inexistentes antes da guerra. Na Holanda, porém, os anos de guerra foram um período de crescentes atividades de construção, forçando o desenvolvimento de talentos que estavam amadurecendo depois de 1910, o que rapidamente levou os jovens ao ponto mais elevado e as correntes de idéias de antes da guerra a suas conclusões lógicas (ou ilógicas) — tudo isso sem qualquer rompimento sério ou interrupção de desenvolvimento, exceto os que foram precipitados pelas idéias e personalidades envolvidas. O rompimento — e é um rompimento verdadeiro com o passado — vem em fins de 1917, com a fundação do grupo *de Stijl*; as idéias desse grupo, entretanto, longe de terem sido originadas pelas experiências torturantes da guerra, foram produto de discussões, experiências e trabalho de construção que vinha sendo feito desde aproximadamente 1911. Parece que o fato de as idéias do *de Stijl* (e corpos semelhantes de pensamento) haverem sido adotadas com tanto entusiasmo por países que se tinham envolvido na guerra, deve-se menos a sua possibilidade de aplicação às condições do pós-guerra (o que é duvidoso), do que ao fato de que teóricos da maioria desses países teriam eles mesmos chegado a conclusões semelhantes por volta da mesma época, não fosse estarem empenhados em outra coisa.

A rápida evolução da teoria e prática do *de Stijl* pode ser atribuída principalmente à definida situação polêmica em que se encontraram os próprios arquitetos do grupo, com sua abordagem racionalista, mecanicista, abstrata, em oposição direta à abordagem fantasiosa, artesanal, figurativa, do grupo Wendingen em Amsterdã. Contudo, como ocorre com tanta freqüência em polêmicas desse gênero, os violentos oponentes tinham muito em comum — neste caso, o exemplo de H. P. Berlage e sua defesa de F. Lloyd Wright.

Hendrikus Peter Berlage nasceu em 1856; estudou em Zurique em fins da década de 1870 e não retornou à Holanda senão depois de 1881. Seus estudos tinham-no colocado em contato com os tardios seguidores de Gottfried Semper [1], enquanto que, depois de sua volta à Holanda, ele se associou a P. J. H. Cuijpers, admirador e — até certo ponto — seguidor de Viollet-le-Duc. Dessas duas fontes, parece que Berlage obteve o traço de cuidadoso racionalismo de meados do século XIX que percorre sua obra e seus escritos. Uma vez que seu edifício mais notável, entretanto, o Beurs em Amsterdã, só ficou completo depois de 1900 e que seus escritos mais influentes datam todos de após 1905, os jovens arquitetos holandeses, confusos pelo colapso da *Art Nouveau,* puderam voltar-se para as obras e escritos de um homem que concebia a arquitetura em termos do que havia sido usual antes que a *Art Nouveau* surgisse em cena.

Isso não quer dizer que Berlage não tomou conhecimento dos desenvolvimentos técnicos e sociais de seu tempo; para ele, como para qualquer verdadeiro racionalista, estes eram de fundamental importância, mas a maneira pela qual ele os considera difere da atitude da maioria dos demais teóricos da arquitetura da época. Percebe-se, especialmente em seus escritos, um tom moralista quanto ao emprego correto dos materiais etc., ao qual é muito difícil encontrar paralelo, mas que dotou suas opiniões de uma força particular onde quer que elas fossem ouvidas. Em geral, parece que ele foi compreendido e considerado, no sentido em que ele mesmo o teria preferido, como um homem que insistia em certas verdades elementares e que desprezava questões incidentais e irrelevâncias decorativas.

As verdades em que ele insistia eram três: a primazia do espaço, a importância das paredes enquanto criadoras de forma, e a necessidade de uma proporção sistemática. Da maneira pela qual ele as exprime, as duas primeiras estão inseparavelmente

---

1. Particularmente Manfred Semper, filho do velho Gottfried, e outros dessa mesma geração de Sempers.

ligadas. Em sua *Grundlagen und Entwicklung der Architektur* de 1908 [2], ele assim as relaciona:

> A arte do mestre-construtor encontra-se no seguinte: criação de espaço, não esboço de fachadas. Um invólucro espacial é formado por meio de paredes, com o que se manifesta um espaço, ou série de espaços, de acordo com a complexidade das paredes.

Tendo em vista os brilhantes jogos com o espaço criados mais tarde por seu seguidor indireto, G. T. Rietveld, e por seu discípulo direto, Mies van der Rohe [3], vale a pena ressaltar aqui que a espécie de espaço que Berlage parece ter em mente é o espaço interior dentro do invólucro do edifício, não o espaço como um extenso contínuo, da mesma forma que a parede que ele tem em mente sustenta cargas e é solidamente construída de tijolos ou alvenaria. Ambas essas idéias eram relativamente convencionais para a época, mas especialmente as paredes tinham para ele um valor mais do que costumeiro. Em seus textos alemães, fala persistentemente em *Mauern* e *Mauerflächen* (paredes e superfícies de parede), dando ênfase às qualidades substanciais da parede; e insiste, ao final de seu *Gedanken über Stil*

> Antes de mais nada, a parede deve ser mostrada nua em toda sua lisa beleza, e qualquer coisa que for afixada a ela deve ser evitada com um embaraço

e na *Grundlagen*

> E assim as paredes receberiam novamente, seu devido valor, no sentido de que perduraria sua natureza enquanto plano, enquanto que uma superfície articulada de modo mais pesado não teria registro como parede.

Assim como Adolf Loos, posteriormente, toma como exemplo de boa estrutura não atravancada as paredes das ruínas romanas e, no mesmo ano de *Ornament and Crime* de Loos, escreve:

---

2. Como quase tudo o mais que ele escreveu na época, isso é uma reprodução de conferências proferidas em alemão diante de platéias alemãs.

3. No caso de Rietveld, a casa Schröder em Utrecht, discutida no Cap. 14; no caso de Mies, destacadamente o projeto para uma vila de tijolos descrito no Cap. 19.

E assim, na arquitetura, decoração e ornamento são bastante inessenciais enquanto criadores de espaço, e os relacionamentos entre massas são os verdadeiros essenciais.

Não é de surpreender o fato de ter sido lembrado principalmente como um apóstolo da "Verdade em relação aos Materiais"; ele mesmo, porém, teria visto isso e a criação do espaço como subservientes às exigências mais fundamentais de sistemas proporcionais, aos quais está devotado o grosso de sua obra. Sistemas proporcionais também eram a preocupação de muitos de seus contemporâneos de Amsterdã, e a maioria destes concorda em que o criador dessa preocupação foi Jan Hessel de Groot. O próprio Berlage é bastante explícito quanto ao débito que tem para com aquele.

> O principal é trabalhar sistematicamente, o que pode trazer resultados notáveis para a teoria moderna das proporções; eu mesmo tenho trabalhado durante anos somente dessa maneira e sou um ex-aluno de de Groot [4].

Embora a matemática e as formas empregadas possam ter sido complexas, a visão de Groot sobre a natureza e a função da proporção era notavelmente simples. Na introdução a um de seus numerosos livros e artigos publicados, o *Vormharmonie* de 1912, ele afirma:

> Este é um livro de instruções sobre como chegar à harmonia das formas através de relacionamentos formais. Chamo a forma de harmoniosa quando seus relacionamentos internos são tais que criam um todo. O objetivo de minha pesquisa é o seguinte: ser capaz de fazer de vinte formas, por exemplo, uma só forma. Tomemos dez letras: pode-se fazer um só todo com elas colocando-as uma ao lado da outra, de maneira que possam ser lidas como um todo, sem interrupção, como uma palavra.

Contudo, ele leva o assunto a um plano mais elevado do que o plano místico em que é normalmente discutido, ao acrescentar uma nota de pé de página que introduz a frase favorita de Berlage (que expressa

---

4. Citado por Slebos como introdução a seu *Grondslagen voor Aesthetischen Stijl* que surgiu em Amsterdã em 1939, derradeira e patética retaguarda da estética matemática da Escola de Amsterdã.

52. Hendrikus Peter Berlage. Hall principal do Beuers, Amsterdã, depois de 1900: um racionalismo terra a terra, quase ressurgimento-gótico no caráter, lembrando as virtudes de cinqüenta anos antes.

uma idéia tão antiga quanto Aristóteles) para a harmonia formal, a qual, diz ele:

... também é definida como "Unidade na Pluralidade" (*Eenheid in veelheid*).

Berlage não foi o único a seguir de Groot, como já foi dito, nem foi o único a distribuir sua influência fora da Holanda. Está claro que a contribuição de J. G. Lauwerickx é de grande importância sob este aspecto, pois, embora fosse inicialmente um arquiteto de Amsterdã, foi professor por alguns anos na Kunstgewerbeschule de Düsseldorf, onde Adolf Meyer, que se tornaria mais tarde colaborador regular de Gropius, veio a sofrer sua influência; e também é possível que ele tenha fornecido a Le Corbusier a primeira visão de um edifício planejado de acordo com a proporção sistemática [5]. Seja qual for, porém, a contribuição de Lauwerickx na prática, como professor, e seja o que for que possa haver sido escrito pelo próprio de Groot e, mais tarde, por seu seguidor, Slebos, foi Berlage quem deu a esta escola de pensamento sua expressão mais eloqüente; e embora a maioria de suas idéias estivesse omissa na obra de seus seguidores, elas de fato forneceram as bases para uma atitude racional em relação à forma.

Para Berlage, a proporção era uma cautela contra modas meramente passageiras, uma garantia de valor permanente, e ele cita, no início da *Grundlagen*, uma frase do *Cabinet Maker* de Sheraton:

O tempo muda as modas... mas o que estiver baseado na geometria e na verdadeira ciência permanecerá imutável.

5. Desenhos assinados por Meyer são reproduzidos na *Grundlagen* de Berlage como exemplos do trabalho que se desenrolava em Düsseldorf, sob orientação de Lauwerickx, mas seguindo linhas puramente belgas. No que diz respeito a Le Corbusier, as provas são apenas circunstanciais, porém conclusivas. Em seu *Modulor* (edição de Londres, 1954), ele conta que "examinando uma moderna vila de Bremen, o jardineiro de lá lhe havia dito (isto é, a Le Corbusier): 'Essa coisa, veja, é complicada, todos esses detalhes, curvas, ângulos, cálculos, depende tudo de muito estudo.' A vila pertencia a alguém chamado Thorn Brick (?), um holandês, (por volta de 1909)". Parece inevitável inferir que a resposta à interrogação entre parênteses é o artista holandês, J. Thorn Prikker, e que aquela era a casa construída para ele em Bremen por Lauwerickx em 1905 — e fica-se pensando se não poderia ter sido Berlage quem chamou a atenção de Le Corbusier para ela.

223

53. Frank Lloyd Wright. Prédio de escritórios da Larkin Company, Buffalo, NY, 1905: uma realização tão à frente, mesmo em relação ao pensamento arquitetônico progressista da época, que Berlage foi provavelmente o único arquiteto europeu que pôde apreciá-la.

Ele reforça essa opinião com sua própria experiência:

> Fui levado a esta conclusão: que a geometria (e, portanto, a ciência matemática), é não somente da maior utilidade na criação da forma artística, como também de absoluta necessidade.

E faz o apelo costumeiro à analogia musical:

> Por que deveria a arquitetura — dentre todas as artes, a mais comparável à música, como ressaltou Schlegel com sua célebre expressão *gefrorene Musik* — por que deveria a arquitetura ser composta sem leis rítmicas, isto é, geométricas?

e o igualmente costumeiro apelo à autoridade da Grécia, por meio de uma citação da *History* de Ferguson:

> O sistema de proporções definidas empregado pelos gregos no planejamento de seus templos era uma causa do efeito que estes provocam mesmo em mentes de pouca instrução.

Essa, entretanto, é a única referência que ele faz às hipotéticas respostas fisiológicas aos efeitos proporcionais, provavelmente porque a produção de tais efeitos não constituía para ele o objetivo dos sistemas proporcionais. O objetivo de toda criação artística, em sua opinião, era alcançar o *repose,* e portanto o *style,* fundamental qualidade estética

> ... uma propriedade essencial e de destaque nos atinge; é o Repouso — repouso encantador nas pequenas obras, nobre calma na grande arquitetura monumental. Em comparação, com isto (isto é, a arquitetura antiga), nossa obra atual dá a impressão de ser muito agitada. Quase poderia dizer que as palavras "Estilo" e "Repouso" são sinônimos; que, assim como o Repouso é igual ao Estilo, o Estilo é igual a Repouso.

e mais arde ele iguala esses dois conceitos também com a proporção, ao acrescentar a expressão característica *Eenheid in Veelheid*:

> A natureza não é agitada, uma vez que tem Estilo, e, se dirigirmos nossa atenção para as artes dos tempos primitivos, tampouco seremos desviados por elas, uma vez que têm Estilo, isto é, Unidade na Pluralidade.

Parece que a posse de estilo foi sustentada pela maioria dos associados de Berlage em Amsterdã como sendo uma qualidade que devia ser cultivada; eles devem ter adquirido a idéia por meio de leituras de Semper, cujo *Der Stil in den technischen Künsten* é mencionado por de Groot simplesmente como *Der Stil*, e foi transmitido ao grupo, que, conscientemente ou não, adotou a frase *de Stijl* tanto como nome, quanto como palavra-chave. Exatamente o que significava estilo para o próprio de Groot fica pouco nítido em virtude da tendência que ele tinha para discriminações excessivamente sutis; parece, entretanto, que ao menos ele não pretendia referir-se aos "estilos de catálogo" das academias. Berlage, sem jamais tentar definir o que é o estilo na realidade, deixa claro, não obstante, que isso significa algo útil e valioso para sua própria época. Ele censura a Ruskin e outros "filósofos" por serem apenas estudantes, não professores, de estilo e diz:

> Existem, entretanto, grandes artistas praticantes como Viollet-le-Duc na França, e o conhecido Semper na Alemanha, que são ótimos professores e que fornecem, em seus grandes livros, uma estética prática... de um tipo que pode ser usada.
> Então, qual é o problema?
> Pois o de ter novamente (um) estilo.

O estilo, porém, é também ordem e não necessariamente uma ordem óbvia tal como a que é fornecida pelo planejamento axial. A ordem prevalece onde as leis fixadas são efetivas, e para exemplos disso, ele se volta mais uma vez à Antiguidade e à Natureza. A ordem da natureza levanta outro problema, que parece nunca estar muito afastado de sua mente, mas que ele coloca, nessa ocasião, por meio de uma citação de Semper; o problema de Normas ou Tipos:

> Da mesma forma que a natureza é frugal em motivos mesmo em sua abundância sem fim, constantemente repetindo suas formas básicas, mas modificando-as de mil maneiras diferentes de acordo com a condição de suas criaturas e os modos de vida destas, alongando ou encurtando alguns, escondendo ou revelando outros — da mesma forma como a natureza possui seus processos evolucionários, dentro de cujos limites os motivos antigos reaparecem constantemente

em novas criações, também a arte se encontra dentro da esfera de umas poucas Normas ou Tipos que derivam das antigas tradições, cada uma constantemente reaparecendo em formas diversas, cada uma com sua própria história, como na Natureza. Nada, portanto, é puramente arbitrário, mas tudo é governado pela circunstância e pelo relacionamento.

Isso foi publicado em Berlim três anos antes de Muthesius proferir o discurso *Wo stehen wir?* no Congresso da Werkbund de 1911, e embora se duvide que Muthesius precisasse de Berlage para lembrar-se dos escritos de Semper, não obstante os dois se conheciam e conheciam as idéias um do outro, que se aproximam bastante em conteúdo, embora com diferenças significantes de inclinação. No que se refere à tarefa do arquiteto no século XX, existem semelhanças notáveis. Berlage escreveu, em 1905:

A arquitetura será a arte criativa do século XX, como o foi há seiscentos anos, e a pintura e escultura avançarão juntas enquanto servas daquela e, ao serem assim empregadas, poderão alcançar seu maior desenvolvimento.

e até então ele se encontra próximo da visão de Muthesius de uma hegemonia unificada das artes sob a arquitetura. Mas ele prossegue, prevendo, em conseqüência disso e

... com base na presente evolução social e artística: logo se poderá observar um interesse no corpo crescente de artes úteis, e um decréscimo anual no número de pinturas de cavalete e estátuas.

Ora, isso, seja quanto for que se deva a William Morris, excede qualquer previsão feita por Muthesius; apesar de tudo, entretanto, Berlage fixa seus olhos em um alvo muito semelhante.

Um impulso em direção à Unidade na Pluralidade está tomando o comando das coisas em geral, um impulso em direção à Ordem, ao Estilo. (...) O projetista de hoje depara com uma perspectiva convidativa de embelezamento artístico, isto é, ser pioneiro no grande estilo arquitetônico de cada comunidade futura. Não há melhor missão.

Embora isso possa se aproximar de Muthesius, existem diferenças de abordagem marcantes. Berlage não postula qualquer pressão de sentimento patriótico, nem de escassez econômica — tais coisas devem acontecer porque estão certas, não porque são o preço da sobrevivência. E mais, não se fala em *Durchgeistigung*, de espiritualização, mas antes de socialização (parece que este é outro exemplo da qualidade de pré-*Art Nouveau* no pensamento de Berlage; sua política era de esquerda e, por vezes, quase positivista).

À medida que nosso novo conceito se manifesta, qual idéia espiritual deverá servir como sua base? Quem pode respondê-lo? O cristianismo está morto, e ainda só se podem sentir os efeitos preliminares de um novo conceito de mundo baseado nas conseqüências do progresso científico. Precisamos de uma determinação ética, e em relação a isso chega à superfície do fermento de nossos tempos a questão do Altruísmo. Resume-se nisto — indivíduo ou Comunidade? Com a negação do moralidade tradicional, deve somente o indivíduo ser servido, ou, dado o princípio da igualdade, devem sê-lo todos?

Muthesius e Berlage concordam na supremacia da comunidade, mas este não possui o veio autoritário daquele e, para ele, o equilíbrio entre comunidade e indivíduo ainda deveria ser fixado. Não obstante, ele não tinha dúvidas quanto ao rumo que tomariam as coisas: executou seus melhores trabalhos para patronos da comunidade, e tais obras foram o necessário produto final de suas teorias, as quais claramente visualizam o arquiteto como envolvido na sociedade.

Se tais teorias forem tomadas de forma resumida — manipular o espaço por meio de paredes, dentro de uma ordem que fornece um estilo adequado a uma sociedade emergente, não religiosa — pode-se ver que essa fórmula também é a empregada por Berlage para avaliar a obra de Frank Lloyd Wright. Berlage defrontou-se com a obra de Wright em 1911, aparentemente despreparado, embora o primeiro volume de Wasmuth houvesse surgido no ano anterior e, por conseguinte, ele foi o terceiro teórico europeu de peso a descobrir Wright por si mesmo. Seus predecessores foram o Prof. Kuno Francke, inspirador do primeiro volume de Wasmuth, em 1909; e C. R. Ashbee, que escreveu a introdução ao segundo volume de Wasmuth e que já havia visitado Wright em 1901. O efeito dos edifícios que Berlage viu e dos textos de Wright que ele parece ter lido deve ter sido o de convencê-lo de que, em Wright, ele via um reflexo de seus próprios ideais. A sensação de repouso que sentiu na Casa Martin foi confirmada pela declaração de Wright de que:

> Simplicidade e repouso são as qualidades que medem o verdadeiro valor de qualquer obra de arte

e sua admiração pelo uso não complicado que Wright fazia das paredes, pela alegação de Wright de que

> A Parede foi deixada em paz desde a base até a cornija ou beiral.

Como resultado, a conferência proferida no *Ingenieu-und Architektenverein* de Zurique, em março de 1912, sobre suas experiências na América, paga o devido tributo a Richardson e Sullivan, mas é dominada por Wright. Sua admiração foi provocada especialmente pelo Edifício Larkin, o que não é de surpreender uma vez que possui muitas coisas em comum com seu Beurs. Internamente, ambos têm grandes saguões circundados por galerias, executados principalmente em tijolo como revestimento interno, com um material alternativo nos pontos de importância estrutural — tanto a pedra para as colunas e a base dos arcos na obra de Berlage, quanto o concreto armado para as lajotas do chão da galeria na de Wright, destinam-se a funções de grupo; a de Wright, entretanto, tinha a vantagem de ser planejada em volta do escritório aberto, o que era novo para Berlage e era, de fato, coisa recente na organização comercial americana, mais do que no negócio honrado pelo tempo da Bolsa, o que provavelmente era ligeiramente suspeito à mente socialista de Berlage. O resultado é um dos tributos mais generosos e desinteressados prestados por um arquiteto a outro neste século [6]:

---

6. Todas as opiniões de Berlage sobre Wright são tiradas da conferência proferida em Zurique sobre suas experiências na América. O texto das partes relevantes é dado em *Frank Lloyd Wright*, de H. de Fries (Berlim, 1926), e todas as citações de Wright que sustentam tais opiniões são extraídas de seu artigo, *In the Cause of Architecture*, que será discutido mais adiante.

O edifício engloba apenas um único espaço, uma vez que, de acordo com o moderno conceito americano, um escritório não é dividido em compartimentos separados. O chefe senta-se à mesma mesa com sua secretária particular, de onde ele pode supervisionar o grande espaço em sua totalidade e os vários andares abertos dispostos como galerias em torno do saguão central.

É uma estrutura de tijolos e, vista de fora, parece um armazém. Contudo o interior é admiravelmente iluminado, apesar dos poços de escada dos cantos, que são como os de uma igreja, e são iluminados por dentro. As galerias são iluminadas por janelas situadas entre vigorosos pilares. (...)

Tijolo também é o material do interior, cedendo lugar ao concreto para as lajotas do chão. Os detalhes seguem naturalmente o estilo único e próprio de Wright e dão um testemunho excepcional de suas qualidades originais.

Saí de lá convicto de que vira um edifício realmente moderno e pleno de respeito por um mestre que pôde criar um tal trabalho, e cujo par ainda está para ser encontrado na Europa.

Isso era Wright visto como um arquiteto berlagiano ideal, e essa conferência, e sua posterior reimpressão, foi, para muitos, a prova mais convincente das qualidades de Wright. Os seguidores de Berlage, porém, consideravam Wright de uma maneira não autorizada pelos escritos daquele. Para eles, depois de 1917, a Casa Robie superava o Edifício Larkin como principal exemplo do ponto mais alto de Wright, e J. J. P. Oud expressa-se sobre isso nos seguintes termos:

Todas as partes desse edifício, inclusive o mobiliário, foram desenvolvidas segundo linhas mecanicistas [7]

e Jan Wils levou essa avaliação de Wright ainda além [8]

As pessoas riam-se dos futuristas, que queriam demolir a tradição e virar tudo de cabeça para baixo.

Descartaram Marinetti como sendo um lunático, por que ele queria queimar Veneza e reconstruí-la de modo adequado.

E deram de ombros quando Wright disse que a primeira tarefa da máquina era tornar obsoleto todo o antigo trabalho.

7. Em *de Stijl*, v. I, p. 41.
8. Em *Wendingen*, v. IV, p. 14.

Essa assimilação de Wright aos futuristas constitui, em parte, uma marca da tendência geralmente sincrética do *de Stijl*, grupo ao qual pertenceram por algum tempo Oud e Wils, mas constitui igualmente um testemunho da maneira peculiar pela qual Wright tornou-se conhecido da geração mais nova na Europa.

Poder-se-ia supor que essa ênfase no conteúdo mecanicista de sua obra e de suas teorias tivesse origem em sua conferência *The Art and Craft of the Machine* de 1901, mas parece que o texto da mesma foi muito pouco conhecido na Europa antes de 1914. Ao invés disso, parece que a resposta se encontra em outros dois documentos: um era o ensaio *In the Cause of Architecture* escrito por Wright em 1908 e publicado com suntuosas ilustrações em *Architectural Record;* o outro, que continha extensas citações extraídas do primeiro, era a introdução feita por C. R. Ashbee ao segundo volume de Wasmuth. O primeiro volume era uma edição de luxo de planos e perspectivas, de grande formato, pouco prático para usar, e caro. O segundo era menor, ilustrado com fotografias e parece que teve muito mais influência. Com a publicação da conferência de Berlage não extravasava os limites do cânone de ilustrações fotográficas estabelecido em *In the Cause,* de modo que, apesar de sua data posterior, não trazia fotos da Casa Robie, a qual permaneceu desconhecida e sem ser apreciada exceto por aqueles que tinham a paciência de decifrar seus caracteres entusiasmantes pelas ilustrações extremamente pouco informativas do primeiro volume, ou por aqueles que, como Rob van t'Hoff, haviam-na visto com seus próprios olhos. Conseqüentemente, as idéias européias sobre Wright parecem ter sido dominadas inicialmente pelo Edifício Larkin e pelo Templo Unity, pelas Casas Coonley, Dana e Martin.

Está claro, contudo, que após 1917 a Casa Robie é o mais admirado e o mais imitado dos edifícios de Wright, e a razão disso parece residir no fato de que somente ela, com suas formas arrojadas e cantiléveres espetaculares, podia dar corpo à imagem de Wright como arquiteto mecânico que Ashbee havia construído no segundo volume de Wasmuth. Essa imagem de Wright não era acidental, e Ashbee é bastante claro quanto a suas próprias intenções:

> É intencionalmente que não me demoro no tema da arquitetura interior de Frank Lloyd Wright, pois não me parece que seja a essência de sua criatividade, nem que seja realmente típico dele. Repetindo-o novamente, reconhece-se em sua arquitetura a luta para alcançar a maestria da máquina, e é essa a verdadeira esfera de seus poderes.

Ele sustenta essa opinião com citações adequadamente mecanicistas extraídas de *In the Cause* e chama a atenção para tal fato ao nomear a fonte. Quatorze anos mais tarde, quando o grupo de Wendingen publicou o álbum de Frank Lloyd Wright [9], *In the Cause* (e mais dois apêndices bem pouco interessantes) foi o único texto do próprio Wright que reimprimiram. Assim, o Wright que os jovens seguidores de Berlage conheceram não era o Wright de espírito vernacular e adorador da natureza que está na introdução do primeiro volume de Wasmuth (a quem os membros do *de Stijl* teriam desprezado, como ficará patente), mas o Wright de:

> Acima de tudo, integridade. A máquina é o instrumento normal de nossa civilização, dê-lhe trabalho que ela possa fazer bem; nada é mais importante. Fazer isso será formular novos ideais industriais, tristemente necessários.

e:

> A máquina chegou para ficar. É a precursora da democracia que é nossa esperança mais cara. Não há tarefa mais importante para o arquiteto do que usar esse instrumento normal com a maior vantagem.

ou:

> As velhas formas estruturais, que até o momento têm sido chamadas de arquitetura, estão decadentes. A vida abandonou-as há muito e novas condições em termos industriais, ferro e concreto, e especialmente terracota, estão profetizando uma arte mais plástica.

9. Volume especial, à parte da série regular, publicado em 1925.

Este é um Wright comparável aos futuristas, e havia também um Wright comparável a Berlage, que também era, por vezes, igualmente comparável a Muthesius. O relacionamento Wright/Berlage preencheu um vazio no espectro das idéias arquitetônicas que iam, em um extremo, dos futuristas aos racionalistas e acadêmicos, no outro extremo, e, uma vez preenchido esse vazio, o caminho estava desimpedido para a evolução das doutrinas estéticas sincréticas do *de Stijl*, em que estão presentes elementos de quase todos os corpos de teorias de antes da guerra.

12. *DE STIJL*: A FASE HOLANDESA

De Stijl foi um dos dois movimentos holandeses cuja arquitetura derivou, ao menos em parte, da obra ou das idéias de Berlage. O outro movimento, o *Wendingen* ou a Escola de Amsterdã, foi o que mais ficou a dever à obra concreta de Berlage, que foi desenvolvida em um estilo artesanal fantasioso, mais eclético do que inventivo, e inclusivo, e não exclusivo, em sua atitude para com formas e materiais. *De Stijl*, por outro lado, ficou mais a dever às teorias de Berlage ou, melhor dizendo, a suas atitudes mentais, e partiu para ser racionalista e disciplinado, exclusivo e não inclusivo, preferindo uma variedade limitada de materiais, formas e métodos estruturais.

É comum ligar os nomes de duas cidades, Roterdã e Amsterdã, a essas duas escolas de pensamento, como se fossem produto de algum caráter especial local dos cidadãos; nenhuma das tendências, porém, pode ser localizada particularmente no que se refere à distribuição de seus monumentos importantes e, a esse respeito, de Stijl poderia igualmente ser colocada em paralelo com Utrecht. O que parece ser mais relevante é uma discriminação baseada em questões de data — J.J.P. Oud, figura arquitetônica dominante da primeira fase do de Stijl, nasceu em 1890, e sua primeira obra característica, a casa de repouso de Vonk em Noordwijkerhout, foi construída em 1917, enquanto que Michel de Klerk, figura equivalente em Amsterdã, nasceu em 1884, e sua primeira obra característica, a Hillehuis, foi construída em 1911. Esse intervalo de seis anos parece ter sido crucial: significa que o estilo de Oud amadureceu, como se verá mais adiante, sob influência da arte cubista e futurista, enquanto que o de Klerk amadureceu no longo crepúsculo da Art Nouveau holandesa.

Entretanto, apesar dessa estrita antecedência em data, o Wendingen (que, considerando-se os movimentos do século XX, teve duração bastante longa) não se tornou de importância internacional senão em princípios da década de 20, quando firmou uma ligação de curta duração com os expressionistas de Berlim; por conseguinte, propomo-nos tratar primeiro da fase inicial do de Stijl, depois da Wendingen e suas relações internacionais e, finalmente, com a participação do de Stijl no movimento internacional de arte abstrata que superou todas as tendências expressionistas após 1922.

Para as finalidades deste estudo, propomo-nos dividir as atividades do de Stijl em antes de 1921 e depois de 1921 [1]. A data exata dessa divisão deverá

---

1. Este estudo do de Stijl, assim como todos os estudos futuros do movimento, muito deve ao livro do Dr. H. L. C. Jaffé, de Stijl 1917-1931 (Amsterdã, 1956), e também às narrativas pessoais feitas ao autor por Rob van t'Hoff, Mart Stam e Walter Segal.

sempre ser arbitrária, porque a mudança no caráter do movimento perdurou por mais de doze meses; a escolha da data, porém, parece justificada, em primeiro lugar, pela mudança de formato da revista *de Stij!* ocorrida naquele ano, passando de um formato alto, de bolso, para um formato mais largo, melhor adaptado a artigos extensos e a grandes reproduções de obras de arte; e, em segundo lugar, por uma onda de demissões pelos membros holandeses do grupo, que alcançou seu ponto mais alto também naquele ano: oito dos dez membros originais haviam desaparecido ao final do ano.

Em todo caso, o movimento jamais havia sido uma unidade de combate muito cerrada, como o Futurismo; muitos de seus membros jamais se encontraram com outros, e parece que tudo o que possuíam em comum era o fato de conhecerem van Doesburg e, na maioria dos casos, de terem um profundo respeito e afeição pelo pintor Piet Mondrian. A introdução do primeiro número da revista (outubro de 1917) pode ser lida com duplo sentido.

O objetivo desta revista será o de contribuir para o desenvolvimento de uma nova consciência de beleza. Ela objetiva tornar o homem moderno receptivo em relação ao novo na arte criativa. Ela se opõe à confusão arcaísta — "Barroco Moderno" — com os princípios lógicos de um estilo em amadurecimento, baseado em relacionamentos mais puros com o espírito de nossa época e com nossos meios de expressão. Ela realizará a reunião das correntes atuais de pensamento sobre novas atividades criativas — correntes de pensamento que se desenvolveram independentemente, embora sejam semelhantes em essência...

Embora, com isso, a intenção fosse significar a fusão dos vários "ismos" em uma escala internacional, a realidade continua sendo que a maior parte dos primeiros membros do *de Stijl* haviam trabalhado em completo isolamento uns dos outros, até que van Doesburg provocou sua reunião. Assim, entre os arquitetos, van t'Hoff somente encontrou Oud por intermédio de van Doesburg, sendo que este mesmo havia tomado contato com van t'Hoff por meio de um artigo de jornal sobre as casas deste em Huister Heide, nos arredores de Utrecht. Existia, inclusive, uma certa dose de desconfiança entre alguns dos membros antes da fundação concreta do grupo em 1917, e conta-se que van der Leck, o pintor, ter-se-ia recusado a participar se Oud e outros arquitetos fossem admitidos. Não se deve atribuir isso unicamente a causas pessoais. Paira, sobre as primeiras deliberações dos membros, o espectro da versão que Berlage tinha da Gesamtkunstwerk, pela qual a pintura e a escultura seriam subservientes à arquitetura [2], e van der Leck não tinha nenhuma intenção de que os arquitetos lhe dissessem o que devia fazer. Contudo, ele contribuiu (segundo ele, por engano) com um dos artigos-chave do primeiro número da *de Stijl*, em que expõe uma posição de compromisso, aceitando, em parte, as teses de Berlage e, depois, expressando as conseqüências destas por meio de uma polêmica, estando a pintura e a arquitetura em uma espécie de parceria competitiva.

No decorrer do tempo, a pintura separou-se da arquitetura e desenvolveu-se independentemente, destruindo os métodos antigos e naturalistas através da experimentação. (...)
Não obstante, ela sempre tem necessidade de alguma superfície plana, e sua finalidade última é trabalhar sobre as superfícies úteis, necessárias, criadas pela arte da construção. Mais do que isso, retornando do isolamento para a integração, ela dará sabor ao todo e, ao exigir da arquitetura concepções formais adequadas, estará recuperando seu domínio próprio.

Embora van der Leck se desligasse ao descobrir que, afinal, o grupo continha arquitetos, a posição exposta nessas duas citações era tal que, dentro de certos limites, a maioria dos membros poderia aceitar, mesmo que, como Mondrian, nutrissem reservas baseadas em uma sensação de que ainda não estavam prontos para qualquer Gesamtkunstwerk, como escreveu a van Doesburg:

Você deve lembrar-se de que as minhas coisas ainda têm a intenção de ser pinturas... não partes de um edifício.

Eles sentiam, claramente, que suas várias artes haviam sido refinadas, em isolamento, ao ponto em

2. Como já foi discutido no capítulo anterior.

que suas essências haviam-se revelado e haviam sido reveladas como sendo comuns a todas as artes porque eram geométricas e retilíneas. Esse caráter retilíneo comum (sentido de modo tão forte por van Doesburg que ele havia pensado em chamar a revista com um nome assim como *A Linha Reta,* antes de optar pelo *de Stijl* de Berlage) era até certo ponto, produto de uma série de coincidências quase que anti-históricas: por um lado, os arquitetos que trabalhavam sobre preceitos formulados por Berlage e Wright tinham chegado a uma fórmula simples de paredes verticais lisas e tetos planos, despidos de elementos decorativos; por outro lado, Mondrian (e possivelmente também outros pintores) inspirado pela cosmogonia retilínea mística do teosofista Schoenmaekers, estava a ponto de chegar a uma fórmula igualmente simples de manchas retangulares de cor, emolduradas por linhas horizontais e verticais, e despidas de elementos figurativos. Devido a esses fatos, foi possível, repentina e visivelmente, no dizer de Berlage, ter novamente um estilo (embora não um estilo que o próprio Berlage tivesse gostado). E mais, esse estilo iria ter praticamente todos os atributos sociais e culturais que Berlage havia postulado, e uma tendência ainda mais abertamente utópica. Mondrian e van Doesburg, entre si, criaram uma imagem bastante coerente de um novo mundo, baseado nos acontecimentos e descobertas dentro de seu próprio pequeno grupo e no mundo exterior, da maneira como eram vistas por eles. Mondrian começa o primeiro parágrafo do primeiro artigo do primeiro número de *de Stijl* com a afirmação:

A vida do homem culto contemporâneo está gradualmente dando as costas à natureza; ela se torna mais e mais uma vida a-b-s-t-r-a-t-a.

e praticamente cada palavra dessa declaração, aparentemente simples, está carregada de significados complementares. A confrontação entre *abstrata* e *natureza* é vital para o argumento em sua totalidade. Desde 1910 até a época em que esse artigo foi escrito, Mondrian vinha cuidadosamente desenvolvendo-se em direção a um estilo puramente abstrato (não-figurativo) de pintura, e, durante esse processo, havia desenvolvido um corpo complexo e elaborado de pensamento expositivo adequado àquele. A intenção de toda essa teoria, que muito devia a Schoenmaekers e também a escritores como Kandinsky, era a idéia neoplatônica comum, amplamente usada por defensores da abstração como Roger Fry[3], segundo os quais existe uma realidade fundamental por trás dos acidentes da mera aparência, os pintores devem evitar a "natureza" da pintura realista e impressionista, a qual estava inteiramente tomada por qualidades meramente acidentais, e devem concentrar-se nos absolutos duradouros da geometria, o *beeldende wiskunde* (isto é, matemática criativa) de Schoenmaekers ou o "espiritual na arte" de Kandinsky.

Van Doesburg insiste na espirituaildade da arte abstrata em termos vagamente hegelianos:

> Deve-se entender que todas as obras forjadas de acordo com o espírito devem divergir das formas externas da natureza, e que elas divergirão completamente... quando o espírito alcançar a claridade perfeita [4].

No contexto mais amplo da sociedade e da cultura humana, porém, a natureza é também, para o *Stijlkunstenaar,* matéria bruta e homem rude não redimido pelo espírito, o que presumivelmente explica por que Mondrian específica *homem culto* como o fruidor de uma vida mais e mais abstrata, de modo muito semelhante ao de Adolf Loos, o qual especifica a cultura avançada como a liberdade concomitante do ornamento. Mas Mondrian especifica também que seu homem culto é "contemporâneo" e, com isso, introduz o tema progressista-utópico que perpassa fortemente toda a teoria inicial do *de Stijl.* Deve-se notar que van der Leck equipara o naturalista com o antigo; no primeiro Manifesto do *de Stijl,* os signatários afirmam:

> 1. Existe um espírito antigo e um espírito novo da época. (...)

---

3. Fry ressalta explicitamente esse ponto em seu ensaio "Art and Socialism", também reproduzido em *Vision and Design.*
4. *De Stijl,* II, p. 65.

2. A Guerra está destruindo o mundo antigo e seu conteúdo... etc.

e, em termos gerais, existe um senso quase futurista de mudança e excitação em seus escritos, um senso de que, a seu tempo, eles verão um rompimento final com o mundo antigo, corrupto, em direção a um novo e puro. De maneira quase inevitável, a mecanização desempenha um papel preponderante nessa visão, mas não como algo que vale por si mesmo ou simplesmente porque é novo, como o viam os futuristas. Para o *de Stijl*, a maquinaria, ao separar o Homem da Natureza, apressou a espiritualização da vida. Van Doesburg escreveu mais de uma vez

> A máquina é, *par excellence*, um fenômeno de disciplina espiritual. O materialismo, enquanto modo de vida e de arte, tomou a habilidade manual como sua expressão psicológica direta. A nova sensibilidade espiritual artística do século XX além de sentir a beleza da máquina, tomou conhecimento de suas possibilidades expressivas ilimitadas para as artes. (...) Sob a supremacia do materialismo, a habilidade manual reduziu os homens ao nível de máquinas; a tendência adequada da máquina (no sentido de desenvolvimento cultural) é tornar-se o único meio do verdadeiro oposto, a libertação social [5].

e novamente:

> Toda máquina é a espiritualização de um organismo.

Essa inversão substancial tanto do materialismo racionalista, quando da mecanolatria futurista, é ampliada pelas opiniões de Mondrian sobre a cidade moderna:

> O artista genuinamente moderno vê a metrópole como um viver abstrato convertido em forma; ela lhe é mais próxima do que a natureza e tem maiores probabilidades de excitar nele o senso de beleza... é por isso que a metrópole é o lugar onde se está desenvolvendo o temperamento artístico matemático vindouro, é o lugar de onde emergirá o novo estilo.

5. Essa versão é de um ensaio inacabado de van Doesburg devido a sua morte, em 1931; porém, variantes parecidas podem ser traçadas até 1924, senão antes, e deixam claro que esse determinado conceito do significado cultural da mecanização era um conceito ao qual ele estava muito ligado.

54. Theo van Doesburg e Wilmos Huszar. Página de abertura do primeiro número de *de Stijl*, 1917. O logotipo de Huszar para o título era de um tipo comum a outros pintores do grupo *de Stijl*, e não estava muito afastado de:

55. Theo van Doesburg. *Composição em branco e preto*, 1918: esta, por sua vez, pode ser relacionada com fragmentos das chamadas "Composição Mais e Menos" de Mondrian — uma genuína unidade estilística está na base do *de Stijl*.

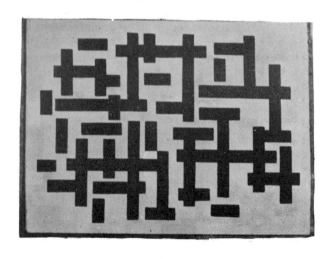

e a equação implícita entre arte abstrata e maquinaria que perpassa esses trechos é apoiada ainda pelo fato de que ambos eram vistos como instrumentos de outra coisa que foi erigida no programa *de Stijl*: a despersonalização da arte. O individualismo era parte do mundo antigo e do antigo espírito da época, segundo o primeiro Manifesto, mas o emprego de concreto armado, visto como material de máquinas,

> ... remove o caráter pessoal de um edifício e, assim, vai em direção a uma arte de grupo... com inter-relacionamentos rítmicos entre até mesmo as menores partes estruturais, e nenhuma adição de decoração.

e, ao menos a seu próprios olhos, uma generalização semelhante era a tendência das pinturas de Mondrian:

> Elas nos revelam um mundo de beleza universal.

É interessante notar que essa equação virtual entre maquinaria e arte foi efetuada sem que se postulasse uma teoria de Tipos ou Normas como um de seus termos, da maneira como Berlage ou Muthesius poderiam ter feito, ou como o fariam os teóricos da tradição cubista em Paris. Mas como já observou H.L.C. Jaffé, a conhecida locução sobre beleza absoluta, geometria e produtos mecânicos, do *Filebo* de Platão, que aparece com tanta freqüência em conjunção com a teoria dos Tipos, não aparece em parte alguma em *de Stijl*. Ao invés disso, eles baseavam-se em uma analogia implícita, que só foi trazida à tona por Gino Severini, o ex-futurista que era uma espécie de membro de correspondência do grupo e que propôs, em um dos primeiro artigos, sob o título sintomático de *Le Machinisme et l'Art — Reconstruction de l'Univers* (O Maquinismo e a Arte — Reconstrução do Universo):

> A construção de uma máquina é análoga à construção de uma obra de arte

e:

> podemos concluir que o efeito produzido no espectador pela máquina é análogo ao produzido pela obra de arte.

56. Rob van t'Hoff. *Villa* em Huis ter Heide, acabada em 1916: a primeira *villa* em estrutura de concreto projetada por um arquiteto moderno, num estilo que deriva de um conhecimento em primeira mão da obra de Wright.

57. Jan Wils. Restaurante, de Dubbele Sleutel, 1919: arquitetura wrightiana em relação aos tijolos, obtida de segunda mão através dos escritos de Berlage.

A partir desse sumário das atitudes do *de Stijl* em relação à maquinaria e à arte, ficará claro que eles já haviam cruzado o fosso que divide a atitude futurista de antes da guerra em relação à maquinaria enquanto agente da desordem anticlássica, particular, romântica, da "Estética da Máquina" do pós-guerra, a qual via a maquinaria, como a agente da disciplina coletiva e de uma ordem que cada vez mais se aproximava dos cânones da estética clássica. Contudo, deve-se reconhecer também que essa atitude, da maneira como aparece em *de Stijl,* era também antimaterialista e antideterminista, e, tendo em vista a ampla difusão dessa atitude e de atitudes relacionadas na década de 20, deve-se ter muito cuidado em considerar os entusiastas da máquina daquela época como deterministas ou materialistas. como é feito com tanta freqüência. Seus próprios escritos confirmarão a incorreção dessa interpretação de suas intenções, uma vez que, quase sempre, protestam que "a máquina" é um instrumento, não um objetivo da existência humana. Foram os teóricos do *de Stijl,* entretanto, os primeiros a transformar radicalmente o futurista para essa forma, e parece que são eles os detentores dos maiores direitos de serem considerados os verdadeiros fundadores da estética da máquina esclarecida que inspirou as melhores obras da década de 20.

Se o Futurismo foi radicalmente transformado por eles, tendo em vista seus objetivos teóricos, o Cubismo sofreu uma igual transformação, tendo em vista seus propósitos formais, e os processos paralelos pelos quais isso foi feito são típicos da fusão entre prática cubista e idéias futuristas que constituiu a herança em comum de quase todos os movimentos progressistas depois de 1917. As fontes da arte de van Doesburg e de Mondrian no Cubismo de antes da guerra foram reconhecidas por ambos e podem ser facilmente traçadas, especialmente nas pinturas de Mondrian. Embora pareça que Mondrian concebeu seu *Nieuwe Beelding* como o estilo sucessor genuíno do Cubismo, parece que van Doesburg considerava seu trabalho mais como uma continuação dos processos abstratos iniciados pelo Cubismo e não

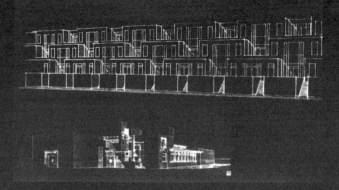

58-59. J. J. P. Oud. Projetos para o Strandboulevard (habitações à beira-mar), 1917, e uma pequena fábrica, 1919. A retangularidade das formas, embora cada uma de natureza diferente.

introduziu uma nova palavra para designar sua própria arte senão até que cunhou (ou tomou emprestado) o Elementarismo em 1926. Parece que Oud jamais nutriu dúvidas no sentido de que a arte praticada por seus colegas pintores era uma forma de Cubismo, mesmo que mais tarde chegasse a opinar que era uma forma corrompida. Essa atitude de Oud pode muito bem ser a base da subseqüente confusão sobre uma influência direta do Cubismo na arquitetura. É difícil de achar uma influência dessas, e jamais chegam a ser muito convincentes as tentativas de comparar edifícios do "Estilo Internacional" com as pinturas cubistas, especialmente as feitas em Paris entre 1909 e 1912. Se o Cubismo, entretanto, for interpretado no sentido amplo empregado por Oud, sentido que facilmente abrangeria também a obra dos abstracionistas russos, as comparações tornam-se possíveis e a influência, admissível.

Durante o período em que Oud foi membro do *de Stijl,* entretanto, a influência foi ligeira. Mondrian e van Doesburg haviam desenvolvido sua abstração retangular até um grau bastante avançado e haviam investigado muitas de suas possibilidades; suas pinturas ainda não estavam restritas a um repertório de retângulos coloridos completamente emoldurados por pesadas linhas negras, e eles ainda estavam fazendo experiências com retângulos sobrepostos, retângulos emoldurados apenas parcialmente por linhas, pinturas baseadas na livre distribuição das partes e pinturas compostas sobre grades modulares regulares como a *Quadratur en Triangulatur* de Berlage e de outros seguidores de de Groot. Assim, eles ofereciam uma gama muito rica de possíveis técnicas de composição em um plano, as quais podiam ser empregadas pelos arquitetos, enquanto que a escultura *de Stijl* contemporânea, composta geralmente de modo piramidal, por prismas justapostos ou interpenetrantes, oferecia quase tantas possibilidades em três dimensões.

Muito pouco disso, porém, teve um impacto muito direto nos edifícios que caracterizam a primeira fase do *de Stijl,* os quais se inclinam a seguir Berlage, quando não seguem Wright. De qualquer maneira,

60-61. Michel de Klerk. Agência dos correios na Zaanstraat, Amsterdã, 1917; e Theo van der Vijdeveld. Projeto de Volkstheater, de antes de 1921. Plasticidade curvilínea e superfícies elaboradamente modeladas da Escola de Amsterdã.

não se pode esperar qualquer influência da pintura na casa e na casa de campo de Robert van t'Hoff, em Huis ter Heide, posto que elas haviam sido encomendadas, planejadas antes que surgisse o grupo. A aparência das casas é flagrantemente wrightiana, o que dificilmente surpreende, uma vez que seu criador tinha na realidade estado em Chicago a fim de encontrar-se com Wright, tinha visto o Templo Unity, a Casa Robie etc., e parece ter sido o membro do *de Stijl* que apresentou a obra de Wright aos demais membros [6]. A segunda casa, maior, em Huis ter Heide, é mais importante por sua estrutura do que por seu exterior arrumado, simetricamente wrightiano, pois foi pioneira no uso de colunas e lajes de concreto, planejada ao menos na mesma época em que o foi a estrutura *Dom-ino* de Le Corbusier, embora seja muito menos livre na planta. Van t'Hoff também desenhava móveis quase que desde essa época e, uma vez que parte deles foram construídos na oficina de Gerrit Rietveld, pode muito bem ter sido van t'Hoff quem apresentou a Rietveld tanto o mobiliário de Wright quanto sua própria preferência no sentido de fazer cada membro estrutural um simples elemento retangular de madeira, visualmente destacado mesmo daqueles outros elementos aos quais estava ligado.

Mesmo durante 1917-19, nenhum dos outros dois principais arquitetos do *de Stijl* dão uma impressão tão nítida de maturidade e controle. Na hospedaria "de Vonk" de Oud e no restaurante "De Dubbele Sleutel" de Wils, em 1919, com ambos os quais van Doesburg esteve envolvido na qualidade de consultor de cores, a estrutura consiste em pilares retangulares retos e paredes de tijolos a Berlage, encimadas por projeções

---

6. Segundo van t'Hoff, parecia que Oud ignorava a obra de Wright (apesar de Berlage) até que foi introduzido por van Doesburg à obra de van t'Hoff e viu o volume de material sobre Wright que este havia trazido de volta com ele dos EUA. A estória ganha peso pela maneira súbita como a Casa Robie (que impressionou particularmente e van t'Hoff) sobressai-se nas discussões sobre a obra de Wright e desloca as casas Coonley e Isabel Roberts, que haviam dominado o cenário sob a influência de *In the Cause*, como foi descrito no capítulo anterior. Quanto à situação com Rietveld, não se duvida de que van t'Hoff tenha sido o instrumento pelo qual Wright chegou à atenção daquele, mas as versões disso diferem — embora todas concordem em que tal fato se deu em conexão com o mobiliário da casa em Huis ter Heide.

planas mais ou menos grossas (que nem sempre escondem telhados chatos) que se originam em Wright, quer diretamente, quer através de Huis ter Heide. "De Dubbele Sleutel", construído ao lado de edifícios existentes, é ligeiramente assimétrico, enquanto que o "de Vonk", isolado de outros edifícios, apresenta uma aparência estritamente formal e axial. É surpreendente, em retrospecto, quão pouco da obra de Oud desse período é diversa do axial. O projeto para uma pequena casa de concreto em 1917 é simétrico, bem como o é o plano de muitas de suas casas em grande escala; o projeto para o Strandboulevard, de 1917, embora postule uma série infindável de unidades repetitivas, tem cada unidade simétrica e, dos dois projetos de fábricas feitos em 1919, um é simétrico. O outro, que se constitui para Oud uma composição notavelmente livre e diversificada, tem ao menos uma passagem de complexa manipulação assimétrica do espaço por meio de elementos verticais e horizontais que se projetam para a frente; peitoris, batentes, chaminés, balaustradas, barras de janela etc., que em nada se assemelham a qualquer outro de seus trabalhos registrados, e são tão avançados para a época quanto os interiores *de Stijl* contemporâneos de Wilmos Huszar ou a série de cadeiras que Gerrit Rietveld estava desenvolvendo a partir de 1917, embora sua importância integral emergisse somente mais tarde.

Parece que o cuidado genérico na abordagem foi parte integrante do caráter de Oud, e este sentia de modo tão vivo o peso da responsabilidade que foi colocada sobre seus ombros quando se tornou arquiteto da cidade de Roterdã com apenas vinte e oito anos, que se absteve de comprometer-se em muitas das atividades de *de Stijl* (por exemplo, não assinou nenhum dos Manifestos ou petições). A precaução também aparece em seus escritos de maior reflexão, que foram publicados depois que ele e a maioria dos membros originários do grupo haviam se desligado; mas é menos aparente em suas notas e legendas no *de Stijl* anteriores a esse período. Mesmo assim, a mais interessante das primeiras contribuições à revista, sobre arquitetura, a primeira que aborda novos temas na

Holanda — e, com efeito, na Europa ao norte dos Alpes — é o comentário tecido por Rob van t'Hoff sobre um desenho de Sant'Elia, publicado em agosto de 1919. Van t'Hoff conhecera Marinetti e outros futuristas em Londres, antes da guerra, mas jamais se encontrara com Sant'Elia — a foto do desenho foi-lhe mostrada por van Doesburg, que a tinha recebido, da Itália, juntamente com outras matérias futuristas, talvez como resultado de suas primeiras tentativas de estabelecer contatos internacionais tão logo terminassem as hostilidades. O desenho é um das *case a gradinate*, com torre externa de elevador e anúncios luminosos em seu parapeito, e, tendo-se em vista o número de vezes que foi reproduzido (ou re-reproduzido da *de Stijl* na Alemanha e em outras partes, deve ter-se tornado o mais conhecido de todos os desenhos de Sant'Elia.

Entretanto, Van t'Hoff escreve primeiro sobre o próprio Sant'Elia [7], e em termos que desde então vêm sendo repetidos. Ele lastima o esquecimento em que caiu o arquiteto "desconhecido", sua morte prematura, a escassez de plantas de seus edifícios e a natureza fragmentária de sua visão urbanística. A respeito das estrias horizontais das superfícies das paredes ele conclui que foram rebocadas, fato que, diz ele, revela uma falta de clareza:

Contudo, o tratamento perfeito desse edifício tomado como um todo, executado em materiais modernos, de modo que possamos considerá-lo destituído de qualquer efeito acidental, torna essa obra (e outras a serem reproduzidas mais tarde) digna de ser incluída na nova tendência internacional da arte. A aversão que Sant'Elia tem pela "arquitetura de alta classe" e pelo classicismo, com sua abordagem decorativa e acadêmica, dá a esta obra um frescor, uma tensão e definição de expressão que faltam, nessa intensidade, à maior parte da arte atual.

No final, ele reproduz uma versão resumida das afirmações constantes do final do Manifesto sobre arquitetura futurista, precedendo-as com a esperança piedosa:

Possam alguns dos pensamentos que se seguem (por exemplo, que toda geração — os edifícios são de ferro e

---

7. *De Stijl*, II, pp. 114, 115.

concreto — possa ter sua própria cidade), tornar-se dominantes, e possamos nós jamais diminuir nossa apreciação por este arquiteto que morreu tão jovem.

Como era tão freqüente com revistas desse tipo, a publicação de outro Sant'Elia em data posterior não se materializou, mas dois desenhos de Chiattone efetivamente apareceram no devido tempo, com comentários feitos por Oud, que os caracterizou como exibindo o *Vaagheid der Romantiek* em oposição ao *Klaarheid eener hoogere realiteit* de Sant'Elia. Oud, entretanto, raramente demonstrou qualquer interesse pela obra de algum outro arquiteto que não fosse holandês, excetuando-se Frank Lloyd Wright, e inclinava-se a elaborar suas teorias com base em sua própria experiência prática, além de uma visão da tendência geral da arte mundial, da maneira como esta lhe era representada por seus colegas da *de Stijl*. Ou, para sermos mais precisos em termos históricos, como lhe era representada por seus antigos colegas, pois seus maiores escritos datam de 1921 (ano em que ele deixou o grupo) em diante. Contudo, ele se manteve firme nas opiniões que havia formado naquela época e não acompanhou o desenvolvimento posterior da *de Stijl* — aparentemente porque não quis mudar ou modificar sua posição.

Para mim, entretanto, a linha de desenvolvimento que foi revelada parece reta; e, se ela vier a apresentar desvios, defendo meu direito de crer que ela é reta. Essa linha, para mim, é essencial.

O grosso desses escritos mais ponderados e elaborados de maneira mais completa é formado por três ensaios que surgiram juntos em um só volume nos *Bauhausbucher* de 1926. O primeiro deles (pela ordem em que aparecem no volume) trata da história da arquitetura moderna na Holanda (*Die Entwicklung der modernen Bankunst in Holland*) e foi escrito nos anos de 1922 e 1923. Nele, firma-se o que já se estava transformando na árvore genealógica ortodoxa, e que se originava em Cuijpers, passando por Berlage e chegando a ele mesmo; lançam-se anátemas sobre a obra da escola de Amsterdã, e Oud relaciona seu próprio trabalho com alguns poucos edifícios no estrangeiro que lhe parecem *das Fundament... einer allgemeinen Schönheit, eines Stiles, zu ergeben* (o fundamento... de uma beleza geral de um estilo, a ser produzida), sendo que tais edifícios são: a Vila de Vaucresson de Le Corbusier, a reforma do Stadttheater na Iena de Gropius e o projeto para a Torre do *Chicago Tribune* por Lönberg-Holm. Àquela época, contudo, ele se via em dificuldades para encontrar algo que se aproximasse do padrão de seu próprio alojamento para trabalhadores no Hook de Holanda, que ele também ilustra, sem lançar mão de fontes expressionistas ou de Amsterdã e, dentro dos bastante estreitos limites de bom e mau que ele mesmo havia fixado, poderia de fato

dizer isto sem chauvinismo: que a atual arquitetura holandesa atingiu uma importância

embora três anos mais tarde essa posição de liderança já estivesse perdida.

O segundo ensaio, *Der Einfluss von Frank Lloyd Wright auf die Architektur Europas* (A Influência de Frank Lloyd Wright na Arquitetura da Europa), parece ter sido parcialmente escrito para aquela *Bauhausbuch* e parcialmente para o volume da *Wendingen* sobre Wright, que foi publicado em 1925. Não contém muitas apreciações sobre Wright que não pudessem ter sido escritas por Berlage, exceto quanto a alguns comentários sobre os aspectos luxuosos da obra doméstica de Wright, à qual serão feitas referências no capítulo seguinte. Existe, entretanto, uma importante tentativa de deslindar o significado da contribuição de Wright e da pintura para a obra dos arquitetos holandeses mais jovens, tentativa essa que lança luz sobre o que o Cubismo — isto é, a arte de Mondrian e de van Doesburg — significava para ele. O Cubismo, diz ele, mostrou-se desapontador porque o formalismo enfraqueceu seu impacto justamente em uma época em que suas conseqüências prometiam ser da maior importância para o futuro da arte de construir. Não obstante,

Como influência de Wright, o Cubismo desempenhou um importante papel na produção das formas características que encontraram expressão na já mencionada corrente da arquitetura européia (a saber, a *de Stijl*)

e ele estava disposto a dar um valor bem alto à contribuição prestada pelo Cubismo ao crescimento da nova arquitetura de sua geração:

O Cubismo foi uma introspecção — e um começo. Confiando no futuro, ele impôs deveres onde as gerações anteriores, parasitas do passado, haviam tomada liberdades. O romantismo não-intencional de seu veemente impulso para a coordenação continha o princípio de uma nova síntese formal, um classicismo a-histórico.

A necessidade de número e medida, de limpeza e ordem, de padronização e repetição, de perfeição e primoroso acabamento; as propriedades dos órgãos da vida moderna, tais como a técnica, os transportes e a higiene, na esfera das condições sociais, e os métodos de produção em massa entre as circunstâncias econômicas — tudo isso encontra seu predecessor no Cubismo.

Está claro que essa versão do Cubismo contém muito pouco daquilo que acontecia em Paris antes de 1914, mas continha muito do que havia preocupado os teóricos da Werkbund e do Futurismo, incluído na pura e limpa abstração da pintura *de Stijl*.

Foi já com tais idéias em mente que Oud construiu, a partir de bases fundamentalmente berlagianas, a filosofia da arquitetura exposta em *Über die zukünftige Baukunst und ihre architektonischen Möglichkeiten* ("Sobre a vindoura arte de construir e suas potencialidades arquitetônicas"). Esse ensaio é de sumo interesse posto que foi escrito em 1921, quando Oud estava rompendo com o *de Stijl*, e, datando desse ano, deve também ser o primeiro dos grandes pronunciamentos teóricos feitos por qualquer um dos principais arquitetos da corrente principal de desenvolvimento na década de 20. O próprio Oud (de acordo com sua política confessada de apegar-se a suas idéias primitivas) estava disposto a deixá-lo inalterado ao ser reproduzido no *Bauhausbuch* de 1926, embora fique claro, de uma série de aforismos publicados sob o título de *Ja und Nein* (Sim e Não) no *Monatshefte* de Wasmuth no ano anterior, que algumas das idéias estavam sendo submetidas a revisão e que ele também estava dissociando-se de conceitos que seus contemporâneos haviam colocado em circulação. Assim,

> Curvo-me às maravilhas da tecnologia, mas não creio que um transatlântico possa ser comparado ao Parthenon. Desejo uma casa que satisfaça cada uma de minhas exigências em matéria de conforto mas, para mim, uma casa não é uma máquina de se viver.

e torna-se difícil conciliar suas unidades de moradia, repetidas infindavelmente no projeto Strandboulevard, e sua proposta de meio de 1918 no sentido de que a produção em massa terá um maior sentido estético nos recintos públicos do que em casas individuais, com a declaração:

> Espero uma cristalização da forma que venha definir o estilo através da normalização dos elementos de construção; a casa produzida em massa, porém, parece apresentar dificuldades excessivas para ser organizada em conjuntos coletivos.

Contudo, ele permitiu que o texto do *Zukünftige Baukunst* ficasse como estava. O texto inicia-se com uma sóbria comemoração da derrota da teoria acadêmica e de Ruskin, e uma reafirmação da estética do repouso de Berlage:

> Vida é luta, mas a arte em sua forma mais elevada é vitória, isto é, consumação.

Segue-se então uma denúncia sobre o estado em que ele havia encontrado a arquitetura, identificando-se sua falha principal como aquilo que os futuristas teriam chamado de *Passatismo*:

> Não somente a arte da construção não está adiante de seu tempo como tampouco o está acompanhando, e age como um peso morto no necessário progresso da vida... não mais almejando incorporar o tipo mais desejável de alojamento na forma mais bela, mas oferecendo a todos um preconceito de beleza que é colocado por ela acima de todas as outras considerações. (...) Daí resulta que os produtos do progresso tecnológico não encontram aplicação imediata nas construções, mas sofrem primeiro um escrutínio por parte dos padrões da estética dominante e se acontecer, como é comum, de serem achados contrário a ela, terão dificuldades em manter contra o peso venerável da profissão arquitetônica.

Ele cita o vidro, o ferro, o concreto armado e os componentes produzidos por máquinas como exemplo, mas admite que arte alguma é mais difícil de ser reformada do que a arquitetura. Contra o caos e o formalismo vazio dessa situação, ele coloca uma visão do milênio abstrato do *de Stijl*:

> Na vida, a conseqüência inevitável impõe-se, não obstante, com férrea inevitabilidade: o Espírito sobrepuja a Natureza.
> A maquinaria suplanta a força animal, a filosofia substitui a fé. A estabilidade dos antigos conceitos de vida é minada, a concordância natural de seus órgãos é destruída. Novos complexos espirituais são forjados e libertam-se dos antigos, naturalistas, firmando um equilíbrio de opostos. (...)
> Somente a arte da construção, que tem o dever de refletir a cultura de sua época, permanece imune a essa crise espiritual.

Aqui, os ecos de Sant'Elia (cf. "novos complexos espirituais são forjados" com *si sono relevati atteggiamenti dello spirito* etc.) estão tão patentes que não é de surpreender o fato de encontrar o Futurismo colocado em primeiro lugar na lista dos movimentos que não ficaram imunes à crise espiritual, devido a sua "reconciliação pictórica de espaço e tempo" (idéia devida a van Doesburg [8]). O outro movimento que não ficou imune foi o Cubismo, onde Oud encontrou

> através da análise da forma natural, o começo de transição entre o natural e o espiritual, do ilustrativo ao criativo, do fechado ao espacial.

e é nessas atividades pictóricas que se deve encontrar a salvação da arquitetura, uma vez que

> o que ela não puder alcançar por seus próprios poderes, pode ser atingido pela força das circunstâncias externas, além das internas.

À inevitável objeção de que a arquitetura, ao contrário das artes livres, refere-se à utilidade tanto quanto

---

8. Em seu *Bauhausbuch* (Munique, 1924, n.º 6), publicado sob o título de *Grundbegriffe der neuen gestaltenden Kunst* e baseado em conferências proferidas bem antes, van Doesburg havia colocado como ilustração um desenho cubo-futurista muito "dinâmico" feito por ele mesmo, a título de reconstrução *raumzeitlich* (espaço-temporal) de um nu.

à beleza, ele opõe o fato de que, em muitos objetos úteis em que

> a estética dominante desempenha um papel cada vez menor na determinação da forma final... o impulso de beleza no homem, não obstante, é tão grande que tais objetos, como que por si mesmos, alcançam uma forma estética elementar acima das considerações puramente técnicas

e os exemplos que cita como justificativa são, como era de se esperar, um coglomerado de admirações futuristas e da Werkbund:

> ... automóveis, navios a vapor, iates, roupas de homens, roupas esporte, equipamento elétrico e sanitário, louças e assim por diante, todos possuem dentro de si mesmos, como expressão mais pura de seu tempo, os elementos de uma nova linguagem da forma estética, e podem ser considerados como o ponto de partida de uma nova arte, através de sua forma contida, ausência de ornamentação e cores simples, da relativa perfeição de seus materiais e pureza de suas proporções — devidas em grande parte aos novos métodos mecânicos de produção.

Tudo isso dá alento a um impulso em direção à abstração também na arquitetura, porém o impulso é negativo e não possui a "tensão" estética de

> auto-realização em um grande complexo, ritmicamente equilibrado, de partes interligadas, opostas mas que influem uma sobre as outras, cada uma das quais sustenta a intenção estética geral, de modo que nada pode ser acrescentado ou subtraído... e qualquer alteração, mesmo a menor, resulta na completa destruição de todo o equilíbrio.

Esse surgimento de Alberti (sem tirar nem pôr) no mesmo parágrafo em que surge Berlage e logo após Sant'Elia encontra paralelo nas citações de Plotino que aparecem em outros textos do *de Stijl* ou nas citações de Platão nos escritos equivalentes em Paris, e sugere que o "Classicismo a-histórico" de Oud significa ali aquilo que idéias semelhantes normalmente significam, ou seja, estética acadêmica sem o detalhamento acadêmico.

Onde falta esse equilíbrio albertiano, observou Oud, a arquitetura de sua época lançou mão da decoração para compensar, apesar de que

> Construir sem ornamentação fornece as maiores possibilidades de pureza na expressão arquitetônica

e

> Toda a decoração é não-essencial, mera compensação externa por uma impotência interna.

Para explicar a desnecessária (em sua opinião) dualidade de estrutura e ornamento, ele recorre a um postulado neoclássico familiar, a saber: a choupana primitiva (que parece estar em íntima relação com a caverna onde Adolf Loos supôs que foi rabiscada a primeira obra de arte)

> Tão logo foi construída a primeira choupana, ela foi decorada, e lançaram-se as bases, que durariam séculos, dos subseqüentes anacronismos... e tomou forma a confusa equação entre Beleza e Decoração

mas agora, com o milênio abstrato às portas,

> ... finalmente é possível uma arquitetura criada por si mesma, à qual as demais artes não mais se aplicam, e, portanto, não mais se subordinam, mas sim trabalham organicamente com ela

e essa arquitetura (que supostamente teria sido do agrado de van der Leck) também teria satisfeito, de uma maneira complicada, a simplicidade ideal admirada por Mondrian, pois

> ... ela não suporta decoração, uma vez que é em si mesma um completo organismo criador de espaço, por meio do qual toda decoração se transforma em individualização e, portanto, limitação do universal, isto é, do espacial.

Esta última sentença traz-nos bem perto da mística interior, inexplicável, do *de Stijl* em geral, bem como da de Oud especificamente: a equação de individualismo, decoração, artesania e limitação (ou fechamento) e sua oposição à equação correspondente de universalismo, abstração, produção por máquina e espacialidade, só tem sentido no que se refere aos três primeiros termos de cada conjunto; o último par de termos, tanto no que diz respeito a sua relação com o resto do conjunto, quanto a sua oposição, não parece seguir a mesma linha, a menos que aquele contraste espacialidade/fechamento deva ser derivado da geometria mística de Schoenmaekers. Seja como for, a implicação de que o espaço é espaço infinito, não o *Raum* fechado de Berlage, foi provavelmente de vital importância para a integração de *de Stijl* na arte abstrata internacional, pois tanto Malevitch quanto Lissitsky também consideravam o espaço dessa maneira.

Neste ponto, a impressão que tem o leitor de que atingiu um daqueles conceitos essenciais que só podem ser discutidos tautologicamente é reforçada pela maneira como Oud repentinamente abandona os assuntos gerais e volta-se para questões mais práticas, como se ele já tivesse ido tão longe quanto podia nesse caminho. Do lado prático, Oud nota primeiro a invasão progressiva de todas as partes da construção pelos métodos mecânicos, apesar dos obstáculos que lhes são opostos e, em particular, o impacto do detalhamento mecânico:

> Contrastando com os detalhes artesanais, isto é, aqueles feitos por meios manuais — de forma, proporção e cor incerta — que elaborar variações sem fim sobre um motivo dominante, constitui o caráter diferenciador do detalhamento mecânico o fato de que, relacionados adquedamente em forma e cor, são perfeitamente similares a todos os outros detalhes do mesmo tipo preparados ao mesmo tempo.

A seguir, ele observa que os novos materiais não terão qualquer efeito revolucionário onde seu uso adequado é prejudicado pelas fórmulas tradicionais:

> Quando surgiu o ferro, surgiram também grandes esperanças de uma nova arquitetura; aquele, porém, passou a um segundo plano, em termos estéticos, em virtude de aplicações inadequadas. (...)
>
> Em razão de sua solidez visível — ao contrário das chapas de vidro que são sólidas apenas ao toque —, supusemos que sua finalidade seria a criação de massas e planos, ao invés de refletirmos que o aspecto característico da construção de ferro é que ele oferece o máximo de força estrutural com o mínimo de material. (...) Seu valor arquitetônico, portanto, encontra-se na criação de vazios, não de sólidos, em contraste com as paredes sólidas e não em continuação a elas.

259

de modo semelhante ao vidro

dividido... em pequenas partes pelas habituais barras das vidraças, opticamente também ele é uma continuação da solidez da parede que cobre as aberturas

e deveria, portanto, ser sempre usado em folhas das maiores dimensões possíveis e com as barras de vidraça mais finas possíveis.

Ele vê possibilidades ainda mais entusiasmantes no uso do concreto armado, o qual evita as limitações impostas ao tijolo pelos seus tamanhos modulares e sua possibilidade de pequenos vãos entre as aberturas.

Além disso, a inadequação de outros materiais quando se trata de aceitar cargas de tração... prejudica a construção de extensos cantiléveres e vãos horizontais. A combinação dos materiais auxiliares necessários, tais como madeira e ferro... com tijolos, é por demais heterogênea, em geral, para levar a soluções satisfatórias nesses casos. Se não for rebocada, não se estabelece nem uma estrita linha limpa na alvenaria, nem um plano homogêneo puro, uma vez que as unidades de tamanho reduzido e a multiplicidade de junções o impedem.

Contra isso, o concreto armado oferece uma coerência homogênea de sustentação e de partes de apoio, extensões horizontais de dimensões consideráveis, e a possibilidade de coordenação de massas e planos puros.

Essa idéia de usar o concreto a fim de criar uma unificação puramente aparente de carga e sustentação demonstra quantos preconceitos se abrigam mesmo no alto sentido prático de uma pessoa como Oud, que deixou o *de Stijl* porque achava que a estética do grupo estava-se tornando excessivamente preciosa. A idéia, entretanto, não é única, nem se restringe à Holanda, pois se encontra o reboque usado liberalmente a fim de criar uma homogeneidade fictícia de concreto e blocos vazados em muitas das habitações feitas por modernistas convictos na Alemanha, e de concreto e cerâmica em várias casas de Le Corbusier.

Em termos gerais, as possibilidades do concreto armado na criação de edifícios em que os andares sucessivos aumentam de extensão à medida que se sobe, e cujas paredes podem ser avançadas ao invés de irem recuando da maneira habitual, fornecem em uma base construtiva, os fundamentos de uma arte de construir de uma aparência opticamente imaterial, quase flutuante.

A seguir ele passa a tratar da cor, último elemento de importância em sua filosofia arquitetônica. Nesse contexto, os materiais artesanais são denunciados por razões inteiramente novas, a saber, porque contêm muitas nuanças e tonalidades por demais atmosféricas (o que, aparentemente, para Oud, tinha laivos de Impressionismo) e, pior ainda, suas tonalidades mudavam com o tempo (no sentido de clima),

de modo que aquilo que originalmente era uma harmonia podia tornar-se discordância em uma semana; discordância que chocaria com maior nitidez ainda se forem empregadas cores puras do que quando se emprega um tom mais neutro — circunstância que provavelmente explica a preferência existente pela tinta verde-escuro contra o cinza-tijolo dominante em nosso país.

E, assim, ele chega às conclusões:

Em suma, segue-se que uma arquitetura baseada racionalmente nas circunstâncias de vida, hoje, seria oposta em todos os sentidos ao tipo de arquitetura que existiu até agora. Sem cair no racionalismo estéril, ela permaneceria, acima de tudo, objetiva; porém, dentro dessa objetividade, experimentaria coisas mais elevadas. Formando o maior contraste com os produtos não-técnicos e descoloridos da inspiração momentânea que conhecemos, a tarefa da arquitetura será a de formar, com plena dedicação a um método quase impessoal de criação técnica, organismos de forma nítida e proporções puras. No lugar das atrações naturais dos materiais sem refinamento, das tonalidades que variam no vidro, da irregularidade dos acabamentos, da palidez da cor, do embaçamento dos brilhos, do desgaste das paredes etc., descortinar-se-iam as estimulantes qualidades dos materiais sofisticados, a limpidez do vidro, o brilho e a redondeza dos acabamentos, as cores lustrosas e brilhantes, os reflexos do aço, e assim por diante.

Assim, o desenvolvimento da arte de construir vai em direção a uma arquitetura mais ligada à matéria do que jamais antes em essência; mas, em aparência, uma arquitetura que se ergue acima das considerações materiais; livre de toda criação impressionista de atmosfera, sob plena luz do dia, trazida à pureza da proporção e da cor, claridade orgânica da forma; uma arquitetura que, em sua libertação do não-essencial, poderia ultrapassar mesmo a pureza clássica.

Essas são palavras de um homem cauteloso, que desenvolveu uma reputação de sensatez, que foi considerado um funcionalista e que, provavelmente, via-se a si mesmo como tal; contudo, tais palavras anunciam o objetivo de substituir um tipo de ilusionismo arquitetônico (a atmosfera impressionista) por outro tipo ainda mais enganoso, no qual o materialismo maior será disfarçado como materialismo diminuído; constituem também um aviso no sentido de que, se a arquitetura da década de 20 for considerada nos termos puramente materialistas em que normalmente é discutida, muito de seu significado ficará perdido. Em parte alguma, dentre as principais figuras da década de 20, pode-se encontrar um funcionalista puro, um arquiteto que planeje inteiramente sem intenções estéticas e, uma vez que tais intenções são admitidas (como normalmente eram, e expressamente), segue-se, bem proximamente, o ilusionismo, particularmente o ilusionismo da imponderabilidade, ou da homogeneidade estrutural.

13. EXPRESSIONISMO: AMSTERDÃ E BERLIM

Seria fácil demais considerar as várias tendências anti-racionalistas do período entre 1914 e 1923 como uma revolta contra a corrente principal de desenvolvimento ou como uma séria "escola" alternativa ao emergente Estilo Internacional. Embora a arquitetura do século XX tenha sido sem dúvida empobrecida em termos formais pelo legado desse modo de projeto, parece que a resoluta equiparação em um só conjunto de soluções formais e estruturais que teve lugar no início da década de 20 foi uma fase necessária de autodisciplina e higiene mental antes que o desenvolvimento pudesse ser retomado. Com efeito, seria melhor considerar a arquitetura da *Wendingen* e do Expressionismo como frutos tardios das atitudes em relação ao projeto que haviam sido parte do corpo principal da arquitetura européia antes de 1914, mas que se tornaram cada vez mais inaceitáveis em virtude dos aspectos formais após 1918. E deve-se enfatizar que, apesar da tentativa de aliança entre Amsterdã e Berlim em 1919, elas constituíram desenvolvimentos separados tanto na origem quanto no caráter.

Uma vez que Amsterdã possui o maior volume de obras, feitas durante mais de uma década, e que foi a instigadora da breve aliança, será tratada em primeiro lugar. O principal representante da escola foi Michel de Klerk (1884-1923), como já foi mencionado, e ele, juntamente com Piet Kramer que é o segundo membro mais brilhante da escola de Amsterdã, executou grande parte dos detalhes e do trabalho interno do Scheepvaartshuis de van de Mey, de 1913. Ali, e no Hillehuis independente de de Klerk feito dois anos antes, pode-se ver um estilo diverso em emergência, estilo que poderia ser considerado como do século XX em tonalidade, irrestritamente eclético em vocabulário, mas do século XIX em sua fraseologia. De fato, o Hillehuis segue certos preceitos estruturais que se reportam ao passado ainda mais na prática das casas de aldeia holandesas, mas o Scheepvaartshuis segue aproximadamente os precedentes estruturais efetivados nos edifícios de escritórios de Berlage de antes do início do século. Contudo, apesar das estruturas de Berlage tenderem a se investir de uma espécie de detalhamento romanesco neutralizado à época em que planejou o Beurs, o detalhamento daquelas duas obras pioneiras da Escola de Amsterdã está longe de ser neutro no tom e lança mão de uma variedade de fontes, incluindo a *Art Nouveau* em geral e Toorop em especial, os entalhes e a pintura expressionista, os exercícios matemáticos de de Groot, o próprio Berlage e também Wright. Como observou J.J.P. Oud, em ocasiões diversas, estes dois últimos devem ser considerados como as influências mais importantes no estilo, e esse fato provavelmente explica a razão do interesse pela estrutura exposta (ou pseudo-estrutura) que perpassa a década de maior atividade da escola, e também a tendência para empregar materiais comuns tais como tijolos, azulejos e madeiras de um modo que demonstra genuína afeição, e modo que Berlage dificilmente teria desaprovado. Assim, no Scheepvaartshuis, permite-se que apareçam modilhões estruturais, feitos de vários pedaços de pedra, apesar, dos entalhes figurativos elaborados, como modilhões entalhados de vários pedaços de pedra. Exemplos desse tipo multiplicam-se na obra da escola, e dão ênfase ao direito que têm de Klerk e seus associados de serem considerados os verdadeiros herdeiros de certos aspectos de Berlage e Wright, tanto quanto J.J.P. Oud e seus associados foram os herdeiros de outros aspectos. Sem dúvida, foi essa herança comum que tornou possível a Jan Wils, por exemplo, passar de um lado para o outro sem cessar de escrever sobre Wright com admiração, e também tornou possível às escolas de Amsterdã e Roterdã fundirem-se, de modo bastante indolor, em um só estilo nacional uma vez morto de Klerk e com van Doesburg fora do país — embora esse processo de fusão fosse indubitavelmente facilitado pela existência, por volta de 1925, de wright-berlagianos independentes como Willem Marinus Dudok, o qual se tornou posteriormente a figura heróica dos modernistas sensatos.

As características principais da Escola de Amsterdã, entretanto, encontram-se na direção da manipulação física do edifício durante a construção, mais do que em decisões intelectuais tomadas de antemão: sua expressão vital está nos detalhes, que freqüentemente são representativos e, portanto, iconográficos em história, mais do que teóricos, e situam-se além dos objetivos do presente estudo. Contudo, tal fato teve uma útil função provocadora nos escritos teóricos de outras pessoas, e não somente serviu como exemplo vivo de licenciosidade individualista que podia ser apontada publicamente como desprezo pelos moralistas do *de Stijl,* mas também chamou a atenção para coisas que de outra forma poderiam ter passado despercebidas na obra de Frank Lloyd Wright, por exemplo. Assim Oud, ao notar o mau uso do exemplo de Wright na Europa, chama a atenção para um aspecto vital de sua obra que passou despercebido dos comentários feitos em todas as partes, e para o qual sua própria atenção foi chamada quase certamente pelo contraste entre a arquitetura de Amsterdã e a de seus associados "Cubistas".

Aquilo que no Cubismo — e não pode ser de outra maneira — é ascetismo puritano, autonegação espiritual, é, em Wright, exuberante plasticididade, superfluidade sensual. Aquilo que surge em Wright a partir da riqueza de vida em um grau de luxo que só poderia enquadrar-se na "vida de rico" americana, retrai-se, na Europa, para uma abstração que deriva de outros ideais e abarca todos os homens e tudo o mais.

Se substituirmos "americana" por "da classe média holandesa", pode-se igualmente substituir Wright por de Klerk, pois um dos aspectos da obra deste, como nas obras de Spaarndam, que tem ofendido os racionalistas desde que foi construído é o ar de semi-luxo que exala, luxo esse que de alguma forma é sentido como inadequado a casas populares. Outro problema referente às casas de Spaarndam é que é difícil fazer com que a acusação favorita de superficialidade se prenda a elas. Praticamente, toda a Escola de Amsterdã era de fato culpada de um "fachadismo" superficial nas obras que fez em torno de Amstellaan [1], para onde os membros da Escola foram chamados simplesmente para colocar frentes em casas já feitas por empreiteiros; no Spaarndam e, em particular, no bloco triangular que dá frente para a Zaanstraat, porém, de Klerk não pode ser responsabilizado pelos crimes cometidos por seus associados em outras partes. Espaços internos e externos, edifícios principais e subsidiários, áreas públicas e particulares são relacionadas e integradas com uma sutileza e compreensão do efeito que não poderiam ter sido igualados na Holanda em 1917, ano de seu planejamento, e que o próprio Oud jamais poderia, provavelmente, ter igualado em qualquer tempo, mesmo que quisesse.

Contudo, o brilhantismo de de Klerk tinha uma natureza algo improvisatória; a Escola de Amsterdã, privada do exemplo constante por ele fornecido, co-

---

1. A explicação das fachadas de Amstellaan, sobre as quais os críticos hostis tanto se apóiam em seus ataques contra a Escola de Amsterdã, é feita por J. P. Mieras em *Wendingen* (Amsterdã, 1923, VI, p. 3).

meçou a declinar a partir do momento de sua morte, porque ele não deixou nem uma tradição de trabalho, nem um corpo de idéias confiadas ao papel. *Wendingen,* a revista de Theo van der Wijdeveld, que era o porta-voz oficial da Escola de Amsterdã, conseguiu não deduzir princípio geral algum de sua obra e é, de fato, um veículo desapontador da teoria arquitetônica. Suas melhores realizações foram seus números especiais e volumes *hors serie,* em homenagem às grandes figuras, incluindo três sobre de Klerk, (como momento após a morte deste), um sobre Berlage, um pequeno sobre Eric Mendelsohn e o número duplo sobre Wright que já foi referido.

Uma leitura geral da *Wendingen,* entretanto, serve de fato para dar ênfase às outras tendências do pensamento arquitetônico que eram correntes na Escola de Amsterdã além de Berlage. Como já foi observado, a equiparação que Jan Wils faz entre Wright e os futuristas apareceu em *Wendingen* [2], e o resto de suas observações merece ser citado porque sublinha um conteúdo futurista no pensamento de Amsterdã, informando e transformando uma consciência social vagamente berlagiana, e um traço de retórica de Loos.

E agora ocorreu que um estranho novo som foi ouvido, o som de massas exultantes, libertadas, cônscias de sua força, rompendo os grilhões do passado, pressentindo a conquista sublime de um novo futuro; o som de grandes máquinas que vibram e de dínamos que zumbem, prontos em sua força gigantesca a levar, através de gerações desmerecedoras, ao bem-estar derradeiro e ao serviço da Humanidade; o som de motores que roncam e de sirenas lamurientas, e tudo que vem com a nova era.

Ali se encontra a força do presente, a nova fonte de poder. Não em formetas contorcidas, nem no medo e no tremor, nem no sentimentalismo nem na pesca rotineira no oceano das velhas formas mas na conveniência na amplitude na vastidão e na limpeza é que deve a nova arte tornar-se a linguagem de hoje.

O complemento visual deste escrito quase-futurista foi o projeto Groote Volkstheater de Wijdeveld. Tal projeto teria modificado todo um quarteirão de Amsterdã de modo tão drástico quanto qualquer coisa que Marinetti pudesse ter feito em Veneza, uma vez

[2]. 1919, VI, p. 16.

62. W. Eibink e Snellebrand. Projeto para uma *villa*, 1920. a liberdade de planejamento entre os membros mais jovens do círculo de *Wendingen* estava bem à frente de qualquer outra coisa em seu tempo na Europa.

63. Eric Mendelsohn. A Torre Einstein, Potsdam, 1919-1921: a construção canônica da arquitetura expressionista. Os amigos holandeses de Mendelsohn nunca a igualaram, e ele mesmo abandonou este estilo logo a seguir.

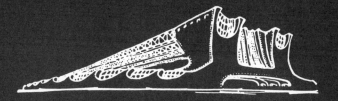

64. Eric Mendelsohn. Projeto para uma fábrica de carrocerias de automóveis, 1914 ou mais tarde: embora normalmente considerado como uma fantasia expressionista, este projeto incorpora importantes idéias estruturais que Mendelsohn exporia muita mais tarde, ao descrever seu conceito de dinamismo.

Eric Mendelsohn. Projetos para um estúdio de cinema, em cima; crematório, abaixo, e entreposto de mercadorias, mais abaixo; do mesmo caderno de notas a que pertence a fábrica de carrocerias.

que teria obliterado a maior parte do Vondelpark, que ficaria parcialmente sob o teatro e suas alas laterais e parcialmente sob uma enorme avenida que começaria perto de Leidseplein e entraria pelo pátio do teatro no ponto em que este cruzava uma extensão do Emmalaan. Seria flanqueado por toda sua extensão de quase um quilômetro por arranha-céus de mais de trinta andares, com planta em forma de barco e com seus eixos principais formando ângulo reto com a avenida. Embora o plano fosse formalmente entusiasmante e de proporções impressionantes, com seus edifícios erguendo-se do coração da Amsterdã de cinco andares, não merece um exame mais minucioso, especialmente no que diz respeito a assuntos técnicos tais como fundações e circulação.

Parece duvidoso que algum membro da escola, mesmo de Klerk, fosse realmente capaz de planejar nessa escala, e a maior parte da energia dos arquitetos de Amsterdã continuou a ser empregada em obras residenciais, quer nos projetos, quer na execução. Excetuando-se os desenhos de de Klerk, aquela obra residencial, especialmente as vilas, possuía um caráter altamente diferenciado — as sociedades de Vorkink Wormser, e Eibink e Snellebrand, sem falar nos independentes tais como Margit Kropholler, produziram um trabalho caracterizado por um ecletismo dos mais eruditos e por um senso de plasticidade literalmente plástico. Dentre os elementos tomados de empréstimo incluíam-se não somente elementos de Poelzig, Mendelsohn, Chiattone e outras fontes que, desde então, têm sido chamadas, com pouca acuidade, de "expressionistas", mas também invólucros figurativos completos — existe uma casa bem conhecida feita por Kropholler e com o formato de uma arca de Noé, e van Doesburg uma vez queixou-se de outra casa (que não foi possível descobrir) com a forma de um bonde. O senso de plasticidade, entretanto, parece não ter antecedentes, exceto, possivelmente, na prática do estúdio de Poelzig, pois seu caráter diferenciador deriva da prática de fazer os primeiros esboços de desenhos em três dimensões e em materiais plásticos macios como gesso e cera de modelagem. Os edifícios que resultam, embora muitas vezes tenham sido planejados compactamente, dão uma impressão de distensão amebiana, com suas plantas curvas e suas paredes de espessuras diversas, e geralmente tinham um telhado feito em camadas maciças de palha, muito adequada a esse tipo de desenho.

Esse modo de planejar encontra-se muito distanciado dos planos e massas puros elogiados por Oud; contudo, o material que Oud imaginou que produzisse tais formas puras foi admirado ao menos por um desses planejadores de vilas amébicas, Eibink, como sendo adequado a seu próprio modo de planejar. É ainda mais notável, tendo-se em vista aquilo que comumente se supõe sobre a superficialidade de Amsterdã em comparação com a estruturalidade do *de Stijl*, que Eibink discuta esse material, — o concreto armado — somente enquanto meio estrutural e não faça como Oud referências a seu caráter visual. Para Eibink, o uso do concreto armado é um meio de libertar a arquitetura do planejamento inorgânico, de somas, de colunas e vigas. Como ele mesmo escreveu na *Wendingen* em 1919:

> Pois o caráter do concreto, isto é, o fato de ser ele moldado em uma única peça, torna-se um elemento de significado muito maior através da armação, uma vez que o concreto armado facilita a reunião de forças de todos os lados e direções, que se equilibram à vontade. Pela mesma razão, o concreto transmuta-se de coisa morta em organismo vivo... não se constrói mais no sentido estrito de juntar ou empilhar elementos.

Entretanto, naquelas vilas foi usado pouco concreto, se é que chegou a ser usado algum, de modo que tanto nos materiais, quanto na plasticidade exterior, elas representam a abordagem do grupo da *Wendingen* que mais se aproxima da obra de Mendelsohn. É instrutiva uma comparação dessas vilas com o Einsteinturm de Mendelsohn, porque essa comparação indica as bases da aliança que foi sugerida e também as diferenças que provocaram seu naufrágio. Em ambos os casos, o exterior é concebido como se o edifício fosse composto por um material plástico macio que houvesse sido manipulado por mão gigantesca; no caso do Einsteinturm e da maioria das vilas, o material, com efeito, é tijolo cortado e recoberto para assemelhar-se ao concreto, embora exista de fato uma sugestão de que o material na realidade é concreto. O planejamento do Einsteinturm, porém, é simétrico e baseado no aparato acadêmico de eixos principais e secundários, enquanto que as vilas são extremamente aformais e assimétricas em planta e representam um dos excessos de "dinamismo" que Mendelsohn não podia aceitar na arquitetura de Amsterdã.

A primeira aproximação a Mendelsohn, em todo caso, partiu de Wijdeveld [3], e não dos planejadores de vilas, e foi inspirada por uma exposição dos esboços feitos por Mendelsohn, na galeria de Paul Cassirer em Berlim, em 1919. Embora o criador destes, então com trinta e dois anos fosse quase desconhecido, os esboços provocaram uma formidável impressão na época, e Wijdeveld convidou Mendelsohn a ir a Amsterdã a fim de fazer conferências para a *Architectura et Amicitia* (organização formal da qual a *Wendingen* era o órgão) e a fim de reunir material para um número especial da revista. O impacto dos esboços não é difícil de entender — embora tivessem raízes na obra de mestres de antes da guerra, como Poelzig e Olbrich, de modo muito semelhante a como a *Wendingen* estava enraizada em Berlage; possuíam um ar de excitação e vivacidade que estava ausente da obra mais plácida de Amsterdã. Parece que essa diferença pode ser atribuída principalmente à diferença de geração — no sentido de que a maioria do grupo da *Wendingen* era um pouco mais velha do que Mendelsohn, e também no sentido, menos imediato mas mais importante, de que a guerra interveio na carreira de Mendelsohn em ponto diferente. Os arquitetos de Amsterdã mantiveram intatas suas ligações com o mundo de antes da guerra e com os mestres anteriores; na Alemanha, porém, a guerra não só havia interrompido a continuidade para todos como também já havia começado quando Mendelsohn tinha vinte e sete anos e acabara de estabelecer-se na prática. Por conseguinte, ele não possuía qualquer corpo substancial de obras próprias feitas antes da guerra que pudesse tomar como referência, e

---

3. A narração dos eventos que levaram ao convite de Wijdeveld é feita por Arnold Whittick em seu livro sobre Mendelsohn, no qual também estão citados os trechos mais interessantes de sua correspondência da época.

suas experiências de guerra tiveram efeito em uma mente ainda não firmada; mente essa que, como a de muitos de seus contemporâneos alemães, estava longe de firmar-se cinco anos após o Armistício, e ele continuaria a se desenvolver depois que a maior parte dos *designers* da *Wendingen* tinha perdido o impulso.

Daí resulta que ele manipula os temas de antes da guerra com um frescor que os da *Wendingen* estavam perdendo e com a vantagem de ter tido quatro anos para revisá-los e reavaliá-los sem ter de comprometer-se com mais do que esboços no papel. Executados entre 1914 e 1917 e depois resumidos em 1919 em uma segunda série que continuou pelo resto da vida de Mendelsohn, tais esboços formam um notável conjunto de obras por quaisquer padrões com que forem avaliados, e somente o primeiro conjunto bastaria para firmar o nome de Mendelsohn como um dos mais notáveis talentos arquitetônicos do século XX. Embora ele mesmo poucas explicações fornecesse sobre os esboços e embora as exegeses críticas feitas posteriormente por outros não tenham sido de grande ajuda, é possível estabelecer aproximadamente suas origens e significados. Um dos mais notáveis, para uma fábrica de carrocerias de automóvel, é também um dos mais fáceis de decifrar. Lendo-se nas entrelinhas das ilustrações de uma conferência que ele proferiu em Berlim em 1919 (e mais tarde em Amsterdã), pode-se identificar as origens dos guindastes rolantes suspensos nas ferrovias suspensas que ele tinha visto, bem como a estrutura terminal em dois pilares pode ser traçada ao portal de exposição de Olbrich em Darmstadt, em 1908. (Olbrich foi um arquiteto por quem ele tinha especial consideração como o líder que poderia ter libertado a *Wiener Sezession* de suas próprias fraquezas.)

Quem quer, porém, que olhe para esse esboço, não pode deixar de ficar impressionado com o modo pelo qual o edifício parece inclinar-se para a frente, ao longo de seu eixo principal. Mendelsohn chamou esse efeito de *dinamismo*, mas a palavra tem conotações mais amplas do que o dinamismo, inerente a certas formas, proposto no Manifesto da Arquitetura Futurista e proposto aparentemente como uma espécie de "excelsior" em alguns dos esboços de Sant'Elia. A definição de Mendelsohn para dinamismo variava, e embora por vezes ele pareça sugerir que é mais do que uma expressão do padrão interno de tensões em um edifício, a maioria de suas definições diretas não chegam na realidade a ir além desse conceito e, no caso da fábrica de carrocerias de automóvel, ele se refere explicitamente apenas à expressão de forças internas.

Este esboço de uma fábrica de carroceria deriva seu dinamismo inteiramente das forças em sua construção de aço. A fileira de pontes de guindaste, indicada como armações em treliça, faz com que as formas se aproximem vigorosamente no nível mais alto, enquanto que, ao mesmo tempo, os blocos dos cantos inclinam-se para a frente. Isto é, as cargas transmitidas pelas pontes móveis são absorvidas pelas estruturas de vigas mestras nas torres dos cantos.

Não constitui a revelação menos importante desse trecho o fato de que ele demonstra lidar com uma estrutura em tensão, conceito que parece ter pouco interesse para os arquitetos mesmo depois da guerra, sem falar então em 1914, quando esse esboço foi feito. Somente na Rússia, depois da Revolução, existiu muito entusiasmo para estruturas desse tipo, e parece que elas estavam bem além da compreensão dos arquitetos holandeses com os quais Mendelsohn entrou em contato através do convite de Wijdeveld. Fossem quais fossem os sentimentos daqueles sobre Mendelsohn, e está claro que este foi bem recebido, está igualmente claro que Mendelsohn tinha graves receios em relação ao que viu. Ao invés de ir em direção à plasticidade dramática do círculo da *Wendingen,* ele reagiu em sentido contrário, em direção a Oud e suas relações em Roterdã, embora estivesse tão longe de aceitar a posição destes quanto estava de aceitar a posição de Amsterdã. Em uma carta dirigida a sua mulher ele optou por uma atitude de meio-termo:

O elemento primário é, por certo, a função, mas função sem sensibilidade permanece mera construção. Mais do que nunca fico com meu programa de conciliação... Roterdã seguirá pelo caminho da pura construção com uma frigidez mortal em suas veias, e Amsterdã será destruída pelo fogo de sua própria dinâmica. Função mais dinâmica é o desafio.

Embora fale de seu programa conciliatório sendo algo que defende e, portanto, já em existên a evidência de seus esboços e de seus edifícios terminados sugere que ele não pode ter existido por muito tempo, pois está claro que a visita à Holanda precedeu uma das principais sublevações em sua maneira de conceber edifícios, maneira essa que emerge por fim, como em sua fábrica de Luckenwalde ou na Casa Sternfeld, completamente despida de suas formas plásticas volumosas, disciplinadas para formas de cantos retos, emergindo em ângulos retos, dispostas principalmente em horizontais e verticais. Esse período de transição chegou a seu término em 1923, quando também foram terminados aqueles dois edifícios, porém já havia começado em 1920 quando os planos para a fábrica de Luckenwalde foram principiados, e tal caráter de transição manifesta-se pelo uso extenso de formas oblíquas e diagonais, colunas afiladas e vigas; formas e estruturas essas às quais ele não iria reverter por quase três décadas, deixando tal fábrica tão única em sua obra da década de 20, quanto é notável pela qualidade de seu desenho.

Contudo, é extremamente difícil encontrar qualquer reflexão direta de todo esse tumulto de idéias em seus poucos escritos publicados, da mesma maneira como ele jamais descreve a si mesmo pelo epíteto que mais comumente é colocado ao lado de seu nome e de sua obra: expressionista. Emprega o termo uma vez, mas de maneira a dizer implicitamente que isso constitui apenas outra posição extremista (como a construtivista) que não pode ser aceita por ele; e ele foi apresentado aos leitores da *Wendingen* como implicitamente expressionista, e é tudo. Por outro lado, deve-se notar que em 1919 ele exprime opiniões que poderiam ser consideradas expressionistas

As excitações íntimas de nosso tempo, o impulso em direção a novos pontos de partida em todos os campos de nossa vida quotidiana, compelem o artista a se apresentar em sua obra e a representar sua própria vontade.

O artista deve, porém, fazê-lo dentro do contexto de sua comunidade:

Cada vez mais, porém, sua personalidade é tomada pela regra de responsabilidade para com a nova comunidade, seu caminho é cada vez mais estritamente traçado à medida que nossas exigências tornam-se maiores

e a arquitetura está mais condicionada por sua responsabilidade para com a comunidade do que outras artes:

> Como sempre, a arquitetura tem o poder de registrar de forma mais visível as exigências formais de uma época, de modo que hoje o resultado dessa batalha (ou seja, contra os estilos do passado) encontra-se nas mãos do povo enquanto um todo.

A introdução de conceitos filosóficos e artístico-históricos dessa ordem não é bem única para a época, uma vez que van Doesburg também emprega idéias como *Zeitgeist* e *Wille zum Stil,* mas é, por certo, pouco usual em escritos arquitetônicos feitos por arquitetos, e é seguido por um trecho igualmente incomum de Semper (ou Berlage) disfarçado:

> Quando as formas se rompem, são substituídas por formas novas, que sempre existiram, mas apenas agora surgem em primeiro plano.

a maioria de seus contemporâneos, entretanto, concordava quanto à ocasião desta redescoberta de formas perdidas:

> Pois as condições especiais da arquitetura, a maneira pela qual o *Zeitgeist* reformula nossos objetivos é significativa: novas tarefas através das exigências de construção modificadas de Transporte, Economia, Religião; novas possibilidades de construção através de novos materiais, vidro, ferro, concreto.

Embora isso seja terreno familiar, suas ilustrações daquilo que constitui uma nova estrutura são pouco familiares, e podem ser resumidas pela seleção que ele fez de uma aeronave (em si mesma, prática pós-futurista comum) de tipo obviamente aviomórfico, o Taube de Rumpler, com sua planta com asas como de pombo, ao invés das formas regulares euclidianas de biplanos preferidas por seus contemporâneos de outras correntes. Também em oposição a estes está a crítica acerba que faz do Pavilhão Stahlwerksverband de

Bruno Taut, de 1913, no sentido de que é helenismo disfarçado e crítica ainda mais aguda a Turbinenfabrik, onde, diz ele, Behrens

recobre a expressividade do saguão com a formalidade de frontões de templo multifacetados, diminui a plenitude plástica dos pilares de canto com ranhuras de juntas horizontais, destorce e contradiz seu conteúdo estático... justapõe rapidamente parte sobre parte, edifício a edifício, enquanto que construção orgânica significa relações indestrutíveis, crescimento coerente e contornos ininterruptos.

Isso faz com que ele muito se distancie dos arquitetos componentes da corrente principal do desenvolvimento alemão, com suas estruturas de adição e sua reverência genérica por Behrens, mas ainda o deixa ao alcance das opiniões de Eibink, acima anotadas. Com a conferência proferida em 1923 na *Architectura et Amicitia,* porém, ele se muda para um mundo próprio, embora tanto o texto quanto as ilustrações demonstrem que ele estava bem informado sobre a obra de seus contemporâneos na França, bem como na Holanda e na Alemanha. A qualidade de suas novas opiniões, que iriam ser as últimas confiadas ao papel por longo tempo, pode ser melhor exemplificada pelo seguinte trecho de quase contínua citação (e, ao lê-lo, o desprezo por suas opiniões sobre a Relatividade deve ser temperado pela reflexão de que, dentre todos os teóricos da estética que mutilam as opiniões de Einstein, somente Mendelsohn conhecia Einstein bem, de primeira mão, como pessoa):

Desde que o reconhecimento de que os dois conceitos até agora mantidos separados pela Ciência — Matéria e energia — são somente condições diferentes da mesma coisa básica, que nada no Universo é destituído de Relatividade em relação ao Cosmos, de vinculação com o todo — desde então os Engenheiros abandonaram a teoria da matéria inerte, e tem-se consagrado ao serviço dedicado da Natureza. Nas condições mais elementares, eles encontram conexões regularmente relacionadas, e sua arrogância anterior cede lugar à participação alegre no precsso criativo. A máquina, até então agente subserviente de exploração acriativa, torna-se o elemento construtivo no novo organismo vivo. Devemos sua existência, de alguma forma, à generosidade de algum agente desconhecido, como se pudesse ser o prazer inventivo de algum gênio da construção; mas, ao mesmo tempo, ele se origina como um necessário produto secundário do progresso, da maneira como é ditado pela necessidade. Sua tarefa real é esta: satisfazer os muitos relacionamentos que mudam entre os números da população e a demanda aumentada, entre a industrialização e o consumo que se eleva, ordenar-se a si mesma e controlar seus próprios efeitos.

Os homens de nosso tempo, graças à excitação de sua vida em alta velocidade, podem apenas encontrar uma compensação em formas horizontais relaxadas. Apenas por meio de um impulso em direção à eficácia poderemos dominar nossa inquietude, somente com a velocidade máxima conquistaremos nossa pressa. Aí então o mundo que gira ficará parado.

É impensável que essa conquista, essa dominação dos elementos naturais seja abandonada.

Mas o problema consiste no seguinte: transformar isso em educação que possa ser ministrada em salas de aula.

A criança aprende a telefonar, e a grande ordem dos números desmorona, as grandes distâncias reduzem-se a uma pequena caminhada.

A Tecnologia é a Habilidade Manual, o Laboratório é a Oficina, o Inventor é o Mestre.

Os ecos de futurismo nas sentenças finais são confirmados pelas ilustrações que as acompanham, porém existe pouco além disso que possa ser relacionado com outras correntes contemporâneas de pensamento arquitetônico, nem mesmo com seus contemporâneos da Escola de Berlim na fase expressionista. Com efeito, não há muito que possa ser relacionado com sua própria prática arquitetônica, embora o relacionamento matéria/energia esteja claramente ligado à explicação do dinamismo já mencionada, que foi extraída da mesma conferência. Em todo caso, a conferência foi proferida no ano em que terminou o período de violenta transição em sua arquitetura e talvez devesse ser tratada simplesmente como uma tentativa de verbalização das idéias plásticas implícitas nos esboços muito violentos daquela fase. Sua obra não pára de se desenvolver, mas embora reapareçam as formas curvas, estas não são mais as suaves curvas orgânicas de suas primeiras obras, porém, sim, segmentos de círculos, que geralmente se manifestam como placas estruturais que se erguem abruptamente. As paredes continuam verticais; as superfícies, duras e brilhantes; ele usa o vidro com tanta prodigalidade quanto

279

seus demais contemporâneos alemães, e torna-se contribuinte de realce do corpo da obra produzida pela Escola de Berlim, destacando-se somente por uma linguagem ligeiramente mais pessoal do que a empregada pela maioria.

Na época em que finalmente afastou-se daquilo que, à falta de um termo melhor, deve ainda ser chamado de Expressionismo [4], em 1923, outros arquitetos de Berlim, tais como Gropius e Mies van der Rohe, também já haviam começado a abandonar o pouco que havia tomado daquele; Hugo Haring, cujos edifícios para a fazenda Garkau constituem uma das obras-primas da fase expressionista, começou a retrair-se para um segundo plano, e somente Hans Scharoun iria manter uma atitude persistentemente irregular em relação ao planejamento. A linha divisória entre as duas épocas é fornecida pelo intervalo de tempo que medeia entre os concursos para os arranha-céus da Friedrichstrasse e do *Tribune* de Chicago, ambos os quais provocaram notável entusiasmo e inventividade entre os arquitetos progressistas da Europa do Norte, inclusive algumas das melhores obras da fase anti-racionalista, de vida breve e em extinção, e obra igualmente boa dos protagonistas da abordagem alternativa, baseada na arte abstrata, construtiva — abordagem que finalmente tornou o Estilo Internacional verdadeiramente internacional.

4. Até agora têm sido evitadas as tentativas de definir o Expressionismo porque o termo sempre foi usado de uma maneira tão vaga que desafiava qualquer definição. As idéias aqui citadas podem ser consideradas como expressionistas somente porque apresentam um conceito normalmente associado com a obra de pintores como Kokoschka e Nolde, e de escultores como Barlach, mas é muito duvidoso que essa idéia de auto-expressão tenha sido amplamente difundida mesmo no caso de artistas tais como aqueles cujo estilo iria tornar-se mais tarde a pedra de toque do Expressionismo. Por vezes e vezes, desde que a palavra foi posta em circulação pela primeira vez em 1911, ela tem sido usada para significar, pura e simplesmente, obra que não está fora de moda, mas que não está conforme às normas progressistas atuais vigentes na época. Praticamente não existe outro sentido em que o termo possa ser aplicado à obra de Poelzig, a qual parece que jamais teve intenções de expressar coisa alguma de pessoal, e acredita-se que Mendelsohn está quase sempre expressando algo sobre a natureza ou o conteúdo do edifício. Uma vez que a expressão da função do edifício é tomada como uma das pedras de toque da abordagem não-expressionista, podemos suspeitar de que estamos vendo aqui, como em tantas polêmicas arquitetônicas do século XX, uma daquelas situações em que uma posição estética é defendida acusando-se a outra parte de abandonar uma posição teórica que, de fato, constitui terreno comum a ambos os lados.

14. DE STIJL: A FASE INTERNACIONAL

Embora seja impossível traçar uma linha rígida entre as fases holandesas e Internacional do *de Stijl* em termos de escritos teóricos ou produções artísticas, a alteração de seus membros entre 1920 e 1922 é de fato muito acentuada e fornece um quadro razoável da transformação que estava ocorrendo. Em princípios de 1922, ven der Leck, van Tonagerloo, van t'Hoff, Wils, Oud e Kok haviam saído, e Huszar estava a ponto de sair, enquanto que Mondrian, estabelecido em Paris desde 1919, não era mais um membro diretamente efetivo, embora não se desligasse definitivamente até 1925. Severini também havia perdido contato, de modo que, dos membros originais, somente o próprio van Doesburg permanecia. Os novos homens que preencheram os vazios eram muitos diferentes daqueles que haviam saído.

Apenas dois deles eram holandeses, dois eram imaginários, um era alemão, um era russo. O par holandês era composto por Gerriti Rietveld (que já era membro desde 1918 mas que somente agora se sobressaía) e Cor van Eesteren, a quem van Doesburg arrolou em Weimar em 1923. Ambos ganharam fama como arquitetos, embora pareça que Rietveld entrou no grupo como fazedor de móveis e van Eesteren, longe de ser Modernista convicto quando se encontrou com van Doesburg, estava a caminho de assumir uma bolsa em Roma. Os dois membros imaginários eram, ambos, pseudopersonas de van Doesburg [1] em seu estado de espírito dadaísta, I. K. Bonset e Aldo Camini, e foi com estas assinaturas que ele fez a maior parte de suas contribuições puramente literárias ao *de Stijl*. O alemão era Hans Richter, antigo Dadaísta que se havia voltado para a abstração independentemente do Movimento Holandês, e o russo era El Lissitsky, apóstolo do Construtivismo da Europa Oriental. A adesão de Lissitsky foi breve, embora importante, e seu lugar foi ocupado por dois outros membros do grupo *G* de Berlim, Frederich Kiesler (o *designer* teatral austríaco), e Werner Graeff, antigo estudante da Bauhaus que esteve mais tarde ligado com a Werkbund. O quarto e mais célebre membro do *G*, Mies van der Rohe, jamais se tornou membro do *de Stijl*, e a atitude de van Doesburg em relação a ele não é clara [2].

---

1. Mesmo "van Doesburg" era um pseudônimo — seu nome real era C. E. M. Kupper.

2. Supõe-se que ele convidou Mies a apresentar material, por volta do princípio da década de 20, para uma exposição em *L'Effort Moderne*, mas nenhuma obra sua apareceu na revista dessa organização (que trazia o mesmo nome). Do que se sabe sobre Léonce Rosenberg, que publicou a revista e dirigiu a galeria, esse fato teria sido uma omissão incrível se ele tivesse conhecimento da obra de Mies — ilustrações de desenhos por Kiesler, por exemplo, começaram a aparecer desde o momento em que se lhe tornaram disponíveis. Também vale a pena notar que nenhum trabalho de Mies apareceu no *de Stijl* até 1928.

Os *backgrounds* e atividades variadas desses novos membros valem a pena ser notados, porque enfatizam o grau em que a segunda fase do *de Stijl* difere da primeira. Não mais constrangido pelas exigências da guerra e das comunicações restritas a fim de *faire école* no palco estreito da arte holandesa, van Doesburg podia exercer seus talentos em escala européia. De 1919 em diante, ele viajou extensamente, de maneira muito semelhante como Marinetti havia feito, visitando a maioria dos centros ativos de arte progressista na Alemanha, bem como Praga, Paris e outras cidades na França. Nesse processo, ele estabeleceu contato com a maioria das figuras dominantes da arte cujas idéias eram de alguma maneira semelhantes às suas, e a revista (cuja distribuição tornou-se cada vez mais internacional) reflete essa nova situação não somente em seu novo formato mas também em uma diversidade de conteúdo cada vez maior. Enquanto que, nos dias de Oud e Mondrian, ela tinha exposto a doutrina bastante coerente discutida no Cap. 12, ela agora abrangia o Dadaísmo, o Futurismo do último período, tendências russas tais como o Construtivismo e o Suprematismo, e as várias tendências parisienses que estavam associadas com a *Effort Moderne* de Léonce Rosenberg, bem como as novas teorias emergentes em Berlim. A revista também publicou trabalhos literários criativos, de tom geralmente dadaísta ou futurista, e nem todos eles assinados Bonset ou Camini, mas fornecido ou citado de fontes externas.

Embora essas várias tendências possam parecer diversas, todas elas tinham um ou mais aspectos em comum com o que o *de Stijl* já havia pensado ou feito e elas ampliavam e desenvolviam a atitude de van Doesburg em relação à arte e à arquitetura, sem causar qualquer rompimento ou perturbação de importância. Assim, dos futuristas, com quem tinha estabelecido contato direto mesmo antes de que a guerra terminasse, ele obteve uma confirmação de sua mecanolatria, e a idéia de uma tipografia libertada, que começa a surgir no *de Stijl* em 1920. Também estabeleceu contato com o grupo *Valori Plastici* e, assim, com de Chirico, talvez a mais surpreendente de suas novas

283

ligações, embora ele discutisse as pinturas de de Chirico em termos de espaço, maquinaria e outros temas que já eram familiares. Por volta de março de 1920, estava em contato com o grupo *Section d'Or* e *L'Effort Moderne* em Paris, cujos interesses no Cubismo, e na maquinaria, e cuja atitude genericamentee intelectual e progressista obviamente lhe apresentariam atrativos, e um elogio do *L'Esprit Nouveau* apareceu no *de Stijl* em fevereiro de 1921. Nos dois meses seguintes, começou a reimprimir os textos daístas, os quais parece que o espantaram por seu extremismo, seu desgosto com a tradição e o passado e, mais possivelmente, por sua atitude positiva, embora perversa, em relação ao Racionalismo. Os filmes de Richter e Eggeling foram noticiados em julho desse mesmo ano — suas qualidades de abstração e "espaço-tempo" obviamente seriam atraentes — enquanto que o número de outubro continha uma reprodução de uma pintura de Fernand Léger, a primeira fotografia de um automóvel a aparecer em suas páginas, poesia quase-futurista por Nicholas Beaudouin, o *Aufruf zur elementarem Kunst* e citações extraídas de um livro do escritor arquitetônico alemão, Adolf Behne. A *joie de vivre* e o ecletismo de longo alcance desse período é bem simbolizado pelos *Valeurs Abstraits* de Aldo Fiozzi, que foi reproduzido em janeiro de 1921 — uma colagem dadaísta tridimensional com um título francês, feita por um ex-futurista italiano, levando a prescrição "científica" alarmante $R/SO_4 + H_2O$. Contudo, o item mais significativo que apareceu, no que se refere a desenvolvimentos futuros, foi o *Aufruf zur elementaren Kunst,* cuja importância será discutida mais adiante.

Esta fase de extensão e exploração na carreira de van Doesburg atinge seu clímax em 1922, ano em que ele publicou sua mais extensa afirmação de objetivos, em que se deparou confrontado pelo problema da Bauhaus, pela personalidade de Lissitsky, com quem ajudou a organizar o Congresso de Düsseldorf sobre Artistas Progressistas e com quem (e outros) assinou o Manifesto de Fundação do Construtivismo Internacional. A afirmação de objetivos é, na boa tradição berlagiana, a reprodução de uma conferência feita em

Berlim, Iena e na Bauhaus de Weimar em fins de 1921, sob o título de *Der Wille zum Stil,* e muito do que ele tinha a dizer sob este cabeçalho igualmente berlagiano não era muito novo. Ele ensaiou temas firmados do *de Stijl* tais como o anátema no Individualismo e Expressionismo, a oposição entre natureza e espírito, as analogias entre desenho mecânico e artístico, mas em um tom de voz novo e um tanto lacônico, de um tipo que havia sido profetizado por Marinetti e, de fato, soa bastante como Marinetti:

> Tudo aquilo que costumávamos designar como Mágica, Espírito, Amor etc., agora será realizado eficientemente. A idéia do Milagroso, com a qual o homem primitivo lidava com tanta liberdade, será agora tornada realidade simplesmente através da corrente elétrica, do controle mecânico da luz e da água, da conquista tecnológica do espaço e do tempo.

Essa nota lacônica atinge sua apoteose em outro documento de 1922, o Manifesto de Fundação da Internacional Construtivista, que contém a seguinte retratação notável:

> Esta Internacional não é o resultado de algum sentimento humanitário, idealista ou político, mas de um princípio amoral e elementar sobre o qual se baseiam a ciência e a tecnologia.

Ao lado desses antigos sentimentos com nova voz, entretanto (embora se suspeite que mesmo os sentimentos possam ter sido chocantes na Bauhaus), *Der Wille zun Stil* introduz com efeito dois novos temas de importância. Um é a Estética da Máquina enquanto tal, o outro é o Elementarismo. Sobre o primeiro, van Doesburg diz:

> Uma vez que é correto dizer que cultura em seu sentido mais amplo significa independência da Natureza, então não nos devemos espantar que a máquina se encontre na linha de frente de nosso estilo cultural desejado. (...) Conseqüentemente, as necessidades espirituais e práticas de nossa época são realizadas com sensibilidade construtiva. As novas possibilidades das máquinas criaram uma expressão estética de nosso tempo, que certa vez chamei de "A Estética Mecânica".

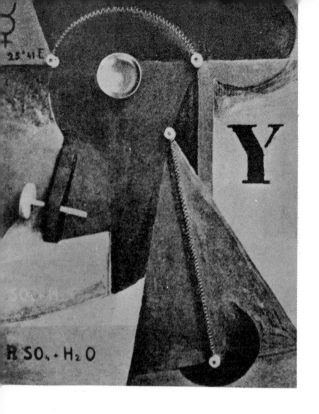

65. Aldo Fiozzi. *Valeurs abstraits*, 1920: esta colagem tridimensional com pretensões cientificistas da autoria de um dadaísta italiano dá uma boa idéia da amplitude dos interesses do *de Stijl* em sua segunda fase.

Uma vez que os exemplos que apresenta são, dentre outros, locomotivas, carros, aeroplanos etc., ele não está fazendo uma contribuição muito nova exceto pelo termo genérico para descrever as qualidades visuais que esses objetos tinham em comum. O termo genérico, porém, parece de fato ser uma inovação, datando de um artigo no *Bouwkundig Weekblad* de 1921, que é a ocasião anterior a que ele faz referência. É provável que os futuristas já estivessem de posse do termo antes disso, embora o Manifesto de Bragaglia sobre o assunto só aparecesse em 1925. Além do mais, uma nota de Enrico Prampolini no *de Stijl* parece dizer implicitamente que, ao menos para ele, a palavra era descoberta do norte, feita na época do Congresso de Düsseldorf, ao qual ele compareceu. O trecho em que tal ocorre merece ser notado, porque também parece dizer implicitamente que os futuristas conscientemente passaram a tocha da estética mecanicista àqueles, ao norte dos Alpes, a quem Prampolini agrupa sob o nome de construtivistas (van Doesburg, Richter, Lissitsky, Eggeling e Moholy-Nagy).

Nós, hoje, — que entoamos hinos e exaltamos os poderes sugestivos da máquina como inspiração e que fixamos nossas sensações e emoções plásticas em obras plásticas pioneiras — vemos os primeiros contornos de uma nova estética da máquina esboçada no horizonte fulgurante... as primeiras expressões plásticas autorizadas por uma cosmogonia mecânica

A conjunção de "a estética mecânica" com "sensibilidade construtiva", e de "uma nova estética da máquina" com uma lista de artistas chamados "construtivistas" é sintomática, senão de outra coisa, de um sentimento crescente, (que mais tarde foi codificado como credo definitivo) de que a arte adequada a uma era mecânica é a arte abstrata russa, chamada, sem rigor, de construtivismo. Da forma como o termo é aplicado à obra e à teoria do ano em exame, o termo confunde, pois é empregado para duas tendências opostas na arte soviética — a abordagem idealista de Gabo e Pevsner, mais tarde chamada de construtivista, mas, àquela época (de modo bastante pervertido, embora como tantos outros credos idealistas) conhecida como

 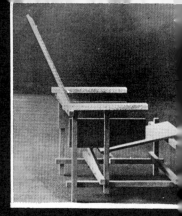

66-67. Vladimir Malevitch. Elementos suprematistas fundamentais, 1914; e Gerrit Thomas Rietveld. Cadeira (primeira versão), 1917. Os interesses centrais do *de Stijl* continuavam a ser os referentes à construção, porém fundidos numa estética Elementarista internacionalista que tinha sido antecipada por Malevitch e Rietveld.

Realista, e a outra abordagem, antiidealista e antiarte, de Lissitsky e seu círculo, à qual Lissitsky provavelmente chamou de construtivista no mesmo ano de 1922. Entretanto, no que se refere às discussões e escritos de 1922, o termo elementarista parece ser muito mais preciso, pois foi usado por muitos dos envolvidos (mas não por Gabo ou Pevsner, que, de qualquer maneira, não estavam envolvidos), e deriva das idéias de Malevitch como muitas das práticas estéticas, e identifica genuinamente o que as várias partes tinham em comum.

Seja qual for o débito inicial da idéia elementarista para com a tradição acadêmica (cf. Cap. 1), parece que a palavra *elementos* estava sendo usada num sentido mais ou menos elementarista, por Malevitch, por volta de 1915, quando ele idealizou suas pinturas suprematistas como sendo compostas por *elementos suprematistas fundamentais* [3] — formas geométricas simples que são as unidades básicas de sua composição. Sob este aspecto, ele pode parecer muito próximo a Guadet; em suas esculturas, porém, e no desenvolvimento da tradição elementarista em geral, um elemento é apenas uma parte estrutural de qualquer volume que realmente marca a composição, e geralmente restringe-se em si mesmo a uma simples forma retangular — nas pinturas elementaristas de van Doesburg, os "elementos" são as áreas de cor ou as molduras em torno delas, mas não as formas coloridas enquanto um todo; e nos exemplos de arquitetura elementarista como a Casa de Rietveld em Utrecht, os elementos são as estruturas do edifício e não, como o seriam com Guadet, seus volumes funcionais.

Parece que a idéia de elementarismo chegou à Alemanha ou diretamente através de Lissitsky, quando este veio de Moscou em 1921, ou de modo mais tortuoso, modo esse que incluía Puni e Moholy-Nagy. É pouco provável que Lissitsky não tivesse conhecido um conceito desses se ele fosse corrente, mas deve-se

---

3. As datas das primeiras pinturas de Malevitch, como as de muitos outros pioneiros da pintura abstrata, tornaram-se extremamente suspeitas graças às atividades de críticos ansiosos em provar que seus próprios escolhidos foram os "primeiros" a produzir arte abstrata. A data aqui mencionada é a última alternativa razoável.

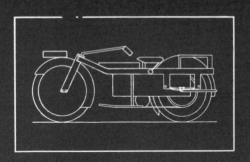

68-69. Giaccomo Matté-Trucco. Pista de testes sobre o teto da fábrica Fiat, Turim, 1920-1923; e Werner Graeff Projeto para uma motocicleta, 1922.

notar que o *Aufruf zur elementaren Kunst* [4] ao qual
já nos referimos, foi assinado por Puni e Moholy-Nagy,
bem como pelos ex-dadaístas Hausman e Arp, e parece constituir o primeiro registro da palavra. Este
Aufruf continha a definição mais sucinta (embora enganosa), de Elementarismo que jamais surgiu:

> A elementaridade é a arte que não filosofa, mas que é
> construída a partir de seus próprios elementos, apenas.

o que não é tanto tautologia, como equiparação que
poderia ser reformulada (dado o necessário conhecimento do *background*) como: Elementarismo é a arte
feita dos elementos de Malevitch menos a filosofia
estética de Malevitch, pois os elementos dos elementaristas não continham, como os dos suprematistas, uma
carga de valores empáticos [5], mas eram simplesmente
unidades de estrutura e divisão de espaço. Essa falta
de nuanças simbólicas combina com a nova maneira
lacônica de van Doesburg, mas provavelmente é derivada dos dois dadaístas existentes entre os elementaristas, ambos os quais haviam sido membros do grupo
Dada de Zurique, com seu notório desprezo pela metafísica e pelos "valores espirituais."

Embora as pinturas de Moholy-Nagy forneçam os
primeiros exemplos conscientes da arte elementarista,
e embora a *Cité dans l'Espace* de Kiesler (que será
discutida mais adiante neste capítulo) seja o exemplo
mais espetacular de *Architecture Elementarisée,* como
ele mesmo a chamava, o exemplo mais notável de uma
estrutura elementarista foi concebido e construído antes
que a palavra existisse — a versão original da cadeira
com braços de Gerrit Rietveld, cuja ilustração apareceu
no *de Stijl* em 1919, mas que parece ter sido desenhada
já em 1917. De modo bastante curioso, os germes
dessa concepção devem ter vindo de Wright, tal como
este foi representado a Rietveld por van t'Hoff. A
forma, uma "cadeira Morris" com um alto respaldar

---

4. Este manifesto elementarista foi reproduzido em *de Stijl,* IV, p. 156.
5. Assim, os desenhos feitos por Malevitch durante os anos da guerra muitas vezes têm títulos como "Sensação de Espaço Universal", "Sensação de Vôo", e assim por diante.

70. Mart Stam. Projeto que participou de uma concorrência para um prédio de escritórios em concreto em Königsberg, 1923: o uso da fachada com reentrâncias de Sant'Elia (cf. Fig. 46) é outra demonstração da persistente influência futurista sobre o grupo *G* de Berlim.

71. El Lissitsky e Mart Stam. Projeto "Wolkenbügel", 1924: edifícios administrativos, com colunas oblíquas passando sobre importantes rodovias, com elevadores de passageiros do lado de fora — um descendente altamente sofisticado das idéias sobre planejamento urbano de Sant'Elia, mas ver também a Fig. 73.

de tábua, é de Wright, bem como o uso de varões simples, cortados a máquina, tais como os que Wright havia avaliado em seus próprios móveis como:

As formas de linhas retas e cortes limpos que as máquinas podem reproduzir muito melhor do que seria possível a mão [6].

A essa origem wrightiana, porém, foi aplicado precisamente aquele tipo de pensamento europeu abstrato que Oud havia identificado como sendo o oposto de Wright. As funções da cadeira foram analisadas, discriminadas, reduzidas a seus "essenciais" — as funções de sentar e envolver são desempenhadas por quatro pranchas (espaldar, assento e dois lados) que estão visualmente separados uns dos outros, das duas pranchas (braços) que servem para sustentar os braços do ocupante, e do entrelaçado de varões simples que desempenha as funções de sustentação e mantém os vários elementos em suas corretas posições relativas no espaço.

A locução "posições no espaço" é usada propositalmente aqui — o comentário imediato sobre essa cadeira nas páginas do *de Stijl* tem dois temas: a condição inviolada e imutilada de cada membro estrutural, nenhum dos quais é encaixado ou embutido por outro, e a espacialidade da estrutura total. O próprio Rietveld insiste em que

acima de tudo, o todo coloca-se livre e solto no espaço

e van Doesburg vai mais além: tendo aclamado essa espécie de móvel como "a escultura real-abstrata de nosso interior futuro", dedicou a ela, no volume III do *de Stijl*, um curioso poema em que as qualidades mecanicistas e espaciais daquela são contrastadas com aquelas de uma pintura de de Chirico

Na *Solidão* de de Chirico.
Em primeiro plano homem matemático — dominador do espaço, dominado pelo espaço
Com cada plano, ângulo e ponto em torno ou perto dele uma medida espacial *simbolizada*
ANATOMIA DO ESPAÇO

6. Cf. novamente *In the Cause of Architecture*.

72-73. Wesnin Brothers. Projeto para os escritórios do *Pravda* de Leningrado, 1923, e El Lissitsky, projeto "Wolkenbügel", 1924. O edifício Pravda foi considerado por Lissitsky como uma construção canônica do Construtivismo, e tal como sua própria versão do "Wolkenbügel" tinha uma estrutura vertical e retilínea.

74. Laboratório Psicotécnico de Ladowski, modelo de estudo para um aeroporto, 1923: extensão da idéia do objeto abstrato *Proun* de Lissitsky para um planejamento em larga escala.

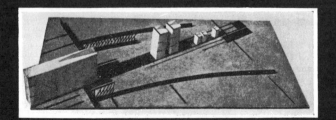

e em contraste com homem matemático colhidas nessa teia
de espaço um sóbrio espaço aberto à mão com uma fábrica
e um tubo em ângulo reto cadeira de Rietveld: efeito invo-
luntário mas inexorável no espaço vazio
e em contraste:

> FUNÇÃO
> SENTAR
> CADEIRA

necessidade material contra criação abundante, contínua e
vasta de espaço aberto.

> CADEIRA
> Eloqüência silente de uma máquina

ou, em outras palavras, a cadeira é, e afeta, aquilo que
a pintura pode só representar ou simbolizar, uma estrutura funcional no espaço tridimencional. Está claro
que, neste contexto, o conceito de espaço é considera-
velmente mais do que um vazio contendo objetos e
parece aproximar-se mais de uma grade tridimensional — algo mais do que o contínuo discutido no
Cap. 4, no sentido de que parece conter uma estrutura regular, mensurável, imaginária, idéia que pode
ter sido posta em circulação no *de Stijl* pelo futurista
Azari na nota que escreveu sobre o Teatro Aéreo Futurista, que descreve as aeronaves

> subindo em torno de uma escadaria invisível em espiral...
> ginastas nos trapézios invisíveis da atmosfera

e claramente implica alguma forma de estrutura no espaço, nem que sejam somente as coordenadas de um
gráfico tridimensional. Algo semelhante está implícito na geometria universal de horizontais e verticais que
Mondrian tomou de Schoenmaekers, enquanto que o
conceito-chave da opinião de Mondrian sobre o espaço
(como foi exprimido em seu ensaio *Le Néoplasticisme*)
do retângulo como forma

> ... em que linhas se cruzam ou se tocam tangencial-
> mente, *mas que não cessam de continuar* (grifo dele)

recebe substância visível pelos elementos estruturais da
cadeira de Rietveld, onde as linhas, incorporadas como
os varões da estrutura, de fato formam retângulos ao
se tocarem tangencialmente e continuam por uma dis-

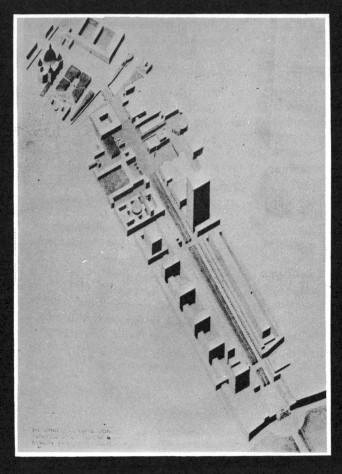

75. Cor van Eesteren (com Theo van Doesburg). Projeto vencedor para a reconstrução do Unter den Linden, Berlim; 1925: uma recombinação das idéias do Elementarismo com a disciplina acadêmica da composição Elementar. O resultado, sob vários aspectos, antecipa o método de agrupar amplos blocos, que surgiu na década de 50.

tância arbitrária para mais além do ponto de interseção. O espaço na arte elementarista, com efeito, é contínuo e aberto, e a obra de arte é uma estrutura que torna manifesta sua retangularidade ao dar corpo a suas linhas de grade e aos planos e volumes entre estes; e isto ainda é verdade quando a grade, como em algumas das pinturas de van Doesburg da metade da década de 20, foi deslocada da vertical.

Embora tais conceitos fossem postos em uso muito eficaz pela Bauhaus, mais tarde, na mesma década, eles parecem ter sido desconhecidos lá, na época em que van Doesburg teve o primeiro contato com eles — encontro que, por diversas razões, constitui um desapontamento perceptível para ele. Os fatos da questão foram obscurecidos eficazmente por uma versão altamente circunstancial dos eventos, feita por sua viúva, segundo a qual Gropius e van Doesburg encontraram-se na casa de Bruno Taut, em 1919, e lá Gropius ofereceu a van Doesburg um lugar de professor na Bauhaus. Quando este chegou em Weimar para assumir o posto (somente em 1921, por algum motivo inexplicado), a colocação foi-lhe negada por Gropius. Essa versão é negada pelo outro lado, e considerada como sendo pouco provável por aqueles que conheciam os dois homens; a verdade, contudo, é difícil de ser atingida, e as oscilações da atitude de van Doesburg não são fáceis de explicar. É verdade, entretanto, que seus primeiros ataques só começam depois que havia visitado Weimar, no número de maio de 1922 da *de Stijl*. Por outro lado, os ataques consistem no tipo de observações que um *Stijlkunstenaar* antiexpressionista convicto poderia ter feito sem ter sido contrariado pela administração da Bauhaus — confrontado pela pedagogia freudiana de Itten, pela *Vorkurs* e sua preocupação com materiais naturais, e lembrando a casa Sommerfeld recém-completada nos arredores de Berlim, seria preciso mais um pouco para provocar o magnífico ataque de van Doesburg:

> Da mesma maneira como a igreja é uma paródia do Cristianismo, a Bauhaus de Gropius em Weimar é uma paródia da nova criatividade... não somente ali, mas em todas as partes (por exemplo, a bobagem artística antroposó-

76. Frederick Kiesler. *Cité dans l'espace* (versão mostrada no Pavilhão Austríaco, Exposição de Artes Decorativas), Paris, 1925: descrito por seu autor como *arquitetura elementarizada*, representa a mais ampla exploração das idéias elementaristas sobre o espaço.

fica de Dornach), a nova expressão artística degenera em uma espécie de ultrabarroco [7].

Contudo, ele tinha motivos para ser amigável em relação à Bauhaus: tinha um amigo, Lyonel Feininger, estabelecido lá há muito tempo, um antigo objeto de admiração e um novo conhecido — Kandinsky e Moholy-Nagy — juntaram-se ambos ao quadro de funcionários nesse período, e o programa da escola sempre havia sido tão antiindividualista quanto o seu próprio. Ele havia recebido bem a fundação da Bauhaus em 1919 e, em 1924, depois de ter deixado Weimar e mudado para Paris, falou a favor da escola e contra seus opositores. Merece também ser notado o fato de que apenas em uma oportunidade surgiu uma nota hostil à Bauhaus na *de Stijl,* e não acima da assinatura de van Doesburg, e o fato de que, excetuando-se essas duas vezes, a hostilidade parece ter sido grandemente retrospectiva, se não realmente póstuma. Possivelmente, ele havia esperado galvanizar tanto os funcionários quanto os estudantes por meio de sua conferência, apenas para descobrir que, para o corpo discente, ele era apenas outro excêntrico visitante [8] e, assim, desenvolveu um sentimento de desapontamento pela falta de resultados, sentimento que havia crescido até o ressentimento à época em que ele tentou reescrever a história da arte moderna, em 1927, bem como a história da influência universal e exclusiva do *de Stijl* [9]. Van Doesburg foi, quase com toda certeza, o primeiro dos abstracionistas a ajudar a alterar o panorama da Bauhaus, mas foi somente o primeiro a ajudar sendo que o crédito real pela alteração deve ser dado a Moholy-Nagy (em relação ao qual, consta-se, ele tinha inveja).

7. *De Stijl,* V, coluna 71 (depois que a revista mudou para um formato de páginas largas, o tipo continuou a ser composto na largura anterior, com duas colunas por página, sendo cada coluna numerada separadamente).

8. Sobre excêntricos visitantes da Bauhaus, inclusive van Doesburg, com uma data alternativa de sua conferência, ver o artigo "Bauhaus First Phase", de Helmut von Erffa, em *Architectural Review* (Londres, agosto de 1957).

9. Esse desempenho extraordinário, que van Doesburg parece ter tido em mente, previamente apareceu no número de aniversário de 1927, que era, é claro, o décimo, não o vigésimo primeiro aniversário da *de Stijl.*

77. Gerrit Thomas Rietveld. Casa Schroeder, Utrecht, 1925: a única grande estrutura permanente a emergir do período de maior atividade elementarista: as sacadas e a estrutura do teto projetam-se sobre o espaço circundante de um modo espetacular, mas ordenadamente elementarista.

Em todo caso, sua briga com a Bauhaus versou menos sobre o fato de que esta aspirava excessivamente a ser artística (como parecem ter pensado alguns de seus colegas mais jovens) do que sobre o fato de que ela havia optado pelo tipo errado de arte. Uma total rejeição da "arte", nesse contexto, é geralmente atribuída ao grupo *G*, mas embora as opiniões deste grupo sobre o tema fossem duras, elas iam desde um núcleo de rejeição até atitudes menos absolutas, e mesmo o determinismo de seus antiartistas mais determinados tinha qualificações. O núcleo é representado por Mies van der Rohe, tomando uma posição sobre algo muito semelhante ao Racionalismo do século XIX (ver Cap. 19) e declarando:

> Rejeitamos toda especulação estética, toda doutrina, **todo** formalismo.

Entretanto, os *slogans* e parágrafos polêmicos, que salpicam as páginas tamanho jornal de *G*, fornecem uma impressão mais liberal, embora igualmente enfática. Permitia-se uma criatividade artística geral, embora as "artes" separadamente fossem desprezadas.

> A oposição entre a nova criatividade (na arte) e a arte antiga, restrita, é de suma importância. Não pretendemos superar essa diferença mas, sim, aprofundá-la.

E isso é, claramente, uma mera colocação em novas palavras do contraste normal feito pelo *de Stijl* entre a antiga arte e a nova.

De modo semelhante, a interpretação do determinismo mecânico tem de ser suficientemente ampla a fim de incluir algo quase místico. Werner Graeff, (cuja reputação é a de ter a mente mais vigorosa do grupo) que supostamente abandonou a Bauhaus desgostado com ela, pode ser encontrado fazendo a seguinte afirmação:

> Não influenciada pelos métodos da tecnologia mecânica, a nova e maior tecnologia começa — a tecnologia de tensões, movimentos invisíveis, ação à distância, e velocidades inimagináveis agora em 1922.

Isso parece uma reformulação do Futurismo, e deve-se notar que, no mesmo número de *G*, um exten-

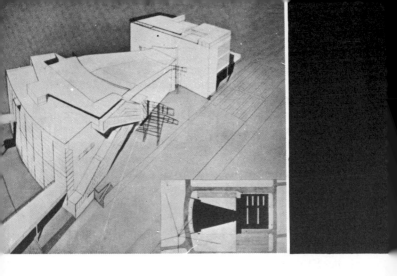

78. Marcel Breuer. Projeto para um teatro em Kharkov, 1930: esquemas da Bauhaus de fins da década de 20, como este, demonstram a superação da influência elementarista holandesa pela dos construtivistas russos.

79. Mart Stam. Cadeira em tubos de aço e tecido em forma de faixas, 1926; e Marcel Breuer, Cadeira em tubos de aço com espaldar e assento em vime: foi novamente sob a influência russa que Mart Stam produziu o projeto que libertou as cadeiras do impasse elementarista de Rietveld, tornando possível o tipo Breuer que se tornou um "clássico do século XX".

so e entusiasta artigo sobre o *Ingenieurbauten* de Lindner e Steinmetz (cf. Cap. 5) tem de ceder o primeiro lugar a fotos (as primeiras de muitas que apareceram em muitas publicações diversas por toda a Europa) da fábrica Fiat, em Turim, de Giacomo Matte-Trucco, com sua pista de teste para carros no telhado, o edifício mais futurista que jamais foi construído. É claro que as opiniões de *G* tinham várias origens [10], mas há nelas um tema constante: criatividade elementar, meio elementar de criação, elementarismo esse que havia sido trazido a Berlim por Lissitsky.

Nascido em 1890, Lissitsky foi um dos grandes "homens de idéias" do Movimento Moderno. Pode ser que ele tivesse pouca coisa de original a contribuir, mas seu impacto, como principal agente que chamou a atenção dos arquitetos da Europa Ocidental para os desenvolvimentos russos, foi de grande importância. Não só ele trouxe idéias novas de origem cubo-futurista a mentes que já estavam preparadas para recebê-las graças a outros desenvolvimentos similares, como também gozou da mesma espécie de prestígio obtida por um Ehrenburg, um Maiakóvski, um Prokofiev, como espécie de embaixador itinerante da nova cultura soviética que, àquela época, pareceu a muitos quase como Futurismo transformado em fato. E mais, ele era dotado de uma personalidade extremamente persuasiva, embora bastante não-espetacular, e, ao menos na Europa Ocidental, deu muito mais do que recebeu — por exemplo, não existe qualquer influência perceptível da *de Stijl* nele, mas sua influência inclusive sobre van Doesburg é deixada patente pelo fato de que, em 1922, quase um número inteiro foi dedicado a suas idéias e outro número foi feito inteiramente com reproduções de seu trabalho gráfico.

Tanto escritos quanto desenhos, eram dedicados ao conceito de *Proun*, que constitui, sob muitos aspectos, sua contribuição mais característica ao fundo comum de idéias abstracionistas. *Proun* é simplesmente a palavra em russo para designar "objeto" mas,

---

10. *G1* era mais produtiva em *slogans* e idéias; *G2*, em ilustrações de obras e projetos executados pelos membros do grupo.

nas mãos de Lissitsky, ela assume uma série de significados colaterais especiais, tal como a palavra *abstrato* quando empregada por Mondrian. *Proun* ocupa [11] um lugar específico na história do *design* criativo:

... a parada no caminho do desenvolvimento da nova criatividade, semeada no solo adubado pelo cadáver da pintura e seus artistas.

Mesmo a pintura pura é classificada entre os mortos:

... embora aqui o artista começasse sua própria transformação — de imitador de objetos a criador de um novo mundo de objetos

sendo que isso é uma rejeição da "não-objetividade" de Malevitch, ao qual sob outros aspectos ele devia algo. Nesse novo mundo de objetos, *Proun* iria ser o objeto seminal:

Proun começa no plano, passa à construção de modelos tridimensionais e, além, à construção de todo objeto de nossa vida quotidiana.

Assim, *Proun* supera a pintura e seus artistas por um lado, a máquina e seus engenheiros pelo outro; dedica-se à construção do espaço, organiza as dimensões deste por meio de seus elementos, e cria uma nova imagem, multifacetada mas unificada, de nossa natureza.

Proun, com efeito, é uma espécie de protótipo estético de algo muito semelhante a um gigantesco *Gesamtkunstwerk* berlagiano, completo com sua própria versão de *Eenheid in Veelheid*. A ênfase dada à manipulação do espaço enquanto função primária do *Proun* constitui talvez a coisa mais nova, além da intenção de hegemonia sobre a tecnologia, no programa de *Proun;* a abordagem real à consideração do espaço, entretanto (se se pode julgar pelo que Lissitsky escreveu mais tarde sobre o "laboratório psicotécnico" dirigido por seu associado Ladowsky) foi forjada dentro da moldura bastante Acadêmica de "Massa, espaço, plano, proporção, ritmo".

11. Essas citações são da versão de *Proun* que apareceu em *de Stijl*, V, coluna 82.

Alguns outros aspectos do *Proun* parecem contradizer-se; assim, Lissitsky, em um lugar, condena

... As estreitas, limitadas, isoladas e desmembradas disciplinas da Ciência

contudo parece ser capaz de aceitar, em outro lugar, no mesmo documento, um racionalismo quase choysiesco:

> O material transforma-se em forma através da construção. As exigências contemporâneas e a economia de meios são necessárias umas às outras
> ...
> *Proun* é formação criativa (dominação do espaço) por meio de construção econômica com material reavaliado.

Esta última proposição, contudo, ao ser melhor examinada, constitui-se na mais importante, pois é um dos princípios da idéia de que as disciplinas formais do Movimento Moderno são de alguma maneira produto de uma filosofia semelhante ao racionalismo do século XIX. Quer tenham ou não sido produzidas com esse objetivo não interessa no momento; a arte e os escritos de Lissitsky, porém, foram provavelmente os primeiros em reuni-las. Quanto ao próprio Lissitsky, essa abordagem racionalista era o que ele iria chamar mais tarde de "construtivismo" e que, sob esse nome, iria tornar-se mais ou menos o credo oficial da arquitetura soviética na década de 20 (embora suas idéias tenham sido suprimidas na pintura em 1921). A estrutura construtivista pioneira era, para ele, o edifício Leningrad-Pravda projetado pelos irmãos A. e W. Wesnin em 1923:

> O edifício é característico de uma época sedenta de vidro, ferro e concreto. Todos os acessórios que uma rua metropolitana impõe a um edifício — ilustrações, publicidade, relógio, alto-falantes, mesmo os elevadores internos — estão planejados, no projeto, como partes igualmente importantes e são formadas em uma unidade. Essa é a estética do construtivismo[12].

A descrição sugere, e os desenhos confirmam, que essa é uma concepção futurista, sujeita à ordem

12. Do livro *Russland* de Lissitsky (Viena, 1930, p. 13).

que Oud teria chamado de "Classicismo a-histórico", com planta quase quadrada e volume quase que puro prisma, com estrutura bastante diagramática de pilares e vigas, sobre a qual estão colocados todos os "acessórios" obrigatórios, inclusive os elevadores, como se fossem elementos independentes, no sentido empregado por Guadet, de elemento como corporificação de uma função, não no sentido elementarista de elemento como unidade atômica de estrutura ou divisão de espaço. Em Wesnin e em Lissitsky, bem como em Oud ou em Le Corbusier, pode-se ver a reabsorção de novos conceitos pelas disciplinas tradicionais que tornaram possível a criação da arquitetura, mesmo a custo de contradições teóricas.

Entretanto, antes que isso pudesse ser feito, as novas idéias tinham de tornar-se familiares e universais, e talvez o resultado mais importante de 1922 e dos encontros levados a efeito nesse ano entre van Doesburg e Lissitsky foi, por essa razão, o Congresso de Artistas Progressistas em Düsseldorf. Embora este Congresso, a julgar pelos relatos feitos sobre ele, fosse pouco mais do que uma reunião fraternal de espíritos aparentados e de uma certa quantidade de discussão mais ou menos ordenada, suas conseqüências para as artes do projeto foram muito maiores do que as dos congressos muito mais difundidos de 1921 (Paris e Weimar, ambos dominados por dadaístas). Esse fato deveu-se principalmente a seu caráter genuinamente internacional, pois reuniu, além do *de Stijl* e do grupo *G*, aos quais coube a iniciativa de realizá-lo, os futuristas da Itália, *L'Effort Moderne* de Paris, o grupo *MA* de exilados húngaros, os associados da *Sept Arts* de Victor Bourgeois em Bruxelas, vários dadaístas e outros independentes. Assim, ele abrangeu abstracionistas progressistas da França, Bélgica, Holanda, Suíça, Alemanha e Rússia, e também estabeleceu linhas de comunicação com a Áustria, a Hungria e a Europa Oriental. O congresso criou uma consciência internacional de um Movimento Arquitetônico-Abstracionista de dimensões continentais, tornou o Movimento cônscio de si mesmo e, por conseguinte, tornou seus membros e grupos cônscios uns dos outros, de modo que questões de primazia e influência tornam-se quase insolúveis de 1922 em diante — julgando-se pelo *de Stijl* e *L'Effort Moderne,* por exemplo, qualquer coisa de novo poderia aparecer tanto em uma revista quanto na outra, e as idéias tornavam-se propriedade comum no momento em que eram impressas e que as revistas eram enviadas.

O novo estado de coisas foi reconhecido formalmente, por assim dizer, pela formação de uma Internacional Construtivista, a cujo Manifesto de Fundação já foram feitas referências, e cujos signatários eram os próprios van Doesburg e Lissitsky, e mais Hans Richter e Max Burchardt (Alemanha) e Karel Maes (Bélgica). Enquanto corpo operacional, essa internacional foi somente um gesto e logo evaporou-se — parcialmente porque não era realmente necessária em uma época em que as comunicações fossem bastante boas a fim de manter em contato os vários abstracionistas, e parcialmente porque seus impulsionadores deixaram a Alemanha, em 1923, e perderam o contato pessoal mútuo. Lissitsky, seguido logo depois por seu *protégé* Mart Stam, transferiu-se para Zurique (devido a sua saúde: era tuberculoso), onde logo fundou uma nova revista, *ABC,* modelada segundo a *G* de breve existência; e van Doesburg, juntamente com sua mulher e o recém-descoberto discípulo Cor van Eesteren, mudou-se para Paris graças ao convite, diz-se, de Léonce Rosenberg. Suas atividades posteriores tornam-se cada vez mais envolvidas com Paris e o mundo artístico parisiense, embora ele e van Eesteren obtenham um grande *coup* quando este último ganhou o concurso para o replanejamento de Unter den Linden, com um esquema que é uma engenhosa recombinação de idéias originadas do treinamento acadêmico de van Eesteren, da escultura *de Stijl*, e de alguns dos projetos executados no "laboratório psicotécnico" de Ladowski em Moscou, mas publicadas posteriormente em *ABC*.

Nessa mesma época, existiu ainda uma outra onda de recrutamento para o *de Stijl* que incluiu personalidades tão díspares quanto o compositor

Antheil e o escultor Constantin Brancusi — ao que parece, tendo este último sido aceito para substituir Mondrian, que saíra em 1925, como figura de proa honorária do movimento. Antes de estes acontecimentos terem lugar, entretanto, van Doesburg, van Eesteren e Rietveld publicaram um novo Manifesto, *Vers une Construction Collective* [13], que revela em sua primeira palavra do título o impacto imediato de Paris. É um documento curioso por seu ecletismo, suas pretensões (que não passam disso) de objetividade científica, porém é importante por reunir uma série de idéias que iriam permanecer em voga, por associação, por algum tempo:

1. Trabalhando coletivamente, examinamos a arquitetura como uma unidade criada por todas as artes, indústria, tecnologia etc., e achamos que as conseqüências fornecem um novo estilo
2. Examinamos as Leis do Espaço e suas infinitas variações (isto é, o contraste de espaços, suas dissonâncias, seus complementos etc.) e achamos que essas variações podem ser reguladas para uma unidade equilibrada
3. Examinamos as Leis da Cor no espaço e continuidade, e achamos que um relacionamento equilibrado de tais elementos fornecerá finalmente uma nova e positiva unidade
4. Examinamos as relações entre Espaço e Tempo, e achamos que a manifestação desses dois elementos através da cor fornece uma nova dimensão
5. Examinamos os relacionamentos recíprocos de medida, proporção, espaço, tempo e materiais e achamos o método definitivo para construí-los em uma unidade
6. Retiramos, pela destruição do invólucro — paredes, etc. —, a dualidade interior/exterior
7. Fixamos o verdadeiro lugar da cor na arquitetura, e declaramos que a pintura sem construção arquitetônica (isto é, a pintura de cavalete) não tem mais razão de existir
8. A era de destruição está completamente terminada; começa uma nova era: a de *Construção*.

O efeito encantatório das repetições e repetições parciais das passagens medianas deste documento não pode disfarçar o fato de que a falta de qualquer coisa de novo a dizer foi compensada por se dizerem coisas

---

13. Isto apareceu em *de Stijl*, VI, colunas 91 e 92, sob o título '— □ + = R_4', e em novembro do mesmo ano (1924) em *L'Effort Moderne*, sob seu título normal, *Vers une Construction Collective*.

já ditas antes por outros, mesmo em tempos tão anteriores quanto o de Georges Seurat, cujas leis de harmonia de cores foram reescritas superficialmente a fim de resultarem nessas "Leis do Espaço". De modo semelhante, não há nada de muito novo no outro dos principais documentos de van Doesburg da época, o "manifesto" *Tot een Beeldende Architectuur* de 1924. Contudo, uma ou duas das proposições numeradas valem a pena ser citadas, pela maneira como elas cristalizam certas idéias que estavam em voga nos círculos elementaristas. Assim, existe a proposição de tons lissitskianos

4. A nova arquitetura é funcional; isto é, desenvolve-se a partir de uma exposição acurada de exigências práticas, as quais são estabelecidas em um plano compreensivo.

— mas lissitskianas com a ressalva de que também podem dever muito a Paris, tanto no sentido da palavra *functionel* (provavelmente pela primeira vez, com esse sentido, em uma língua do Norte europeu), quanto na ênfase dada ao plano. Em uma proposição posterior, existe também uma tentativa de formular a estética existente por trás dos planos que se estendem, que invadem o espaço, e das elevações rompidas por balcões dos edifícios elementaristas:

11. A nova arquitetura é anticúbica; isto é, ela não procura fixar as várias células espaciais funcionais juntas dentro de um cubo fechado, mas lança as células especiais funcionais... para longe do centro do cubo, em direção ao exterior, pelo que a altura, a largura, a profundidade + tempo tendem em direção a uma expressão plástica inteiramente nova no espaço aberto.

De Stijl, enquanto influência geradora, estava praticamente terminada em 1924-25; contudo, algumas das obras de arte mais indicativas, geradas por essa influência, foram produzidas nesses dois anos. A Casa Schröder de Rietveld, em Utrecht, foi e continua sendo a única estrutura elementarista construída sob forma permanente. Ela deve muito aos projetos de fábricas feitas por Oud em 1919, e o jogo de espaços e planos no exterior tem uma relação muito tênue com o interior; a arrojada exibição de placas horizontais e verticais, colunas e corrimãos de ferro, esquadrias de janelas, beirais, e outros "elementos adequados" ao exterior, entretanto, de fato formam uma espécie de estrutura elementarista habitável, na escala humana. Ao mesmo tempo, Riesler, que se juntou ao *de Stijl* em 1923 quando Lissitsky saiu, estava elaborando uma estética espacial completamente aberta sobre uma grade retangular, que foi vista farta e adequadamente pelo mundo em geral na exposição de Paris de 1925, quando ela ocupou uma grande parte do Pavilhão austríaco sob o nome de *La Cité dans l'Espace*. Era uma construção suspensa de varões e planos de madeira, formando e ocupando as retangularidades de uma grade espacial, segundo a maneira normal elementarista; porém, a julgar das notas de Kiesler sobre o assunto, publicadas em *de Stijl*, VII, ela também possuía algumas das propriedades do *Proun*:

Um sistema de tensão no espaço livre
Uma mudança de espaço para urbanismo
Nenhuma base, nenhuma parede
Desvinculação da terra, supressão do eixo estático
Ao criar novas possibilidades para viver, ele cria uma nova sociedade.

Ao criar essa estrutura-espaço, ele havia atingido o final das possibilidades de uma estética, como Malevitch havia feito em 1918 com seu *Branco sobre Branco*, e as estruturas subseqüentes feitas para exposições atingiram uma posição extremista similar a *La Cité dans l'Espace*, sem conseguirem ir mais além. Ela representa a derradeira condição das idéias do *de Stijl* e do Elementarismo, e o caminho do progresso encontrava-se em desviar-se delas, ou em substituir sua abordagem meramente analítica por uma abordagem sintética.

Este processo foi empreendido por Mart Stan, que libertou o projeto de cadeiras do semelhante impasse elementarista ao qual havia levado Rietveld em 1919. Tanto Marcel Breuer quanto Le Corbusier produziram cadeiras que eram, em termos de sua concepção global, a cadeira de Rietveld reformulada em tecido e aço. O tecido substituiu as pranchas do assento e dos braços, tubos de aço substituíram os varões de madeira da estrutura de sustentação, e, embora fossem necessários tubos nos lados a fim de manter o tecido com forma e sob tensão, os encostos e assentos eram claramente concebidos como bem separados das partes de sustentação, como haviam sido no modelo original de Rietveld. Ambas as cadeiras eram também cadeiras com braços; e o ponto em que Mart Stam deu um passo no caminho do desenvolvimento foi ao empreender o projeto de uma cadeira de espaldar reto. Nela, o encosto e o assento podiam ser feitos no mesmo plano das horizontais e verticais da estrutura de sustentação, os tubos laterais separados podiam ser eliminados e o tecido podia ser esticado diretamente por cima dos membros opostos da moldura estrutural, a qual podia, por si mesma, ser reduzida a um único tubo curvo, com as pernas da frente dobrando-se por sob o assento a fim de formar pés compridos, que se estendiam até a parte de trás da cadeira, eliminando assim a necessidade das pernas de trás.

Assim foi como Stam concebeu sua cadeira em fins de 1924; porém, em virtude da falta de recursos técnicos, os primeiros modelos tiveram de ser feitos com pedaços de tubos retos unidos por cotovelos, perdendo-se, dessa forma, a elasticidade inerente ao desenho. Em 1925, contudo, os preparativos para a exposição de Weissenhof trouxeram Stam mais uma vez em contato com Mies van der Rohe, o qual tinha acesso aos necessários técnicos em dobrar tubos e, em 1926, a cadeira Stam foi realizada, bem como uma alternativa de autoria de Mies, o qual passou a explorar intensamente as possibilidades elásticas desse desenho, ao tratar o todo formado pelas pernas da frente como uma curva contínua (embora isso dificultasse sentar e levantar-se dela). O desenho teve aceitação imediata e a proliferação de tais desenhos integrados para cadeiras de tubos de aço foi tão rápida e universal que ela logo passou a parecer uma criação anônima, automática, do *Zeitgeist,* como as vigas suspensas de Choisy. Deve-se observar, contudo, que existiam pessoas com um interesse definido na difusão dessa idéia, e existe uma patente insinceridade na tentativa feita por del Marle (ex-futurista em contato íntimo com o *de Stijl*) de justificar seu plágio óbvio da cadeira Mies, ao dizer em *L'Effort Moderne*, em 1927:

> Durante um ano praticamente trabalhamos, meu fiel artesão e eu, sobre suas possibilidades.
> Paralelamente a nós, Mies van der Rohe, Marcel Breuer, Mart Stam.
> O aço, material tão moderno, e o Racionalismo que dirige seu uso, fornecem, em conjunto, a todas as nossas realizações, um ar de família. O crédito deve ser dado a Mies van der Rohe ou a Breuer? Plágio? JAMAIS. O Racionalismo engendra uma arte coletiva.

Isso demonstra muita astúcia e rapidez excessiva em refutar a idéia de plágio, mas possui um interesse além de sua insinceridade. A declaração só poderia ter parecido plausível numa época em que era prática geral suprimir ou ignorar as ações que geram a história (tais como a invenção da cadeira integrada, por Stam) e fazem com que a história gere as ações, e tão difundida estava essa tendência à época em que van Doesburg reuniu o material para o número do décimo aniversário da *de Stijl*, em 1927, que mesmo as coisas que seus membros e contribuintes haviam indubitavelmente feito eram atribuídas às atividades do *Zeitgeist* [14], e ele tornou-se ridículo e ridicularizou o movimento ao tentar compensar esse fato fazendo reivindicações descabidas, tais como: de ter influenciado Malevitch, Le Corbusier, Mallet Stevens e outros.

A verdade, de modo quase inevitável, encontra-se no meio dos dois. O espírito da época nas artes plásticas foi em grande parte criação de uma interação de formas cubistas e idéias futuristas, como o foi o *de Stijl*, como o foram a maioria dos movimentos que ele encontrou ou aos quais se aliou. Muito da importância do *de Stijl* encontra-se em ter sido ele o primeiro com um corpo organizado de idéias,

---

14. Mondrian não ajudou em nada aí; por volta de 1926, ele havia começado a falar do *de Stijl* no tempo passado e a afirmar que sua existência como grupo não era importante, sendo suficiente o fato de que agora existia uma nova arte, etc.

uma revista e um empresário enérgico. Através dessa liderança precoce, seria possível fornecer uma unidade internacional a uma série de grupos diversos e, através de Lissitsky, seria possível chamar a atenção da Europa para a contribuição russa. Paradoxalmente, foi a Rússia que ofereceu a maneira de libertar-se das limitações da própria estética do *de Stijl,* como já foi observado em relação a Mart Stam, mas como também deve ser admitido em relação ao próprio van Doesburg, cujo novo estilo, desenvolvido em meados da década de 20, foi não somente chamado por ele de elementarista (embora diferisse do Elementarismo estrutural), como também foi aprofundado em um modo diagonal de composição claramente deriva do da estética de Ladowsky, por meio de Lissitsky, e tem uma história, no Movimento russo, que data das pinturas feitas por Malevitch durante a guerra. Van Doesburg e Hans Arp empregaram esse modo de composição, bem como a recém-desenvolvida abstração "biomórfica" de Arp, na decoração do café e cinema *Aubette* em Estrasburgo em 1927-28; o russianismo em uma escala ainda maior, porém, pode ser visto em alguns dos projetos da Bauhaus de fins da década de 20, tais como o plano de Breuer para um teatro em Kharkov ou o desenho de Gropius para um centro cívico em Halle, que são muito diferentes dos limpos agrupamentos assimétricos de caixas que eles haviam feito anteriormente, sob influência de van Doesburg e de Moholy-Nagy, pois suas vigas trabalhadas, arrojadamente expostas, e outras estruturas, testemunham a influência do Construtivismo arquitetônico.

Quarta Parte: PARIS: O MUNDO DA ARTE E LE CORBUSIER

APOLLINAIRE, G. *Les Peintres Cubistes.* Paris, 1913.

GLEIZES, A. *Du Cubisme...* Paris, 1920.

COCTEAU, J. *Le Rappel à l'Ordre.* Paris, 1923.

OZENFANT & JEANNERET. *Après le Cubisme.* Paris, 1919.

OZENFANT & JEANNERET. *La Peinture Moderne.* Paris, 1926.

GAUTHIER, M. *Le Corbusier.* Paris, 1926.

LE CORBUSIER. *Oeuvre Complète.* Zurique, 1946. v. 1.

LE CORBUSIER. *Urbanisme.* Paris, 1926.

LE CORBUSIER. *Vers une Architecture.* Paris, 1923. (Nota: as citações destas duas últimas obras que aparecem nas páginas seguintes foram tiradas das traduções comuns para o inglês de FREDERICK ETCHELL — *Towards a New Architecture* e *The City of Tomorrow* — sempre que possível.)

PERIÓDICOS

L'Esprit Nouveau, 1919-1925.

L'Effort Moderne, 1924-1927.

L'Architecture Vivante, 1923 em diante.

Journal de Psychologie Normale et Pathologique (número especial, nº 23, de 1926, sobre a esté tica e as artes, com ensaios de Ozenfant, Le Corbusier, Pierre Urbain).

15. ARQUITETURA E A TRADIÇÃO CUBISTA

A mística do concreto armado era tão poderosa em Paris, por volta de 1920, que muitos escritores franceses aceitaram a idéia de que a nova arquitetura dos anos 20 era de alguma forma causada por esse material, mais do que facilitada por ele. Essa aceitação da opinião de Choisy sobre a técnica como a causa primária do estilo foi sem dúvida encorajada pela posição preeminente de Perret como único inovador de importância nos anos imediatamente anteriores à guerra; Rob Mallet-Stevens, porém, fala nos termos mais gerais possíveis quando declara, em 1925 [1],

> Abruptamente, tudo mudou. O concreto armado apareceu, revolucionando os processos de construção... a ciência cria uma nova estética, as formas são profundamente modificadas.

Com efeito, ele vai tão longe a ponto de atribuir a diferença de desenvolvimento arquitetônico entre Europa e América (as datas não eram seu ponto forte) a uma preferência americana pelo material errado, o ferro.

> Sobreveio o concreto armado. Os americanos resistiram a esse modo de construção por longo tempo, e o ferro reinou como chefe supremo da arte de construir.

A posição adotada por Mallet-Stevens claramente aceita o concreto armado como algo que se havia imposto a si mesmo, da mesma forma como Choisy supunha que as vigas flutuantes haviam-se imposto a si mesmas. Tal imposição era aceita por ele como explicação suficiente da nova estética, das formas profundamente modificadas. Entretanto, a uma distância no tempo de quase quarenta anos, fica claro que os modos de empregar o concreto armado já eram extremamente variados, indo desde o classicismo cuidadoso de Perret ao arrojado trabalho em vãos de Freyssinet, e que nenhuma de tais variedades, na prática era empregada pelos arquitetos mais jovens que efetuaram a contribuição francesa para a corrente principal do Estilo Internacional. Eles evitavam especialmente abóbadas, e em geral as formas curvas em secção (que até Perret empregava), mas freqüentemente usavam formas curvas no plano. Embora prestassem freqüentes homenagens insinceras às realizações da geração imediatamente anterior, a única herança real desses pioneiros do concreto armado foi a preferência de Perret por molduras estruturais travejadas. Está claro que sua escolha de uma linguagem arquitetônica deve ter sofrido

---

1. Isto, também, é do número especial da *Wendingen* sobre Frank Lloyd Wright!

influências externas às tradições racionalista e acadêmica, e ao menos duas dessas influências podem ser facilmente identificadas. Uma consiste no negócio concreto de construções em Paris, suas finanças, seu patrocínio, suas tradições vernaculares, que será abordado no próximo capítulo; a outra influência é a da tradição cubista nas artes visuais.

Essa tradição cubista era, em si mesma, parte daquela tradição maior e paradoxal de ser antitradicional (que data na pintura, ao menos, desde Courbet), paralela a uma tradição de inovação no pensamento arquitetônico racionalista que data de Labrouste. Ambas as tradições eram consideradas, com justificativas variadas, como antiacadêmicas, mas o Cubismo, mais do que qualquer fase anterior da revolução pictórica, apresentava aspectos que podiam se aproximar daqueles da teoria arquitetônica racionalista. Isso não podia ser feito diretamente quer com as obras, quer com as declarações registradas dos mestres fundadores, Picasso e Braque, apesar do uso ocasional que fizeram do tema arquitetônico; porém, já (por volta de 1912) na obra de Gris existe sensivelmente o emprego de grades estruturais e sistemas proporcionais. Entretanto, a linha mais produtiva de desenvolvimento iria brotar da ala "intelectual" do Cubismo, o *Groupe de Puteaux,* expondo como a *Section d'Or.*

Esse grupo centralizava-se em torno dos irmãos Duchamp: Marcel, Gaston (que usava o pseudônimo artístico de Jacques Villon) e Raymond (que acrescentou um hífen e o Villon a seu sobrenome legal). Existem algumas semelhanças notáveis, embora provavelmente acidentais, entre os truques de habilidade manual empregados, por Sant'Elia e alguns empregados por Jacques Villon; Raymond possuía tendências para a arquitetura, enquanto Fernand Léger, que também era membro do grupo, possuía experiência no desenho técnico. O registro que sobreviveu (fotografia de um modelo e alguns interiores) da arquitetura cubista de Raymond Duchamp-Villon, entretanto, sugere que suas idéias estavam muito distanciadas das correntes progressistas da época em que foram concebidas, 1912. É pouco mais do que á estrutura rotineira de uma vila simétrica na tradição de Mansard [2], ornada por modelagens prismáticas ao invés de detalhes rococó (ou mesmo *Art Nouveau*). O fato de este desenho não mais do que superficialmente Moderno ter sido julgado digno de ilustrar *Les Peintres Cubistes* de Apollinaire, sugere que o Movimento enquanto todo estava totalmente fora de contato com as idéias mais avançadas na arquitetura — ponto que merece ser ressaltado tendo-se em vista o que tem sido dito expressa ou implicitamente, com tanta freqüência, a respeito das conexões entre o Cubismo e o Estilo Internacional.

Como já foi dito antes, foi somente em conjunção com idéias futuristas que o Cubismo pôde dar alguma contribuição significativa à corrente principal; mas a conjunção especial alcançada por Marcel Duchamp, membro do *Groupe de Puteaux* que é mais importante nesse respeito, é muito diversa daquela encontrada no círculo do *de Stijl* ou nos elementaristas. O traço peculiar dado à estética cubo-futurista por Duchamp já está presente em uma obra que foi discutida como sendo uma possível fonte de métodos pictóricos futuristas, o *Moinho de Café* de 1911. Enquanto na obra de Picasso e Braque por volta de 1911, a "decomposição" do tema foi levada a um estágio avançado tendo em vista os interesses de certas preocupações puramente pictóricas e pessoais (violenta imagética, ilusões de espaço controladas etc.), Duchamp decompõe o *Moinho de Café* a fim de revelar sua mecânica, como numa visão ampliada de um manual de instruções — existe até mesmo uma flecha mostrando para que lado girar a manivela. Ele deslocou a. atenção do ato de fazer um quadro para um exame da *innerste Wesen* do tema do quadro, embora as razões que o levaram a isso provavelmente são menos as dos racionalistas da Werkbund, do que as dos antitradicionalistas futuristas.

2. Um modelo da fachada foi reproduzido em *Les Peintres Cubistes* de Guillaume Apollinaire (Paris, 1913).

Na fase seguinte, ambas as alas do Cubismo trabalham para eliminar a diferenciação entre pintura e tema, porém fazem-no em direções opostas. Picasso e Braque, aplicando partes do tema diretamente sobre a superfície da pintura (colagem), chegam eventualmente a uma forma de pintura que não é uma representação, mas sim uma coisa a ser avaliada por si mesma, ou, nas palavras de Ozenfant [3],

> A emoção não provém mais de um objeto extrínseco, reproduzido ou pintado sobre a tela, mas do interior da pintura: *tableau-objet*.

Porém, se Picasso e Braque haviam sacrificado seus temas em benefício da pintura, Duchamp agora fazia o contrário e sacrificava a pintura em benefício do tema. A *Roda de Bicicleta* de 1912 era exatamente o que se dizia ser, e, estando montada de uma maneira que a deixava livre para girar, apresentava o movimento dos futuristas na realidade concreta, não em ilusão pintada. O mais célebre e instrutivo de seus *ready-made*, entretanto, foi o *Suporte de Garrafas* que ele expôs em Nova York em 1914. Este constituía um *objet-objet*, por assim dizer, do tipo mais puro, sem os interesses colaterais apresentados pela rotação da *Roda de Bicicleta*. O tema torna-se, sem qualquer transformação ou qualificação, o objeto apresentado para que seja visto pelo público — o efeito chocante que teve dizia menos respeito à iconografia (objetos funcionais um pouco semelhantes eram familiares às naturezas mortas cubistas) do que à eliminação de estágios supérfluos no processo tradicional: tema-artista-pintura-público.

O outro aspecto desse gesto pouco convencional, porém, é de maior importância histórica, mesmo que tenha sido de menor interesse para o próprio Duchamp. A intenção deste pode ter sido diminuir o *status* de "arte", à maneira de Marinetti, mas o *staus* que ele conferiu a um objeto simples, produzido em série, ao exibi-lo em uma galeria de arte, foi muito além de qualquer coisa que os futuristas ou a Werkbund haviam alcançado nessa época. Era a primeira

---

3. No *Journal de Psychologie Normale* (Paris, 1926, p. 295).

vez (ou, ao menos, a primeira ocasião que teve conseqüências) que um produto comum da engenharia tinha sido transladado fisicamente para a esfera da arte. Parece que para o próprio Duchamp, o gesto era suficiente por si mesmo, e justificava-se a si mesmo, mas para outras pessoas era necessário produzir argumentos justificatórios. Um destes estava prontamente disponível na esfera de Nova York à qual Duchamp estava ligado — a proposição feita por Platão no *Filebo* de que a beleza absoluta reside nos objetos geométricos e manufaturados:

... compreendam que quero dizer círculos e linhas retas, e as figuras planas ou sólidas que são formadas por aqueles por meio de tornos, réguas e transferidores; pois afirmo que estes são... eterna e absolutamente belos.

G. H. Hamilton notou [4] três ocasiões em que essa citação é empregada pelo círculo de Alfred Stieglitz, do qual fazia parte Duchamp: aplicada a Picasso em 1911; ao Cubismo, Futurismo e à Abstração pura em 1913; e novamente em 1913, pelo antigo associado de Duchamp em Puteaux, Francis Picabia, ao discutir suas próprias pinturas, que eram quase abstratas nessa época, mas que, sob influência de Duchamp, logo se transformaram também em sátira mecanicista à "arte".

Embora a intenção dos dois artistas continuasse satírica em um plano elevado, seria claramente possível reformular essa inter-relação entre arte abstrata, desenho de máquinas e beleza absoluta de uma maneira igualmente elevada, porém mais séria. Era pouco provável que eles fizessem isso em Nova York naquela época, mas outros membros com eles relacionados em Paris iriam alcançar mais tarde essa posição, tão logo dispuseram de uma teoria de Normas e Tipos, como a que era corrente na Alemanha e Holanda. Neste ponto, merece ser notado quanto os teóricos de Paris tinham em comum com seus correspondentes na Holanda, uma vez que é sobre tais propriedades comuns que iria depender muito da unidade

---

4. Em um artigo de John Covert, em *College Art Journal* (Nova York, outono de 1952).

derradeira do Estilo Internacional. Eles possuíam um *background* cubo-futurista comum, embora interpretado diferentemente; tinham uma tendência em comum para idéias vagamente platônicas (embora a citação do *Filebo* não chegue a aparecer na *de Stijl*) e eles partilhavam Gino Severini, cujas analogias entre arte e maquinaria apareceram no *Mercure de France* no mesmo ano (1917) em que apareceram no *de Stijl*. Semelhanças reais de opinião serão notadas no devido tempo; o interesse imediato que tem Severini nesse contexto parisiense encontra-se em outra direção.

Ele foi o primeiro a fazer um apelo para uma volta à ordem — uma volta no sentido literal de retornar do Cubismo ao Classicismo [5], à perspectiva central e aos objetos formados normalmente. O resultado, nas pinturas de Severini da década de 20, é mera boniteza decorativa, mas ele ajudou a cobrir o vazio entre pintura e arquitetura, em que a tendência Clássica e o apelo ao passado estava igualmente em voga nos primeiros anos do pós-guerra. Com referência a esse contexto classicizante, entretanto, os escritos de outro membro do *Groupe de Puteaux*, Albert Gleizes, teve maiores conseqüências. Para ele, como para alguns dos arquitetos mais jovens, a recuperação da disciplina clássica era um passo no sentido de algo situado além do Classicismo.

Quando o derradeiro esforço tiver sido feito, não será o Classicismo que eles descobrirão, mas a tradição, pura e simples; aquela que costumava permitir uma colaboração estrita e hierárquica na criação de obras de arte impessoal.

Aqui, imediatamente, chamam a atenção duas concordâncias com as idéias holandesas. Uma, referente a *Gesamtkunstwerk*, é integralmente confirmada por Gleizes em outra parte; as implicações contidas em "colaboração" e "hierárquica" são sustentadas por:

La peinture et la sculpture sont fonction de l'architecture *.

---

5. Ele publicou um livro intitulado *Du Cubisme au Classicisme*, em Paris, em 1921.

* A pintura e a escultura são função da arquitetura. (N. do T.)

325

80. Raymond Duchamp-Villon. *La Villa Cubiste* (modelo da fachada), 1912: a aplicação das formas de estilo cubista no lugar da decoração tradicional.

81. Charles Edouard Jeanneret (Le Corbusier). *Peinture*, 1920. Pintura purista programática com objetos projetados de acordo com a teoria dos tipos de Princet.

idéia que era de propriedade comum, mas que, no caso de Gleizes, poderia ter sido derivada de Charles Blanc [6]:

> Abandonando seu berço comum na arquitetura, duas artes libertaram-se sucessivamente do útero materno: primeiro a escultura, mais tarde a pintura.

A outra concordância com a Holanda encontra-se no conceito de uma "obra de arte impessoal", sobre o qual suas idéias são quase as mesmas de Mondrian.

> As pinturas cubistas são impessoais... a beleza não é mais oportunidade aproveitável, mas inevitável.
> Enquanto as obras de pintura até agora foram tão fugidias que não podiam ser duplicadas... estas, agora, podem ser multiplicadas ao infinito, quer pelos artistas que as criaram, quer por intermediários escrupulosos... com pinturas de modo que nenhuma cópia é mais "original" do que outra, o preço de venda cairá por vontade própria.

A implicação, de que apenas obras cujas qualidades são completamente determinadas podem ser reproduzidas acuradamente, sugere (o que é confirmado em outra parte pelo texto) que Gleizes está pensando em reprodução manual, uma vez que a maioria dos meios mecânicos teria de ser tal (por exemplo, a fotografia) que poderia reproduzir também os efeitos acidentais. Contudo, ele também fala de "outros meios de ordem mecânica" e, assim, diz implicitamente que os benefícios da produção ou reprodução em massa somente serão conferidos ao público consumidor por objetos que, em outra parte, são descritos por ele como sendo concebidos

> ... seguindo leis bem definidas, mas, não obstante, muito simples

essa idéia, de que somente os desenhos geometricamente simples são fáceis de serem produzidos em série, era comum em fins da década de 20 e têm permanecido em voga desde então. Mas não foi Gleizes quem a tornou corrente, e sua ampla difusão deve-se àqueles que a combinavam com uma teoria de tipos e com a idéia de *objet-objet,* os puristas.

6. *Grammaire des Arts de Dessin* (Paris, 1867, p. 509).

82. Le Corbusier. Natureza morta, 1924. Pintura Purista desenvolvida, apresentando alguns objetos familiares estimados pelos puristas.

83. Objetos em vidro e porcelana franceses produzidos em massa, compostos na forma de uma natureza morta por Le Corbusier ou Ozenfant; essas formas reaparecem na pintura acima, exceto o cálice à esquerda.

Embora um grande número de artistas de Paris, por volta de 1922, exibisse tendências grandemente puristas, os puristas propriamente ditos eram apenas dois: Amedée Ozenfant e Charles Edouard Jeanneret. Eles encontraram-se pela primeira vez em 1918, graças a Auguste Perret, de quem Jeanneret, que seria mais tarde conhecido como Le Corbusier, havia sido desenhista em 1908-09. Mais tarde, em 1910-11, Jeanneret esteve na Alemanha a fim de estudar a Werkbund e o *design* alemão, por sugestão de seu mestre na escola de arte de sua cidade natal de Chaux-de--Fonds. Esta viagem fez com que entrasse em contato com as idéias de Muthesius e, assim, com a teoria dos tipos. Em 1913, ele ouviu a conferência de Berlage sobre Wright, fato que parece ter despertado um interesse pela estética dos produtos de máquinas, interesse que amadureceu em uma admiração pelas formas geométricas simples do *design* dos primeiros aeroplanos e automóveis durante os anos que se seguiram a sua fixação em Paris, em 1917, com uma ligação com a companhia Voisin. Assim, à época em que se encontrou com Ozenfant, quando ambos tinham trinta e três anos de idade, ele já possuía uma carreira rica em experiência de praticamente tudo exceto pintura enquanto arte pura, enquanto que Ozenfant (que parece ter-se movimentado pouco fora do mundo da arte) estava melhor versado na história recente do Cubismo do que em qualquer outra coisa. A diferença de *background* é espantosamente manifesta nas pinturas que exibiram em sua primeira exposição purista, em 1919. As de Jeanneret possuem a simplicidade estudada de exercícios escolares ao reproduzirem sólidos geométricos regulares, que é tudo o que são, enquanto as de Ozenfant possuem a qualidade tensa de um talento sofisticado e romântico, que ele de fato possuía, estando disciplinado na simplicidade tendo em vista um programa intelectual.

Dada essa peculiar combinação de talentos, bem informados tanto sobre o desenvolvimento recente da pintura quanto sobre os desenvolvimentos recentes da tecnologia, não é de surpreender que o Manifesto *Après le Cubisme,* que apareceu como o catálogo dessa primeira exposição, constituísse uma continuação do Cubo-Futurismo classicizado de Severini e Gleizes — com efeito, tal programa está conscientemente explícito na revista *Sic,* que surgiu em 1916, e com a qual, bem como com outro periódico de curta existência, *L'Elan,* esteve relacionado Ozenfant. Embora *Après le Cubisme* tenha um *layout* mais convencional do que essas duas revistas, ele constitui uma leitura muito mais estimulante do que os escritos quer de Severini, quer de Gleizes. A linha principal de argumentação depende da unidade, mais tarde posta em dúvida por ambos os autores, da arte e da ciência.

Nada justifica a suposição de que deva haver qualquer incompatibilidade entre ciência e arte. Uma e outra possuem o objetivo comum de reduzirem o universo a equações. Provaremos que a pura arte e a pura ciência não são domínios estanques. Possuem um espírito comum... arte e ciência dependem do número.

Disto deriva a proposição:

O objetivo da ciência pura é a expressão de leis naturais através da procura de constantes. O objetivo da arte séria também é a expressão de invariantes.

Os aspectos negativos da *invariante* aproximam bastante os puristas da teoria do *de Stijl* mais uma vez, pois, dentre as proposições que aparecem ao final de *Après le Cubisme* (como as afirmações ao final de um Manifesto futurista), encontra-se uma que diz:

A obra de arte não deve ser acidental, excepcional, impressionista, inorgânica, protestatória, pitoresca mas, pelo contrário, generalizada, estática, expressiva da invariante.

Mas os espectos positivos desse conceito de *invariante* inclinam-se em uma direção bem diferente da que se poderia esperar, não somente porque ele subsume as "leis axiais da obra de arte", mas também porque podia ser ampliado a fim de abranger também o *objet-objet,* que se torna platonizado pelos puristas como o *objet-type,* ou *objet-standard.* Por meio disso, está implícito um objeto absoluto — casa, garrafa, violão etc. — além do alcance dos acidentes da personalidade, perspectiva ou tempo, e também produzido em massa. Nisto, os puristas também divergem da posição adotada por Duchamp cinco anos antes: seu *Suporte de garrafas* era produzido em massa porque nenhum outro tipo de suporte de garrafas existia, e seus tons metafísicos eram quase acidentais.

Os *ready-mades* podem ser únicos enquanto conceito, mas não são necessariamente únicos enquanto exemplos. Por exemplo, o "suporte de garrafas" original foi perdido e substituído por outro [7].

Isso representa uma revisão muito drástica do *status* da obra de arte, mas é coerente com o gesto original de exibição. Com os puristas, entretanto, embora houvesse um preconceito a respeito da questão, a escolha de uma certa classe de objetos como o tema de suas pinturas foi precedida, e não seguida, por uma variedade de argumentos metafísicos, estéticos e outros — argumentos que originalmente apareceram em *L'Esprit Nouveau* (e foram mais tarde reproduzidos em *La Peinture Moderne*). *L'Esprit Nouveau* foi a penúltima e, de longe, a mais substancial de uma série de tentativas de fundar uma revista cubista em Paris, e seu sucesso deveu-se grandemente ao fato de que ela transcendia aos interesses meramente limitados da Escola de Paris e se tornou uma revista de cultura progressista geral. Além dos dois puristas cujos interesses já eram muito amplos, ela possuía, em seus primeiros estádios, um terceiro diretor fundador, Paul Dermée, o poeta. Entretanto, mesmo sem a participação deste, a revista continuou a abranger campos tão diversos como: arquitetura, pintura, escultura, desenho industrial, música, literatura, filosofia, psicologia, política e economia. Ela gozava do apoio (não sólido) de certos interesses comerciais [8] (Voisin, Pleyel etc.) e, ao funcionar por quase seis anos, de fins de 1919 até meados de 1925, demonstrou ser mais durável do que quaisquer outros periódicos do Movimento Moderno, excetuando-se talvez *Der Sturm*

---

7. De acordo com H. e S. Janis, no livro de ROBERT MOTHERWELL, *The Dada Painters and Poets* (Nova York, 1951, p. 311).
8. As firmas que davam esse tipo de auxílio à revista recebiam não somente grandes espaços para propaganda, mas também menções gratuitas na matéria editorial.

e *de Stijl,* enquanto que, em termos de puro palavreado e ilustrações, ela derrota até mesmo a estas duas.

Mesmo o nome da revista tinha conotações que prometiam o mais amplo horizonte. Como já foi observado, a expressão *l'esprit nouveau* havia sido empregada por Choisy dentro de um contexto que provavelmente iria servir de recomendação para seu uso em outros contextos que clamavam por um *rappel à l'ordre,* na arquitetura. A expressão *rappel à l'ordre,* entretanto, é notoriamente de Cocteau e, em 1919, Jean Cocteau também estava de posse de um *esprit nouveau,* no sentido de um *Zeitgeist:*

L'esprit nouveau agite toutes les branches de l'art * [9].

Os puristas tiveram contato bastante íntimo com Cocteau durante princípios da década de 20 (ele contribuiu para a revista com um artigo sobre Roger de la Fresnaye, o pintor do *Groupe de Puteaux*); a derivação tradicional do nome, porém, passa por Dermée, até Guillaume Apollinaire, o qual estava empregando a locução *l'esprit nouveau* para descrever uma espécie de imperativo futurista ao progresso nos meses que precederam sua morte, em 1920. Em todo caso, era um *slogan* que agradava às sensibilidades de vários aspectos da vanguarda parisiense e continha implicações que iam desde o futurista ao clássico, o que condizia com o conteúdo da própria revista, a qual, entretanto, opunha resistência a quaisquer movimentos de aspecto avançado que parecessem significar desordem — por exemplo, a resposta imediata que deu à psicologia freudiana foi zombeteira.

A argumentação que leva ao conceito de *objet-type* ou *objet-standard* representa uma fusão em condições bastante completas de temas futuristas, cubistas e classicizantes, e principia com uma avaliação hostil (como em *Après le Cubisme*) do estado do Cubismo em 1919. Ela declara a falência de

Cubismo Limitada, proprietários de um processo patenteado

---

9. Embora *Le Rappel à l'Ordre* tenha surgido sob forma de livro apenas em 1923, a observação acima apareceu publicada em 1919.

* O espírito novo agita todos os ramos da arte. (N. do T.)

embora também afirme admirar seus primeiros produtos. A falência é atribuída à insistência dos cubistas em seus *droits au lyrisme,* o que havia feito com que sua obra se tornasse excessivamente desordenada e pessoal para estar de acordo com o espírito da época, espírito esse que exigia ordem e impessoalidade. A natureza precisa da versão que os puristas têm do espírito da época é fixada por meio de uma reelaboração muito reveladora de técnicas existentes usadas pelos futuristas. Assim, as ilustrações do capítulo intitulado "Formation de l'Optique Moderne" começam com um conjunto de imagens puramente futuristas — um carro, Nova York à noite, a estrutura de um hangar de aviação, o equipamento cirúrgico de um dentista — mas depois seguem-se duas imagens finais que, de fato, foram prenunciadas pelo *Manifesto do Esplendor Geométrico e Mecânico* de Marinetti, mas que pertencem muito mais à insistência dos puristas no número, classificação e ordem — uma máquina de calcular e um sistema de arquivo. As características importantes dos novos tempos, do ponto de vista dos puristas, eram primeiro: Economia

> O passo da presente civilização, seu futuro, seu caráter, dependem de descobertas esperadas, de novas fórmulas que provoquem mecanismos cada vez mais econômicos, que nos permitam usar a energia de maneiras mais eficientes, dando assim a nossas potencialidades, e conseqüentemente a nossas mentes, uma liberdade superior e ambições mais elevadas,

segundo: A separação de técnicas e estéticas

> A mecanização desviou de nossas mãos todo trabalho de exatidão e qualidade, e delegou-o à máquina. Nossa situação fica, assim, mais clara: de um lado, o conhecimento técnico fica com a tecnologia (mecanização), enquanto que, do outro, a questão plástica permanece intocada. (...) A mecanização, tendo resolvido os problemas da tecnologia, deixa intato o problema da arte. Recusar-se a reconhecer o passo que foi dado é impedir o progresso da arte em direção a seus fins mais puros e adequados.

terceiro: A predominância da geometria simples

> Se vamos trabalhar internamente... o escritório é quadrado, a escrivaninha é quadrada e cúbica, e tudo sobre ela forma ângulos retos (o papel, os envelopes, as cestas de cor-

respondências com sua tela ondulada geométrica, os arquivos, as pastas, os fichários etc.)... as horas de nossos dias são gastas em meio a um espetáculo geométrico, nossos olhos sujeitam-se constantemente a formas que são quase só geometria.

A arte deveria ser julgada pelo grau de compatibilidade com tais características da época, e chegou-se à conclusão de que a maior parte da arte era tão incompatível que:

> fica-se espantado com um espetáculo inexplicável: praticamente tudo funciona pela antigeometria... de modo que se chega à conclusão de que essas obras são de alguma raça pouco provável que vive fora do tempo, em países onde pareçam reinar outras leis, diversas daquelas que reconhecemos, e que são adequadas a nossas faculdades de percepção [10].

Entretanto, as razões pelas quais a geometria é a pedra de toque da probidade são duas: a geometria não só é a impressão digital da tecnologia moderna, como também a manifestação de leis perenes que governam a arte, justificadas pelo passado e não pelo presente:

> É no passado que se encontram as leis axiais da obra de arte, somente o tempo fornece sua durabilidade, seu *sine qua non*.

e, na mesma página, cita-se o nome de Fídias, fato que não ocorre nem pela primeira vez, nem pela última, como termo de referência fundamental em valores estéticos.

Esse duplo *status* da geometria, como algo tanto novo quanto perene, é comparável ao *status* da abstração na teoria *de Stijl*, e poder-se-ia ficar tentado a considerar os dois termos quase como intercambiáveis, uma vez que, particularmente, as idéias a eles associadas são tão próximas. Assim,

---

10. Fernand Léger levou essa comparação entre arte e maquinaria ainda mais longe em *L'Effort Moderne* de fevereiro de 1924, ao fazer um contraste entre a desordem formal e as cores cheias de nuanças do *Salon d'Automne*, com a geometria precisa e simples, com as cores "locais" não moduladas do que estava exposto no *Salon d'Aviation*, exposições essas que partilharam o Grand Palais em 1921. Ele também teceu comentários deplorando o temor patético com que os técnicos, tendo atravessado a divisão, viam as obras de arte — mas deixou de observar que, para eles, ele mesmo deve ter constituído um espetáculo análogo.

A vertical e a horizontal são — dentre as manifestações sensoriais de fenômenos naturais — verificações de uma das leis mais diretamente aparentes. A horizontal e a vertical determinam dois ângulos retos, entre a infinidade de ângulos possíveis; o ângulo reto é o *angle-type;* o ângulo reto é um dos símbolos de perfeição

não contém nada que não pudesse ter sido assinado por Mondrian e, em outro trecho em *La Peinture Moderne,* pode-se encontrar denúncias contra o Impressionismo, suspeita quanto à natureza, desprezo quanto à habilidade manual, e aprovação em relação a universalidade e ao internacionalismo. A briga dos puristas com o *de Stijl,* que era fundamental mas não recíproca, dizia respeito à questão de representação. As composições dos puristas eram compostas por representações de objetos, não por formas abstratas.

> Estes não podem ser mais os símbolos abstratos ou convencionais da escrita ou da matemática, os quais não são apreendidos por quem não conhece o código, mas têm de ser fatos condicionados de tal maneira que estimulem eficazmente nossos sentidos e também interessem a nossas mentes.
> Assim, por exemplo, uma demonstração contrária é hoje fornecida por todo um movimento na pintura, nascido recentemente na Holanda, o qual nos parece ter-se retirado completamente das condições necessárias e suficientes da pintura (inteligibilidade e aparato perceptual), usando apenas certos signos geométricos limitados pelo retângulo.
> Poder-se-ia lutar pela pureza de expressão através de uma arte despida; contudo, o meio escolhido deve permitir-nos dizer algo, e algo que mereça ser dito.

Quanto ao que merecia ser dito, os puristas estavam preparados para admitir qualquer tema proposto, mas em relação a si mesmos, verdadeiros herdeiros de Puteaux, aceitavam restrições para um gama limitada de *objets-type.* Essa aceitação estava tão explícita em seus escritos quanto em suas pinturas, e é formulada, em *La peinture Moderne,* ao final de um notável elogio aos utensílios produzidos em série. O Purismo, dizem os autores, deseja ir mais além dos prazeres puramente ornamentais da arte abstrata, a fim de oferecer *une émotion intellectuelle et affective:*

> É por isso que o Purismo começa com elementos escolhidos dentre objetos existentes, extraindo suas formas mais específicas.

335

Escolhe-os preferencialmente dentre aqueles que servem aos usos humanos mais diretos; aqueles que são como extensões dos membros do homem e, assim, de extrema intimidade, banalidade que faz com que durem muito pouco enquanto assunto de interesse em si mesmos, e que dificilmente se prestam ao anedotário.

Esses objetos, que *figurent le mieux l'objet-type*, porém, eram dotados de uma importância quase moral enquanto produtos de extrema economia.

O Purismo trouxe à luz a *Lei da Seleção Mecânica*. Esta determina que os objetos tendem em direção a um tipo que é determinado pela evolução das formas entre o ideal de máxima utilidade e a satisfação das necessidades de manufatura econômica, que inevitavelmente se conforma às leis da natureza. Esse duplo jogo de leis resultou na criação de um certo número de objetos que podem, assim, ser chamados de padronizados. (...) Sem prescrever qualquer tema, o Purismo até agora limitou sua escolha a tais objetos

Como aparecem nas pinturas puristas — aparência que é importante pelo efeito que tinha sobre os usos formais da arquitetura produzida por Jeanneret sob a *persona* de "Le Corbusier" —, tais objetos simples, a maioria garrafas, jarros, vidros e equipamento de fumantes, são apresentados não em perspectiva central, mas por uma convenção de elevação de lado baseada de perto na do desenho mecânico, porém com uma forma de pseudoplanta mostrada para o topo de recipientes abertos (mais raramente para suas bases), que são apresentados como quárticos ou círculos. Evitar a perspectiva estava no programa, primeiramente a fim de eliminar os acidentes

A perspectiva ordinária, em seu pleno rigor teórico, fornece somente a aparência acidental dos objetos [11]

e, em segundo lugar, porque se sustentava que tal eliminação dos acidentes da perspectiva era particularmente necessária na representação de tipos. Essa idéia, anterior à guerra, é de Maurice Princet, notário

---

11. Este trecho foi extraído de um dos ensaios em *L'Esprit Nouveau*, que sofreu alguma modificação quando foi transferido para *La Peinture Moderne*, e a frase, enquanto tal, não existe no livro, embora claramente faça parte da argumentação.

amigo de Braque e Picasso, e sobre quem se conta que disse:

> Vocês representam, por meio de um trapézio, uma mesa tal como vocês a vêem, distorcida pela perspectiva; o que aconteceria, porém, se vocês tivessem a idéia de representar uma *table-type?* Teriam de colocá-la no mesmo plano da pintura e converter um trapézio em um verdadeiro retângulo. Se essa mesa estivesse coberta de objetos igualmente distorcidos pela perspectiva, o mesmo movimento de correção funcionaria para cada um deles. Assim, o oval de um copo tornar-se-ia um círculo exato. (...)[12].

Como aparecem na teoria estética — aparência que afetou tanto a arquitetura de Le Corbusier quanto suas opiniões sobre a mobília —, tais objetos simples podem ser relacionados às idéias de, ao menos, um outro pensador de influência, Paul Valéry, também um classicista fascinado pela matemática. Deve-se notar que os puristas dizem que o duplo jogo de leis (função e economia) *resultou,* no passado, na criação de um certo número de objetos padronizados. Isso quer dizer que seus *objets-type* encontram-se no final de um processo acabado (atitude notável para dois autores que fizeram um esforço inusitado para indicar que toda a base da vida estava sofrendo uma revolução técnica), e uma visão semelhante de processo terminado é encontrada na obra quase contemporânea de Valéry *Eupalinos, ou l'architecte*

> Fedro: Existem alguns utensílios admiráveis, limpos como ossos.
>
> Sócrates: São feitos por si mesmos, até certo ponto; séculos de uso descobriram necessariamente a melhor forma, prática incontável atinge o ideal e ali pára. Os melhores esforços de milhares de homens convergem vagarosamente em direção à forma mais econômica e certa [13].

---

12. Essa questão atingiu um *status* ligeiramente lendário na história do Cubismo, mas não foi confiada ao papel senão até ser citada por André Lhote, somente em 1933, em *L'Amour de l'Art* (Paris, 1933, n. 9, p. 216).

13. Nos textos definitivos de *Eupalinos* p. ex., na tradução do Prof. Stewart), não aparece esse trecho, e foi extraído do cabeçalho do ensaio de Pierre Urbain no *Journal de Psychologie Normale.*

Entretanto, existem indícios de que os puristas, na prática, não acreditavam que o processo estivesse terminado. Ao discutir sua *maison-outil*, ou *maison-type*, em seus escritos arquitetônicos do mesmo período, Le Corbusier ressalta que a forma daquela ainda não é funcional, econômica ou determinada. Também em suas pinturas os puristas praticavam uma seleção acima da exercida pela indústria e pelo comércio, recusando-se a admitir em sua gama de assuntos certos objetos (tais como jarras de imitação de cristal talhado) que persistiam nas ilustrações dos catálogos que constituíam suas fontes, em desafio à Lei pseudodarwiniana da Seleção Mecânica — com efeito, eles estavam bastante preparados para terminar um processo que não se terminava a si mesmo.

O interessante nessa situação é que, como foi visto, a maioria das idéias desenvolvidas pelos puristas podem ser traçadas até 1913 ou antes — o objeto, o tipo, as preferências platônicas, mecanicistas e geométricas, tudo estivera em voga antes da guerra mas, nessa época, ninguém havia sido capaz de soldá-las em uma filosofia estética coerente que, como nas mãos de Le Corbusier, podia abranger edifícios, os objetos que mobiliam e equipam a estes, e as obras de arte que os embelezam. Isso se deve, talvez, parcialmente, à condição excessivamente tumultuada dos círculos cubistas anteriores a 1914, mas deveu-se, com maior probabilidade, à emergência de uma maturidade repentina e precoce em muitos ramos do desenho mecânico imediatamente após 1918. A visão que tinham os puristas de um ambiente mecânico e geométrico estava ali presente para ser vista por todos, com uma força ainda maior do que a visão anterior dos futuristas. Muito da geometria platônica elementar exibida pela maquinaria dos anos 20 estava longe de ser inerente à natureza do desenho mecânico, mas era produto de uma escolha estética pessoal e local e, portanto, era transitório — a tecnologia não estava à beira de encontrar *formules definitives*, como acreditava Pierre Urbain, mas em breve iria recomeçar a movimentar-se. A parada temporária e a estabilização do desenho, porém, persistiram o tempo suficiente para convencer aqueles que estavam prontos a serem convencidos de que as leis perenes da geometria estavam a ponto de retirar o acidental e o variável do mundo visual, de que o equipamento para a vida quotidiana estava a ponto de alcançar uma forma final e típica.

Entre os que foram convencidos, encontrava-se Jeanneret-Corbusier, que deu tanto peso à importância do *objet-type* estabilizado, finalizado, produzido em série, que sua última palavra sobre a arquitetura, em 1923, a última ilustração em *Vers une Architecture,* era um simples cachimbo inglês, oferecido sem explicação ou justificativa, deixando claramente implícito que esse era o padrão ao qual deveria aspirar a arquitetura. Contudo, a evolução de suas idéias sobre a *maison-type* foi condicionada, prejudicada e finalmente frustrada pelo mercado no qual ele esperava construí-la: o mundo de construções de Paris cujas características nos anos 20 eram tão excepcionais que devem ser descritas antes de nos voltarmos à *maison-type* em si mesma.

16. CONSTRUÇÃO PROGRESSISTA EM PARIS: 1918-1928

A situação com que se defrontava Le Corbusier, ou qualquer outro que esperasse erguer edifícios modernos na Paris de 1920, era estimulante, frustrante e complicada [1]. Intelectualmente, os arquitetos podiam estar aspirando a construir em escala grandiosa para uma nova sociedade mecanizada, mas, econômica

[1] Excetuando-se a *Oeuvre Complète* de Le Corbusier e as publicações semelhantes sobre André Lurçat e Michel Roux-Spitz, a documentação sobre os edifícios de Paris nesse período é escassa, e a cobertura dada pelos periódicos é quase inexistente. Portanto, este capítulo muito deve às reminiscências pessoais de Ernö Goldfinger, Pierre Vago e André Lurçat.

341

e socialmente, eles freqüentemente se viam forçados a erguer pequenos edifícios de tipo especializado para uma classe de patrocinadores dos quais suspeitavam se tratar de representantes de uma ordem social morta. Daí seu ódio em relação à ordem arquitetônica estabelecida, em relação à École e à Académie — daí também suas disputas particulares e vinculações apaixonadas a este ou àquele mestre. A combinação de abundância intelectual com restrição física é um dos aspectos mais notáveis dessa situação.

Intelectualmente, o clima de idéias dificilmente poderia ter sido mais abundante, e permaneceu assim até o final da década. Os movimentos extremistas podiam ter breve duração, mas eram substituíveis. O Futurismo permaneceu como força ativa até meados da década, e os sobreviventes da idade heróica do Cubismo ainda estavam presentes. Pode ser que as liberdades do Dadaísmo tenham-se provado pouco substanciais, mas foram sucedidas, depois de 1922, pelo programa mais organizado de liberação dos surrealistas. O Purismo pode ter expirado em 1925, mas van Doesburg estava à mão a fim de provocar um fermento de atividade abstracionista por volta do final da década. Pode ser que *L'Esprit Nouveau* tenha expirado juntamente com o movimento que o originou, mas *L'Effort Moderne*[2], última das revistas cubistas, já vinha sendo publicada há quase dois anos, e também existia, por volta de 1925, uma revista dedicada especialmente à arquitetura progressista, *L'Architecture Vivante*[3] editada por Albert Morancé e Jean Badovici.

Estas duas últimas publicações são importantes por seu internacionalismo, concedendo considerável espaço ao *design* holandês, alemão e russo, e reproduzindo artigos de van de Velde, Oud, Mondrian, van Doesburg, Loos e outros. Além do mais, a variedade de personalidades que podiam ser adotadas como mestre por um jovem arquiteto estava sendo ampliada. Perret e Garnier estavam ambos estabelecidos em Paris agora, bem como Adolf Loos, e logo surgiram, para serem admirados, novos edifícios assinados pelos três

2. Começou a ser publicada em 1924.
3. Começou a ser publicada em 1923.

— a igreja de Perret em Raincy, o paço municipal de Garnier em Boulogne-sur-Seine, e a casa de Loos para Tristan Tzara na Avenue Junot. Somente Perret estava oficialmente (ou não oficialmente) disponível como professor, e mesmo Loos recomendava a seus discípulos que estudassem sob a orientação daquele, preferindo-o a qualquer dos modernos mais jovens e até mesmo a si mesmo.

> Você vem a Paris para aprender francês, não esperanto.

Contudo, embora a escola de Perret no Palais de Bois fosse um *atelier*, constituído formalmente da École des Beaux-Arts, havia tanta discriminação quanto a seus alunos que estes tinham de terminar o curso com algum outro mestre se quisessem obter o diploma. Isto é típico da atitude oficial em relação mesmo ao *design* progressista moderado, mas a escassez de encomendas oficiais ou municipais aos arquitetos mais jovens tinha outro motivo além deste. Ao contrário da situação na Alemanha, onde os arquitetos progressistas, ao menos depois de 1925, podiam quase contar com empregos de órgãos oficiais progressistas em trabalhos tais como o planejamento de grandes conjuntos habitacionais, obras dessa escala e natureza eram pouco comuns na França nos anos 20. Exceto a "nova cidade" de Villeurbaine e uma localidade patrocinada por particulares em Pessac, planejada por Le Corbusier, existe muito pouco que possa ser comparado com a atividade alemã. Michel Roux-Spitz foi a pessoa mais aproximada de um jovem modernista a receber qualquer trabalho oficial, e isso ocorreu bem no final da década, enquanto que o grupo de edifícios de Henri Sauvage, na Rue des Amiraux, é tão pouco comum por serem apartamentos grandes, modernos, quanto o é pelo fato de derivar flagrantemente das *case a gradinate* de Sant'Elia.

Mas o alcance e origens da influência estrangeira em Paris iam muito além da presença de Loos. A cidade, enquanto capital artística do mundo, estava cheia de estudantes e artistas de ultramar, e muitas de suas figuras principais tinham *backgrounds* estrangeiros. Para falar somente de arquitetos, as relações

84. Henri Sauvage. Apartamentos na Rue des Amiraux. Paris, 1924. De origem futurista (as *case a gradinate* de Sant'Elia), este conjunto é raro na Paris da época por seu tamanho e sua ampla frente.

85. K. Melnikov. Pavilhão russo na Exposição de Artes Decorativas, Paris, 1925, primeira visão, no Ocidente, da nova arquitetura russa.

de Le Corbusier com o exterior já foram mencionadas, mas ele também viajara até a Turquia, enquanto Robert Mallet-Stevens era de origem belga, tinha um relacionamento de longa data com a Inglaterra e professava uma admiração por Mackintosh. Porém a maior fonte de influência externa sobre os arquitetos parisienses mais jovens nessa época foi sem dúvida a Exposition des Arts Décoratifs de 1925. Esta, em todo caso, tem seu lugar na história do gosto ocidental, como a fonte do popular estilo jazz-moderno berrante que rivalizaria por algum tempo com o estilo internacional; Mallet-Stevens e os puristas, porém, também estavam envolvidos nela, o primeiro no desenho da entrada e algumas das "árvores" de concreto cubistas; o último, depois de muitas intrigas nos bastidores, no erguimento do Pavillon de l'Esprit Nouveau, que será discutido em um capítulo posterior.

Do exterior, veio um Pavilhão Holandês e uma linguagem elaborada, mas que não deixava de ser típica de Amsterdã, desenhado por J. F. Staal; um Pavilhão Inglês que poderia ter sido desenhado por um francês (de fato, foi desenhado por Easton e Robertson), enquanto que um Pavilhão Austríaco desenhado por Josef Hoffmann, mas contendo a *Cité dans l'Espace* de Keisler que já foi descrita, trouxe a Paris o *design* elementarista, pela primeira vez em uma escala suficientemente grande para ser apreciado como arquitetura, e teve uma influência visível sobre a elevação do jardim na Vila de Le Corbusier em Garches, planejada no ano seguinte. Mas o pavilhão que parece ter provocado maior impacto foi o da União Soviética. Naquela época, dificilmente poderia ter passado despercebido, fosse qual fosse seu projeto, mas a enganosamente simples estrutura em madeira de Melnikov deve ter parecido como se tivesse sido propositalmente concebida a fim de excitar e perturbar. A forma geral era a de um paralelogramo com paredes de vidro, com uma larga escada, parcialmente descoberta sob o trabalho de treliça do telhado. Essa escadaria, que trazia o visitante até o primeiro andar e depois novamente o levava ao térreo, atravessava a planta em sua diagonal maior, dando assim, ao pavilhão, uma forma de si-

86. André Lurçat. Casa-*studio* na Rue du Belvédère, Paris, 1926. A função, local e forma são típicas do tipo básico de construção que era o suporte básico dos primórdios da arquitetura moderna em Paris.

87-88. Apartamento-*studio* no Boulevard Rochechouart, Paris, e uma selaria perto da Place du Tertre, Paris; os materiais naturais funcional e formalmente, da moderna casa-*studio* nacional.

metria, mas não uma simetria que estivesse enumerada nas listas acadêmicas — o que provocou um violento ataque do esteta da Beaux-Arts, Borislavlievitch, que ocupou três páginas do jornal *La Construction Moderne*. Visitantes mais jovens e com menos preconceitos, entretanto, provavelmente teriam concordado com a avaliação feita por Lissitsky [4]

... o projeto objetiva afrouxar os volumes através da livre disposição da escadaria. (...) O edifício é construído de madeira, não segundo o princípio da cabana de troncos nacionalistas, mas segundo uma moderna técnica de carpintaria. É transparente, as cores são puras. Nenhuma falsa monumentalidade, mas uma nova sensibilidade.

Tudo somado, esse era um ambiente promissor para que arquitetos mais jovens desenvolvessem uma nova arquitetura — exceto no que se refere ao patrocínio. Este vinha, quando chegava a vir, de uma seção pequena, embora cosmopolita, da sociedade parisiense, que já estava suficientemente sofisticada em termos visuais para aceitar formas arquitetônicas que, embora funcionais e racionais, eram tão pouco convencionais quanto as da arte cubista e futurista. Em outras palavras, a clientela da arquitetura moderna compunha-se de artistas, seus patronos e *marchands*, e uns poucos visitantes casuais à seção de arquitetura do *Salon d'Automne*. A conseqüência disso foi, primeiro, que quase todos precisavam de ao menos um quarto grande, face norte, com amplas janelas, para usar como estúdio ou galeria; segundo, que suas vidas privadas tendiam a ser tão excêntricas que as exigências feitas ao planejamento funcional eram antitípicas; e, terceiro, que embora uns poucos fossem tão pródigos quanto a Princesa de Polignac, a maioria tinha meios de vida apenas moderados e precisava de estruturas muito econômicas. E, mais, edifícios desse tipo, feitos para patronos que freqüentemente eram de origem estrangeira, pareciam muitas vezes atrair a aplicação fortuita e maliciosa dos regulamentos de planejamento urbano pela Préfecture de la Seine.

Como conseqüência geral, a maior parte da arquitetura moderna em Paris nos anos 20 consistia de

4. *Russland*, p. 13.

uma determinada *maison-type*, a casa-estúdio, deformada a ponto de não ser reconhecida por fatores casuais ou pessoais. Assim, o estúdio-tipo puro aparece com muito maior freqüência nos projetos de Le Corbusier do que em suas obras construídas, e André Lurçat, o construtor de estúdios mais prolífico chega realmente perto do tipo apenas em uma ocasião, em uma casa em Boulogne-sur-Seine, no final da década. Contudo, embora o tipo pudesse ficar obscurecido, ele jamais estava ausente por muito tempo dos pensamentos dos arquitetos, e freqüentemente coloria os planos para edifícios com funções bastante diferentes. A existência do tipo data do século anterior, quando podia ser freqüentemente encontrado em sua forma pura de uma casa longa, estreita, com suas dimensões fixadas pelas dimensões normais de um lote parisiense para construção. Uma vez que geralmente estava encostado a outros edifícios em ambos os lados, suas janelas encontravam-se todas nas pontas, e geralmente aquelas da ponta norte estavam amalgamadas em uma única extensão de vidro, muitas vezes com dois andares de altura e estendendo-se de parede a parede a fim de iluminar o estúdio.

O estúdio de dois andares também pode ser tomado como um aspecto dado, muitas vezes com um balcão para guardar coisas ou para dormir situado em seus fundos, que podia ser alcançado por uma escada em espiral ou por uma escada de mão, especialmente quando os estúdios eram colocados uns sobre outros em edifícios de vários andares, como acontecia no sopé de Montmartre. Em tais casos, quaisquer outros aposentos que fossem necessários geralmente encontram-se nos fundos do estúdio, mas em casas de um só estúdio era mais freqüente estarem situados sob o mesmo. A dificuldade de travejar toda a largura do estúdio com vigas suficientemente fortes que pudessem sustentar outros quartos foi um dos principais fatores determinantes do planejamento para cima; porém, mesmo quando o concreto armado já havia superado essa dificuldade, esse arranjo permanece como costume — embora, por exemplo, Perret o inverta na Casa Orloff, colocando o estúdio no andar térreo. A outra forma de seção, com os quartos menores situados atrás do estúdio, era a preferida de Le Corbusier, que continuou a usar a planta longa e estreita, com o estúdio com dupla altura e balcão para dormir, mesmo em seus planos dos anos 50 (como nos apartamentos de Marselha), mesmo em edifícios que não eram destinados a estúdios (onde o cômodo de pé-direito duplo transforma-se em sala de estar), e mesmo em edifícios que não estavam em locais estreitos e longos (como na casa isolada de Weissenhof) e que não precisavam ter suas janelas confinadas às paredes mais estreitas.

Existia uma aguda divergência na maneira pela qual os arquitetos enfrentavam o problema da fachada da casa-estúdio. A janela da face norte dá para a rua com muito maior freqüência do que nos faria supor uma estatística por média e, assim, é obrigada a partilhar da elevação com a entrada, provavelmente portas de garagem e uma ou mais janelas pequenas. Perret e seus seguidores empregam uma moldura exposta fortemente acentuada, e distribuem as várias aberturas dentro dela, de modo a criar ao menos uma ilusão de simetria. Os outros, Mallet-Stevens, Lurçat, Le Corbusier e seus seguidores, responsáveis aproximadamente por quatro dentre cada cinco estúdios construídos na década de 20, exploram a diferença de tamanho e função das aberturas a fim de criar um padrão assimétrico de buracos feitos em uma superfície plana branca [5], sobre a qual espalhou-se reboco para obliterar a distinção entre suporte e carga, moldura e enchimento.

Para tanto, eles podiam lançar mão do apoio da tradição — não a tradição dos arquitetos profissionais, mas a dos edifícios nacionais da região de Paris, pois a cidade ainda oferece muitos exemplos de edifícios utilitários despretensiosos, com janelas de vários tamanhos, colocadas assimetricamente sobre paredes rebocadas de branco. Foram as pinturas de Utrillo que chamaram a atenção para tais edifícios, que constituem seu principal tema, e o mesmo foi feito pela revista cubo-futurista *Sic,* que exortou seus leitores, em 1916:

5. Na Rue du Belvédère, em Boulogne-sur-Seine, e na vila Seurat, nas imediações da Rue de la Tombe-Issoire, podem ser encontradas, quase uma ao lado da outra, a solução de Perret e a solução preferida pelos modernistas mais jovens.

349

Aimons la maison neuve
Aimons la maison blanche

o que, a julgar pelos elaborados acabamentos de superfícies preferidos pelos arquitetos profissionais da época, só pode referir-se aos edifícios nacionais caiados de branco.

Ao menos Le Corbusier, porém, tinha outras razões para admirar a arquitetura caiada de branco, razões que parecem estar envolvidas com suas próprias experiências como pintor, e suas teorias sobre a beleza da banalidade. Ao fazer uma resenha da seção de arquitetura do *Salon d'Automne* de 1922, em *L'Esprit Nouveau,* ele escreveu, queixando-se de uma preocupação com materiais luxuosos:

> Se a casa é inteiramente branca, o desenho das coisas ressalta sem qualquer possível transgressão, os volumes das coisas aparecem claramente, a cor das coisas é explícita.

Até aqui, podia tratar-se de um pintor louvando as virtudes de trabalhar sobre um fundo branco, mas ele prossegue no assunto até o ponto em que o caiado torna-se uma espécie de *couleur-type,* com tonalidades folclóricas.

> O caiado é absoluto; sobre ele, tudo é realçado, tudo se inscreve absolutamente; ele é sincero e leal. O branco é a riqueza do pobre e do rico, de todos os homens — assim como o pão, o leite e a água são a riqueza do escravo e do rei.

Assim, a arquitetura nacional de Paris provoca nele reflexões que se enraízam profundamente em sua experiência e em suas teorias, mas também fez com que ele concebesse algo mais específico: o projeto para a Maison Citrohan. Essa casa simples é quase um *studio-type* puro, mas Le Corbusier fornece-lhe uma derivação que é tanto caracteristicamente inesperada quanto grandemente devida à autoridade do nacional [6]

---

6. Essa é uma constatação que surgiu após os fatos, não um registro contemporâneo de seus sentimentos, e só surgiu publicado no Volume I da *Oeuvre Complète,* à p. 31. As janelas em questão tinham painéis altos e estreitos que ainda podem ser encontrados nos edifícios industriais mais antigos por toda a área de Paris, bem como nas subestações elétricas construídas em princípios da década de 20.

Estávamos comendo em um pequeno restaurante para motoristas de táxi no meio de Paris. Havia o bar (zinco), a cozinha nos fundos, um mezanino dividia em dois a altura dos aposentos, a frente abria diretamente para a rua. Simplificação de fonte de iluminação — só uma grande janela em cada ponta; duas paredes laterais, um teto chato em cima; uma verdadeira caixa que se pode tornar uma casa muito útil.

enquanto que as janelas da Maison Citrohan, como a da maioria das casas-estúdio de Paris naquele tempo (1920), se inspiravam em outra tradição nacional.

Havíamos observado que as vidraças das fábricas nos subúrbios de Paris deixavam que a luz entrasse e impediam que os ladrões entrassem, sem qualquer dificuldade em unir esses dois propósitos. E era esteticamente muito atraente, usado com muita ponderação.

Mas *Citrohan* é um trocadilho com *Citroën,* e levanta um problema que só pode ser discutido dentro do contexto do primeiro livro que Le Corbusier escreveu com essa assinatura, *Vers une Architecture.*

17. VERS UNE ARCHITECTURE

O primeiro livro de Le Corbusier sobre arquitetura, livro que provaria ser um dos mais lidos e menos compreendidos de todos os escritos arquitetônicos do século XX, foi montado nos últimos meses de uma longa pausa em sua atividade arquitetônica — os artigos em *L'Esprit Nouveau,* dos quais o livro havia sido formado, haviam sido publicados em janeiro de 1922, alguns meses antes de que o *Salon d'Automne* daquele ano fizesse com que ele entrasse em contato com o cliente para quem construiu sua primeira casa moderna, a pequena vila em Vaucresson. A mudança ocorrida em suas idéias sobre arquitetura durante aquela pausa, de 1917 a 1923, foi tão grande que ele subseqüentemente suprimiu o trabalho da primeira fase, embora em 1921, antes de que o projeto Citrohan tomasse sua forma final, ele ainda estivesse suficientemente satisfeito com a última daquelas primeiras obras, uma casa em Chaux-de-Fonds, para fazer com que fosse fartamente ilustrada em *L'Esprit Nouveau* e para empregá-la como argumentação em *Vers une Architecture*.

De fato, para uma casa de 1917, não era nada de envergonhar. Ela mostra uma espécie de ecletismo estimulante, atualizado, semelhante ao do Pavilhão da Werkbund feito por Gropius em Colônia, três anos antes, embora uma de suas fontes estilísticas possa ter sido o motivo de sua posterior supressão do cânone corbusieriano. Ele conta que o cliente, ao ver um projeto de Perret em meio a uma pasta de desenhos do próprio Le Corbusier, disse:

Faites-moi quelque chose de semblable *

e o resultado, embora esteja longe de ser *semelhante,* é inequivocamente perretesco em sua concepção geral, fato que pode muito bem ter-se constituído em fonte de embaraço depois que modificou sua atitude em relação a Perret, em 1923. O projeto, entretanto, também tem outras fontes; atribui-se à tradição da Beaux--Arts muitos dos detalhes; os volumes globais apresentam uma semelhança notável (embora seja coincidência) com a portaria feita por Philibert del'Orme, em Anet, embora o tratamento das alas da abside pareça dever mais diretamente à Vila Ast, de Hoffmann; e a disposição geral do interior é marcadamente wrightiana: uma sala de estar com altura dupla e um balcão de acesso servindo aos dormitórios, formando o volume central de uma planta cruciforme aberta, à maneira da Casa Roberts de 1907. Pode ser que isso tenha constituído uma fonte de embaraços para ele, pois sua atitude em relação a Wright era um tanto ambivalente. Ele conhecia Berlage bem demais para não ter conhecimento da obra de Wright, e con-

* Faça-me algo parecido. (N. do T.)

tou a Sigfried Giedion que realmente havia estado na conferência de Berlage em 1913; mas, quando Wijdeveld pediu-lhe que contribuísse para o número especial da *Wendingen* dedicado a Wright, diz-se que ele respondeu "Connais pas cet architecte" [1*].

Mesmo que ele não estivesse satisfeito com a estética daquela casa, suas qualidades técnicas deveriam ter continuado a agradá-lo. Os telhados são chatos, providos de calhas internas, recurso que, mesmo em 1926, teria grandes conseqüências para ele como maneira de evitar os resultados desastrosos da neve que se derrete na cumeeira dos telhados em ângulo, para vir congelar-se nos beirais, séria ameaça à construção em Chaux-de-Fonds. Além disso, essa casa partilha, juntamente com a vila de van t'Hoff em Huis ter Heide, a distinção de ser a primeira *villa* com moldura de concreto na Europa, e esta maneira de construir era do maior interesse técnico. A estrutura e as telhas erguidas entre o final de agosto e princípios das nevascas do inverno, ponto este em que normalmente cessava o trabalho de construção em Chaux-de-Fonds; com o telhado já pronto, porém, foi possível continuar com a obra através do inverno — embora ao preço de usar tijolos aquecidos e anticongelante na argamassa.

Contudo, tudo isso seria deixado de lado quando ele idealizou o projeto Citrohan:

Com esta casa, damos as costas às idéias arquitetônicas das escolas acadêmicas — e também às das modernas.

Como já foi dito, o nome inventado Citrohan, era um trocadilho consciente

Para evitar dizer "Citroën". Em outras palavras, uma casa como um carro

conceito que introduz duas outras importantes linhas de pensamento além das que já foram discutidas em relação a esse projeto. Por um lado, havia a estética nua do *Outillage,* do equipamento em oposição à

---

1. Isso foi o que me contou André Lurçat. A versão de Wijdeveld é dada por N. Pevsner em *Architects' Journal* (Londres, 4 de maio de 1939, p. 732).

* Não conheço esse arquiteto. (N. do T.)

mobília; por outro lado, encontrava-se o sonho de uma *maison-type* produzida em série e, em 1919, quando a forma básica da Maison Citrohan tomava forma em sua mente, parecia que esse estava a ponto de realizar--se. A Companhia Voisin, ao término de seus contratos para aeroplanos, no tempo da guerra (como outras companhias de aeroplanos depois da Segunda Guerra Mundial), tentou manter sua fábrica em funcionamento ao irromper no negócio de moradias. Ao menos dois protótipos da Maison Voisin foram construídos, um simples, outro elaborado, e nenhum dos dois muito notável em termos de arquitetura, embora apresentem a peculiaridade técnica (derivada presumivelmente da prática aérea) de que os suportes do telhado estão colocados no sentido do lado maior da planta retangular, não do lado menor, e que, conseqüentemente, os frontões estão situados nos lados, não na frente e nos fundos da casa.

O próprio Le Corbusier não admite ter tido qualquer participação em seu projeto, mas a descrição que faz delas [2] mostra que estavam muito próximas de suas próprias idéias.

Até agora parecia que uma casa devia estar fixada pesadamente ao solo, pela profundidade de suas fundações, pelo peso de suas paredes grossas. (...) Não constitui um artifício o fato de a Maison Voisin ser uma das primeiras a marcar uma reviravolta nessa idéia. A ciência da construção evoluiu de maneira perturbadora em tempos recentes. A arte de construir enraizou-se firmemente na ciência.

A colocação do problema em si mesmo indicava os meios de realização, afirmando vigorosamente a imensa revolução em que embarcou a arquitetura. Quando a arte de construir é modificada de modo tão extenso, as estéticas firmadas da construção são automaticamente derrubadas.

Até aqui, Choisy atualizado. A seguir, tendo colocado o problema da construção de pós-guerra em termos de uma escassez de mão-de-obra especializada, dominada completamente por uma procura quase ilimitada de casas, ele adota um tom mais futurista.

2. A exposição sobre a casa Voisin pode ser encontrada em *L'Esprit Nouveau*, n. 2, p. 211.

... impossível esperar pela lenta colaboração dos sucessivos esforços do escavador, do pedreiro, do carpinteiro, do marceneiro, do colocador de ladrilhos, do encanador... *as casas devem ser erguidas de uma só vez, feitas por máquinas em uma fábrica, montadas como Ford monta os carros, sobre esteiras rolantes.*
Enquanto isso, a aviação estava atingindo prodígios em matéria de produção em série. Um aeroplano é uma pequena casa que pode voar e resistir às tempestades.

É nas fábricas de aviões que os arquitetos-soldados decidiram construir suas casas; eles decidiram construir esta casa como uma aeronave, com os mesmos métodos estruturais, estruturas leves, junções de metal, suportes tubulares.

Uma casa construída como um aeroplano seria uma realização bastante fiel do tipo de arquitetura exigido por Sant'Elia, construída de substitutos leves de tijolo, da pedra e da madeira, e encontra-se provavelmente um conhecimento das opiniões de Sant'Elia nos fundamentos do tom entusiástico desse trecho; suas observações finais, entretanto, parecem voltar a seu desejo de simplicidade e normalidade; ele parece especificar para essa casa um *habitant-type*.

Estas casas leves, maleáveis e fortes como carrocerias de automóveis ou estruturas de aviões, têm uma planta engenhosa: oferecem o conforto que um homem sábio poderia exigir. Para habitar tais casas, é preciso ter a mente de um sábio, animado pelo *Esprit Nouveau*. Está nascendo uma geração que saberá como viver nas Maisons Voisin.

Embora a Maison Voisin em si não apareça em *Vers une Architecture* (nem os estudos feitos por Perret de casas produzidas em série, apesar de estes terem aparecido em *L'Esprit Nouveau*), a idéia da *maison fabriquée en série*, a *maison-outil*, a *maison-type*, e vários outros isótopos da *machine à habiter* estão bastante em evidência. Contudo, aparecem somente em determinadas partes de um livro cujas partes estão relacionadas de modo tão curioso que a significação efetiva do conceito somente pode ser desenredada através de uma divisão da argumentação, examinando-se os pedaços separadamente.

Com esse procedimento, não se pratica uma grande violência, pois *Vers une Architecture* não possui uma argumentação no sentido normal da palavra. Possui, ao invés disso, uma série de ensaios retóricos ou extra-

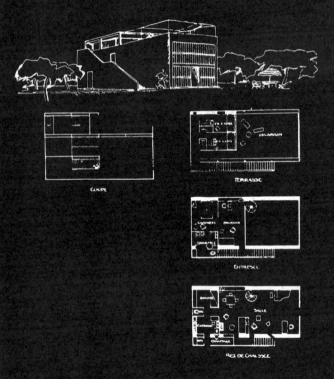

89. Le Corbusier. Projeto para a Casa Citrohan, 1920: as formas de uma típica casa-*studio* elevadas ao nível de uma habitação de produção em massa em termos universais, comparável a um carro no preço e na disponibilidade.

vagantes sobre um número limitado de assuntos, reunidos lado a lado de modo a dar a impressão de terem alguma conexão necessária. Todos os ensaios, com exceção de um, haviam aparecido em *L'Esprit Nouveau*, embora não bem na ordem que ocupam no livro, e a maioria deles está *reproduit tel*, página por página. Distinguem-se imediatamente dois temas principais, que podem ser chamados, em linhas gerais, de acadêmicos e mecanicistas. Todos os ensaios podem ser agrupados sob um ou outro desses títulos em termos de seus assuntos, e estão agrupados no livro de uma maneira que dá ênfase a essa distinção. Assim, o material acadêmico é apresentado em dois blocos compactos, o primeiro chamado *Trois Rappels à MM les Architectes*, tratando de Superfície, Volume e Plano, seguido imediatamente por *Tracés Régulateurs*. O segundo bloco, intitulado *Architecture*, contém três ensaios dedicados a "A Lição de Roma", "A Ilusão dos Planos", e "Pura Criação da Mente".

Os ensaios mecanicistas estão encaixados em volta desses dois blocos da seguinte maneira: primeiro (no livro, mas não na revista), *Esthétique de l'Ingénieur*; a seguir, depois do *Rappels*, uma seção de três ensaios sob o título *Des Yeux qui ne Voient pas*, tratando de transatlânticos, aeronaves e automóveis; e, finalmente, após *Architecture*, o capítulo sobre as casas produzidas em série, e um outro, inteiramente novo, chamado *Architecture ou Révolution*. Como se verá, embora o livro comece com uma nota mecanicista, os capítulos que realmente tratam das virtudes da maquinaria estão firmemente colocados entre duas seções cuja função principal é ensaiar as idéias mais abstratas e clássicas — *large et sévère* — da tradição acadêmica, de modo que o leitor que percorre o livro do princípio ao fim fica com a impressão de estar sendo conduzido por uma argumentação ordenada, na qual o desenho mecânico encontra-se como um necessário estágio intermediário entre certos fundamentos abstratos do desenho e as glórias do Parthenon. Essa impressão é reforçada por uma judiciosa mistura de assuntos nas ilustrações e legendas. Assim, plano e superfície são ilustrados por fotografias de silos de cereais e por edi-

359

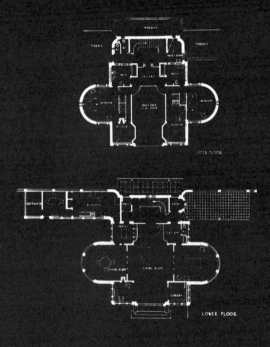

90-91. Le Corbusier, *Villa* em Chaux-de-Fonds, Suíça, 1916: o último trabalho da primeira carreira de Le Corbusier como arquiteto, comparável em seu brilho técnico e em seu ecletismo ao Pavilhão da Werkbund de Gropius e Meyer em 1914 (cf. Figs. 29 e 30).

fícios fabris norte-americanos, respectivamente, enquanto que Pura Criação apresenta suas fotografias do Parthenon e da Propylaea sobre legendas como

> Voici la machine à émouvoir *

ou

> Toda esta maquinaria plástica é realizada em mármore, com o rigor que aprendemos a aplicar na máquina. A impressão é de aço nu, polido.

Essa fusão do mecânico e do clássico atinge uma espécie de apoteose no capítulo sobre automóveis. Nele, em duas páginas opostas, o leitor encontra, em cima, a Basílica de Paestum à esquerda, e o Parthenon, à direita e, embaixo um Humber de 1907 e um Delage de princípios da década de 20. Após alguma reflexão, o leitor percebe que isso deve supostamente ser lido de uma página à outra, o que implica um progresso equivalente entre Humber e Delage ao que existe entre Paestum e Acrópole, mas a resposta imediata parece ser sempre a de ler de cima para baixo da mesma página, o que produz uma imagem de contraste, como a existente entre o carro de corrida e o *Nike* de Samotrácia de Marinetti. As quatro ilustrações juntas estão claramente destinadas a serem lidas com algum sentido semelhante, bem como no sentido do progresso no *design;* isso não é de surpreender, posto que outras versões da imagem de Marinetti estavam em voga em Paris naquela época. Assim, em fevereiro de 1922, Francis Picabia mutilou-a [3], tendo em vista seus próprios objetivos, como

> Tristan Tzara... decidiu colocar sua cartola em uma locomotiva: obviamente, isso é mais fácil do que colocá-la na *Vitória* de Samotrácia

e, em 1927, um leitor de *L'Effort Moderne* queixou-se de que

> Andando pelos Champs-Élysées, vi, em um carro exposto na loja de um fabricante de automóveis, uma tampa de

---

* Eis a máquina de emocionar. (N. do T.)
3. No panfleto *Pomme du Pin*, que ele publicou em St. Raphaël em 1922.

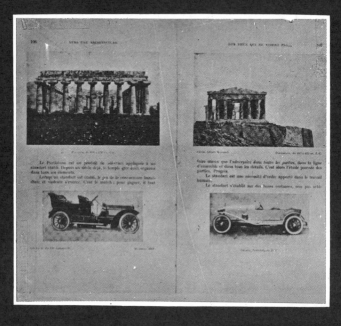

92. Página de abertura de *Vers une architecture*, de Le Corbusier, Paris, 1923: demonstrando uma reminiscência da tipografia e da economia da *Histoire* de Choisy, Le Corbusier faz aqui sua mais comentada e influente comparação entre a arquitetura e as máquinas; o progresso do templo grego e o progresso do automóvel.

radiador representando uma *Vitória* de Samotrácia em miniatura [4], parecendo completamente ridícula e bastante oposta à ordem precisa, simples e lógica do carro em si.

A intenção de Le Corbusier, entretanto, não é apresentar uma *contradiction d'esprit* entre o mecânico e o clássico. Muito pelo contrário, ele se propôs, seguindo a linha firmada por Severini e Gleizes, a estabelecer uma analogia, se não uma equivalência, entre os dois:

> Essa precisão, essa limpeza de execução pode ser traçada, no passado, até mais longe do que nosso senso mecânico renascido. Fídias sentia dessa maneira; disso é testemunha o entablamento do Parthenon.

e, através de todo o livro, a arquitetura clássica e o *design* mecânico são representados como tendo em comum idéias como "seleção aplicada a um padrão" e a eliminação de acidentes de um tipo.

Tendo em mente essa suposta analogia ou equivalência, podemos agora voltar-nos para o conteúdo dos ensaios individuais, tomando primeiro aqueles de temas acadêmicos, porque revelam os processos estéticos de Le Corbusier. Os três *Rappels* estão unidos pela proposição.

> Massa e superfície são os elementos pelos quais a arquitetura se manifesta. Massa e superfície são determinadas pelo plano. O plano é o gerador.

e o primeiro capítulo, sobre Volume (Massa), principia com a afirmação inúmeras vezes citada:

> L'Architecture est le jeu savant, correct et magnifique des volumes assemblés sous la lumière *.

De modo típico, essa afirmação contém uma proposição de consenso tão comum a ponto de ser evidente por si mesma — a arquitetura é um jogo de volumes, apreciado pelos olhos —, na qual estão injetadas as expressões intangíveis *savant, correct et magnifique,* e a palavra *assemblés* carregada de sentido. Se for a *assemblage,* como parece provável, que tem de ser *correct,* etc., parece-nos então estar lidando com

---

4. Quase com toda certeza, deve ter sido um Rolls-Royce.

* A arquitetura é o jogo magistral, correto e magnífico, de massas reunidas sob a luz. (N. do T.)

363

93. Le Corbusier. Exterior do Pavillon de l'Esprit Nouveau, Exposição das Artes Decorativas, Paris 1925: esta metade do pavilhão era uma unidade do projeto Immeuble-villas — cada unidade era, com efeito, uma Casa Citrohan e um terraço de jardim.

94. De Corbusier. Interior do Pavillon de L'Esprit Nouveau, Paris, 1925: mobiliado com equipamento extraído dos catálogos dos fabricantes (cf. Fig. 83).

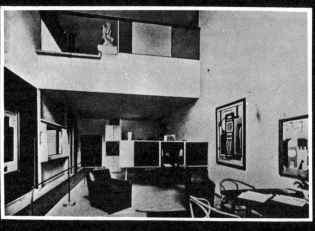

algo semelhante à *composition* de Guadet (fato que pode ser confirmado por um exame dos outros escritos e dos edifícios de Le Corbusier) e, nesse caso, as três intangíveis não estão situadas além de toda interpretação. *Correct* implica um padrão de juízo, ou um corpo de regras. *Savant,* que esse padrão ou regras são conhecidas e compreendidas, e *Magnifique,* que elas são aplicadas, provavelmente, com talento ou imaginação. Mas deixa-se vaga a natureza precisa das regras — no princípio do capítulo parece que elas consistem no emprego dos sólidos regulares de Filebo:

... cubos, cones, esferas, cilindros ou pirâmides são as grandes formas primárias que a luz revela vantajosamente... estas são *formas belas, as mais belas formas.*

enquanto que, ao final do mesmo capítulo, ao discutir com mais debates os silos norte-americanos, as regras parecem ser as leis da natureza:

Não à procura de uma idéia arquitetônica, mas simplesmente guiados pelos resultados de cálculos (derivados dos princípios que governam nosso universo) e pelo conceito de um organismo vivo, os engenheiros de hoje fazem uso de elementos primários e, ao coordená-los de acordo com as regras, provocam em nós emoções arquitetônicas e, assim, fazem com que o mundo do homem fique em uníssono com a ordem universal.

Esse parágrafo é crucial para essa parte da argumentação e para uma grande parte do resto do livro. As *formes primaires* da primeira citação tornam-se inteiramente guadetescas ao transformarem-se em *éléments primaires* (o que é bastante fácil com relação aos silos, onde os componentes funcionais aproximam-se tanto dos sólidos de Filebo), coordenados *suivant les règles.* Aqui, porém, entra em cena uma nova ambigüidade — devem essas regras ser equiparadas aos princípios que geram nosso universo? Embora não exista qualquer motivo externo para que elas devam ser, parece ser necessário à argumentação de Le Corbusier que alguma equivalência dessa ordem seja aceita pelo leitor, caso contrário a concordância das formas não-arquitetônicas dos silos com suas próprias preferências estéticas pode não passar senão de uma coincidência.

Um processo um tanto semelhante é seguido para a Superfície, ilustrada por vistas de fábricas com estruturas de concreto para exemplificar as *formules d'atelier* "*accuser la forme*" e "*modeler la surface*", mas o capítulo sobre o Plano é diferente. Agora, silos e fábricas são-lhe de pouca valia, e ele lança mão de ilustrações da *Histoire* de Choisy, de Garnier e de Perret. As ilustrações familiares de Choisy tornam muito visível a ligação entre o plano e a forma total de um edifício, mas, em si, não deixam claro até que ponto o plano cria a forma, e até que ponto aquele deriva da forma e das técnicas usadas para criá-la — isto é, vãos que podem ser superados, espessura de parede necessária para sustentar vários tipos de telhado. Le Corbusier nem mesmo faz alusões a esta segunda possibilidade — para ele não há qualquer dúvida quanto à primazia da planta.

A planta está em sua base. (...) A planta traz dentro de si um ritmo primário e predeterminado. (...) A planta traz dentro de si mesma a verdadeira essência da sensação.

Essa insistência sobre a importância da planta faz eco, se é que não repete em seus detalhes, ao peso atribuído às elegâncias do padrão de papel de uma planta de edifício na École des Beaux-Arts, onde, de acordo com Guadet, sendo os elementos de um edifício de estrutura e forma convencionais, sua distribuição na planta determinava largamente a aparência do exterior. Mas parece que Le Corbusier também teve em mente a idéia de plantas como uma espécie de segredo profissional, pois essa idéia surge nos escritos de Pierre Urbain, que esteve muito sob sua influência, e que fala [5] do público leigo como estando

... raramente em posição de compreender a influência de suas próprias necessidades sobre a arquitetura de seu tempo, uma vez que preferem acima de tudo *a planta*, e somente uma educação profissional de padrão bastante avançado nos permite julgá-la, ou mesmo ler sua disposição.

Em todo caso, tendo declarado a influência determinante da planta, Le Corbusier a seguir mina sua ar-

5. Também no número especial do *Journal de Psychologie Normale*.

gumentação ao oferecer, no capítulo seguinte, uma ordem estética quase independente para as elevações — *Les Tracés Régulateurs*. Sua opinião a respeito é tão forte que não somente afirma que são boas e necessárias como também faz um apelo à história:

> O passado, porém, deixou-nos provas, documentos iconográficos, monolitos, pranchas, pedras com inscrições, pergaminhos, manuscritos, impressos. (...)

Infelizmente, o uso que ele faz da evidência histórica é extremamente desleixado e, assim, este capítulo apresenta-o sob uma luz desfavorável. As linhas traçadas a tinta sobre fotografias da Porte Saint Denis e sobre a fachada de Notre-Dame constituem uma versão inexata do diagrama de Blondel, no primeiro caso, e, no segundo, ultrapassam a escala por mais de trinta centímetros; aquelas sobre fotografias do Capitólio de Roma e do Petit Trianon são mais convincentes porque não demonstram nada que não se sinta (como Choisy fez em relação a Serlio) ter sido impossível demonstrar apenas por números. Quando se baseia em coisas aprendidas por livros, ele inspira ainda menos confiança: Le Corbusier evidentemente compreendeu mal a reconstrução feita por Choisy da fachada do arsenal do Pireu, e acha que é uma cópia de um desenho grego original, enquanto um dos dois diagramas de domos aquemênidas que ele extrai de Dieulafoy está desenhado com tão pouca exatidão que se chega a pensar que ele não compreendeu a forma do edifício.

Não obstante, a tendência desses primeiros quatro capítulos acadêmicos fica bastante clara: ele prefere uma arquitetura de formas geométricas tão elementares que a principal arte do projeto encontra-se na distribuição daquelas na planta e na distribuição dos incidentes sobre suas superfícies. O segundo grupo acadêmico toma um tema diferente: que o funcionalismo não basta.

> A arquitetura vai além das necessidades utilitárias.
> Emprega-se pedra, madeira e concreto, e com tais materiais constroem-se casas e palácios. Isso é construção. A engenhosidade está trabalhando. Mas, repentinamente, meu coração é tocado, fazem-me bem, fico feliz e digo "Isto é belo". Isso é Arquitetura. A arte faz parte dela.

Cada capítulo dessa seção trata das qualidades espirituais de alguma maneira, e o terceiro o faz especificamente. O primeiro, "A Lição de Roma", louva os antigos romanos por sua dedicação aos sólidos regulares de Filebo, e por seu senso de ordem; da Roma medieval, ele escolhe Santa Maria em Cosmedin por sua abstinência e simplicidade, e a arquitetura de seus púlpitos (aos quais sua atenção provavelmente foi dirigida pela descrição feita por Choisy do mobiliário litúrgico em San Clemente); da Roma renascentista, ele escolhe Michelangelo, a quem coloca no mesmo nível de Fídias, no topo da realização humana, e, em um trecho justificadamente célebre, ele louva a catedral de São Pedro por sua

... gigantesca geometria de relacionamentos harmônicos... os modelados são de um caráter intensamente apaixonado, rudes e patéticos.

Finalmente, denuncia *la Rome des Horreurs,* a Roma de Vignola a Victor Emmanuel, e conclui

O Grande Prêmio de Roma e a Vila Medici são o câncer da arquitetura francesa.

O capítulo seguinte, "A Ilusão das Plantas", continua esse ataque contra a École, mas, como se poderia esperar tendo em vista o capítulo anterior louvando a planta, o ataque não é radical.

Em uma grande instituição pública, a École des Beaux--Arts, os princípios do bom planejamento foram estudados e, então, com a passagem do tempo, foram firmados dogmas, receitas e artifícios. Um método de ensino bastante útil no começo transformou-se em prática perigosa.

A prática perigosa à qual ele faz objeções é um excesso de ênfase sobre a planta enquanto obra de arte por si mesma e, principalmente do planejamento em estrela por si mesmo. Contra isso, ele insiste que

Uma planta segue de dentro para fora

e depois, ao contrário, fornece uma descrição dos volumes internos da Mesquita Verde em Brousa na direção oposta, isto é, tal como é vista por um visitante que vai de fora para dentro. Contudo, esse pequeno exercício na descrição do interior de edifícios, como estes são realmente vistos, fornece uma chave útil para o significado de um capítulo obscuro e elaborado. Na descrição de edifícios reais e escavações arqueológicas, fica claro que quando ele diz *planta*, geralmente quer dizer uma seqüência de volumes interiores da maneira como são concretamente sentidos pelo visitante e, quando diz *eixo*, quer dizer o caminho pelo qual aqueles são atravessados, ou uma linha de visão pela qual podem ser vistos:

> O eixo da Acrópole vai do Pireu a Pentelicus, da montanha até o mar.

e isto, tomado juntamente com algumas considerações muito perspicazes sobre a localização visual e a topologia que pode ser percorrida a pé, da Acrópole, do Forum em Pompéia, e da vila de Adriano, parece revelar uma revivescência, em termos muito pessoais e um tanto místicos

> l'axe est dans les intentions... *

das considerações pitorescas feitas por Choisy sobre alguns dos mesmos monumentos — de fato, as ilustrações da Acrópole feitas por Choisy aparecem uma vez mais nesse capítulo.

A terceira parte de *Architecture*, "Pura Criação da Mente", consiste principalmente de reproduções de algumas fotos extremamente boas da antiga arquitetura grega, sustentadas por textos e legendas que ressaltam dois pontos. O primeiro, contra o Funcionalismo, e também contra conceitos do século XIX a ele associados, tais como o Naturalismo, como no seguinte trecho, baseado duvidosamente na observação pessoal:

> Alguns autores declaram que a coluna dórica foi inspirada por uma árvore brotando da terra, sem uma base etc. (...) Isso é sumamente falso, uma vez que não se conhecem árvores de troncos retos na Grécia, onde apenas crescem pinheiros baixos e oliveiras retorcidas. *Os gregos criaram um sistema plástico...* tão puro que quase dá uma sensação de crescimento natural. Porém, não obstante isso, ele é inteiramente criação do homem...

* o eixo encontra-se nas intenções... (N. do T.)

Esta coincidência de natural e de humano é atribuída a uma

> concordance avec l'axe qui est en l'homme *

o que nos traz de volta ao assunto do capítulo anterior.

O segundo ponto realçado relaciona, quase por si mesmo, os capítulos acadêmicos com a metade mecanicista do livro. Chega-se à conclusão de modo oblíquo, bem no princípio do capítulo:

> Perfil e contorno (isto é, *modénature*) são as pedras de toque do arquiteto. É ali que ele se revela como artista ou como mero engenheiro.

contudo, apesar desse baixo valor conferido aos engenheiros, seus termos-padrão de elogio nas legendas às fotografias em detalhe da *modénature* de caneluras, *echinoi, guttae* etc., são tirados da engenharia.

> A curva do *echinus* é tão racional quanto a de uma grande concha. A secção da cornija é tão precisa quanto o perfil de um engenheiro.

A intenção é clara: a tecnologia contemporânea deve ser considerada como um exemplo para a arquitetura contemporânea que declina dos padrões gregos de *moralité dorique*. Isso fica explícito desde as primeiras palavras do primeiro capítulo do livro:

> A estética do engenheiro e a arquitetura — duas coisas que caminham juntas e são conseqüência uma da outra — uma, em toda sua estatura, a outra, em um infeliz estado de retrocesso

insiste-se nessa comparação desfavorável repetidas vezes no primeiro capítulo.

> Existe na França uma grande escola nacional de arquitetura, e existem, em todos os países, escolas de arquitetura de vários tipos, com a finalidade de mistificar as mentes jovens e ensinar-lhes a subserviência do bajulador.
> Nossos engenheiros são saudáveis e viris, ativos e úteis, equilibrados e felizes em seu trabalho. Nossos arquitetos são desiludidos ou desempregados, exibicionistas ou entediados.
> Os arquitetos, emergindo das escolas, (...) entram na cidade como se fossem leiteiros que vão vender seu leite misturado com vitríolo ou veneno.

* concordância com o eixo que está no homem. (N. do T.)

Além dessa elevação do engenheiro ao *status* de um nobre selvagem do *design* na tradição de Marinetti e Loos, e uma pré-colocação (na revista, uma recolocação) do tema:

> O propósito da construção é fazer com que as coisas se mantenham unidas, o da arquitetura é comover-nos.

O primeiro capítulo introduz o conceito da casa como um *outil* (utensílio) e, juntamente com ele, faz um elogio à moralidade da não-durabilidade que constitui uma extensão da frase dos futuristas: "Nossas casas irão durar menos do que nós".

> Uma questão de moralidade. A falta de verdade é intolerável, perecemos na inverdade.
>
> A arquitetura é uma das mais urgentes necessidades do homem, pois a casa sempre foi o primeiro e indispensável utensílio que ele forjou para si mesmo. Os utensílios do homem marcam os estádios da civilização... o resultado de sucessivas melhoras, o esforço de todas as gerações encontra-se incorporado neles.

Tendo assim combinado as idéias de Choisy e de Paul Valéry, Le Corbusier deixa claro que as gerações colaboraram nesses aperfeiçoamentos sucessivos principalmente ao jogarem fora os produtos de seus ancestrais:

> Jogamos o utensílio desatualizado no monte de entulho: a carabina, a colubrina, o cabriolé e a velha locomotiva. Essa ação é uma manifestação de saúde, de saúde moral, também de moral; não está certo que devamos produzir coisas ruins por causa de utensílios ruins, nem está certo que devamos gastar nossas energias, nossa saúde e nossa coragem por causa de um utensílio ruim; ele deve ser jogado fora e substituído.

Mas as casas, por várias razões, não foram jogadas fora e substituídas.

> Os arquitetos trabalham em "estilos" ou discutem questões de estruturas que estão ou não em voga: seus clientes, o público, ainda pensam em termos de aparência convencional, e raciocinam com fundamento na educação insuficiente. Nosso mundo exterior foi transformado enormemente em sua aparência externa e no uso para que se presta em razão da máquina. Ganhamos uma nova perspectiva e uma nova vida social, mas até agora ainda não adaptamos a casa para isso.

Aqui, pode-se distinguir dois conceitos principais: o estabelecimento de objetos aperfeiçoados (tipos) através da prática de jogar fora; e a criação de um novo ambiente mecanizado em que nem os interesses estilísticos da Beaux-Arts, nem o racionalismo estrutural da Polytechnique são de qualquer valia. Em ambos esses conceitos encontra-se a tecnologia, simultaneamente, enquanto uma crítica às condições do presente e enquanto um padrão de emulação para o futuro, e ela ocupa essas duas mesmas posições, não só pelo resto do capítulo, mas também por todo o resto da argumentação, particularmente na seção *Des Yeux Qui Ne Voient Pas*.

No primeiro destes capítulos, sobre transatlânticos, a tecnologia é usada para fixar o verdadeiro estilo da época, como ele o via. O capítulo principia com uma refrega de polêmica contra uma escola de *designers* cujo defensor público era Guillaume Janneau, que havia cometido o imperdoável crime de usar *Tracés Régulateurs* para criar decoração "estilística" (ou seja, *Art Nouveau* classicizada) fora de moda. Uma vez que ele sustentava que

A arquitetura não tem nada a ver com os vários "estilos"

viu-se forçado a sugerir aquilo com que a arquitetura tem a ver e, como Mondrian, Oud e muitos outros, teve de propor, primeiro, que

Nossa própria época está determinando, dia a dia, seu próprio estilo

e, segundo, que este estilo pode ser encontrado em uma lista de objetos que são (de modo quase inevitável) um conglomerado de preferência futurista e da Werkbund, embora com tendências a *objets-type*:

Nossa vida moderna... criou seus próprios objetos, sua roupa, sua caneta, seu lápis sempre apontado, sua máquina de escrever, seu telefone, sua admirável mobília de escritório, suas vidraças e suas "inovações", o aparelho de barbear e o cachimbo, o chapéu coco e a limusine, o navio a vapor e o aeroplano.

A razão pela qual estes *objets-type* determinam o estilo está bastante clara: eles se encaixam muito bem em suas preferências filebianas, embora Le Corbusier logo aniquile qualquer esperança de que possa vir a admitir esse fato ao dizer, no capítulo seguinte:

A lição dada pelo aeroplano não está primariamente nas formas que criou

embora não se possa deixar de notar que ele seleciona aeronaves de formas regulares filebianas, para não dizer palladianas, e quando ele passa a discutir os benefícios dos transatlânticos, somente o faz enquanto pode aplicar o mesmo que aplicou em relação a aeronaves e carros.

Assim, embora o tema principal desses três capítulos seja, diz ele, *manières de penser* e, não problemas formais, as ilustrações constantemente reafirmam suas admirações estéticas, mais enfeitando do que servindo para apresentar a argumentação. Assim, embora o capítulo sobre automóveis pretenda referir-se às virtudes da padronização e aos benefícios da concorrência, ele não contém ilustrações de quaisquer veículos que pudessem ser considerados estandardizados (exceto no sentido mais inferior de que todos têm uma roda em cada canto) ou que fossem concorrentes efetivos, quer no comércio, quer no esporte. A função da maioria das ilustrações é manter uma espécie de fluente sermão visual sobre a probidade estética, da mesma maneira como ele pode ler um sermão sobre moralidade dórica nas pedras do Parthenon. Ao mesmo tempo, eles provocam nele pensamentos da seguinte ordem: sobre transatlânticos

Se esquecermos por um momento que um navio a vapor é uma máquina de transporte, e o considerarmos com um olhar novo, sentiremos que estamos diante de uma importante manifestação de temeridade, disciplina, harmonia, beleza que é calma, vital e vigorosa. Um arquiteto com intenções sérias, olhando-o como arquiteto (isto é, como criador de organismos), encontrará em um navio a vapor sua libertação de uma escravização secular mas desprezível ao passado.

sobre aeronaves

O problema da casa ainda não foi colocado.
O aeroplano nos demonstra que um problema que é bem colocado encontra solução. Desejar voar como um pássaro é colocar mal o problema, e o *Bat* de Adler jamais chegou

373

a deixar o solo... procurar um meio de erguer-se no ar, e um meio de propulsão, era colocar o problema de maneira adequada [6]: em menos de dez anos todo o mundo podia voar.

sobre carros

> Exibamos, então, o Parthenon e o automóvel, de modo que possa ficar claro que é uma questão de dois produtos de seleção em campos diferentes. (...) E daí o quê? Bem, resta usar o automóvel como um desafio em relação a nossas casas e a nossos grandes edifícios. É aqui que chegamos a uma parada total. "Rien ne va plus". Aqui não existem Parthenons.

Contudo, *Des Yeux Qui Ne Voient Pas,* considerado como um todo, é notável principalmente por constituir o principal veículo para as idéias de Le Corbusier sobre planejamento de casas. Essas idéias professam ser somente de significação técnica

> O padrão da casa é questão de ordem prática e construtiva,

sob a rubrica muito citada (a qual, entretanto, jamais chega a aparecer no corpo desse capítulo)

> La maison est une machine à habiter *.

e são resumidas, em seus aspectos puramente técnicos, no *Manuel de l'Habitation* (que se encontra no final do capítulo sobre aeronaves), com seus famosos *slogans*:

> Exija um banheiro de face sul, um dos maiores cômodos da casa...
> Exija paredes nuas... com nichos e armações que tomem o lugar da maior parte da mobília
> Se puder, coloque a cozinha em cima da casa a fim de evitar cheiros...

---

6. Deve-se notar que ele não discute o problema de penetração neste contexto, nem o problema de controles — isto é, ele formula o problema da aviação da maneira como foi formulado por Chanute ou Lilienthal; se o fez, porém, tendo conhecimento do trabalho destes, não está claro. De modo bastante irônico, o *Bat* de Adler provou ser capaz de voar antes de *L'Esprit Nouveau* deixar de ser publicado, e o fato foi mencionado em suas páginas, sem qualquer comentário além de que ele contribuía para a glória da França enquanto país pioneiro na aviação! A questão da penetração, da aerodinâmica, é discutida mais adiante em *Vers une Architecture*, mas sem que se faça qualquer referência a aeroplanos!

* A casa é uma máquina de morar. (N. do T.)

Exija iluminação indireta ou difusa.
Exija um aspirador de pó.
Ensine a seus filhos que uma casa só é habitável quando está cheia de luz e de ar, quando o chão e as paredes estão limpas.
Escolha um apartamento menor do que aquele a que foi acostumado por seus pais...

Este documento dirige-se claramente (e isso é admitido por ele) mais ao público leigo do que a arquitetos, e pode ser considerado como uma espécie de folheto sobre como seria a vida nas casas produzidas em série que ele havia visualizado, pois as palavras de encerramento na nota de rodapé no final do capítulo são:

... construire en série des machines à habiter *

e fazem claramente referência a *maisons en série*.

Antes, porém, que o leitor chegue a esse capítulo, ele é confrontado com os três capítulos que formam *Architecture*, e já foi bombardeado com afirmações de que o funcionalismo só não basta. Se ele for convencido pelo que veio antes, pode-se presumir que o leitor tomará os projetos reproduzidos em *Maisons en Série* como sendo mais do que funcionais, como sendo arquitetura. De fato, entretanto, as observações finais de Le Corbusier sobre o assunto sugerem que não o são, como será visto mais adiante. A maior parte do capítulo está ocupada com uma visão dos próprios projetos do autor no campo das habitações produzidas em série, tendo sido criado um espaço para uma revisão bastante completa por meio da supressão de duas páginas dedicadas a Auguste Perret, que haviam aparecido em *L'Esprit Nouveau*. Os planos podem ser caracterizados pelos métodos de construção empregados: *Dom-ino* (colunas e pranchas de concreto), *Monol* (paredes em vários materiais e arcos de concreto em segmento) e Citrohan (paredes laterais e travessas de concreto). O ponto culminante vem com as *Immeubles-Villas,* nas quais as unidades habitacionais, cada uma delas consistente de uma casa Citrohan modificada, com um jardim ao lado, estão reunidas em blo-

---

* ... construir máquinas de morar em série.

375

cos gigantescos com cinco ou seis casas de altura e até doze unidades de comprimento, voltadas para dentro, para jardins, e com complicados serviços em vários níveis e caminhos passando entre os fundos dos pares de edifícios vizinhos. Comida, bebida e serviços domésticos seriam fornecidos como nos hotéis, e o estacionamento de carros seria subterrâneo, sob os jardins e campos de esporte.

A escala, as suposições de planejamento urbano, o modo de vida visualizado para o habitante são futuristas, enquanto que a idéia de *villas* reunidas em edifícios bem ventilados condensa duas das necessidades arquitetônicas notadas por Marinetti em *Le Futurisme*. Le Corbusier, entretanto, discorda dos futuristas ao sustentar (e, nas circunstâncias alteradas do pós-guerra, provavelmente tinha razão) que, enquanto as técnicas, os mecanismos e as necessidades sociais para uma tal arquitetura já existiam, as pessoas não estavam ainda preparadas para ela.

O estado de espírito certo não existe

e ainda se dedicavam a

esta coisa solidamente construída que se propõe desafiar o tempo e o desgaste, e que é um luxo dispendioso por meio do qual se pode demonstrar a riqueza.

Para ele, isso era um bloqueio decisivo do progresso, que não poderia ser iniciado até que fossem erradicados os preconceitos arquitetônicos firmados:

Se eliminarmos de nossos corações e mentes todos os conceitos mortos em relação à casa, e olharmos para o problema de um ponto de vista crítico e objetivo, chegaremos à casa-máquina (*maison outil*), à casa produzida em massa, saudável (também moralmente) e bela da mesma forma como os utensílios de trabalho e os instrumentos que acompanham nossa existência são belos

Essa erradicação do preconceito, porém, apenas iria facilitar a construção de casas que possuíssem a beleza dos utensílios [7] e, nesse contexto, isso significaria

---

7. Em edições posteriores de *Vers une Architecture*, aparentemente percebendo que havia deixado um vazio crucial em sua argumentação, nesse ponto, ele acrescentou as palavras "Belos também com toda a animação que a sensibilidade do artista pode acrescentar a elementos severos e de puro funcionamento".

logicamente que elas seriam menos do que arquitetura. Mas não parece ser isso que Le Corbusier pretende dizer, e nós nos encontramos frente a uma ambigüidade semelhante àquela dos capítulos anteriores, existente entre as leis da natureza e as regras da arte. Essa ambigüidade aprofunda-se no capítulo final, que foi escrito como uma *coda* concluinte e unificante das peças desparelhadas que formam o livro. Seu título é *Architecture ou Révolution,* mas uma vez trata quase que inteiramente da reforma técnica de habitações, ele deveria, mais uma vez, logicamente, ter sido chamado *Construction ou Révolution.* E, longe de verdadeiramente unificar os temas principais, arquitetônico e mecânico, do livro, ele introduziu um tema inteiramente novo: as pressões sociais resultantes das deficiências quantitativas e qualitativas das habitações na França. Uma vez que é um pedido para mais casas, supomos que o capítulo poderia ter sido interpretado como sendo um pedido em favor da arquitetura, no sentido mais baixo de mais trabalho para arquitetos, e poderia ter sido lido dessa forma nos anos 20, quando os jovens arquitetos estavam ávidos por trabalho. Seu tema explícito, porém, é a inadequação das habitações então existentes ou então concebidas para uma sociedade mecanizada, com as novas necessidades e os novos impulsos psicológicos, tais como o *esprit de corps* que podia ser encontrado nas fábricas, mas que não encontrava nada que se lhe comparasse na vida social externa. A solução exigida é

... um melhoramento, de importância histórica

na construção, planejamento e equipamento de casas, e o capítulo termina, e, com ele, o livro, com uma bela nota retórica de zelo reformista.

Perturbado com as reações que agem sobre ele de todos os quadrantes, o homem de hoje está consciente, por um lado, de um novo mundo que se está formando de modo regular, lógico e claro, que produz de maneira direta coisas que são úteis e utilizáveis e, por outro lado, ele se descobre, com surpresa, vivendo em um ambiente velho e hostil. (...)

Reina um grande desentendimento entre o moderno estado de espírito, que constitui para nós um aviso, e a sufocante acumulação de detritos seculares.

O problema é de adaptação, no qual estão em questão as realidades de nossa vida. A sociedade está cheia de um desejo violento por algo que pode ou não obter. Tudo se encontra nisso; tudo depende do esforço feito e da atenção que é dada a tais sintomas alarmantes.

Arquitetura ou Revolução.

A revolução pode ser evitada.

Fora de contexto, ou mesmo dentro somente desse capítulo, isso parece ser uma afirmação de puro protexto social mas, dentro do contexto de um livro tomado como um todo, parece ser uma afirmação de protesto contra o emprego do estilo errado — o desacordo que realmente está em questão é aquele entre dois ou mais conjuntos de formas geométricas, e esse fato é sublinhado de maneira sugestiva pela última ilustração, o cachimbo. É um objeto que já fora citado anteriormente como exemplo do estilo natural dos tempos, e que trazia para as horas de lazer algo daquela ordem geométrica que Le Corbusier aclamava como sendo característica das horas de trabalho.

Também era um objeto familiar e confortador e, portanto, também sublinha o tom de renovação de confiança nos arquitetos que percorre todo o livro. Tomando o trabalho como um todo, vemos que, mesmo que não tenha uma só argumentação, possui ao menos um *tema-lema,* que pode ser resumido como segue: a arquitetura está em desordem agora, mas suas leis essenciais de geometria clássica perduram. A mecanização não constitui uma ameaça para tais leis mas, sim, um reforço, e quando a arquitetura recuperar essas leis clássicas e fizer as pazes com a maquinaria, estará em posição de curar os males da sociedade. Nisso, Le Corbusier provavelmente estava bem de acordo com o estado de espírito da época, mesmo que ele não estivesse bem de acordo com aquele estado de espírito tal como este era entendido pelos arquitetos progressistas, pois deve-se notar que, enquanto o título original *Vers une Architecture* diz simplesmente "Em direção a uma Arquitetura" e implica, pelas evidências internas no livro, uma arquitetura absoluta ou essencial, que sempre existiu e simplesmente está fora de lugar, os títulos das tradições inglesa e alemã eram

Towards a New Architecture e *Kommende Baukunst* *, respectivamente, e davam uma inclinação inteiramente diferente ao assunto, embora não seja uma inclinação inteiramente infundada pelo texto. Em todo caso, foi precisamente essa redescoberta do velho no novo, essa justificação do revolucionário por meio do familiar, que garantiu ao livro seu enorme número de leitores e uma influência, inevitavelmente superficial, além daquela de qualquer outra obra arquitetônica publicada até hoje neste século. Ele permitiu que os homens, vendo os edifícios indubitavelmente revolucionários do autor, encontrassem neles justificativas para seus preconceitos mais enraizados — pode-se perceber que sua influência foi maior onde a tradição francesa da Beaux--Arts é mais forte. Seu grande sucesso, entretanto, não somente superou obras com um melhor raciocínio e mais genuinamente revolucionárias de outros autores como também reduziu a atenção dada a outros livros, e com melhores argumentações, do próprio Le Corbusier, que constituem o tema do capítulo seguinte.

---

* Tradução brasileira, *Por uma Arquitetura*, publicada por Ed. Perspectiva / Ed. da Universidade de São Paulo, 1974, col. Estudos, n. 27. (N. do T.)

18. LE CORBUSIER: PLANEJAMENTO URBANO E ESTÉTICO

Por volta de 1926, ano em que Le Corbusier confiou ao papel impresso suas seguintes colocações teóricas, ele se havia tornado um pouco uma figura firmada no mundo da arquitetura de Paris. A revista *La Construction Moderne,* de posição centrista, incluiu-o em uma lista de celebridades cujas opiniões sobre a crise de moradias foram discutidas pela revista; ele possuía uma meia dúzia de planos concretizados ou em construção, e até mesmo sua aparência pessoal era tema para comentários, pois ele se esforçava por apresentar-se como um *homme-type* da época, com as roupas escuras, chapéu coco, cachimbo e gravata borboleta de um engenheiro. O que o havia firmado, porém, mais do que qualquer outra coisa, fora o *Pavillon de l'Esprit Nouveau*, erigido com o apoio poderoso e necessário de Charles de Monzie, Ministro de Belas-Artes, na *Exposition des Arts Décoratifs*.

Embora os pavilhões criados por Kiesler e Melnikov fossem, sob alguns aspectos, mais avançados estética e estruturalmente, o pavilhão de Le Corbusier tinha a vantagem de ser completo: previa todo um estilo de vida doméstica em seus mínimos detalhes. Efetivamente, e deixando espaço para uma árvore existente no local, a estrutura era uma imitação em tamanho grande de uma unidade das *Immeuble-Villas*, completa com seu terreno adjacente, mobiliada com *objets-type* e obras de arte puristas. Ela criava uma localização visual inteiramente homogênea, uma criação de uma só mente, de modo que se fica tentado a compará-la com aqueles interiores desenhados completamente por mestres da geração anterior como van de Velde e Mackintosh; existe, porém, uma diferença extremamente importante. Somente a estrutura foi obra de criação da mente que criou o ambiente; o resto pretendia ser um trabalho de seleção, quase à maneira de Duchamp, dos produtos padronizados, *objets-type*, já existentes no mercado; a homogeneidade do todo provinha em grande parte da adaptação da estrutura a uma estética derivada de certas classes de *objets-type*, e à rejeição de quaisquer produtos padronizados que não obedecessem a essa estética. Embora surjam certas distorções de intenção nesse processo, e alguns objetos tivessem de ser desviados de suas funções originais (por exemplo, recipientes de laboratório como vasos de flores), o interior que resultou ficou a dever muito de seu impacto à maneira direta pela qual o equipamento produzido em série (tais como as cadeiras Thonet e Maple) podia preencher funções estéticas que se supunha, mesmo em círculos progressistas, exigissem os serviços de marceneiros. Mesmo as pinturas nas paredes eram do tipo que então se supunha poder ser reproduzido em série, no sentido tentado por

Albert Gleizes; anexado a esse *appartement-type,* havia uma espécie de rotunda que abrigava dioramas em grande escala dos dois esquemas de planejamento urbano feitos por Le Corbusier nesse período. Assim, o pavilhão, tomado como um todo, dava forma visual a todos os temas principais dos artigos sobre *design* que haviam sido publicados em *L'Esprit Nouveau* (que parou de ser editada na época da exposição) e que, em oportunidades diversas, haviam sido reimpressos em forma de livro: pintura: *La Peinture Moderne;* arquiteutura: *Vers une Architecture;* desenho industrial: *L'Art Décoratif d'Aujourd'hui,* obra polêmica de interesse apenas local; e planejamento urbano: *Urbanisme,* que está entre os livros melhor escritos da época, mas não entre os mais influentes.

O livro principia com um *Avertissement* cheio de aforismos e *slogans* cuja significação é familiar em virtude de *Vers une Architecture*:

Uma cidade é um instrumento.
As cidades não mais preenchem essa função. Elas são ineficazes, elas consomem nossos corpos, elas são um obstáculo às nossas almas.

ou, novamente:

Uma cidade!
É a apreensão da natureza pelo homem.

e, mais uma vez:

A geometria é o meio, criado por nós mesmos, pelo qual percebemos o mundo externo e expressamos o mundo que se encontra dentro de nós.

Embora estejamos familiarizados com esses dados, não o estamos em relação ao procedimento de argumentação. O primeiro capítulo principia escolhendo o que parece ser à primeira vista, apenas uma consideração secundária no planejamento de cidades: caminhos retos *versus* curvos. Essa, porém, é a consideração fundamental para Le Corbusier. Ao atacar Camillo Sitte ele está atacando o que considera ser uma filosofia da desordem e da mera estética; as estradas serpenteantes, ele chama de *Le Chemin des Ânes* *;

* *Caminho de mulas.* (N. do T.)

estradas retas são *Le Chemin des Hommes,* aparentemente porque ele está sob a impressão de que viajar em linha reta é revelar a habilidade de raciocínio e um senso de propósito peculiar ao *Homo sapiens*

L'homme marche droit parce qu'il a un but *

afirmação que também se aplica, dada uma superfície razoavelmente plana, a mulas que tenham uma finalidade. Tudo que ele faz, com efeito, é recolocar seus preconceitos estéticos familiares sob nova forma retórica. Essa determinada preferência, entretanto, fornece uma inclinação básica a toda a argumentação do livro — antes de mais nada, a *ville-outil,* a *ville-type,* será retilínea. Mesmo antes do começo desse capítulo, ao final do *Avertissement,* ele havia reproduzido um daqueles quadros mnemônicos de formas geométricas regulares que costumavam aparecer na contracapa dos livros de exercícios de aritmética (e não somente na França), e o *Débat Général* dos sete primeiros capítulos raramente se afasta dos termos de referência formados por aquele quadro. Os ângulos retos e os sólidos filebianos são elogiados, e um curioso diagrama sublinha o valor que ele atribui a essas formas. Nele, equilibram-se, de um lado, o "classicismo", representado por triângulo, quadrado, esfera etc., contra o "barbarismo", caracterizado por verticais, ziguezagues e, deve-se notar, uma escultura de Rob van t'Hoff e um diagrama de um *chevet* gótico, com uma legenda que diz, *inter alia*:

Um é símbolo de perfeição, o outro apenas de esforço. Mesmo assim, um é de ordem mais elevada que o outro, pois um é completo e o outro é apenas uma tentativa.

Um diagrama correspondente, na outra página, mostra uma linha ascendente de cultura que cruza uma linha descendente de barbarismo em 1453 (Tomada de Constantinopla), com a fachada de Notre Dame de um lado da intersecção e a fachada feita por Perraut para o Louvre do outro lado — uma afirmação sobremaneira clara de suas preferências classicistas, que

---

* O homem anda em linha reta porque tem um objetivo. (N. do T.)

serve de introdução a uma *Définition du Sentiment Moderne*. Esta começa com o que constitui efetivamente uma segunda legenda ao diagrama acima descrito:

> Nossa cultura moderna, alcançada pelo Ocidente, tem raízes profundamente fincadas nas invasões que extinguiram a cultura antiga. Após o recuo do ano 1000 a.c., ela começou a reconstruir-se novamente, com vagar, por outros dez séculos. Com um equipamento primitivo mas admiravelmente engenhoso, inventado na Idade Média, inscreveu certos pontos de grande esplendor no século XVIII. (...) Enquanto o século XVIII definiu os princípios fundamentais da razão, o século XIX, através de um magnífico esforço, entregou-se à análise e à experimentação, e criou um equipamento que era inteiramente novo, formidável, revolucionário e destinado a revolucionar a sociedade. (...)

Até aqui (como ocorre tão freqüentemente com Le Corbusier), é Choisy comprimido, e Le Corbusier não faz qualquer tentativa de provar que seu *Sentiment Moderne* é uma conseqüência de tudo isso, mas simplesmente afirma que agora isso pode ser sentido.

> Somos os herdeiros daquele esforço, estamos cônscios de nosso sentimento moderno e sabemos que uma era de criação está prestes a começar. (...)
>
> Esse sentimento moderno é um espírito de geometria, um espírito de construção e de síntese. Exatidão e ordem são sua condição essencial. (...) Essa é a paixão da época. Com quanto espanto não olhamos para os impulsos desordenados e espasmódicos do Romantismo! Período em que a alma era lançada sobre si mesma em um tal esforço de análise que era como se um vulcão estivesse em erupção. Não mais temos essas erupções de personalidade sobrecarregada. A amplidão de nosso meio impele-nos em direção ao geral, e a uma apreciação do fato simples. Em lugar do individualismo e de seus produtos febris, preferimos o lugar-comum, o quotidiano, a regra à exceção. Ô quotidiano, a regra, a regra comum parecem-nos agora a base estratégica para a jornada em direção ao progresso e ao belo. Uma beleza genérica nos atrai, e aquilo que é heroicamente belo parece meramente teatral. Preferimos Bach a Wagner. (...)

Isso não constitui qualquer inovação, mas serve como exposição de suas justificativas do típico, da *situation-type* genérica, sob uma forma mais concisa do que aquela que pode ser encontrada em qualquer outra parte, e vale a pena notar que, enquanto ele coloca Bach, o Panteão, o planejamento babilônico

385

e romano e *le Roi Soleil* como objetos de admiração, e insiste que

> Amamos a *solução* e ficamos pouco à vontade perante fracassos, não importa quão grandiosos ou dramáticos,

segue-se, não obstante, uma apreciação quase futurista do drama grandioso das tendências emergentes, da época que ainda demandam solução:

> Por todo o mundo, vemos o esquadrão de forças poderosas, tanto na esfera industrial quanto na social; vemos, emergindo do caos, aspirações ordenadas e lógicas, e sentimos que elas estão em harmonia com o meio de realização a nossa disposição. Novas formas vêm à luz; o mundo adota uma nova atitude. Os antigos preconceitos desagregam-se, rompem-se e cambaleiam. (...) Um tremor indescritível passa através de tudo; está fazendo com que a velha máquina pare de funcionar; constitui a força motriz e o objetivo da época.

O tom futurista desse trecho é tanto mais notável quanto o capítulo imediatamente seguinte, constitui uma refutação manifesta da teoria futurista de *caducità*, da idéia de que as obras de arte devem ser perecíveis. Le Corbusier traça uma distinção, por linhas que já são familiares, entre obras de arte e obras de tecnologia, e insiste em que somente estas últimas são perecíveis; isso em um capítulo dos mais admiráveis, intitulado *Perennité*. Le Corbusier principia reformulando seu elogio feito anteriormente aos engenheiros, de modo tal que estes são demovidos do *status* de nobres selvagens para o de uma espécie de racionalistas perfeitos, porém subumanos:

> As realizações industriais de nossa própria era, que nos impressionam hoje com tanta profundidade, são criadas por homens plácidos e modestos, cujos pensamentos são limitados e diretos, engenheiros que fazem suas adições sobre papel quadriculado... contudo esses homens podem levar aqueles dentre nós que têm algo de poeta dentro de si a verdadeiros extremos de entusiasmo e emoção.

Contra os produtos da razão, que são por ele declarados dispensáveis e falíveis, ele coloca os produtos da paixão, que afirma serem tão permanentes quanto o é a natureza humana:

> ... a razão é uma conta aberta que se estende ao infinito, na qual cada estádio sucessivo é registrado. (...) A paixão

humana, desde que o homem é homem, tem sido constante... a válvula pela qual podemos medir a permanência das criações humanas.

A atividade da mente continua interminavelmente, em uma curva ascendente; ela cria seus implementos; e a isso chamamos de progresso. Os componentes da paixão permanecem constantes, situando-se entre dois limites que não têm sido alterados pelo tempo.

Nessa base, ele pode fazer duas coisas: *a*) apresentar uma crítica da beleza da maquinaria que inverte a posição futurista, e *b*) colocar em questão o *status* estético de algumas das mais admiradas obras da engenharia civil. Sob o primeiro aspecto, ele se opõe à posição futurista de que as máquinas são belas, na medida em que elas não constituem os produtos da "arte", ao propor que a intervenção da "paixão" é vital:

> Tentemos formular os padrões da beleza mecânica. Se se pudesse admitir que a beleza mecânica fosse uma questão de *razão pura,* a questão ficaria imediatamente decidida: a criação mecânica não poderia ter qualquer valor estético permanente. Cada item mecanizado seria mais belo do que aquele que o precedeu e seria inevitavelmente ultrapassado por seus sucessores. E, assim, teríamos uma beleza efêmera, logo desatualizada e desprezada. Na prática, porém, as coisas não acontecem assim; a sensibilidade do homem intervém mesmo em meio aos mais rigorosos cálculos... intervenção de um gosto, sensibilidade e paixão individuais.

Apesar de tudo isso, ele incoerentemente sustenta que a natureza da maquinaria permanece perecível mesmo em sua concepção:

> A locomotiva espumante, o cavalo empinado que evocou o lirismo apressado de Huysmans, é ferro que enferruja no monte de entulho. Os carros do *Salon* seguinte exigem que Citroën cancele o modelo que constituiu todo o furor. Mas o aqueduto romano perdura. (...)

Isso nos traz ao segundo aspecto.

O aqueduto romano perdura, o Coliseu é piamente conservado, a Pont du Gard continua vivendo. Mas será que a emoção produzida em nós pela Ponte de Garabit de Eiffel perdurará?

A obra de Eiffel muitas vezes tem sido tomada como uma pedra de toque da modernidade, e sustenta-se que somente os verdadeiros "Modernos" podem admirá-la. A atitude de Le Corbusier em relação à Torre Eiffel é tão hesitante quanto em relação à Ponte de Garabit e, na legenda de uma fotografia da Torre (embora intitulada *Hommage à Eiffel*), ele mais ou menos adia qualquer juízo sobre essa obra para as calendas gregas:

> ... quando a cidade for construída na mesma escala grandiosa, então estaremos em posição de abordarmos a questão da permanência de Torre Eiffel.

Na legenda à Pont du Gard, entretanto, ele cai sem hesitação na retórica da École:

> Le Pont du Gard. Romain. Classé au Panthéon de la gloire *.

A atitude hesitante em relação à obra de um engenheiro de tal envergadura, cuja reputação provou ser altamente durável, pode ser devida, entre outras causas, a uma desconfiança quanto às formas não-filebianas da obra de Eiffel — desconfiança que era bastante difundida entre os estetas parisienses quando confrontados com estruturas em treliça e com pernas oblíquas de qualquer natureza, como se pode ver por este comentário, feito por um escritor de legendas (que, alhures, se revelou um ignorante mecânico), em *Cahiers d'Art*, sobre um guindaste móvel de abastecimento de carvão alemão:

> O trabalho do engenheiro, puro em suas origens, começa gradualmente a ser adulterado por finalidades estéticas. O guindaste que é visto nesta página está embebido de expressionismo romântico. Seria uma grande pena que os engenheiros se recusassem a reconhecer que sua obra não tem o objetivo de comunicar emoções, mas sim uma utilização rigorosamente definida. A emoção provém de uma sobreadição quando a obra preenche exatamente a função a que está destinada [1].

Embora seja duvidoso que Le Corbusier concordasse com o tipo antiquado de funcionalismo que é

---

* A Pont du Gard. Romana. Colocada no Panteão da glória. (N. do T.)

1. Legenda não assinada em *Cahiers d'Art* (Paris, 1926, n. 5 p. 114). A qualificação desse escritor para fazer juízos sobre obra de engenharia pode ser aquilatada por uma afirmação posterior, mais abaixo na mesma página, de que os navios a turbina não precisam de chaminés.

revelado pela última sentença da citação acima, e que ele fizesse um juízo tão malformado sobre o que parece ser um item exemplar de desenho mecânico, é interessante registrar que, de fato, ele partilhava da suspeita do autor da legenda em relação a engenheiros que tinham idéias estéticas "mais elevadas do que sua classe".

> Quando a paixão de um homem pela criação tomou forma, sua obra perdurará por séculos.
>
> Esse é um juízo perigoso, pois veremos então engenheiros tentando transformar-se em homens de sensibilidade estética? Isso seria um perigo real. (...) Um engenheiro deveria permanecer e continuar como um calculador, pois sua justificativa particular é permanecer dentro dos confins da pura razão.

As obras de engenharia não devem ser classificadas juntamente com as obras de arte, pois lhes falta a ratificação do tempo; nem os engenheiros devem sê-lo com os artistas, pois lhes falta a ratificação da paixão — e, uma vez que a cidade tem a intenção de durar, também ela deve ser uma obra de paixão:

> É tarefa da cidade, porém, tornar-se permanente, e isso depende de outras considerações além daquelas sobre cálculos. E é somente a Arquitetura que pode fornecer todas as coisas que vão *além* dos cálculos.

Entre essa tomada de posição com base na geometria e na perenidade, e as incursões reais que ele fez no planejamento urbano, incursões que formam a segunda metade do *Urbanisme,* interpõe-se uma série de capítulos desordenados (desordenados mais em seqüência do que em argumentação), dos quais se pode, entretanto, extrair os seguintes pontos importantes. Primeiro, o conceito de padronização é reformulado de maneira a não restringir a "paixão" do planejador urbano, tomando de empréstimo (com agradecimentos) uma idéia de Abbé Laugier:

1. Caos, desordem e uma variedade selvagem na disposição geral (isto é, uma composição rica em elementos de contraponto como uma fuga ou uma sinfonia).
2. Uniformidade no detalhe (isto é, reticência, decência, "alinhamento" de detalhes),

389

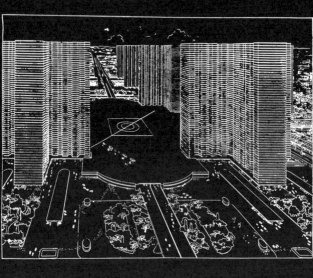

95. Le Corbusier. Área da estação central do projeto Une Ville Contemporaine, 1921-1922: o sonho futurista da circulação em vários níveis e das torres, regularizado em termos da geometria da Beaux-Arts e das torres de vidro do estilo alemão (cf. Fig. 106).

conceito que é exemplificado mais adiante através de
uma referência às cidades chamadas "de arte":

> A base de tudo isso é a existência de um padrão. Assim
> é em Roma, em Veneza; todas as casas são cobertas com
> estuque; em Siena, elas são de tijolos; as janelas obedecem
> a uma mesma escala, os telhados à mesma inclinação e são
> cobertos pelas mesmas telhas; a cor é uniforme.

Segundo:

> Il faut planter des arbres! *

idéia que também parece derivar de sua experiência
com as cidades "de arte" (ele menciona, em particular,
a Turquia), bem como de sua familiaridade do dia-a-
-dia com o urbanismo de Haussmann. Terceiro: dois
capítulos e um suplemento de recortes de jornal em
fac-símile estão dedicados a uma exposição das condições cada vez mais críticas de circulação de veículos
nas grandes cidades do mundo. Essa exposição ainda
tem peso, não somente porque a crise agora é geral
em todas as cidades, mas também porque o meio de
representação empregado por ele, que vai desde curvas estatísticas a desenhos cômicos, dá à sua argumentação tanto força quantitativa quanto força pessoal.
Quarto: o meio de fazer algo para melhorar essas condições e outros males das grandes cidades. Aqui, novamente seguindo os preceitos futuristas, ele corrige a
proposição de Choisy, de apenas vinte e cinco anos
atrás, de que o estado presente de *outillage* na construção era substancialmente o mesmo que existia nos
períodos gótico ou mesmo pré-histórico. Contrasta o
equipamento de escavação empregado até as obras públicas feitas por Haussmann em Paris, com o sistema
totalmente mecanizado de misturadores, transportado-
res e teleféricos empregados para despejar concreto na
Barragem de Barberine, nos Alpes, mas sublinha também o uso inadequado de técnicas atuais por um outro
contraste: entre os três mil quilômetros da Muralha da
China feitos a mão e os cento e quarenta quilômetros
cortados a máquina do Metrô de Paris, cujos trabalhos ainda estavam em prosseguimento nos anos 20.

* É preciso plantar árvores. (N. do T.)

96. Le Corbusier e Pierre Jeanneret. Casa Ozenfant (estado atual), Paris, 1922: o primeiro edifício da segunda carreira de Le Corbusier como arquiteto.

Isso conclui, de maneira apropriada, o *Débat Général*, e o leva à segunda parte do livro, na qual as várias idéias que ele apresentou são aplicadas a planos urbanísticos reais. A maneira como aborda o problema é inteiramente característica. Em oposição a Sant'Elia, cujas idéias sobre planejamento urbano cresceram a partir de uma localização topográfica específica, a Estação Central de Milão, ou a Tony Garnier, cuja Cité Industrielle situava-se em um local que, embora fosse ideal para seus propósitos, tinha as características e as limitações da topografia natural, Le Corbusier começa com uma folha de papel em branco e rejeita até os acidentes imaginários de localização.

> Agindo como um investigador em seu laboratório, evitei todos os casos especiais, e tudo que pode ser acidental, e tomei como hipótese inicial um local ideal.

Embora isso pareça implicar uma visão curiosa do método científico, a abordagem não é inesperada. Elabora primeiro uma *solution-type*, em abstrato, podendo esperar sua aplicação à vida real. Esse sistema foi desenvolvido pela primeira vez em 1921-22, e mostrado no *Salon d'Automne* de 1922, sob o título *Une Ville Contemporaine pour 3 Millions d'Habitants*. Deve-se notar que ele a chamou de uma cidade *contemporânea* e sentiu-se ofendido quando ela foi chamada de cidade do futuro, insistindo em que ela poderia e deveria ser construída imediatamente.

Sobre o plano ilimitado de sua localização ideal, o planejamento forma um padrão de origem inconfundivelmente Beaux-Arts, com eixo principal e secundário, interseções em forma de estrela de caminhos ortogonais e diagonais, e todo o resto. Como na Cité de Garnier, a indústria é relegada aos arredores:

> Numa casa decente, as escadas da criadagem não passam pela sala de estar — mesmo que a empregada seja encantadora (ou que os pequenos barcos deliciem ao ocioso que se debruça sobre o parapeito da ponte).

Mas, diversamente de Garnier, o planejamento da circulação, embora diagramático, é generoso e aparece livre de engarrafamentos. Nos pontos de máxima pressão de trânsito, o meio de alcançar uma superfície

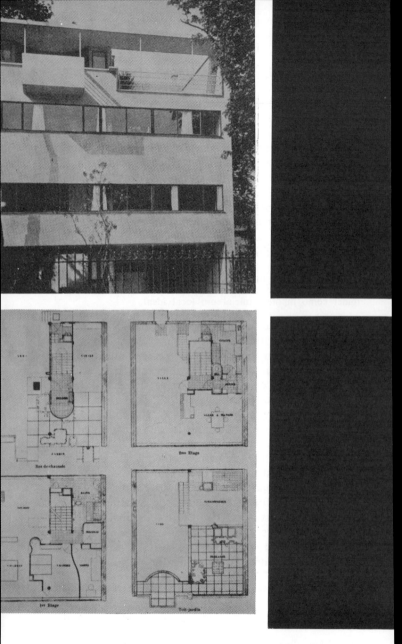

97-98. Le Corbusier e Pierre Jeanneret. *Villa Cook*, Boulogne-sur-Seine, Paris, 1926: junto com o Palácio do Povo, do mesmo ano, esta "verdadeira casa cúbica" com sua planta quadrada, seção e elevação, engenhosas paredes curvas, andar térreo aberto e "janelas no comprimento" foi a primeira manifestação programática total do *Style Corbu*.

adequada de circulação é de Sant'Elia (se é que não pode ir até Tony Moilin) e, no centro da cidade, não existem menos do que sete níveis sobrepostos. Destes, o de cima é uma pista de aterrissagem, repetindo, assim, um recurso suicida de Sant'Elia, o de fazer com que as aeronaves aterrissem entre fileiras de altos edifícios; a origem sant'eliana desse determinado recurso parece estar sublinhada pelo fato de que a principal estação central situa-se sob aquela. O contraste entre o padrão de Beaux-Arts do plano como um todo e a qualidade futurista da seção é muito visível e é aumentado pelo tom futurista com que Le Corbusier discute os arranha-céus para escritórios que se agrupam tão perigosamente perto da pista de aterragem:

> E, na realidade, esses arranha-céus conterão o cérebro da cidade, o cérebro de toda a nação. Eles representam toda a cuidadosa elaboração e organização em que se baseia a atividade geral. Tudo está concentrado neles: aparelhos para abolir o tempo e o espaço, telefones, telégrafo e rádio; os bancos, os negócios e o controle da indústria; finanças, comércio, especialização. A estação está em meio aos arranha-céus, os subterrâneos correm sob eles e as pistas para tráfego rápido estão em suas bases.

Os arranha-céus em si são únicos em sua obra, e diferem de quaisquer outros desenhos subseqüentes para altas lajes e torres que saíram de suas mãos. A julgar das observações por ele feitas, quando os arranha-céus apareceram pela primeira vez em *Vers une Architecture,* eles foram elaborados originalmente a partir de idéias de Auguste Perret; a versão do próprio mestre, porém, quando finalmente veio à luz, tinha detalhes clássicos e pontes indo de torre a torre, por vários andares — e foi rejeitada por Le Corbusier como sendo *Futurisme bien dangereux!* * A forma que ele dá a tais torres é a de uma cruz, na planta, com cada braço maciçamente preguado, de maneira que muitos aposentos possuem três paredes exteriores e tais paredes são inteiramente envidraçadas. Atribui a esses primeiros esboços para o projeto a data de 1920, de modo que eles são contemporâneos, com uma diferença de uns poucos meses, do primeiro projeto Friedrichs-

---

* Futurismo bastante perigoso! (N. do T.)

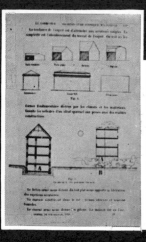
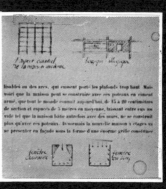

99-100. Le Corbusier, diagramas de tetos, estruturas e janelas de casas extraídos do *Journal de Psychologie Normale*, Paris, 1926: nestes diagramas (que mais tarde se tornariam famosos numa forma redesenhada), Le Corbusier revelava a estética que está na base do projeto de obras como a *Villa Cook*, ao lado.

trasse de Mies van der Rohe, o qual também tem paredes de vidro, dobradas em forma de prisma. Não é necessário postular qualquer conexão necessária entre os dois projetos além de uma fonte comum nas idéias alemãs do período de antes da guerra, especialmente uma vez que Le Corbusier havia-se dado ao trabalho de denunciar, em 1921, a forte ênfase vertical, que uma tal fachada daria, como um erro peculiar à arquitetura alemã.

> Um simples fato condena tudo; em um edifício vive-se andar por andar (*on vit par étage*), horizontalmente, não verticalmente. Os palácios alemães são apenas gaiolas de elevador. (...) O *Louvre* e as lojas do *Bon Marché* estão na horizontal e estão certos, e os arquitetos alemães estão errados [2].

A outra classe principal de acomodações visualizada para a Ville Contemporaine parece consistir inteiramente de habitações para a classe média, do tipo *Immeubles-villas,* agrupadas quer em quadrados ocos como haviam sido publicadas em *Vers une Architecture,* quer *à rédents,* isto é, em escalações que avançam e se retraem simetricamente de cada um dos lados da rua, recurso que esclarece bastante o elegante padrão abstrato do plano global.

Sejam quais forem as reservas em relação ao uso de fórmulas de Beaux-Arts, e outras predeterminações estéticas, Une Ville Contemporaine continua sendo uma realização notável e uma medida dos poderes de Le Corbusier. Uma vez que fora exibida sob forma definitiva já em 1922, foi-o apenas quatro anos mais tarde do que a publicação definitiva da Cité de Garnier, a qual surgiu somente em 1918; em espírito, porém, uma geração inteira cresceu entre os dois eventos, e o projeto de Le Corbusier apresenta nítidas vantagens de arrojo e adequação em relação ao projeto de Garnier. Possui também uma vantagem igualmente nítida sobre o projeto de Sant'Elia, a vantagem de ser completo — é uma cidade inteira, não uma série de

---

2. Em *L'Esprit Nouveau* (1921, n. 9); os edifícios que ele tinha em mente eram, por exemplo, a loja Wertheim de Messel e estruturas neogóticas semelhantes, e, por outro lado, a obra neoclássica de Behrens, a qual ele havia terminado por odiar como sendo propaganda militarista alemã, especialmente a Embaixada de Petrogrado.

101-102. Le Corbusier e Pierre Jeanneret. *Les Terrasses*, Garches, 1927-1928: a demonstração mais completa da estética de Le Corbusier de 1926, formal, classicizante na elevação, livre na planta a despeito da malha regular das colunas, violenta nas penetrações de andar para andar.

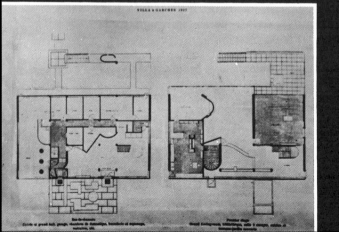

exercícios táticos na resolução dos problemas isolados; e, em relação a projetos alemães contemporâneos, tais como as elaborações rococó de Camillo Sitte ampliadas por Bruno Taut sob influência de Finsterlin, possui claras vantagens de ordem, compreensibilidade e factibilidade.

No *Pavillon de l'Esprit Nouveau,* Le Corbusier expôs esse plano em um diorama e, diante dele, colocou outro diorama em que tentou aplicar o *système préconise* a uma cidade real, como o Plan Voisin de Paris. Imediatamente surgem seus pontos fracos — o destino das duas grandes estradas que formam o eixo primário e o eixo secundário do plano jamais é resolvido e elas desaparecem do mapa, ao norte, sul, leste e oeste. A simetria, enquanto tal, tem de entrar em compromissos — as torres situam-se principalmente ao longo do eixo secundário, que vai para o norte a partir de Châtelet, os *Immeubles-villa* principalmente ao longo do eixo primário, bem a oeste, ao norte das Tulherias e dos Champs-Elysées, e separadas das torres de escritórios pela estação central, que não possui qualquer edifício de alguma importância em cima dela.

Notou-se imediatamente, quando o Plan Voisin foi exposto em 1925, que ele envolveria a demolição da maior parte da Paris histórica ao norte do Sena, uma vez que ocupa um setor que se estende desde a Place de la République até a extremidade oeste da Gare St. Lazare e, ao norte, até a Gare de l'Est. Dentro desse par de retângulos, que se sobrepõe, uns poucos monumentos reconhecidos iriam ser preservados, nem sempre em seus locais originais, embora a Praça Vendôme, que Le Corbusier admirava enormemente, iria ser deixada intacta e em seu lugar. Le Corbusier estava claramente consciente do efeito chocante que provavelmente teria tal projeto, mesmo nos círculos progressistas, e ele determinou-se bloquear de antemão duas linhas de protesto; uma, ao apontar que a pequena área e a grande capacidade de desenvolvimentos em grande altura tornaria possível acomodar muitos sem desapropriar mais do que uns poucos por demolições, e outra, por uma adivinhação engenhosa sobre as finanças envolvidas. Contudo, tais propostas financeiras envolviam a aceitação de investimentos de capital estrangeiro, mesmo alemão, no centro de Paris, e ele somente conseguiu com isso ofender mais ainda o tipo de tradicionalistas patrióticos aos quais todo o projeto teria mais probabilidades de alarmar [3].

Entretanto, ele mesmo sentia claramente que estava firmemente enraizado em uma tradição que tinha raízes nativas em Paris, tanto intelectual quanto historicamente. As palavras finais do texto de *Urbanisme* são contra a revolução por si mesma:

> As coisas não são revolucionadas ao se fazerem revoluções. A verdadeira revolução encontra-se na solução dos problemas existentes.

e, frente a elas, encontra-se uma ilustração final: uma gravura de Luís XIV comandando a construção dos Invalides, com a legenda:

> Homenagem a um grande urbanista — Este déspota concebeu grandes projetos e os realizou. Por todo o país suas nobres obras ainda nos enchem de admiração. Ele foi capaz de dizer: "Nós o desejamos" ou "Tal é nosso prazer".

à qual ele acrescenta um parêntese, como se temesse alarmar os sentimentos progressistas

> (ceci n'est pas une déclaration de "Action Française" *.)

O leitor, ao refletir sobre esses dois primeiros livros de Le Corbusier, não pode deixar de notar quão pouco eles contêm a título de afirmações positivas sobre a estética dos detalhes na arquitetura, sobre a maneira como um edifício deve parecer. A Maison Citrohan, seus derivados e múltiplos, são justificados apenas em termos de função e construção, apesar de tudo que foi dito a respeito de o funcionalismo ser menos do que arquitetura; as torres da Ville Contemporaine, eram pouco mais do que diagramas, por cuja estética ele professava não sentir qualquer simpatia. Parece provável que foi apenas por volta de 1925 que chegou a

---

3. A biografia de Le Corbusier feita por Gauthier fornece um bom relato das campanhas polêmicas lançadas contra ele pelas facções de Mauclair, Umbdenstock e outros.

° (esta não é uma declaração da "Ação Francesa".) (N. do T.)

ter quaisquer opiniões estéticas firmadas sobre o assunto, pois sua obra de princípios dos anos 20 é variável e, manifestamente, uma tentativa. A Vila de Vaucresson, encomendada por um cliente que havia ficado impressionado pelo projeto Citrohan, demonstra que ele tinha duas opiniões sobre simetria, e tem uma fachada assimétrica e outra convencional, embora sem quaisquer qualidades reais axiais no planejamento interno; a Casa Ozenfant tinha um telhado em forma de serra, que ele jamais iria repetir; as casas La Roche--Jeanneret tinham um plano que se estendia, pitoresco, que também jamais repetiria e era, de fato, um projeto simétrico com um dos membros amputados. Todos esses trabalhos contêm partes boas, ou mesmo brilhantes, mas nenhum tem a facilidade ou a segurança da Casa de Chaux-de-Fonds. Essa qualidade começa a ser recuperada em suas obras de 1925-26 e pode ser exemplificada pela ala de dormitórios do Palais du Peuple, perto da manufatura Gobelins, e pela Maison Cook, em Boulogne-sur-Seine.

A primeira inicia uma série de estruturas tipo hospedaria que ele ergueria nos anos 20 e 30, um edifício retangular simples, de quatro andares idênticos de dormitórios, servidos por uma escadaria em uma das pontas, sendo o todo elevado em pilotis acima de um pequeno jardim um pouco maior em área do que o plano do edifício em si. O telhado é plano e sem quaisquer saliências visíveis, embora originalmente fosse apresentada uma pérgula na ponta correspondente ao jardim, dominando uma vista para o Parc des Gobelins. Uma vez que a escadaria está parcialmente enterrada no Palais vizinho (ou seja, um armazém modificado), tudo que se pode ver é o puro retângulo elevado do dormitório, com janelas extremamente elegantes, repetidas de modo idêntico de andar em andar, desenhadas sobre o *blanc de chaux* não-modulado das fachadas planas.

A Maison Cook é mais complexa, embora seja justificadamente descrita pelo próprio arquiteto como *La vraie maison cubique* [4]. Tanto na planta quanto em

---

4. Não é bem um cubo, pois sua largura é um pouco menor do que as duas outras dimensões principais. ("A verdadeira casa cúbica").

sua elevação principal, ela consiste de composições dentro de um quadrado quase exato. Embora a elevação principal tenha um terraço aberto de um lado do andar mais alto, um "pára-sol" de concreto situa-se à sua frente a fim de manter o formato retangular, e embora o *salon* principal, também nesse nível, tenha pé direito duplo, esse fato não é visível do lado da rua, sendo que este dá mais ênfase a que *on vit par étage*. O edifício novamente está sobre pilotis, deixando um andar térreo quase desobstruído de muro a muro, e nos dois andares principais existem *fenêtres en longueur*, também de parede a parede, estando a coluna central estrutural situada mais recuada, a fim de fornecer um fluxo ininterrupto de vidro. Na planta, esse modo de compor dentro de um formato retangular predeterminado é ainda mais notável em virtude do uso de formas curvas, uso que também aparece na casa Guiette em Antuérpia (planejada no mesmo ano) e na grande e complicada *villa* em Garches, feita para Charles de Monzie, que deve ter sido iniciada logo depois disso e parece empregar como protótipo a Maison Cook. O modo de compor com elementos retangulares e curvos dentro de um campo retangular de dimensões predeterminadas não somente é muito semelhante ao modo de composição de suas pinturas, mas também muitas das formas curvas, sejam quais forem suas justificativas funcionais, parecem derivar das formas dos *objets-type* das pinturas.

O grupo de edifícios e projetos por ele desenhados por volta dessa época possui um estilo caracterizado de modo muito forte por simples silhuetas quadradas, paredes brancas com o mínimo absoluto de relevo (equilibradas por uma tendência a abrir grandes furos, através delas, para o interior), plantas retangulares compactas apresentando o uso de paredes curvas e colunas isoladas, grandes faixas horizontais de janelas, telhados chatos e pilotis (ou um andar térreo claramente diferenciado) a fim de erguer o bloco principal do chão. Em seus escritos bem conhecidos, as justificativas para esses vários usos surgem somente após o evento — algumas vezes muito depois dele — mas existe um documento exatamente do mesmo período que em grande parte escapou à atenção, mas fornece uma explicação bastante extensa de suas intenções no emprego desse estilo determinado.

Dado que surgiu em uma publicação erudita — um número especial do *Journal de Psychologie Normale et Pathologique* dedicado às artes e à estética — está despido tanto do tom retórico de persuasão usado em *L'Esprit Nouveau*, quanto das pressões polêmicas do jornalismo mensal. A conseqüência de tudo isso é um ensaio (parcialmente elaborado a partir de uma conferência proferida anteriormente na Sorbonne) que difere em método de seus outros escritos da época e difere também pela franqueza com que está preparado para discutir considerações puramente estéticas. Principia com uma exibição de malabarismo de definições de dicionário de arte, arquitetura e assim por diante, de onde ele emerge com duas definições-por-diferenciação da arte da arquitetura. Primeiramente, pela diferenciação de dois corpos de arquitetos, cujos objetivos são:

> Para o primeiro, introduzir na arquitetura o conceito de ornamento e a presença de regras fixas, métodos firmados, procedimentos firmados. Para o segundo, as regras são *a serem* fixadas, os métodos *a serem* firmados, os procedimentos *a serem* descobertos.

e, em segundo lugar, pela diferenciação de dois extremos de procedimento:

> Existem, no fluxo de idéias que compreendem essas definições, os dois pólos da arquitetura, que são: construir edifícios (campo da técnica), e embelezá-los e torná-los gloriosos, deliciosos etc. (campo do sentimento).

A primeira distinção destina-se claramente a separar os acadêmicos dos progressistas; a segunda, a continuar a distinção entre tecnologia e estética. Contudo, tendo repetido sua determinação de separá-las, ele também insiste na necessidade de sua presença simultânea:

> Technicité et sentiment, synchronisme insécable *

* Tecnicidade e sentimento, sincronismo não secante. (N. do T.)

mas, através dessa argumentação, ele freqüentemente insiste na primazia das técnicas.

Disse que a consideração técnica vem em primeiro lugar, antes de tudo, e constitui sua condição o fato de ela trazer dentro de si conseqüências plásticas inevitáveis, e de levar algumas vezes a transformações estéticas radicais.

Isso é claramente choisiesco, e ecos de Choisy são bastante freqüentes nas primeiras páginas, notadamente uma definição da natureza das paredes na construção de concreto armado, a qual repete tanto o sentimento quanto, até certo ponto, as mesmas palavras da definição de Choisy sobre a natureza das paredes no gótico.

Aquilo que uma vez foi um órgão sustentador de carga tornou-se simples enchimento.

Contudo, como alhures, as limitações de Choisy são transcendidas pelo senso futurista de Le Corbusier da recente revolução mecânica, a qual ele agora reconhece como tendo perturbado o sentimento, bem como a tecnologia:

Faz com que ele viaje vinte, cinqüenta vezes mais rápido do que antes, faz com que ele produza cem vezes mais do que antes, oferece-lhe vistas e interesses mil vezes mais variados que os de antes. Nesse passo, podemos dizer com segurança que a idade é nova, e que o indivíduo está fora de órbita.

Aquilo que constituía a própria base de seu espírito, o local exato de coisas permanentes que forneciam uma base aparentemente eterna aos empreendimentos da mente e o estilo de vida do homem — esse local foi perturbado, não mais é preciso, nem imediato.

Disso ele deduz, em particular, a necessidade de desenvolver novos planos a fim de servir a novas necessidades:

Agora, a *arte de construir edifícios* é diferente, métodos diferentes sobre planos diferentes. Devemos começar novamente do Zero.

aparente eco de Sant'Elia (*si ricomincia da capo*), que é parcialmente sustentado péla seguinte observação:

404

... pois nada mais existe dos antigos valores: uma parede não precisa mais suportar peso, uma casa tem todo o interesse em estar apartada do solo (sobre pilotis) e não estar em contato direto com o chão; uma casa não precisa mais de um telhado inclinado, pode ser feita em uma fábrica.

Aqui, observa-se que ele está, quase pela primeira vez, discutindo a forma e construção de uma casa, formada por uma estrutura, com telhado plano, sobre pilotis. Contra essas novas possibilidades, porém, coloca a permanência das reações humanas:

> Passado, presente, futuro, são claramente as reações do mesmo homem aos mesmos agentes de estimulação... e nossas sensações são tipos, relacionados a formas, linhas e cores.

Novamente aqui parece que se tem um eco da opinião de Charles Blanc de que várias formas mantêm uma relação regular com as respostas humanas, mas no caso de Le Corbusier essa idéia provavelmente havia sido reforçada pela "pesquisa" de Charles Henry, o esteta acadêmico cujas descobertas haviam sido publicadas extensamente em *L'Esprit Nouveau*. Em todo caso, temos perante nós, mais uma vez, como ocorre com tanta freqüência nos primeiros escritos, uma ambigüidade — neste caso, importando em uma contradição, entre duas linhas de pensamento, entre dois conceitos de ordem, entre a supostamente progressista e mutável natureza da tecnologia e a supostamente eterna e imutável natureza da estética. Desta vez, porém, ele reconhece a dicotomia, e também reconhece que algo deve ser feito a respeito:

> Enquanto a casa repudiou em massa a bagagem tradicional de formas, linhas e cores, também nós nos vemos aqui forçados a começar novamente do zero, e a fazer uma escolha original de conformidade com aquele senso de harmonia que, em todos os tempos, equilibra a equação de razão e paixão.

Quer dizer, uma revolução tecnológica desvalorizou o antigo repertório de formas arquitetônicas, de modo que devemos agora selecionar um novo conjunto de formas, ainda responsáveis para com as regras existentes da estética. Nada poderia estar mais afastado do que a atitude funcionalista-determinista com que

Le Corbusier tem sido creditado com tanta freqüência — o que é revelado aqui, e confirmado por seus outros escritos *passim,* é uma atitude em que a estética, não a função, é tanto determinada quanto determinante.

Neste ponto, sua argumentação chega a uma parada total: ele chegou à sua primeira conclusão principal, e parte novamente para um aspecto inteiramente diferente e inesperado. Coloca agora sob a forma de tabela cinco *Éléments Objectifs de Discussion sur le Phénomène Architecturale:*

1. Arquitetura: construir um abrigo
2. Abrigo: colocar uma cobertura sobre paredes
3. Cobertura: cobrir um vão e deixar espaço livre
4. Iluminar o abrigo: fazer janelas
5. Janela: cobrir um vão

e, esta lista, como fica imediatamente óbvio, coloca limites muito fechados à maneira pela qual a arquitetura pode ser discutida. Não permite que a arquitetura saia do campo da *technicité;* postula a existência de paredes, telhados e janelas; e define janela de maneira tendenciosa, a fim de ter a certeza de chegar à forma de janela com a qual o autor já estava comprometido — *la fenêtre en longueur.* Os elementos 3 e 5 definem uma cobertura e uma janela em termos idênticos, como cobrir um vão, e isso não só implica que esses dois vãos devem ser os mesmos, isto é, devem ser efetuados pelo mesmo membro estrutural, mas também que mudanças na maneira de cobrir vãos devem provocar mudanças na forma das janelas. Antes de existir o concreto armado, as janelas

> ... não podiam ser ampliadas de maneira útil, porque isso tornaria necessário abóbadas achatadas, que eram muito longas e difíceis de construir; ou arcos que teriam empurrado os tetos muito para cima. Agora, porém, uma casa pode ser construída de concreto armado na vertical... deixando vazios totais entre elas. (...) De que adianta, pergunto, preencher novamente esse espaço quando ele me foi dado vazio? De que adiante uma janela, senão para iluminar as paredes? Foi assim que cheguei a admitir que uma *fenêtre en longueur,* de tamanho igual ao de uma janela *en hauteur,* é-lhe superior, uma vez que permite a iluminação das paredes vizinhas.

Segue-se, depois disso, a discussão sobre as paredes enquanto *remplissage* * de uma moldura em concreto, o que constitui, de fato, uma justificativa para seus usos de fenestração, uma vez que ali se pode ver a distinção entre estrutura e enchimento, enquanto suas paredes sólidas tendem a empregar uma cobertura global a fim de obliterar essa distinção. A seguir, vem uma justificativa do telhado plano em bases funcionais, sustentada por um trecho extenso de autobiografia a respeito do comportamento desastroso do telhado inclinado de seu primeiro cinema em Chaux-de-Fonds, onde a neve derretia nas partes mais altas do telhado, graças ao aquecimento interno, e a água escorria até encontrar a neve não-derretida dos beirais, escorrendo então para dentro, pelo lado interno das paredes. Ele alega que isso é evitado por um telhado plano colocado de modo a cair para o centro aquecido, como na *villa* de Chaux, e

Se esta for a única solução para casos extremos, podemos estar certos de que é a *solution-type* para todos os casos.

— uma declaração das mais notáveis partindo de alguém que anteriormente se recusara a discutir *le cas d'espèce*.

Em todo caso, o principal argumento a favor do telhado plano é estético, e é desenvolvido na parte final do ensaio, a qual constitui em grande parte uma transcrição de sua conferência na Sorbonne.

O que desejo mostrar é que existe uma hierarquia estabelecida de diferentes estados de espírito, e que alguns deles são, talvez, superiores a outros. Em todo caso, permito-me afirmar isso uma vez que para mim é uma certeza: o espírito se manifesta através da geometria. Disso concluo que, quando a geometria é todo-poderosa, o espírito progrediu em relação a períodos precedentes de barbarismo... chegou a um período de clareza intelectual tal como a Renascença, chega também à horizontal todo-poderosa, a horizontal que fecha a composição em sua coroa.

ou, de maneira mais bruta, um parapeito escondia o telhado inclinado que estava por trás.

* Preenchimento. (N. do T.)

Agora, dispomos de meios para perseguir essa magnífica ascensão em direção à geometria, graças à invenção do concreto armado, que nos oferece o mecanismo mais puro para a composição ortogonal.

e o emprego de tais mecanismos puros traz consigo, ele assegura, a perfeição.

As perfeições da geometria, porém, podem ser levadas mais além: *tracés régulateurs* podem ser usados para dar uma ordem estética eternamente válida às aberturas tecnicamente válidas na parede que são ditadas pelo Plan nouveau, e deve-se notar que esse determinado argumento é discutido desde um bloco predeterminado retangular até a disposição final das aberturas funcionais

... primeiro, o cubo genérico do edifício afeta-nos fundamental e definitivamente... fura-se uma janela, abre-se uma porta; imediatamente, surgem relacionamentos entre os espaços assim definidos. (...) Falta somente dar um polimento, ao introduzir a mais perfeita unidade, regendo a obra e regulando os vários elementos; os *tracés régulateurs* assumem o posto.

Os esboços que acompanham confirmam o método, que poderia igualmente ter sido deduzido dos edifícios da época: um determinado cubo, não-modulado, é perfurado com aberturas que são então colocadas em suas posições finais por um simples sistema de diagonais. Desde que o ensaio foi publicado, Le Corbusier expôs desenhos sobre os *tracés* reais usados em uma série dos edifícios de fins da década de 20, todos dependendo da criação de um padrão harmonioso dentro dos limites de determinada fachada retangular. A simplicidade do método, geralmente derivando de uma única diagonal e linhas paralelas ou perpendiculares àquela, aparentemente era programática, pois, neste ponto de sua argumentação, Le Corbusier faz um aparte a fim de reprovar Berlage (que não chega a ser nomeado mas está claramente implícito)[5] por suas grades de pequenos espaços de *Quadratur en Triangulatur,* sobre o qual diz:

5. Ele descreve "un confrère d'Amsterdam, homme de haute valeur, ayant derrière lui une carrière glorieuse de précurseur", e encerra a identificação por meio de algumas versões apressadas de diagramas extraídos da *Grundlagen.*

Isso não é mais um *tracé régulateur,* mas a trama de uma tela.

A simplicidade também é a justificativa apresentada para outro uso, o qual naquela época tinha alguma significação enquanto *slogan* contra a École des Beaux-Arts: a supressão das cornijas; a simplicidade, porém, não deve ser perseguida como um fim em si

> Seria desolador encontrarmo-nos naufragados em uma moda da simplicidade. (...) se for a simplicidade que deriva da grande complexidade e riqueza, tudo está bem; mas se o que é expressado for somente a pobreza... não se ganha nada, não se faz qualquer progresso.

e a simplicidade dessa ordem complexa e rica somente pode surgir de uma disciplina mental e, particularmente, da disciplina da matemática.

> ... mas essa simplicidade exige, pelo contrário, grande exatidão em sua construção, absoluta precisão de intenções e raciocínio; acima de tudo, ela exige as contribuições prestadas pela proporção, pelas relações matemáticas; seu objetivo é provocar aquela fruição da ordem matemática que é uma das aspirações mais legítimas do estado de espírito moderno.

Licite, as legítimas aspirações do espírito moderno — essa constitui uma nota extraordinária com a qual terminar um artigo de alguém que é considerado tão amplamente como um transgressor de leis, como o arqui-revolucionário da arquitetura do século XX. O fato, porém, é que a verdadeira revolução encontrava-se em seus edifícios completados, e o interesse principal que tem esse artigo encontra-se na maneira como ele descreve, de modo exato e completo, a maioria das características importantes daqueles edifícios. Do lado técnico, eles deveriam ser construídos como molduras, com paredes de materiais leves, muitas vidraças, com telhados planos, elevados do solo; do lado estético, deveriam ser simples e cúbicos, encimados por uma linha horizontal e sem cornija, com as aberturas das paredes distribuídas de acordo com receitas geométricas simples. Entretanto, só podem ser observadas duas conexões indiretas entre esses dois conjuntos de postulados: a definição idêntica dada para janela e cobertura (o que requer, na construção por molduras, uma espécie determinada de abertura de janela e, portanto, até certo ponto, uma espécie determinada de composição de fachada); e a primazia conferida à planta, que não pode, seríamos levados a pensar, divorciar-se inteiramente, quer da moldura estrutural, quer da fenestração e, portanto, deveria fornecer um vínculo entre técnica e estética. Contudo, as duas grandes casas de campo feitas por Le Corbusier em fins dos anos 20, em Garches e Poissy, tornam ridícula essa suposição, ao empregarem aquilo que ele mais tarde iria chamar de *le plan libre*. Em Garches, a fenestração de parede a parede ocupa toda a frente e dois terços da fachada posterior, sem qualquer respeito aparente pelas necessidades de iluminação natural dos quartos situados atrás, enquanto na Villa Savoye, em Poissy, uma tira padronizada de fenestração corre em torno do andar principal da casa, e a única consideração que é feita em relação ao que se situa por trás é o fato de permanecer sem vidros quando dá para o quintal aberto e de não fazê-lo quando dá para espaços de cômodos. Em ambas as casas, a moldura é uma grade tridimensional absoluta que existe independentemente do planejamento dos vários andares — não somente algumas colunas soltas passam através de alguns quartos em locais aparentemente incômodos, como também, em alguns lugares, as paredes que poderiam ter confortavelmente preenchido os espaços de coluna a coluna foram aparentemente deslocadas, de modo proposital, a fim de deixar a estrutura visivelmente distinta da divisão.

Esse recurso, porém, parece revelar um traço fundamental em sua conformação psicológica. A diferença entre moldura e parede deve ser tornada manifesta a todo custo, mesmo a custo da lógica do bom senso, da mesma forma como em seus escritos é claramente mais importante para ele tornar suas idéias manifestas do que torná-las lógicas. Nisso, entretanto, é indubitável que ele teve êxito, mais do que qualquer outro teórico da arquitetura da época. Suas ilogicidades sempre foram do conhecimento público, mas suas idéias foram aceitas apesar disso — ou, o que é mais provável, por causa disso. Ele colocou em circulação um corpo de recursos formais e atitudes emocionais que estão entremeadas de modo tão intrincado em sua própria mente (e tornaram-se tanto uma parte do que é corrente no Movimento Moderno) que raramente se observa quão pouca ligação necessária têm as idéias umas com as outras. Deve-se, porém, notar aqui que o mais persuasivo de seus escritos, e o mais persuasivo de seus usos formais, provém de épocas que estão distanciadas por quase uma década. Os usos formais tornaram-se correntes principalmente graças a edifícios completados entre 1930 e 1933, e as idéias provieram quase exclusivamente de *Vers une Architecture,* de 1923. A mesma década abrangeu, aproximadamente, a ascensão e queda do Estilo Internacional na Alemanha, desenvolvimento no qual a sincronização entre teoria e prática jamais foi colocada seriamente em dúvida e que, portanto, apresenta um quadro bem diferente para o historiador.

Quinta Parte: BERLIM: A BAUHAUS,
A VITÓRIA DO NOVO ESTILO

SCHEERBART, P. *Glasarchitektur*. Berlim, 1914.

TAUT, B. *Die Stadtkrone*. Iena, 1919.

—. *Ein Wohnhaus*. Stuttgart, 1927.

—. *Modern Architecture*. Londres, 1929.
(Versão em alemão: *Die Neue Baukunst,* Berlim, 1929).

(sem nome de autor). *The Tribune Tower Competition*. Chicago, 1923.

WINGLER, Hans M. *Das Bauhaus, 1919-1933*. Colônia, 1962.

GROPIUS, GROPIUS & BAYER. *Bauhaus 1919-1928*. Nova York, 1938 (para os textos em inglês de documentos da Bauhaus citados nas páginas seguintes).

GROPIUS, W. *Internationale Architektur*. Munique, 1925.

—. *Bauhausbauten Dessau*. Munique, 1930.

KANDINSKY, W. *Punkt und Linie zu Flaeche*. Munique, 1925.

KLEE, P. *Paedagogisches Skizzenbuch*. Munique, 1926.

JOHNSON, P. *Mies van der Rohe*. 2. ed., Nova York Museum of Modern Art, 1953.

BEHRENDT, W. C. *Der Sieg des Neuen Baustils*. Stuttgart, 1927.

VON SENGER, A. *Krisis der Architektur*. Zurique, 1928.

SCHNAIDT, C. *Hannes Meyer*. Teufen, 1965.

HILBERSHEIMER, L. *Internationale Neue Baukunst*. Stuttgart, 1927.

—. *Grosstadt-Architektur*. Stuttgart, 1927.

—. *Hallenbauten*. Stuttgart, 1928.

—. *Beton als Gestalter*. Stuttgart, 1928.

KORN, A. *Glas im Bau und als Gebrauchsgegenstand*. Berlim, 1929.

PLATZ, G. *Die Baukunst der neuesten Zeit*. Berlim, 1927.

MENDELSOHN, E. *Amerika*. Berlim, 1928.

—. *Russland-Europa-Amerika*. Berlim, 1928.

GIEDION, S. *Bauen in Frankreich, Eisen, Eisenbeton*. Leipzig, 1928.

MOHOLY-NAGY, L. *Von Material zu Architektur*. Munique, 1929.

(tradução inglesa: *The New Vision, Documents of Modern Art: Vol. 3*, George Wittenborn, Nova York, 1949, de onde foi tirada a maioria das citações das páginas que seguem.)

19. A ESCOLA DE BERLIM

Apesar do surgimento de notáveis edifícios modernos em cidades como Dessau e Stuttgart, a principal força e vigor da contribuição alemã à corrente da arquitetura moderna veio de Berlim — com efeito, a maioria dos edifícios notáveis de outras cidades eram obra de arquitetos que, tinham ao menos, relações com Berlim [1]. Como a segunda capital artística da Europa, depois de Paris, era nitidamente provável que

---

1. Os três capítulos seguintes, novamente, muito devem às memórias pessoais de sobreviventes da época — Mart Stam, Artur Korn, e Walter Segal — e ao livro de Sybil Moholy-Nagy sobre seu marido, *Moholy-Nagy* (Nova York, 1950).

produzisse obras de interesse e, mais, continha um extraordinário grupo de talentos arquitetônicos. Nenhum outro centro de princípios dos anos 20 poderia ter-se orgulhado, como Berlim, de mais do que uma dúzia de arquitetos progressistas com capacidade acima da média, com mentalidade suficientemente elástica para absorver uma revolução estética de grande porte, do Expressionismo ao Elementarismo, e para planejar em qualquer dos estilos com o mesmo vigor e segurança. Contudo, Bruno Taut, Mies van der Rohe, Eric Mendelsohn e Walter Gropius eram tão típicos da arquitetura de Berlim de 1919 quanto o eram da de 1926; suas contribuições para a segunda fase eram tão notáveis quanto as da primeira; e todos, exceto Mendelsohn, fizeram tanto para tornar típico o arranha-céu do Expressionismo quanto para tornar típico o *Siedlung* da fase elementarista que vai desaguar no Estilo Internacional.

As teorias de Eric Mendelsohn foram discutidas em um capítulo anterior, as de Gropius sê-lo-ão no capítulo seguinte: pelo momento, ocupemo-nos com Bruno Taut e Mies van der Rohe. Enquanto espelho das idéias em voga em sua época, mais do que enquanto pensador original, Taut é de grande interesse: no final dos anos 20, contribuiu para o grupo de trabalhos enciclopédicos sobre a arquitetura moderna com a única obra de veio "popular"; durante a década, produziu uma série de pequenos trabalhos de interesse documentário, e, no início da década, produziu o que é historicamente, seu livro mais importante, porque um dos poucos documentos de relevo da fase expressionista que pode ser colocado ao lado das conferências de Mendelsohn — *Die Stadtkrone*.

Esse livro, escrito em 1919 e dedicado, compreensivelmente, ao *Friedfertigen,* o Pacífico, preocupa-se fundamentalmente com o planejamento urbano, mas de uma maneira cuja intenção, se não seu efeito, é contrário a qualquer outra coisa produzida fora do círculo expressionista de Berlim. É, em parte, uma polêmica contra o planejamento urbano avançado tal como se encontrava na época, com sua ênfase no planejamento residencial, zoneamento e ideais de Cidade-Jardim. Estes, de acordo com Taut, não produzem uma cidade completa, mas uma *Rumpf ohne Kopf* — urbanização sem uma feição central enfática. Tal feição, um *Stadtkrone,* era para Taut um edifício público simbólico que tivesse uma silhueta arrojada contra o céu, visível de todos os pontos da cidade, tal como um pagode oriental ou um minarete, ou um pináculo gótico, podia ser visto dominando os edifícios adjacentes — com efeito, todo o tom em que é vazado o livro é resumido em seu frontispício, uma reprodução da Santa Bárbara de Van Eyck, sentada em frente à sua torre gótica.

As sugestões positivas feitas por Taut visualizam uma cidade de planta mais ou menos radial, com uma densidade um pouco maior do que a da Cidade-Jardim, cujo foco situa-se em um aglomerado de edifícios públicos dispostos biaxialmente em um retângulo central, e encimada por uma torre de vidro, geralmente mostrada em seus esboços com o Sol se levantando ou se pondo por trás dela. Deve-se notar que a Ville Contemporaine de Le Corbusier teria apresentado uma aparência algo semelhante, embora planejada a partir de um ponto de vista diametralmente oposto, pois a torre de vidro da cidade ideal de Taut tem uma origem muito diferente. Parece ter sido, por meses ou apenas minutos, a primeira de uma série de projetos de torres de vidro que ornamentaram o pensamento arquitetônico de Berlim por volta de 1920, porém é a única que se pode demonstrar ter derivado diretamente de uma inspiração que, no caso das outras, pode ficar somente no plano da suspeita — o livro *Glasarchitektur* de Paul Scheerbart.

Taut e Scheerbart tinham-se conhecido antes de 1913 (Scheerbart morreu em 1915) e quer o pavilhão de vidro de Taut, em Colônia, de 1914, tenha sido inspirado ou não em Scheerbart, ele lhe foi com certeza dedicado [2] da mesma forma como *Glasarchitektur* (publicado no mesmo ano) foi dedicado a Taut. *Die Stadtkrone* principia e termina com longas citações, de

---

2. De acordo com Konrad Werner Schultz, quem dedica quase duas páginas às influências sobre a arquitetura em vidro da Exposição de Colônia em seu livro, *Glas in der Architektur der Gegenwart* (Stuttgart, 1929).

tema arquitetônico, do "Romance Hipopótamo" (*Nilpferdroman*) de Scheerbart, *Immer Mutig*, e é atravessado por sua fé no vidro como material de construção e por uma sensibilidade em relação a suas qualidades visuais.

Pode ocasionar surpresa o aparecimento de uma pessoa como Scheerbart, mais conhecido como escritor excêntrico de novelas fantásticas beirando ao que hoje seria chamado de ficção científica, nos anais de algo tão intimamente vinculado com o lado mais asséptico da arquitetura moderna como é a parede de vidro, porém sua fé apaixonada no vidro e ódio em relação à alvenaria

> O vidro traz-nos a nova Idade
> A cultura do tijolo não nos faz senão mal [3]

eram respaldados por um senso agudo dos aspectos práticos do emprego do novo material, enquanto o possível impacto do livro sobre arquitetos com uma disposição mental *sachlich* era aumentado por sua tipografia muito sóbria, bem diversa do estilo policialesco dos romances de Scheerbart. Apesar da estética claramente *Art Nouveau* dos detalhes e da decoração que percorre todo o livro, apesar de suas visões futuristas de uma paisagem noturna riscada por estradas de ferro em chamas com luzes coloridas, barcos a motor iluminados, transatlânticos, e palácios envidraçados à beira da água de uma nova Veneza, Zeppelins voando nos céus e realçando as formas dos Alpes com holofotes coloridos, e hotéis com paredes envidraçadas brilhando em cada encosta da montanha — apesar de tudo isso, ele fez uma apreciação acurada dos problemas de condensação, perda de calor etc., que iriam surgir com paredes inteiramente de vidro, bem como uma visão clara das possibilidades de estruturas de metal e concreto em combinação com o vidro.

---

3. Isso foi citado por Taut em um livro sobre sua própria casa, *Ein Wohnhaus* (Stuttgart, 1927), e parece ser o último traço de Scheerbart em sua obra, literária ou arquitetônica. A casa em si, projetada uns dois anos antes, é provavelmente o último edifício com qualidades scheerbartianas identificáveis a ser construído por qualquer pessoa.

Com efeito, tecnicamente, sua visão antecipa grande parte do que iria acontecer nos anos 20, inclusive conceitos tais como um novo relacionamento entre casa e jardim por meio do uso de paredes de vidro e de divisões móveis. Em geral, Taut faz pouco mais do que decantar as possibilidades superficiais sugeridas por Scheerbart; outros, porém, em quem a influência é difusa demais para ser facilmente demonstrada (porque tiveram os anos da guerra para digerirem o livro e esquecerem seu autor), abordam o assunto de maneira muito mais profunda. No caso da Bauhaus, que foi mais longe do que ninguém na pesquisa da luz e da transparência, existem tanto possibilidades fortes quanto fortes indícios de uma influência direta. A primeira proclamação da Bauhaus de Weimar, que pode inclusive ter sido esboçada em Berlim, apresenta em sua capa uma xilogravura de Lyonel Feininger que mostra a concepção inteiramente scheerbartiana de uma catedral gótica encimada por luzes de balizamento para aviões, enquanto, internamente, apresenta Gropius escrevendo sobre um "edifício enquanto símbolo de cristal" e pleiteando a diferenciação esnobe entre trabalhadores manuais e intelectuais, da mesma forma como Scheerbart, nos trechos de *Immer Mutig* que apareceram em *Die Stadtkrone,* havia profetizado:

> Reis caminham com mendigos... artesãos com homens de saber.

Gropius, nessa época, podia facilmente ter em mente idéias scheerbartianas, uma vez que se estava ocupando com o recrutamento de seu primeiro grupo de funcionários para a Bauhaus, no círculo do *Der Sturm,* e que havia publicado *Glasarchitektur,* estando em contato íntimo, tanto com Bruno Taut, quanto com o irmão deste, Max.

Também em contato íntimo com os dois Taut na mesma época estava Mies van der Rohe, cujas possíveis conexões com Scheerbart são tão intrigantes quanto indemonstráveis. Parece inconcebível que seus dois projetos para arranha-céus de vidro, um para o concurso da Estação de Friedrichstrasse (1919) e o outro para um local não especificado (1921), nada fiquem a dever ao profeta do vidro, especialmente tendo-se em vista o cuidado dedicado à investigação de suas qualidades ópticas como refletores e refratores de luz, e suas formas conspicuamente expressionistas, que os teria tornado perfeitamente adequados para o papel de *Stadtkronen;* porém, o fato é que quando Mies chegou a discuti-los por escrito (na revista *Frühlicht* de Bruno Taut), ele o fez em termos que são quase o oposto do romantismo de Scheerbart.

> Os arranha-céus revelam seu padrão estrutural arrojado durante a construção. É somente então que a gigantesca teia de aço parece impressionante. Quando as paredes externas são colocadas no lugar, o sistema estrutural que é a base de todo *design* artístico fica escondido por um caos de formas insignificantes e triviais. (...) Ao invés de tentarmos resolver novos problemas com formas antigas, deveríamos desenvolver as novas formas a partir da própria natureza dos novos problemas.
> Podemos ver com maior clareza os novos princípios estruturais quando usamos vidro em lugar das paredes externas, o que é factível hoje uma vez que, em um edifício formado por uma estrutura, tais paredes externas na realidade não suportam peso. O uso do vidro impõe novas soluções (...)
> Descobri, ao trabalhar com modelos reais de vidro, que o importante é o jogo de reflexos, e não o efeito de luz e sombra como nos edifícios comuns.

O tom rude e o fascínio pela estrutura de esqueleto pertencem a um mundo diferente do de Scheerbart, pertencem ao mundo de Lissitsky, Werner Graeff e do grupo *G,* que iria ser formado em menos de doze meses a contar da data em que isso foi escrito.

Da mesma forma, entre o concurso da Friedrichstrasse e o momento em que foram escritas tais palavras, os arquitetos de Berlim haviam-se envolvido em dois outros concursos para arranha-céus e, durante o processo, haviam examinado drasticamente suas idéias.

Muitas participações do Friedrichstrasse tinham nítida inspiração scheerbartiana — torres de vidro elaboradamente facetadas, ou torres com pavilhões curvilíneos de vidro em sua base —, mas o concurso de Koenigsberg e o da Torre para o *Tribune* de Chicago produziram trabalhos de ordem diferente. Ambos os concursos estão rodeados de alguma confusão em virtude de projetos que foram completados mas não apresentados e, contudo, subseqüentemente publicados. Assim, o concurso de Koenigsberg é agora lembrado principalmente por um projeto que jamais parece ter sido apresentado — a reelaboração com estrutura de concreto e revestimento de vidro feita por Mart Stam do tema sant'eliano de andares que recuam e torres de elevador que se projetam, enquanto o *Tribune* de Chicago é agora lembrado por todo um grupo de projetos que não foram noticiados, não foram expostos ou não foram apresentados.

Enquanto a mais discutida [4], e mais admirada, de todas as participações foi a de Eliel Saarinen, que obteve o segundo lugar e, desde então, foi merecidamente esquecida, o concurso atraiu interesse e participações de toda a Escandinávia e do mundo de fala alemã. Em um estilo wrightiano modificado, havia projetos de Bijvoet e Duiker (não expostos) e Loenberg-Holm (não apresentado) ambos utilizando muito saliências e projeções em cantiléver; e no novo e rude estilo de Berlim de severas estruturas emolduradas, em vidro e concreto armado, havia participações de Max Taut (não exposta) e Ludwig Hilberseimer (não submetida a apreciação), esta representando um extremo de rígida *Zweckarchitektur*, não suavizada pela imaginação ou pela intenção estética.

Entre esses dois grupos encontra-se, estilisticamente, a participação alemã mais interessante, a única que manteve vivo o nome do *Tribune* de Chicago nos livros de história: a de Gropius e Meyer. O projeto tem dupla importância histórica; ele marca a recuperação, por Gropius, da linha forte que havia seguido antes de 1914 e que havia sido perdida em experiências expressionistas, tais como o monumento de Weimar, as casas Sommerfeld e Otte; assinala também a emergência dos aspectos característicos da segunda fase da arquitetura de Berlim. O projeto dá ênfase vigorosa à função e à estrutura por meio de um vocabulário formal derivado parcialmente de uma apreciação da estrutura da engenharia e parcialmente da esté-

---

4. São típicas do melhor da discussão as contribuições de Irving K. Pond a *Architectural Forum* (Nova York, 1921, pp. 41 e ss., 179 e ss.).

tica elementarista dos abstracionistas holandeses e russos. Sua silhueta pesada na parte de cima e seus balcões salientes parecem ter uma origem principalmente russa (embora a forma do bloco possa, pelo menos, encontrar paralelo nos desenhos *Carmelkrone* de Mendelsohn do mesmo ano), enquanto a fenestração em padrão de fábrica por todo o edifício toma o ritmo das elevações das antigas instalações gráficas do *Tribune* nos fundos do terreno de modo a integrá-las inteiramente no projeto — expressão de simpatia para com a arquitetura de engenheiros que não pode ser encontrada em qualquer outra participação do concurso e que provavelmente estaria além da capacidade estética de qualquer pessoa que não tivesse sido treinada na estética fabril da Werkbund de 1910-14.

Este foi também praticamente o último dos projetos de arranha-céus e, com a possibilidade cada vez maior de trabalho concreto, os impraticáveis sonhos da *Stadtkrone* deixam de ocupar o primeiro plano do pensamento arquitetônico de Berlim, e a tônica do *design* torna-se, embora Le Corbusier possa ter dito o contrário, predominantemente horizontal. Ao mesmo tempo, a liderança da escola tende a passar das relações de Taut para o grupo *G*. Contudo, a escola permaneceu profissionalmente coerente, não surgindo qualquer cisão entre expressionistas e elementaristas. Os homens mudaram suas atitudes, mas não seus amigos, e em 1925 regularizaram sua solidariedade ao formarem o *Ring*, cujos membros incluíram, em tempos diversos, Gropius, Mies van der Rohe, Bruno e Max Taut, Eric Mendelsohn, os irmãos Luckhardt, Hans Scharoun, Hugo Haering, Hans Poelzig, Artur Korn, Richard Doecker, Otto Bartning, Hilberseimer e outros — o círculo completo de arquitetos progressistas de Berlim, sem levar-se em conta suas preferências estilísticas.

Com o empalidecimento da influência dos ex-expressionistas, com Gropius bastante ocupado com os assuntos da Bauhaus, e Mendelsohn profundamente envolvido em suas relações com várias grandes casas de comércio judias, a liderança do *Ring* passou quase automaticamente para Mies van der Hohe, e ele desempenhou tal papel com autoridade cada vez maior à medida que passou a década. Essa autoridade que tinha entre seus colegas arquitetos, aos quais supera de modo tão seguro quanto Le Corbusier superou os de Paris, parece ter dependido menos da forte personalidade ou da estonteante originalidade, do que do puro mérito inabalável de *designer*. Em qualquer estilo com que as circunstâncias ou sua inclinação o levavam a projetar, ele se destacava, possivelmente porque, como ele mesmo pretendia, era-lhe indiferente o estilo.

Como ocorre com muitos que professam tal indiferença, sua obra, e particularmente seus esboços, mostravam em princípios dos anos 20 uma suscetibilidade quase excessiva à influência formal, sempre levando-se em conta que tudo que ele absorvia era transmudado. Assim, ele emerge de seus encontros com Stam e Lissitsky como sendo menos original que qualquer deles, porém como um *designer* mais convincente do que ambos. Sua adesão à escola de *design* de mentalidade rígida, cuja principal força de propulsão era constituída por aqueles dois mais Werner Graeff, é marcada por um projeto tão importante quanto o projeto de Gropius e Meyer para o *Tribune,* e por razões semelhantes: é um edifício de escritórios de concreto, de projeto dominantemente horizontal.

Não sendo uma estrutura de moldura, ele foi imaginado como uma construção de colunas-e-pranchas (ou, dado que as colunas tinham seção retangular, eram mais finas na parte de cima, e estavam ligadas por meio de vigas sob a prancha, uma construção de portal-moldura-e-prancha), porém com uma peculiaridade estrutural e funcional que parece ter alguma conexão com o edifício Larkin de Wright. Hilberseimer descreve-o assim:

> Aqui, a placa do solo é girada verticalmente ao final dos cantiléveres e torna-se a parede externa, servindo como fundo para os arquivos que foram transferidos do espaço interno para a parede externa a fim de obter-se uma disposição melhor arranjada.

mas não faz qualquer referência ao fato de que os sistemas de arquivo do edifício Larkin estavam arranjados de modo semelhante (recurso que Mies poderia ter conhecido através de Berlage). Ele também descreve o arranjo das janelas de uma forma que lembra o *on vit par étage* de Le Corbusier:

> Acima dos arquivos, encontra-se uma faixa contínua de janelas que se eleva até o andar de cima, sem sustentação ou alvenaria. Por esse meio, a colocação dos andares (um em cima do outro) é enfatizada de modo mais enérgico.

Hilberseimer, contudo, não faz qualquer referência aos elementos de outros estilos que persistem nesse edifício — o planejamento axial e a disposição da entrada, e o fato de que cada andar se sobressai um pouco mais do que o de baixo, dando uma silhueta quase expressionista.

O grau de cautela que é ali revelado, retendo-se as partes das disciplinas do passado que são necessárias para estabilizar novas aventuras no *design,* encontra-se presente mesmo no mais "revolucionário" dos projetos de Mies, a *villa* em tijolo de 1923. Tem-se dedicado muita atenção a certas semelhanças superficiais entre a planta desse projeto e pinturas de van Doesburg, porém aquela envolve um conceito mais rico e mais complexo do que isso. As lajes de tijolo que formam a estrutura podem ser consideradas como "elementos" no sentido empregado por Kiesler, dispostas em um "espaço sem fim", tal como Lissitsky poderia ter especificado. Os relacionamentos entre essas lajes de tijolos com os volumes que elas não envolvem inteiramente podem, com efeito, ser assemelhados às barras de tinta escura que não envolvem completamente as áreas de cor na pintura *Ritmo de uma Dança Russa* de van Doesburg; no entanto, esse relacionamento frouxo da casa com aquilo que a rodeia poderia muito bem ter igualmente uma inspiração scheerbartiana, da mesma forma como a pureza cuidadosamente preservada das lajes da parede possuem uma origem inconfundível em Berlage. Acima de tudo, a concentração da composição pertence a uma tradição mais antiga do que a abordagem elementarista notada por Barr e outros. Embora a planta em si seja talvez o primeiro real passo à frente em relação às casas Prairie de Wright, as elevações são menos atualizadas, de uma certa forma, do que as de alguns wrightianos holandeses, pois existe uma ausência total de saliências coerentes. Em vez disso, as elevações formam uma pirâmide com vértice em um bloco central mais alto — a silhueta é a de um *Stadtkrone* em miniatura ou a de uma *villa* neoclássica pitorescamente agrupada, e revela a força das inclinações *Schinkelschüler* de Mies ainda nessa data tardia.

A cautela continua por todo o grupo de edifícios de tijolo, realmente executados, que se originam desse projeto. Na Casa Wolf, em Guben, algo das massas piramidais é mantido, mesmo em 1926, e o trabalho em tijolo mostra uma graça quase holandesa no uso de padrões de juntura e no uso de reentrâncias à Dudok sobre arestas verticais. O Monumento aos mártires comunistas, Karl Liebnecht e Rosa Luxemburgo, construído em Berlim no mesmo ano, possui um parentesco mais próximo com a arte abstrata em seus volumes retangulares que se projetam para fora, mas também apresenta uma aparência de ingremidade expressionista, e sua superfície de tijolos demasiadamente torcidos e queimados lembra o andar superior texturado da dupla *villa* de Mendelsohn na Carolingerplatz, em Charlottenburg. É somente na Casa Lange em Krefeld, já em 1928, ainda de tijolos, que realmente vem à tona algo parecido com a tonalidade inteiramente rude de seus primeiros escritos e associados. A frente dessa casa, particularmente, dá uma impressão de estudada desgraciosidade, apesar de suas cores quentes, embora um exame posterior revele que um senso (se não sistema) de proporção dos mais refinados estabelece o relacionamento entre as partes. Mesmo ali, onde sua maneira de projetar atinge um ponto extremo, os fatos do edifício não podem ser bem igualados com a mais rígida de suas proposições teóricas da época do *G*

Rejeitamos toda especulação estética, toda doutrina, todo formalismo ou

Recusamo-nos a reconhecer problemas de forma; reconhecemos somente problemas de construção.

A forma não é o objetivo de nosso trabalho, somente o resultado

A forma em si não existe

A forma como objetivo é formalismo, e isso nós rejeitamos.

Os "problemas de construção" que ele estava preparado para reconhecer eram a estrutura, as disciplinas de projeto, a industrialização dos métodos — em geral, o tipo de problema que iria atrair a atenção de Werner Graeff e outros que achavam a Bauhaus muito "artística". Não obstante, é interessante notar que, dessa abordagem bastante negativa, emerge de fato uma filosofia positiva e mesmo familiar do projeto: *Zeitgeist* mais racionalismo igual a *Raumgestaltung*.

Templos gregos, basílicas romanas e catedrais medievais são significativos para nós como criações de toda uma época, mais do que como obras de arquitetos individuais. (...) São expressões puras de seu tempo. Seu verdadeiro significado é que eles são símbolos de sua época.

A arquitetura é a vontade da época traduzida em espaço.

Se deixarmos de lado todos os conceitos românticos, podemos reconhecer as estruturas em pedra dos gregos, a construção em tijolo e concreto dos romanos e das catedrais medievais, como sendo, todas, arrojadas realizações de engenharia (...)

Nossos edifícios utilitários podem tornar-se dignos do nome de arquitetura somente se interpretarem verdadeiramente sua época por meio de sua expressão funcional perfeita.

Fossem quais fossem as influências pessoais e literárias sobre essa atitude, existia uma pressão social crescente, bastante externa às relações do *G*, que impulsionou suas idéias e as de outros arquitetos de Berlim naquela direção racionalista e funcionalista em meados da década de 20. A partir de 1924, aproximadamente, os órgãos progressistas dos governos locais de diferentes partes da Alemanha começaram a encomendar e construir projetos de habitações em grande escala e custo baixo, e uma proporção surpreendentemente grande desse trabalho foi para modernistas comparativamente extremados — os do *Ring* estiveram muito ocupados nos subúrbios de Berlim até depois de 1930. Dada a condição financeira do país nessa época, esses *Siedlungen* tinham de ser construídos com os orçamentos mais restritos, e era necessária uma abordagem implacavelmente racional para extrair o máximo desempenho possível dos materiais, da maquinaria, e de cada metro quadrado de espaço construído e terreno ocupado. A pesquisa de economia e desempenho máximo foi levada até seu ponto máximo neste período por Ernst May e sua equipe, no Departamento de Construções Municipais de Frankfurt-Sobre-o-Meno, o qual desenvolveu técnicas especiais de construção, mobília e equipamentos especiais, a fim de manter baixos os custos e acelerar o trabalho de construção. Para um programa desse tipo, de modo pouco usual, a qualidade arquitetônica dos edifícios era alta, e a qualidade do planejamento transformou-se em palavra de senha, especialmente o esquema Roemerstadt. Embora os arquitetos de Berlim não dispusessem de uma organização de pesquisa equivalente [5], seus trabalhos não estão muito atrás dos do escritório de May, e a qualidade arquitetônica real de suas obras em muito assemelha-se à deste.

Essa qualidade pode ser descrita de maneira bastante simples: a maioria de tais edificações era constituída por blocos de três a cinco andares de comprimento razoável, distribuídos ao longo de estradas de acesso; sua estrutura era de tijolos ou, mais provavelmente, de blocos de escória de carvão, e quase sempre rebocada; as janelas pequenas, seu tamanho preciso sendo geralmente determinado por padrões de iluminação natural mínima. Qualquer estética de que essas fachadas compridas pudessem se orgulhar tinha de ser defendida com unhas e dentes e tinha de ser expressa a partir dos elementos dados. Na prática, isso significava que a cor do reboque podia ser mudada

---

5. Deve-se notar que os principais escritos de Gropius sobre habitações coletivas, que tanto contribuíram para o pensamento mundial, pouco contribuíram para o pensamento alemão sobre o assunto, uma vez que não vieram à luz senão em 1929 e 1931, época em que o trabalho de May, em particular, e de vários arquitetos do *Ring* já havia fornecido uma base empírica e parcialmente estatística para as obras de habitação coletiva na Alemanha.

para os andares do "porão" ou do "sótão", que efeitos rítmicos e proporcionais podiam ser obtidos com a disposição das janelas, e que a esquina de uma rua, ou outra interrupção dada, tal como a necessidade de comércio local, poderia fornecer a oportunidade para algum alívio tridimensional. O padrão geralmente alto das fachadas dessas edificações, pelo menos, é uma das principais realizações da arquitetura alemã dos anos 20; essa realização, porém, tem seu aspecto irônico, pois, uma vez que essas edificações de baixo custo também constituíam o grosso da arquitetura moderna que se podia ver em torno de Berlim, elas deram origem à lenda (apoiada por uma certa dose de pensamento positivo corbusieriano) de que a arquitetura moderna é, por natureza, um estilo barato de construção.

Mesmo assim, a participação de Mies van der Rohe, com sua conhecida preferência por acabamentos de luxo etc., no negócio de construção de *Siedlung* ainda constitui uma certa surpresa; contudo, sua pequena edificação na Afrikanische Strasse, e o quarteirão correspondente em Weissenhof, são de longe os mais distintos de todos os edifícios, em termos arquitetônicos, embora seu efeito dependa quase inteiramente do tamanho e espaçamento das aberturas de janela.

O conjunto de Weissenhof era um dos mais conhecidos e mais discutidos edifícios da época, parcialmente em razão de suas qualidades inerentes e parcialmente em razão de sua situação. Em 1925, a Deutscher Werkbund convidou Mies a encarregar-se do planejamento global do que iria ser sua primeira grande exposição desde Colônia, um grupo de edifícios residenciais (alguns permanentes, outros transitórios), sobre a pequena colina de Weissenhof, situada um pouco mais alto do que Stuttgart, a ser aberto ao público no verão de 1927. Uma vez que o tempo era curto e que a maioria dos edifícios ainda estaria no processo de serem projetados quando o plano global estivesse completo, o problema de planejamento urbano era de disciplina permissiva, fornecendo um relacionamento ordenado a uma série de edifícios cujo volume ainda estava indeterminado naquele estágio inicial.

A solução não era a acadêmica, que insistia em traçar uma série de eixos através do local e deixar que os edifícios se alinhassem com aqueles da melhor maneira possível — o local era pequeno demais, de contorno por demais irregular e demasiadamente dotado de acidentes topográficos para isso. Ao invés disso, Mies organizou os volumes previstos no ponto mais alto da colina, em uma forma que poderia hoje em dia ser chamada de "escultura no terreno" — uma seqüência inter-relacionada de blocos retangulares e terraços de ligação, organizados de modo algo semelhante ao projeto de *villa* de tijolos de 1923, com seu próprio edifício de apartamentos servindo como *Stadtkrone* no ponto mais alto. Essa concepção altamente original, primeira nova contribuição ao planejamento urbano tridimensional desde Sant'Elia, teve de ser parcialmente sacrificada para preferências locais e restrições financeiras (os terraços foram substituídos por acessos convencionais, o que rompeu a continuidade do todo escultórico); mesmo assim, porém, uma grande parte da concepção original sobreviveu e ainda pode ser apreciada pelas fotografias aéreas tomadas na época.

Dificilmente será necessário registrar que Mies não fez qualquer pronunciamento escrito sobre esse notável exemplo de planejamento; ao invés disso, explicou suas intenções em Weissenhof em duas declarações aparentemente contraditórias sobre o problema do projeto residencial. A contradição, embora chocante, é, com efeito, superficial, e ver-se-á que os sentimentos libertários da primeira não excluem o caso especial discutido na segunda.

O problema da habitação moderna é fundamentalmente arquitetônico, apesar de seus aspectos técnico e econômico. Constitui um complexo problema de planejamento e, portanto, somente pode ser resolvido por mentes criativas, não por meio de cálculos e organização. Conseqüentemente, sinto que é imperativo, apesar das falas atuais sobre Racionalização e Padronização, manter o projeto de Stuttgart diverso de um projeto unilateral ou doutrinário. Convidei, portanto, figuras representativas do Movimento Moderno a fazerem sua contribuição para o problema da habitação moderna.

Não se pode deixar de notar o desvio do tom rude inicial que aparece nessa afirmação. Contudo, o mesmo tom retorna, quase na linguagem de 1922, na outra declaração:

> Hoje o fator economia torna imperativas a Racionalização e a Padronização para habitações de aluguel. Por outro lado, a maior complexidade de nossos requisitos exige flexibilidade. O futuro terá de levar ambas em conta. Para esse propósito, a construção por esqueleto é o sistema mais adequado. Ele torna possível métodos de construção Racionalizados e permite que o interior seja livremente dividido. Se considerarmos cozinhas e banheiros, em virtude de seus encanamentos, como um núcleo fixo, todo o espaço restante pode ser dividido por meio de paredes móveis. Creio que isso deveria satisfazer todos os requisitos normais.

Embora seu edifício de apartamentos em Weissenhof não possuísse o que normalmente seria chamado de partições móveis, ele possuía uma estrutura de esqueleto (embora isso fosse invisível exteriormente), tratava as cozinhas e banheiros como núcleos fixos, e dispôs cada um dos vinte e quatro apartamentos principais de maneira diferente na planta. Mies deu ali a demonstração mais notável e convincente do conceito de planta flexível que havia sido visto até então, embora muitos dos pronunciamentos teóricos sobre o assunto tenham vindo de Le Corbusier.

Uma comparação com Le Corbusier é conveniente e adequada, nesta altura, pois, deixando de lado suas realizações como planejador urbano e planejador de apartamentos em Weissenhof, Mies também realizou ali um feito ainda maior; ele tornou o Movimento Moderno visivelmente internacional. Le Corbusier, Oud, Stam e o belga Victor Bourgeois contribuíram com edifícios para o plano; Oud e Stam, na forma de terraços de pequenas casas, Le Corbusier, com uma casa dupla e com a Maison Citrohan, e Victor Bourgeois com uma única casa ligeiramente afastada do resto da exposição. Entretanto, os visitantes de Weissenhof não podiam deixar de notar que os edifícios planejados por não-alemães encontravam-se bastante à vontade em meio a seus vizinhos próximos desenhados por membros do *Ring,* e que uma conspícua harmonia de estilo percorria todo o *Siedlung.* Essa manifesta coerência internacional tinha duplo significado: por um lado, transformou a arquitetura moderna no alvo de críticas chauvinistas de todo o mundo, quer proviessem elas de nazistas, do grupo de Mauclair na França, ou dos seguidores mais selvagens de Frank Lloyd Wright; por outro lado, seguindo a liderança firmada pelo livro *Internationale Architektur* de Gropius, ela levou Alfred H. Barr a aplicar, à arquitetura madura moderna da corrente principal, o rótulo estilístico que desde então aderiu a ela — O Estilo Internacional.

Apesar desses laivos internacionais, contudo, Weissenhof foi fundamentalmente uma manifestação da arquitetura do *Ring* e, excetuando-se os quatro *designers* não-alemães mencionados acima (e, para Stam, "não-alemão" é um epíteto duvidosamente válido), os onze restantes eram na maioria berlinenses por domicílio profissional, por nascimento ou vinculação — o próprio Mies, Gropius, Hilberseimer, os Taut, Scharoun, Doecker, Behrens etc. O estilo com o qual combinavam os projetos estrangeiros era o estilo de Berlim em virtude da pura pressão numérica. Nenhuma outra cidade da época poderia ter reunido, como Berlim, mais de uma dúzia de modernistas convictos de talento reconhecido. Paris poderia ter produzido quatro; toda a Holanda, por volta desse mesmo número, e o resto do mundo uns outros oito ou algo assim. Em termos do crescimento do Movimento Moderno, a maior contribuição da Alemanha foi a quantidade de homens e edifícios produzidos por Berlim; em termos, porém, da subseqüente distribuição desse movimento pelo mundo ocidental, as duas grandes contribuições da Alemanha são uma instituição que era inteiramente concepção de Berlim, embora localizada em outro lugar, a Bauhaus, que será discutida no capítulo seguinte, e uma torrente de livros enciclopédicos, discutidos daqui a dois capítulos, dos quais o mais importante, *Von Material zu Architektur* de Moholy-Nagy, era, ele mesmo, produto da Bauhaus.

20. A BAUHAUS

Embora a Bauhaus se tenha tornado um símbolo de modernidade tão firmado que a adoção de seus métodos é um indício reconhecido de que uma escola "tornou-se moderna", ela possui muitas raízes no passado. Formou-se pela fusão, em 1919, de duas instituições existentes em Weimar: uma, a Academia de Belas-Artes com uma tradição que se estendia pela história, outra, a escola Kunstgewerbe fundada por Henry van de Velde depois que este veio para Weimar em 1903 por injunção do último Grão-Duque de Sachsen-Weimar, em princípios daquela onda de entusiasmo pelo *design* melhorado que também produziu a Werkbund. De ambas as instituições, Gropius herdou edifícios, uns poucos membros do corpo de funcionários de antes da guerra e, para começar, o que pode ser chamado de "boa vontade".

Embora sua ação ao fundir as duas escolas fosse um gesto pioneiro, não era uma idéia original. Algo semelhante tinha estado na mente de van de Velde mesmo antes de vir para Weimar e, enquanto ele esteve ali, chegaram propostas da Academia para relacionamentos mais íntimos entre as duas escolas. No nível das experiências práticas, Poelzig em Breslau havia instituído oficinas de artesanato na Academia mesmo antes de 1914 e, no mesmo período, Richard Meyer dirigia aulas de arte na escola Kunstgewerbe de Hamburgo [1]. O terreno estava assim preparado bem antes de Gropius assumir as duas escolas em Weimar, e seus atos tornaram realidade um conceito que já estava em voga nos círculos progressistas. Além disso, os funcionários que ele reuniu nos primeiros anos da Bauhaus dificilmente poderiam ser chamados de novos homens possuídos por perigosas idéias novas. Eles foram recrutados principalmente por meio de dois círculos sobrepostos que existiam antes da guerra — *Der Sturm* em Berlim, e os amigos destes nos círculos musicais de Viena. A maioria dos homens daí resultantes haviam nascido antes de 1890; sua arte e suas reputações haviam começado a tornar-se maduras antes de 1914.

A maioria deles também eram pintores, apesar de que a Bauhaus tinha intenções de treinar em todos os ramos do *design,* culminando na arquitetura. E todos, ao menos na mente do público, eram expressionistas. Este último ponto não somente alarmou os cidadãos de Weimar e lançou as bases da hostilidade que eventualmente iria tornar a posição de Gropius insustentável, como também impôs certas tensões nas orientações internas da própria escola. Era inevitável, claramente, que Gropius tivesse de depender de homens e relações firmadas antes da guerra, porém as posteriores tensões

---

1. Sobre o tema de tentativas de aproximar mais as Academias e as escolas Kunstgewerbe ver Nikolaus Pevsner, *Academies of Art* (Cambridge, 1940, pp. 274, 265).

alunos-funcionários e as pequenas "revoluções palacianas" foram de maneira igualmente involuntária engendradas pela necessidade que tinha a geração mais velha, com idéias de antes da guerra, de adaptar-se às circunstâncias modificadas. Embora a mudança externamente visível na política da Bauhaus esteja associada com as visitas de van Doesburg e com a admissão de Moholy-Nagy ao corpo de funcionários em 1923, a Bauhaus tinha estado, de fato, em um processo de transformação quase desde sua fundação e iria permanecer assim até sua dissolução em Berlim, em 1933. Muito de seu interesse histórico encontra-se na maneira como reflete o aspecto mutável do pensamento arquitetônico alemão dos anos 20, embora sua derradeira significação histórica sempre se encontre no efeito que teve sobre o pensamento arquitetônico internacional nos anos 30 e 40.

As qualidades scheerbartianas da primeira Proclamação da Bauhaus já foram mencionadas. Lyonel Feininger, que desenhou a capa, era membro do *Stumkreis,* e o meio que empregou, uma xilogravura, era um dos favoritos dos artistas expressionistas. O texto da declaração de Gropius condiz totalmente com o caráter da capa.

O edifício completo é o objetivo fundamental das artes visuais. A função mais elevada destas já foi a decoração dos edifícios. Elas existem, hoje em dia, em um isolamento do qual só podem ser resgatadas pelos esforços conjuntos conscientes de todos os artesãos. Arquitetos, pintores e escultores, devem reconhecer mais uma vez a natureza dos edifícios como sendo entidades compostas. Somente então suas obras estarão permeadas com aquele sentimento arquitetônico que foi perdido na arte dos salões.

Até aqui, isso não difere muito da linha adotada por, digamos, Berlage, antes de 1910, mas os dois parágrafos seguintes possuem uma qualidade mais especificamente expressionista.

Arquitetos, pintores e escultores, devemos todos nos voltar ao artesanato.

Então não haverá "arte profissional". Não existe uma diferença essencial entre o artista e o artesão: o artista é um artesão elevado a uma potência maior. Em raros momentos

437

103. Bruno Taut. Centro da cidade, extraído de *die Stadtkrone*, 1919; edifícios centrais de uma cidade projetada, dispostos na forma de um símbolo visual ou marco.

104. Lyonel Feininger, gravura da capa da primeira proclamação da Bauhaus, 1919. Aqui, como no *Stadtkrone* de Taut, a ênfase nas torres e na luz parece derivar do *Glasarchitektur* de Scheerbart.

de iluminação, não provocados pela vontade consciente, a Graça dos Céus pode fazer com que seu artesanato floresça em arte. Uma base de disciplina artesanal é essencial para todo artista.

Criemos uma nova corporação de artesãos, sem o esnobismo de classe que tenta erigir uma arrogante barreira entre artista e artesão. Concebamos, consideremos e criemos juntos o novo edifício do futuro que juntará tudo em uma única criação integrada: arquitetura, pintura e escultura, elevando-se aos Céus a partir das mãos de um milhão de artesãos, símbolo de cristal da nova fé no futuro.

O que não pode deixar de espantar nessa declaração é que uma pessoa como Gropius, enraizado na Werkbund e no escritório de Behrens, em contato com *Der Sturm* e sua ênfase no Futurismo, possa ser capaz, nessa época, de não fazer qualquer referência à maquinaria e possa assumir uma posição com fundamento unicamente no ponto de vista morrisiano de artesanato inspirado. Foi apenas em 1923 que a Bauhaus iria mostrar algum interesse na produção mecanizada, e os problemas de projetar para ela. Por essa época, seus métodos de ensino tinham-se tornado inseparavelmente vinculados ao artesanato — ponto que seus apologistas acharam bastante embaraçoso para precisar ser explicado.

Essa inclinação pelo artesanato, contudo, iria ser uma das principais forças do método de educação da Bauhaus, porque ela tornava possível a elaboração de um sistema de ensino não-acadêmico que não poderia, àquela época, ter sido baseado numa abordagem mecanicista. O ofício manual, enquanto disciplina de ensino, implica "aprender fazendo" em vez de aprender lendo ou ouvindo aulas, e isso, embora seus métodos e intenções possam ter sido modificados por professores diferentes em tempos diversos, transformou-se no "Método da Bauhaus" e, finalmente, na norma para treinamento arquitetônico avançado por todo o mundo. A idéia de "aprender fazendo" deve-se provável e principalmente a Froebel, como Frederick Logan observou [2], mas também é possível que esteja bastante a dever aos métodos estabelecidos da instrução de

---

2. No *College Art Journal* (Nova York, outono de 1950, pp. 36 e ss.).

105. Eric Mendelsohn. Seção de pintura e torre de secagem de uma fábrica de chapéus em Luckenwalde, 1921-1923: as plantas e elegantes formas funcionais assinalam o fim da arquitetura expressionista.

oficina da Kunstgewerbeschule, e a inovação básica da Bauhaus — implícita, em primeiro lugar, na maneira pela qual a escola foi formada — encontrava-se na introdução desses métodos dos ofícios manuais na instrução das Belas-Artes. A outra grande inovação foi a determinação de varrer da mente de todo aluno que chegava todos os preconceitos e de colocá-lo, por assim dizer, de volta ao jardim de infância a fim de começar tudo do zero. Isso era feito por meio do Vorkurs, ou curso preliminar, que adquiriu tal celebridade que tem chegado a ser considerado como a essência, ou mesmo a integralidade, do Método da Bauhaus.

A idealização e elaboração inicial do Vorkurs foi obra de Johannes Itten, pintor suíço interessado na pedagogia, a quem Gropius havia encontrado através de suas relações musicais, e a Georg Muche, jovem *Sturmkünstler*. Os objetivos do curso foram colocados em termos específicos somente em 1922, quando o primeiro alvoroço de excitação havia-se acalmado um pouco e podia-se dizer que existia algo como um sistema-Itten. Por ocasião de uma exposição de trabalhos dos "aprendizes" e "oficiais" da Bauhaus, Itten escreveu uma introdução ao catálogo, onde se pode ler:

O curso é destinado a libertar o poder criativo do aluno, a dar-lhe uma compreensão dos materiais da Natureza, e a familiarizá-lo com os princípios básicos subjacentes a toda atividade criativa nas artes visuais. Cada novo estudante chega sobrecarregado com uma massa de informações acumuladas, que ele deve abandonar antes de alcançar uma percepção e um conhecimento que sejam realmente dele mesmo. Se ele for trabalhar em madeira, por exemplo, é preciso que tenha um "sentimento" pela madeira. É preciso também que compreenda o relacionamento da madeira com outros materiais... combinando e compondo-os a fim de tornar seu relacionamento inteiramente aparente.

O trabalho preparatório também envolve uma reprodução exata dos materiais concretos. Se um aluno desenhar ou pintar um pedaço de madeira idêntico à natureza em todos os seus detalhes, isso o ajudará a compreender o material. O trabalho de antigos mestres, tais como Bosch, Meister Francke ou Grünewald, também oferece educação no estudo da forma, que é parte essencial do curso preliminar. Essa instrução destina-se a permitir que o aluno perceba o relacionamento harmônico de diferentes ritmos e expresse tal harmonia através do uso de um ou vários materiais. O curso preliminar diz respeito a toda a personalidade do aluno, uma

106. Mies van der Rohe. Projeto de uma torre de vidro para a concorrência da estação de Friedrichstrasse, Berlim, 1919. Os dois projetos de Mies para arranha-céus de escritórios com paredes de vidro são as últimas grandes manifestações do sonho de vidro de Scheerbart, e os primeiros produtos importantes do entusiasmo pelos arranha-céus que se apossou dos arquitetos de Berlim no começo da década de 20.

vez que procura libertá-lo, fazer com que se erga sobre seus próprios pés, e lhe possibilita ganhar um conhecimento tanto do material quanto da forma através da experiência direta.

Como questão de princípio, cada aprendiz tem de fazer seu próprio projeto (...)

As suposições subjacentes desse documento podem ser melhor realçadas opondo-se o documento às suposições comuns do ensino acadêmico. Um contraste óbvio é que as leis da forma devem ser encontradas nas obras dos primitivos alemães, não nos clássicos, porém os mais importantes são: a idéia de vocação para um material ou técnica, não para uma função na sociedade; a libertação de habilidades inatas, não a aquisição de métodos; o cultivo da sensibilidade intuitiva, não a aquisição de conhecimento; e, mais significativo de todos, a destruição do treinamento anterior, não sua exploração, a intenção de devolver os estudantes que começam à nobre selvageria da infância. Ter ido tão longe contra os precedentes firmados sem avançar em uma cultura mecanizada significava que Itten tinha de sair completamente do corpo geral do pensamento racional, ocidental, e, sob sua influência, os estudantes da Bauhaus envolveram-se no estudo de místicos medievais como Eckhart e de disciplinas espirituais orientais como Mazdaznan, Tao e Zen. Pode-se compreender facilmente o fato de os cidadãos de Weimar, cidade de Goethe, ficarem alarmados, bem como se pode compreender o desprezo sentido pelos espíritos rígidos em Berlim.

Não existe agora nenhum documento que forneça uma estimativa contemporânea do lugar do Vorkurs, seus ofícios e sua abordagem intuitiva dos materiais no currículo total da Bauhaus desses primeiros anos: o *Idee und Aufbau des Staatlichen Bauhauses Weimar* de Gropius somente foi publicado em 1923, quando já estavam sendo efetuadas mudanças nos métodos e no corpo de funcionários da Bauhaus, e quando seus próprios métodos de projeto já haviam passado do ponto decisivo marcado pelo projeto para o *Tribune* de Chicago. Com efeito, o grande valor desse documento encontra-se na extensa visão geral que for-

107. Gropius e Meyer. Projeto de arranha-céu para a concorrência para a torre do *Chicago Tribune*, 1922: um importante edifício de transição na evolução da arquitetura de Berlim em seu caminho de afastamento do expressionismo, foi também o único participante dessa concorrência que acolhia o módulo estrutural das existentes oficinas de impressão na parte posterior dos escritórios.

108. Mies van der Rohe. Projeto para um conjunto de escritórios em concreto, 1922; a despeito da projeção para fora quase expressionista dos andares, a concepção predominantemente horizontal assinala o começo da segunda fase da arquitetura de Berlim.

nece sobre as opiniões de Gropius exatamente no momento em que ele e a Bauhaus estavam entrando no período de maior maestria e maior certeza quanto à sua posição na vida e no pensamento da época. Embora o documento pareça gastar muito tempo tecendo elaborações de temas gastos, ele é de grande valor entre a literatura do período em virtude de seu tom moderado e de sua exposição racional.

Principia com arrebatadoras generalizações históricas, através das quais se pode perceber uma versão do misticismo de Itten.

O espírito dominante de nossa época já é reconhecível, embora sua forma ainda não esteja claramente definida. O antigo conceito dualista de mundo, que visualizava o ego em oposição ao universo, perde terreno rapidamente. Em seu lugar, surge a idéia de uma unidade universal na qual todas as forças opostas existem em um estado de equilíbrio absoluto.

Segue-se uma breve visão panorâmica da história recente do *design,* vista do mesmo ângulo que a Werkbund: a decadência da arquitetura como o agente unificador na criação de um *Gesamtkunstwerk,* o fracasso das academias e a decadência da arte do povo, a necessidade de *Durchgeistigung*

Somente o trabalho que for produto de uma compulsão interna pode ter significação espiritual. O trabalho mecanizado é sem vida, adequa-se somente à máquina sem vida... a solução depende de uma mudança na atitude do indivíduo em relação a seu trabalho.

o isolamento do artista criativo e a fome por desenhistas industriais, concluindo por uma estimativa, extraordinariamente satisfeito consigo mesmo, da realização dos reformistas do século XIX.

Ruskin e Morris na Inglaterra, van de Velde na Bélgica, Olbrich, Behrens e outros na Alemanha, e finalmente a Deutscher Werkbund, todos procuraram e por fim encontraram a base para uma reunião entre artistas criativos e o mundo industrial.

Tendo em vista essa opinião de que os antigos mestres estavam certos, não é surpreendente verificar que, apesar da muita ênfase dada à intuição e à habi-

445

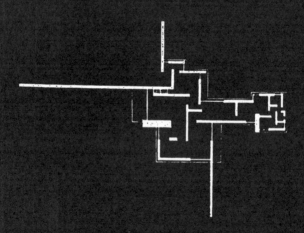

109-110. Mies van der Rohe. Projeto para uma *villa* de tijolos, 1923: uma das mais célebres concepções de Mies, espalhando-se pelo espaço circundante como um dos *Prouns* de Lissitsky.

lidade inata, ele concebe o processo da criação artística
em termos que poderiam ter sido propostos por
Muthesius, como *Raumgestaltung*.

O objetivo de todos os esforços criativos nas artes
visuais é dar forma ao espaço... através de sua intuição,
através de seus poderes metafísicos, o homem descobre o
espaço imaterial da inspiração e visão interior. Esse conceito
de espaço exige realização no mundo material (...)

Em uma obra de arte, as leis do mundo físico, do mundo
intelectual e do mundo do espírito, funcionam e são expressadas simultaneamente.

Essa insistência sobre o espiritual enfatiza, se é
que a ênfase é necessária, o fato de que Gropius, ao
tempo em que estava introduzindo a segunda ordem
de ensinamentos da Bauhaus, a ordem da análise e
geometria estrita, estava longe de ser o materialista
ou funcionalista que comumente se pensa ter ele sido
— com efeito, a Bauhaus não teve fase funcionalista
até que Hannes Meyer assumiu, ao retirar-se Gropius.

O aspecto mais curioso de *Idee und Aufbau*, contudo, encontra-se na seção seguinte, onde ele discute
o programa educacional real. Ali, apesar do que foi
dito antes em favor da unidade e contra o dualismo,
aceita uma divisão da disciplina educacional em duas
metades, *Werklehre* e *Formlehre,* que correspondem,
em sentido geral, aos currículos das duas escolas que
haviam sido acopladas para formar a Bauhaus. Mais
tarde, a fim de justificar a *Formlehre,* traça uma analogia com a música cujo único efeito, se é que tem
algum, é aprofundar ainda mais a divisão.

O músico que deseja tornar audível uma idéia musical
precisa, para reproduzi-la, não somente de um instrumento
musical, como também de um conhecimento de teoria.
Sem este conhecimento, sua idéia jamais emergirá do caos.
(...) Um conhecimento correspondente de teoria... deve
novamente ser estabelecido como uma base para a prática
das artes visuais.

Essa divisão do programa de ensino em duas
partes paralelas seria acompanhada por uma divisão
tríplice no tempo: primeiro o Vorkurs, durante seis
meses; a seguir, uma instrução de três anos em um
determinado ofício (trabalho em metal, cerâmica, ta-

447

111-112-113. Mies van der Rohe, casa Wolf, Guben, 1926; Monumento a Karl Liebknecht e Rosa Luxemburgo, Berlim, 1926; Casa Lange, Krefeld, 1928; a evolução da arquitetura em tijolos, do detalhamento holandês e da dureza expressionista, para uma pureza estudada baseada na riqueza dos materiais utilizados.

peçaria, trabalho em madeira etc.) sob um aprendizado regular, terminando, para o estudante bem sucedido, com seu *Gesellenbrief* ou Diploma de Oficial; e, finalmente, um período variável de instrução em arquitetura, pesquisa etc., que terminava com um Diploma de Mestre.

Deve-se ressaltar que Gropius planejava apagar a divisão central entre *Werklehre* e *Formlehre* contratando professores de estúdio que tivessem igual capacidade nos dois aspectos; no final, porém, ele somente conseguiu encontrar tais talentos "ambidestros" entre seus próprios *Gesellen,* Marcel Breuer, Josef Albers, Herbert Bayer — todos produto do primeiro período, expressionista.

A justificativa do *Werklehre* envolve Gropius em uma justificativa reveladora dos ofícios enquanto disciplina de ensino:

A Bauhaus acredita que a máquina é nosso modo moderno de *design* e procura chegar a um entendimento com ela

começa ele, traindo uma grande mudança de orientação desde a Proclamação de 1919.

Não haveria sentido, porém, em lançar um aprendiz dotado diretamente na indústria sem preparação em um ofício. (...) Ele seria sufocado pela visão materialista e unilateral predominante nas fábricas de hoje. Um ofício, entretanto, não pode conflitar com o sentimento artesanal que ele, como artista, inevitavelmente tem, e constitui-se, portanto, na melhor oportunidade para o treinamento prático.

Essa visão dos ofícios, enquanto pára-choque entre espíritos sensíveis e as rudes realidades da produção mecanizada, provocou naturalmente o desprezo dos estudantes de mentalidade rígida, mesmo dentro da Bauhaus; Gropius, porém, tinha outra justificativa, e mais substancial.

O ensino de um ofício desina-se a preparar para o *design* de produção em massa. Começando com os utensílios mais simples e com os serviços menos complicados, gradualmente ele adquire habilidade para dominar problemas mais intrincados e para trabalhar com máquinas, enquanto, ao mesmo tempo, fica em contato com todo o processo de produção, do começo ao fim...

114. Bruno Taut. Conjunto habitacional "Gehag", Berlim-Britz, 1927: habitação em massa de baixo custo do tipo que estabeleceu o padrão e o caráter único da escola de Berlim.

115. Mies van der Rohe. Modelo para um conjunto habitacional em Weissenhof-Siedlung, 1925: planejamento urbano encarado como um contínuo escultórico.

e isso tornou-se uma espécie de artigo de fé da Bauhaus e pode ser encontrado repetido, quase palavra por palavra, por Moholy-Nagy em 1928.

As opiniões de Gropius sobre o *Formlehre* são ainda mais dignas de nota, porque indicam uma mudança de opinião, quando o comparamos a Itten, que se distancia do irracionalismo e do medievalismo em direção a uma posição mais racional, internacional e mesmo acadêmica. Deve-se observar, para começar, que sua briga com as "academias" parece ter sido motivada principalmente pelo fato de que elas haviam fracassado em conservar, ou produzir, um corpo teórico sobre estética.

As academias, cuja tarefa poderia ter sido cultivar tal teoria, deixaram completamente de fazê-lo

e ele então prossegue traçando o contorno de um corpo de idéias que tem uma aparência bastante acadêmica, no sentido de que a maioria das idéias encontram paralelo na *Grammaire* de Blanc, embora seja pouco provável que se tenham originado diretamente desta:

Formas e cores ganham sentido somente na medida em que estão relacionadas com nosso íntimo. (...) Vermelho, por exemplo, evoca em nós emoções diferentes do que o fazem o azul ou o amarelo, formas arredondadas falam-nos de modo diverso do que o fazem formas pontudas ou recortadas. Os elementos que constituem a gramática da criação são suas regras de ritmo, de proporção, de valores de luz, de espaço cheio ou vazio.

Embora ele não faça aqui qualquer juízo de valor entre uma espécie de forma e outra, existe muito pouco (excetuando-se as referências feitas ao espaço) que distinga tais idéias das mesmas que Le Corbusier tinha na mesma época, e, embora os sólidos filebianos não sejam mencionados por Gropius nesse documento, foram mencionados logo após por Moholy-Nagy como tendo valor especial para a Bauhaus.

É característico desse momento o fato de que Moholy-Nagy, que me viu em Jenaer (*Glasfabrik*) enquanto eu modificava meus jarros cilíndricos de leite originais para jarros com formato de gota d'água, disse-me: "Wagenfeldt, como você pode trair assim a Bauhaus? Nós sempre lutamos por

116. Mies van der Rohe. Conjunto de apartamentos, Weissenhof-Siedlung, Stuttgart, 1927: um envoltório exterior de regularidade perfeita ocultando uma série de apartamentos dispostos de modo distinto.

formas básicas simples, cilindro, cubo, cone, e agora você está fazendo uma forma suave que é frontalmente contrária a tudo que procuramos [3]."

Ali havia amplos fundamentos para uma concordância posterior com as idéias francesas, concordância que ajudou a criar o Estilo Internacional, e havia também outros fundamentos, notadamente uma aceitação por parte de Gropius dos imperativos do Futurismo. Apesar de que a Bauhaus não ensinava certos assuntos que se poderia crer essenciais para uma arquitetura da Era da Máquina,

... construção em aço e concreto armado, estática, mecânica, física, métodos industriais, aquecimento, encanamento, química técnica.

ecos da retórica futurista podem ser claramente ouvidos em alguns trechos de *Idee und Aufbau*.

A arquitetura, durante as últimas gerações, tornou-se debilmente sentimental, estética e decorativa... não admitimos esse tipo de arquitetura. Temos por meta a criação de uma arquitetura clara, orgânica, cuja lógica interior seja radiante e nua, não atravancada por revestimentos ou truques mentirosos; queremos uma arquitetura adaptada a nosso mundo de máquinas, rádios e carros céleres... com a solidez e força crescentes dos novos materiais — aço, concreto, vidro — e, com a nova audácia da engenharia, o peso dos antigos métodos de construção está cedendo seu lugar a uma nova leveza e aeridade.

Depois disso, seguem-se naturalmente implicações de concordância com outros movimentos do pós-guerra: com Mendelsohn,

Uma nova estética do horizontal está começando a desenvolver-se

e com o *de Stijl*

Ao mesmo tempo, o relacionamento simétrico das partes do edifício e sua orientação em direção a um eixo cen-

---

3. Essa estória, contada por Wilhelm Wagenfeldt em uma carta a Nikolaus Pevsner, é o que mais se aproxima de uma confirmação das estórias que circulam sobre alunos sendo severamente censurados, ou mesmo expulsos, na Bauhaus, por não projetarem racionalmente no "estilo racional" correto.

453

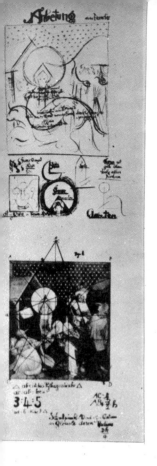

117-118. "Vorkurs" da Bauhaus. Estudos de composição pictórica e colagens de vários materiais, executados sob a orientação de Johannes Itten: a despeito de suas tendências expressionistas, o uso que Itten fazia de técnicas como a colagem preparou o caminho para futuros desenvolvimentos no Vorkurs.

tral está sendo substituída por uma nova concepção de equilíbrio que transmuta essa simetria morta de partes semelhantes em um equilíbrio assimétrico, porém rítmico.

Idee und Aufbau termina, depois de fazer referências à necessidade de padronização, de unidade na diversidade e de um *Gesamtkunstwerk* por colaboração, com algo que se poderia ter esperado que surgisse antes — uma afirmação do relacionamento da Bauhaus com a educação em geral. Enquanto faz a mesura que era de se esperar à tradição de Montessori e ao "aprender fazendo", também contém uma declaração reveladora e surpreendente — surpreendente no contexto de sua época e daquilo que freqüentemente se supõe que a Bauhaus foi.

Sua responsabilidade é educar homens e mulheres para compreenderem o mundo em que vivem, e para inventarem e criarem formas que simbolizem esse mundo.

Essa afirmação demonstra mais uma vez a distância existente entre a posição de Gropius, na época, e quaisquer idéias funcionalistas do determinismo formal, embora pareça que seus contemporâneos vissem sua posição de modo bastante diferente:

No momento, sob a influência dessas idéias construtivistas, confia-se na indústria e na arte da engenharia, caindo-se imediatamente em um "Romantismo da Engenharia" suficientemente grave para perturbar um pouco sua orientação positiva; em todo caso, espero que um novo Academismo, que se delicia na Estilização quadrada e baseado em um jogo obscuro de formas mecanicistas, não seja o fruto desta escola de arte, única hoje em seu Radicalismo [4].

A prova da libertação do determinismo formal encontra-se na história da própria Bauhaus e na revolução na estética que se manifestou por volta de 1923. Embora a mudança de Expressionismo a Elementarismo provavelmente não tivesse sido considerada por grande parte dos funcionários como a adoção de um conjunto melhor de símbolos para seu tempo, parece que ao menos alguns dos alunos viram a questão por esse prisma. Em todo caso, enquanto a substituição

---

4. Paul Westheim, em um artigo sobre o estado das artes na Alemanha em *L'Esprit Nouveau*, n. 20.

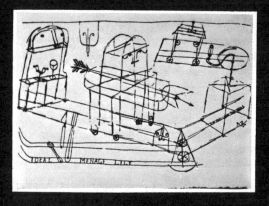

119-120. Paul Klee, *Ideal Menage Lily*, 1920, e *Zimmerperspektive*, 1920: os desenhos de Klee, embora criados fora da tradição elementarista (e dando às vezes a impressão de satirizar sua mecanolatria, como em *Ideal Menage*), ainda sugerem uma concepção do espaço muito semelhante à, digamos, de Moholy-Nagy (Fig. 126).

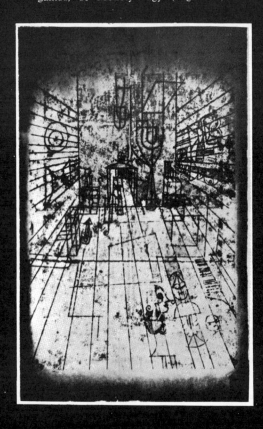

do Vorkurs de Itten e Muche pelo de Moholy-Nagy e Albers marca o ponto crítico nesse desenvolvimento, *apenas* o Vorkurs foi afetado por essa mudança de funcionários, e os outros departamentos da escola fizeram a mudança de estilo sem demissões e exonerações.

Excetuando-se Itten e possivelmente Gerhard Marcks, que tinha a seu cargo a oficina de cerâmica, não parece que qualquer dos membros estivesse particularmente engajado com a antiga ordem, e podem subsistir muito poucas dúvidas de que foi a adaptabilidade de homens como Muche, transferido para outra seção, e a posição descompromissada de homens como Klee e Kandinsky, ambos dirigentes do Vorkurs por breves períodos durante a crise — que permitiram que a Bauhaus conseguisse atravessar um período de revolução que, considerando-se os fatos, deveria tê-la esfacelado.

Dentre esses homens de transição, é Paul Klee quem emerge com maior distinção e com maior interesse histórico, neste contexto, em virtude de seu *Paedagogisches Skizzenbuch,* documento transicional que se encaixa no vazio existente entre os métodos de Itten e de Moholy. As notas e esboços que formam o *Skizzenbuch* constituem uma seleção dos papéis e escritos que ele acumulou durante sua experiência docente em 1923 e 1924, e o efeito da seleção é dar uma visão nítida de um ponto de vista muito definido sobre a natureza da estética prática. Klee visualiza o processo do *design* começando por um ponto que se move, produzindo assim uma linha, que se move, produzindo assim um plano, que se move, criando assim um volume. Uma idéia algo semelhante pode ser encontrada no *Punkt und Linie zu Flaeche* de Kandinsky; porém, enquanto Kandinsky expressa sua argumentação em abstrações de alto nível, Klee principia pela experiência concreta de fazer marcas no papel e continua ao nível das coisas práticas, conservando, assim, as partes menos espirituais, ao menos, da abordagem artesanal de Itten.

O livro de Klee, contudo, contém igualmente uma grande dose do corpo abstrato internacional de idéias

121-122. Gropius e Meyer. Edifícios da Bauhaus, Dessau, 1926: a primeira obra-prima arrebatadora do Movimento Moderno, que só foi encontrar rival, em tamanho e qualidade, depois de 1930. Um complexo de blocos que se interpenetram (planta, cf. Fig. 5), com funções que se interpenetram, estão de tal forma dispostos no chão que não podem ser totalmente apreciados de um ponto de vista único.

que havia começado a surgir no pensamento de Gropius nessa época, e ele utiliza idéias acadêmicas como proporção rítmica e a roda de cores. E mais, ele fala a favor de um tipo bastante determinado de arte do desenho — implicitamente, na primeira parte do *Skizzenbuch*, mais explicitamente em uma conferência [5] proferida em Iena em 1924, quando disse:

> Onde a possibilidade de medição está em dúvida, a linha não pode ter sido usada com absoluta pureza.

Onde a posição de transição de Klee torna-se crucial, mais do que meramente interessante, é em seu conceito de espaço. Embora não fosse físico, uma série de desenhos referentes aos movimentos dos corpos pelo espaço no *Skizzenbuch* sugere que ele possuía uma melhor compreensão intuitiva dos conceitos de espaço, tanto de Newton quanto de Einstein, do que seus contemporâneos que se utilizavam de tais conceitos em seus escritos. Ao mesmo tempo, entretanto, alguns outros desenhos e algumas pinturas feitas por ele mostram que também dominava outra concepção de espaço, suficientemente próxima dos elementaristas para tornar as idéias destes prontamente aceitáveis por quaisquer estudantes que houvessem passado pelas mãos de Klee. Em desenhos feitos por volta de 1920, tais como *Ideal Menage*, *Lily* e *Zimmerperspektive*, desenha os objetos retilíneos como se fossem transparentes — por exemplo, todas as doze arestas de um cubo seriam visíveis ao mesmo tempo —, mas sem apresentar desvios sérios da perspectiva central, e com os objetos dispostos de maneira mais ou menos ortogonal. Isso dá uma impressão muito forte do espaço concebido como um contínuo regular, mensurável, retilíneo, como na *Cité dans l'Espace* de Kiesler, e deve ter contribuído para preparar o caminho para a persistente manipulação do espaço feita por Moholy-Nagy, dessa maneira, em seus cursos.

Conceitos relacionados de espaço, embora de modo algum idênticos, podem ser vistos no livro *Die*

---

5. O texto dessa conferência foi publicado na Inglaterra como *On Modern Art* (Londres, 1948).

123-124. Brinckmann e van der Vlugt (*designer,* Mart Stam). Conjunto principal da fábrica van Nelle, Roterdã, 1927, e Serafimov e Kravets, Centro industrial de iluminação Estatal, 1926-1930; estas duas obras, que pertencem aos pontos extremos do território elementarista-construtivista, foram as únicas obras contemporâneas do Movimento Moderno a rivalizar ou exceder a escala dos edifícios da Bauhaus.

Bühne im Bauhaus de Oskar Schlemmer; Schlemmer, contudo, embora fosse um daqueles que Itten havia introduzido no corpo de funcionários e que estava na Bauhaus desde 1921, também era um dos membros de fácil adaptação, e seu livro, como o de Klee, constituía um sintoma da nova ordem, pois a série de *Bauhausbücher* em que ambos os livros foram publicados era fruto das idéias de Moholy-Nagy e constitui um dos produtos característicos da segunda fase da atividade da Bauhaus [6]. Se se quiser dar a essa fase um ponto de partida definido, deve-se escolher o ano de 1923. Nesse ano, Itten foi embora e Moholy chegou, *Idee und Aufbau* deu ao programa de ensino a forma que iria reter até que Gropius desligou-se, e a exposição que provocou Gropius a escrever tal documento não só tinha um título claramente segunda fase de *Arte e Tecnologia; uma nova Unidade* (Gropius também proferiu uma conferência com esse título), como também sua principal atração, a casa *Am Horn,* continha móveis e apetrechos projetados por Marcel Breuer, Alma Buscher, Erich Brendel e outros, que mostram quase que mês a mês a mudança de atitude na oficina de carpintaria — existe mesmo uma fotografia da penteadeira feita por Breuer na qual os reflexos de seus espelhos circular e oval foram clara e propositalmente dispostos de modo a assemelhar-se às sobreposições e transparências de uma das pinturas de Moholy-Nagy.

Desse ponto em diante, o estabelecimento do Método da Bauhaus na forma que mais iria espalhar-se pelo mundo parece ter sido rápido. A divisão entre *Werklehre* e *Formlehre* estava sendo eliminada progressivamente por meio da nomeação de novos funcionários, e a escola em geral estava adquirindo um tom mais homogêneo e menos excêntrico. Ao mesmo tempo, as coisas tornaram-se mais sérias e comerciais em todos os sentidos da palavra: estabeleceram-se vínculos mais estreitos com a indústria manufatureira,

---

6. Talvez fosse mais exato dizer que a Bauhaus patrocinava, mais do que publicava, tais livros, uma vez que todos surgiram sob a marca de Albert-Langen-Verlag em Munique, enquanto efetivamente muito poucas publicações apareceram diretamente sob a marca da Bauhaus em Weimar ou Dessau.

125. Vista de Nova York (Edifício Graybar) extraída de *Die Neue Baukunst*, de Bruno Taut: através da década de 20, os Estados Unidos continuaram a oferecer aos escritores europeus, especialmente os alemães, uma imagem das cidades futuristas tornadas realidades.

e projetos da Bauhaus eram cada vez mais usados, enquanto, ao mesmo tempo, havia um declínio concomitante no misticismo, na metafísica e nas roupas elaboradas que o acompanhavam,

De acordo com a opinião de Gropius de que o artista de hoje deve usar roupas convencionais.

Aproximadamente a partir de 1924, os produtos e edifícios projetados na Bauhaus também começam a exibir um Estilo Bauhaus reconhecível e isso deve ser dito, mesmo que Gropius e outros tenham negado a existência de semelhante coisa. Reconhece-se que o estilo enquanto tal não era cultivado, mas as formas que eram criadas para simbolizar o mundo em que o *Bauhaeusler* se encontrava, mostravam, como é bastante natural, uma considerável unanimidade, e o repertório de formas filebianas, grades de espaço, acabamentos sintéticos brilhantes e acabamentos naturais rústicos, uso de aço e vidro e a evolução de uma maneira de composição tipográfica basicamente semelhante à *de Stijl* — tudo isso somava-se, através da repetição constante, em um estilo genuinamente unificado.

Em termos menos generalizados, contudo, há três momentos principais que caracterizam a segunda fase da Bauhaus: os *Bauhausbücher* enquanto aventura editorial, o *Bauhausbuch* de Moholy-Nagy enquanto *summa aesthetica* daquilo que a escola defendia, e os novos edifícios em Dessau para os quais a Bauhaus se mudou em 1926. O livro *Von Material zu Architektur* de Moholy é de tal importância para o presente estudo que formará o assunto principal do capítulo seguinte; constituiu ele, contudo, apenas um dentre uma das mais notáveis séries de livros, num total de quatorze, que surgiram entre 1925 e 1930. Gropius e Moholy foram co-editores dessa série, a qual parece ter tido (talvez não conscientemente) um duplo objetivo — explicar a Bauhaus para o mundo, e tornar disponíveis para o público interessado na Bauhaus outros textos que apoiavam ou ampliavam as opiniões daqueles.

463

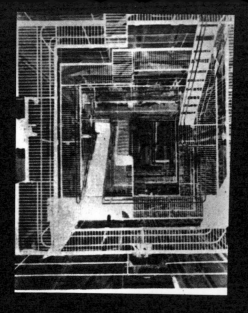

126. Conduto de ventilação de um navio, extraído de *Von material zu Architektur*, de Moholy-Nagy, 1928: Moholy, como Corbusier, recorre à engenharia para demonstrar suas teorias — aqui, a criação de um espaço "funcional".

127. Laszlo Moholy-Nagy. Esmalte, 1922: uma das três versões de uma pintura encomendada e "pintada" por telefone em Berlim; como os *ready-made* de Marcel Duchamp, um gesto extremo na direção da arte mecanizada.

Assim, os títulos que tratam especificamente da própria Bauhaus incluem o *Paedagogisches Skizzenbuch* de Klee e o *Die Bühne im Bauhaus* de Schlemmer, um livro sobre a Haus am Horn intitulado *Ein Versuchshaus* por Adolf Meyer, o *Neue Arbeiten* que fazia um apanhado da obra recente (1925) do corpo docente e discente e que foi compilado por Gropius, dois do próprio Moholy — *Malerei, Photographie, Film* e *Von Material* — e a descrição feita por Gropius dos novos edifícios em Dessau sob o título *Bauhausbauten Dessau*. Por outro lado, a começar de *Punkt und Linie* de Kandinsky, que efetivamente proveio de dentro da Bauhaus porém pode ser lido de modo mais produtivo enquanto documento pessoal de um dos pioneiros da arte abstrata, os *Bauhausbücher* fornecem uma cobertura internacional única da arte de sua época. O primeiro *Bauhausbuch* de todos foi o *Internationale Architektur* do próprio Gropius, apanhado reconhecidamente popular da arquitetura moderna de toda a Europa, ao qual agora se acrescenta a significação histórica de preencher o pano de fundo do conhecimento arquitetônico contra o qual devem ter sido projetados os novos edifícios em Dessau.

Os outros *Bauhausbücher*, entretanto, não são apanhados, mas sim pronunciamentos pessoais feitos por artistas dignos de nota: o *Grundbegriffe der neuen gestaltenden Kunst* de van Doesburg, o *Neue Gestaltung* de Mondrian e o *Hollaendische Archiiektur* de Oud, aos quais já foram feitas referências, faziam uma cobertura bastante completa dos aspectos da teoria holandesa que iriam interessar o "Público da Bauhaus". O ponto de vista russo e elementarista foi reforçado por *Die gegenstandslose Welt* de Malevitch, que surgiu em 1928, ao mesmo tempo que a reimpressão como *Bauhausbuch* do *du Cubisme* de Gleizes — ambos presumivelmente pretendendo servir de apoio ao *Von Material zu Architektur* de Moholy que veio à luz na mesma época. Igualmente reveladores da atmosfera da Bauhaus e de suas mudanças foram os títulos que jamais chegaram a ser publicados, embora isso tivesse sido prometido no primeiro acesso de entusiasmo — um *Merzbuch* pelo dadaísta Kurt Schwitters, algo sobre

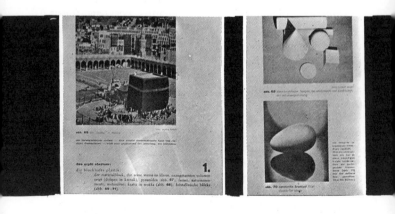

128. Página de abertura de *Von material zu Architektur* de Moholy-Nagy, 1928: um dos mais sofisticados produtos da tradição elementarista, essa obra coloca a tipografia a serviço da pedagogia a fim de produzir o primeiro manual do moderno *design*.

o *MA-gruppe* por Lassak e Kallai, um livro sobre a Rússia por Adolf Behne, um livro com o título promissor de *Bildnerische Mechanik* por Paul Klee, dois números de um *Bildermagazin der Zeit,* um livro sem título de Le Corbusier, e um tratado sobre o Futurismo por Marinetti e Prampolini. Não é difícil perceber a razão pela qual alguns desses não chegaram a ser publicados — o livro de Le Corbusier provavelmente tornou-se supérfluo em virtude da tradução de *Vers une Architecture* feita por Hildebrandt; o livro sobre a Rússia, por uma torrente de publicações sobre o assunto surgidas por volta de 1927; contudo, não se pode deixar de ficar pensando se o desaparecimento dos títulos dadaístas e futuristas não possa ter sido devido a um crescente senso de respeitabilidade entre os modernistas alemães, senso esse que é expressado pelo desejo de Gropius de que os estudantes se vestissem de modo convencional. Mesmo sem esses títulos faltantes, entretanto, os *Bauhausbücher* representam uma das mais concentradas campanhas editoriais de livros sobre arte moderna, bem como uma das mais variadas. Os livros marcam a emergência da Bauhaus de um provincialismo expressionista para a corrente principal da arquitetura moderna, e os novos edifícios em Dessau mostram que a escola se havia mudado para uma posição de liderança indiscutível.

A necessidade de tais edifícios surgiu pela contínua hostilidade por parte das autoridades e do público de Weimar que, em termos gerais, não se sentia mais seguro com o Elementarismo do que se havia sentido com o Expressionismo. Embora a oposição local fosse contrariada pelo apoio internacional, que partia até mesmo de antigos críticos como van Doesburg, a posição da escola havia-se tornado insustentável por volta da Páscoa de 1925, e uma oferta de reestabelecimento feita pelo prefeito progressista de Dessau, Fritz Hesse, era boa demais para ser deixada de lado. Todos os funcionários, com exceção de Gerhard Marcks, último da "velha guarda", e todos os alunos, exceto alguns poucos, apoiaram Gropius, e a escola mudou-se mais ou menos inteira, como um corpo em funcionamento, para seu novo lar em Dessau. Embora instalados em

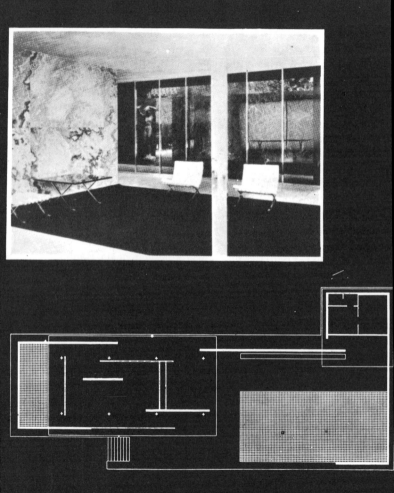

129-130. Mies van der Rohe. Pavilhão da Deutscher Werkbund, Exposição Internacional de Barcelona, 1929: uma condensação das possibilidades e simbolização dos poderes que constituem a base da versão alemã do Estilo Internacional, reunindo tradições que remontam aos elementaristas, ao grupo *G*, a Berlage, Wright e Schinkel.

locais provisórios por mais de um ano, puderam mudar-se para os novos edifícios em dezembro de 1926, quando os edifícios foram inaugurados formalmente.

Tais edifícios foram os primeiros precursores inconfundíveis de um Estilo Internacional — estilo que existia em Weissenhof em 1927, mas não em Paris em 1925 — e foram criados em uma atmosfera de consciência dos desenvolvimentos internacionais que é deixada bem clara pelo *Bauhausbuch* de Gropius. O conteúdo desse livro abrange a própria obra de Gropius e seus ancestrais arquitetônicos imediatos na Werkbund, incluindo van de Velde; inclui também projetos de Mart Stam, dos irmãos Wesnin em Moscou, a fábrica Fiat de Matté-Trucco, projetos de arquitetos holandeses de convicções wrightianas e do *de Stijl,* do próprio Wright, Mendelsohn, Korn e outros contemporâneos de Berlim, de vários arquitetos tchecos que não conseguiram firmar-se mas que eram altamente considerados na Alemanha naquele tempo, e de Guevrekian e Le Corbusier em Paris. Pode-se observar afinidades, algumas vezes muito próximas, entre os edifícios da Bauhaus e muitos dos projetos acima mencionados, mas jamais uma tomada de empréstimo direta como no Pavilhão de Colônia de 1914.

Em Dessau, a obra de Gropius parece ter sido informada por determinações estéticas que são, ao menos, correspondentes a suas convicções sociais e técnicas. Conseqüentemente, ele parece menos influenciado pela moda e é capaz de fazer contribuições genuinamente originais para os usos formais do crescente Estilo Internacional. O projeto da planta, por exemplo, sejam quais forem suas remotas dívidas para com as tradições pictórica, construtivista e elementarista, não é comparável a mais nada da época em sua organização centrífuga — em comparação, o trabalho de um Mies ou de um van Doesburg parece timidamente convencional em sua tendência para a centralização e composição piramidal. Igualmente novo e raro é o modo de visão — a ênfase em *Bauhausbauten Dessau* encontra-se primeiro e principalmente em um conjunto de visões aéreas dos edifícios, atitude que não encon-

131-132-133. Le Corbusier e Pierre Jeanneret, *Les Heures claires*, Poissy-sur-Seine, 1928-1930: condensação da versão latina do Estilo Internacional — uma *villa* pós-futurista, planejada ao redor de uma rampa central, colocada sobre colunas para facilitar a circulação de veículos e assentada, como um puro objeto estético, numa paisagem abstrata.

tra paralelo nessa época senão na mente de Malevitch, como foi mais tarde revelado pela *Die Gegenstandslose Welt*. A qualidade tridimensional do planejamento também é notável, com dois andares da escola que cruzam uma estrada, concepção muito mais radical do que os meros corredores em ponte do gigantesco centro industrial de iluminação em Kharkov, de Serafimov e Kravets, cujo projeto já deveria estar sendo elaborado.

Com efeito, essa seção central em ponte do edifício da Bauhaus lança luz sobre aspectos de Gropius que não coincidem com as opiniões comuns sobre ele. A ponte não lhe foi imposta pela topografia (como as grandes paredes envidraçadas, diz-se, lhe foram impostas por um presente de vidros planos), pois a estrada que passa pelo local não se encontrava lá quando ele tomou posse do terreno e não entrou em utilização senão algum tempo depois que os edifícios ficaram prontos. A decisão de dispor dessa maneira a circulação e os edifícios parece ter sido uma decisão quase abstrata feita em relação a um terreno ideal. Quase abstrata, e não completamente abstrata, uma vez que, por trás da decisão arquitetônica, encontra-se uma decisão social bastante surpreendente — a estrada que divide o local também divide os edifícios em duas metades distintas apesar da ponte; de um lado a Bauhaus, de outro a Fachschule da cidade de Dessau, cada uma com sua entrada independente, quase sugerindo que a "arrogante barreira do esnobismo" tinha mais uma vez sido erguida entre artista e artesão.

Apesar de tudo isso — talvez por causa de tudo isso —, a Bauhaus continua sendo uma obra-prima da nova arquitetura. Com efeito, foi a primeira obra realmente grande nesse estilo, ultrapassando em sutileza e originalidade as poucas obras que lhe eram comparáveis pelo tamanho, tais como a fábrica van Nelle de Mart Stam em Roterdã [7], ultrapassando em tamanho as poucas obras que podiam rivalizar com

---

7. A atribuição normal à firma de Brinckmann e van der Vlugt é legalmente correta; Mart Stam, contudo, encabeçou a equipe de projeto dentro do escritório que produziu o edifício principal, e essa parte, na aparência, é inspiração inteiramente sua — possui afinidades óbvias com o projeto Koenigsberg, apesar da estrutura diversa — e em grande parte sua nos detalhes.

ela em qualidade estética, tais como os trabalhos da primeira fase de Le Corbusier. Ela coloca-se ao lado das obras completadas por Le Corbusier em 1926 — a casa Cook e a ala do Palais du Peuple — e do edifício-modelo de Mies van der Rohe para Weissenhof, como a primeira prova de maturidade da nova arquitetura. A maturidade foi confirmada em Weissenhof quando os edifícios foram vistos, e foram vistos como tendo um estilo unanimemente internacional; e, com sua maturidade internacional, o estilo tornou-se explicável, até certo ponto, em termos verbais, com o resultado de que Weissenhof detonou uma torrente de livros de autores alemães visando tratar enciclopedicamente os materiais, a história ou a estética do novo estilo.

21. ALEMANHA: OS ENCICLOPEDISTAS

A atmosfera de 1927 é melhor reproduzida pelo título de um livro que dificilmente poderia ter sido imaginado um ano antes — *Der Sieg des neuen Baustils,* contribuição de Walter Curt Behrendt para o corpo de literatura sobre arquitetura moderna, e que tem o objetivo mais explanatório do que propagandístico, embora mesmo ele tenha sido vítima de uma antiga provocação dos propagandistas:

> Quando é que os clientes finalmente perceberão a discrepância espiritual entre seus interiores Luís XVI e seus Rolls-Royce?

A vitória da nova arquitetura, entretanto, era real e internacional — e era-o suficientemente para que o ano de 1928 testemunhasse os primeiros ataques contra ela enquanto um Estilo Internacional, pois nesse ano Alexander von Senger publicou seu *Krisis der Architektur,* dirigido contra a arquitetura moderna como um todo, mas baseado inteiramente em citações extraídas dos livros de Le Corbusier e de *L'Esprit Nouveau,* o qual é descrito como

> ... além do mais, essa revista neojacobina, órgão de Le Corbusier, síntese das tendências russas, alemãs e austríacas, não passa de uma revista de propaganda bolchevista disfarçada.

A corrente principal da arquitetura moderna havia encontrado seu Estilo Internacional e, assim, tinha seus oponentes, para os quais o tom e as táticas empregadas por von Senger iriam tornar-se normas. A atitude, porém, dos numerosos livros alemães que apareceram depois de Weissenhof não é defensiva, e seu objetivo é consolidar a vitória do novo estilo através da realização de amplas resenhas sobre seus materiais, sua história, sua estética. Nesse contexto, destaca-se Ludwig Hilberseimer por sua industriosidade, se não por outra razão, e que é uma das figuras mais características da época. Sua carreira, até aquela data, não havia sido destacadamente ocupada com ou bem sucedida na arquitetura; a partir desse momento, entretanto, sob a égide de Hannes Meyer, Hilberseimer fundou um departamento de planejamento urbano na Bauhaus e, em dois anos, produziu quatro livros que fornecem uma cobertura notavelmente completa do Movimento Moderno da maneira como esse movimento se via a si mesmo.

Em um dos livros, fez a resenha da nova arquitetura enquanto movimento cobrindo a maior parte da Europa — *Internationale Neue Baukunst,* que ilustrava o trabalho de uns setenta arquitetos europeus (e quatro norte-americanos) e que comprovou ser notavelmente correto o juízo que ele fazia dos mesmos — bem poucos dos arquitetos cujo trabalho ele incluiu deixaram posteriormente de receber a apreciação profissional, e, ao menos em um caso — o de Sant'Elia —, as reavaliações subseqüentes justificaram plenamente sua inclusão. Algumas de suas outras escolhas provaram ser quase clarividentes: Alberto Sartoris e a equipe Figini-Pollini dificilmente tinham mais do que um edifício a seu crédito na época em que o livro de Hilberseimer foi escrito.

Dois dos outros livros que ele escreveu na mesma época eram resenhas de tipos de construção especiais — sendo que essa expressão não é empregada com todo o rigor a fim de abranger tanto o *Hallenoauten*, que tratava de mercados, auditórios, etc., quanto o *Grosstadt-Architektur*, que era um panorama dos edifícios públicos e semipúblicos de escala metropolitana Seu quarto livro, e o mais interessante desse grupo trata de um determinado material, o concreto.

Seu título, *Beton als Gestalter,* dá uma impressão falsa do livro e sugere que o mesmo pertence a uma corrente de pensamento que estava prevalecendo cada vez mais na época, e que tendia a interpretar o Estilo Internacional em termos puramente racionalistas, como o produto de materiais e técnicas empregados. Pode muito bem ser que Lissitsky tenha dado início a essa tendência nos círculos de fala alemã, pois Hannes Meyer, que a levou para a Bauhaus, tinha ficado sob sua influência; é de notar-se que os jovens arquitetos italianos que formavam o *Movimento Italiano per l'Architettura Razionale,* de conteúdo semelhante, também haviam passado a estar sob a influência construtivista. Deve-se notar, também, que não eram antitradicionalistas, e que esse movimento neo-racionalista em geral encontrou consideráveis reforços no passado como, por exemplo, em estudos do século XIX tais como o *Bauen in Frankreich* de Giedion, que será discutido mais adiante.

Berlim, contudo, não desempenhou um grande papel nesse desenvolvimento, desenvolvimento este que era em grande parte obra de "provincianos" da Suíça, Itália e países anglo-saxões. Embora os escritores de Berlim tivessem muito a dizer sobre os novos materiais nessa época, o tom por eles empregado não era racionalista. Assim, em *Glas im Bau und als Gebrauchsgegenstand*, Artur Korn, cuja arquitetura nesse tempo havia adquirido uma qualidade muito rígida (quase a qualidade do grupo *G*), não obstante escreve sobre o vidro em um tom quase poético, dando ênfase especial a suas qualidades estéticas. Com efeito, o livro começa com uma apoteose quase scheerbartiana dos vitrais medievais, e depois prossegue:

> Não se perdeu nada da riqueza daquelas primeiras criações, mas elas foram reelaboradas em novos materiais para novas funções. Descortinou-se um novo mundo de vidro, que não deixa nada a dever, em matéria de beleza, aos vitrais do mundo gótico.
>
> Nós, entretanto, conseguimos uma posição mais avançada em relação a eles... ao fazer uma pele de vidro independente. Não há mais parede e janela, embora a janela possa ser a parte dominante — esta janela é a própria parede, esta parede é a própria janela.
>
> E, assim, consuma-se um desenvolvimento, algo absolutamente novo que ultrapassa tudo que o passado pode mostrar: a negação da parede externa que, por milhares de anos, teve de ser feita de materiais sólidos — pedra, madeira ou algo semelhante. Com o novo regime, a parede externa não mais se faz visível.
>
> As profundidades espaciais interiores, a moldura estrutural que determina a forma estão em evidência, aparecendo através da parede de vidro, a qual é apenas sugerida, apenas de modo vago a fim de ser apreciada por meio de reflexos de luz, distorções e efeitos de espelho.
>
> E, assim, surge a verdadeiramente única qualidade do vidro quando comparado a todos os materiais até então em uso: ele está ali e não está ali.
>
> É a grande membrana misteriosa, delicada e forte ao mesmo tempo.

As palavras "está ali e não está ali" devem ser interpretadas em mais do que um sentido, pois ele cita exemplos de transparência (a Bauhaus), de reflectibilidade (as torres de vidro de Mies), e do uso do vidro não-refletor como barreira invisível contra o tempo (uma loja projetada por ele mesmo e seu sócio Konrad Weitzmann). Sua atitude, porém, embora com inclinações poéticas, permanece prática: ele não filosofa.

Hilberseimer o faz; e a introdução de *Beton als Gestalter* é um ensaio mediativo sobre o relacionamento entre a arquitetura enquanto arte e a ciência e a tecnologia. O parágrafo de abertura rejeita ao mesmo tempo o determinismo racionalista do século XIX e a ciência-enquanto-espiritualização do *de Stijl*:

> O espírito científico do século XIX tinha como objetivo último a conquista das forças da natureza. O rápido aperfeiçoamento dos métodos científicos de pesquisa e de seus auxiliares técnicos levou, em todos os campos, a resultados inesperados e causou, durante toda uma época, uma superestimação das possibilidades da tecnologia. Os perigos que aqui se emboscavam para o *Geisterwissenschaften*, pela conexão entre conclusões materiais e concepções imateriais — tais perigos felizmente podem ser evitados com as disciplinas agrupadas como "Tecnologia". As descobertas e invenções nessa área podem ser comparadas diretamente com a realidade, e ser corrigidas de acordo com ela.

Essa separação das ciências espirituais da ciência física e da tecnologia é notável para o tempo em que foi escrita, porém — uma vez que ele claramente inclui a estética entre as ciências espirituais — também envolve o autor em alguns raciocínios arriscados. Tendo definido o relacionamento entre técnica e arquitetura desta forma:

> ... que a técnica nunca é mais do que um meio para a arte de construir, que técnica e arte são profundamente diferentes.

depois de ter elogiado os engenheiros por aperfeiçoarem a construção em concreto,

> não limitada por preconceitos estéticos e livre da nostalgia por coisas situadas fora de sua técnica.

ele encontra-se em uma posição forte ao discutir a qualidade de edifícios em que é aparente a intenção estética consciente; quando esta não é aparente, entretanto, sua posição é ruim. Assim, ele está bem colocado para criticar Auguste Perret e Martin Elsaesser por fantasiarem seu concreto em estilos de época, ou para criticar Rietveld, que é censurado por abandonar-se ao *Konstruktivismus* e *artistiches Spiel*, aqueles que disfarçam os objetivos econômicos da construção em

477

concreto armado com massas gratuitas, e mesmo Gottfried Semper,

que desejava ouvir falar em ferro usado somente para aumentar a força de tensão da construção de alvenaria

e não como um elemento arquitetônico visível por direito próprio.

Sua posição não é boa, entretanto, para avaliar uma classe de edifícios que, desde Muthesius, possuem um *status* peculiar aos olhos dos modernistas — estruturas de engenharia mecânica.

Se classificarmos como arquitetura as construções e projetos concebidos dentro do espírito da construção em concreto armado, então as regras estéticas ligadas e derivadas da construção em pedra não mais servirão. Pois um novo senso de espaço adquiriu eficácia, um novo relacionamento entre sustentáculo e carga que afetou radicalmente o aspecto óptico dos edifícios.

Por conveniências intelectuais, tudo isso foi tornado conhecido como *Neue Sachlichkeit* ou simples tecnologia, sem que, com toda certeza, pessoa alguma tivesse quaisquer padrões para determinar quando termina a técnica e quando começa a criatividade. Por certo, a construção puramente técnica ainda não é arquitetura, porém mesmo no campo da chamada construção tecnológica seria difícil traçar uma linha entre o criativo e o não-criativo. E, além disso, muitos desses edifícios são de uma qualidade arquitetônica surpreendente, de vigorosa originalidade e de sentimento arquitetônico primitivo.

Ele não oferece qualquer solução para esse dilema, excetuando-se, talvez, uma referência marginal ao conceito de *Einheit von Aussen-und Innenbau* como chave para a nova arquitetura; o último parágrafo, contudo, sugere que tem pouca fé em qualquer formulação dedutiva de regras de juízo.

Aristóteles observou com acerto que a arte caminha à frente de suas teorias. O criador é intuitivo — a obra surge espontaneamente de suas mãos, de acordo com suas próprias regras. Toda a ciência, toda a pesquisa, toda a percepção, não podem substituir a certeza ingênua do artista. O novo, portanto, não pode ser julgado nem pelas regras antigas, nem por essas regras deduzidas (...)

Essa dúvida razoável, anti-racionalista, mas não irracional, não parece ter sido partilhada por aqueles que, nesses mesmos dois ou três anos, procuraram fixar a posição do Movimento Moderno na história. Ou eles não reconheceram a emergência de uma arquitetura especificamente nova, e deram um tratamento uniforme a toda a arquitetura do século XX, progressista ou não, ou então eles reconheceram uma nova arquitetura, mas viram-na como continuação da tradição racionalista do século anterior. A primeira atitude tornou possível trazer a arquitetura moderna para dentro da esfera das séries existentes de publicações de história da arte — três volumes do *Blauen Bücher,* editados por Walter Müller-Wulckow, e que tratavam de Fábricas, Habitações e Edifícios Públicos, respectivamente, colocam a moderna arquitetura alemã dentro de uma série semipopular estabelecida de livros ilustrados, enquanto o volumoso *Die Baukunst der neuesten Zeit* de Gustav Platz elevou-a ao nível da Propyläen-Verlag e, assim, aos níveis mais altos das publicações comerciais de história da arte.

Também apareceram, tanto no nível popular quanto no especializado, obras que reconheciam o surgimento de uma nova arquitetura, mas que a vinculavam exclusivamente a aspectos restritos do século XIX. Dentre as populares, a que teve maior influência foi sem dúvida *Modern Architecture* de Bruno Taut, publicada em edição alemã como *Die Neue Baukunst in Europa und America* no mesmo ano (1929). A edição alemã estava munida escassamente de plantas e secções; a edição inglesa apresentava-se inteiramente imaculada em relação a estas; isso, porém, segundo as palavras de Gropius, era aparentemente considerado adequado para obras destinadas ao grande público. O livro, contudo, apresenta alguns interesses subsidiários além do fato primordial de ter sido a primeira grande obra popular sobre o Movimento Moderno a surgir em inglês. Ele deu importância à obra dos expressionistas[1] e à da Escola de Amsterdã numa época em que

1. Taut presta homenagens principalmente a Olbrich, August Endell e Poelzig, mas — apesar de dedicar meia página e duas ilustrações ao Pavilhão de Vidro de Colônia — silencia completamente sobre Scheerbart.

479

suas reputações encontravam-se em declínio, e sua atitude para com a América é bastante típica de uma tendência generalizada da época.

Durante a década de 20, a atenção dos arquitetos alemães começou a desviar-se da obra de Wright, a qual havia sido dirigida por Berlage e pelas publicações de Wasmuth, para a outra América, a América dos arranha-céus admirada pelos futuristas e por Le Corbusier. A atenção de Taut não se desviou para muito longe, apenas para um punhado de edifícios de Nova York, tais como o Edifício Graybar (visto em um contexto puramente futurista, com a ferrovia elevada que o corta em sua base) e os silos de cereais que já haviam sido canonizados pela tradição da *Ingenieurbauten;* outros observadores da arquitetura alemã, porém, tinham sido desviados quase completamente. Tanto Mendelsohn quanto Richard Neutra haviam ido aos EUA com a intenção (ou, pelo menos, com a intenção principal) de se encontrarem com Wright e Sullivan, mas no *Amerika* e no *Russland Europa Amerika* de Mendelsohn, é a imagem do arranha-céu que domina, e no *Wie baut Amerika?* de Neutra são as técnicas de construção de arranha-céus em aço que ocupam sua atenção.

Modern Architecture, porém, também situa firmemente o novo estilo como descendente de alguns poucos aspectos selecionados do *design* do século XIX, chegando a ponto de declarar que

> Com a irrupção da guerra, a história da arquitetura moderna pode ser considerada terminada

e, de maneira bastante coerente com tal opinião, ele não presta atenção aos movimentos cubista, futurista e abstracionista que haviam ajudado a forjar a linguagem formal que ele mesmo empregava nessa época. Nesse aspecto, contudo, ele foi apoiado, e mesmo influenciado, por um livro do qual foram extraídas algumas de suas ilustrações, livro que teve uma influên cia ampla e curiosa sobre a opinião do Movimento Moderno referente à sua própria história — *Bauen in Frankreich; Eisen, Eisenbeton* de Sigfried Giedion. O título sugere o objetivo do livro de maneira bastante concisa — sistematizar e atualizar a visão da construção de engenharia do século XIX apresentada por Muthesius e por Meyer nos primeiros anos do século, incluindo o trabalho em concreto armado feito sob a égide de Perret e Freyssinet desde a época daqueles. É importante porque ajudou a dar ao Estilo Internacional um sentido de ancestralidade internacional, porém o fez de maneira tendenciosa. O livro filia-se ao lado racionalista; seu autor, contudo, também era um historiador de arte treinado por Woelfflin. Seu treinamento em história da arte inclina-o a presumir que coisas que se parecem devem ter alguma conexão histórica; sua inclinação racionalista, contudo, tende a fazê-lo deixar passar despercebidos determinantes puramente estéticas de estilo e, entre as duas tendências, toda uma seção da história da arquitetura moderna é colocada fora de lugar. Existe, entretanto, muita coisa desse livro que exige respeito.

A estimativa por ele feita da posição do historiador no mundo relativista do pensamento do século XX é louvavelmente honesta.

> Também o historiador situa-se no tempo, não acima dele. Ele perdeu seu pedestal na eternidade (...)
>
> Passado, presente e futuro são para nós um processo que não pode ser interrompido. Contudo, não vivemos para trás, mas sim para a frente. Embora o passado nos fortifique com a certeza de que nossas vontades não são limitadas e individuais, o futuro, aconteça o que acontecer, aparece-nos como tendo maiores conseqüências.

A partir desses conceitos de uma responsabilidade para com o presente que se desenvolve, da continuidade imperturbável da história, e de uma vontade corporativa (ou *Zeitgeist*), ele desenvolve uma atitude que o condena inexoravelmente a uma visão incompleta do surgimento do Estilo Internacional.

> A tarefa do historiador é reconhecer começos e — apesar de todos os destroços que os recobrem — ressaltar a continuidade de desenvolvimento... a partir da vasta complexidade de um período passado, para expor os elementos que se tornaram pontos de partida para o futuro.

Como veremos, essas duas últimas afirmações fornecem um programa imbuído de um forte elemento de *parti-pris*. Qualquer historiador está sujeito a ver o passado de acordo com as preocupações de sua própria época; Giedion, porém, transforma isso em uma abordagem proposital, não acidental, e a ênfase na continuidade permite-lhe que deixe de lado qualquer coisa da qual não quiser tratar sob a alegação de que são meros "destroços".

Como resultado, a história do ferro e do concreto armado é discutida fundamentalmente do ponto de vista de alguém que havia apenas "descoberto" a arquitetura moderna quatro anos antes de começar a escrever o livro, na época da *Bauhauswoche* de 1923. e que havia incorporado as preocupações da época como se fossem as preocupações do movimento inteiro. Ele faz comparações diretas entre estruturas de engenharia do século XIX e arquitetura do século XX, reforçando-as freqüentemente com flechas pretas maciças. Colunas soltas na *Réserve* da Bibliothèque St Geneviève de Labrouste são confrontadas com colunas soltas na Maison Cook, de Le Corbusier; a estrutura em moldura da fábrica de Chocolat Menier de Saulnier é confrontada com a moldura dos apartamentos de Weissenhof de Mies van der Rohe; as paredes envidraçadas da Grande Galerie de Eiffel para a Exposição de 1878 em Paris, com as paredes envidraçadas da Bauhaus; e os elevadores da Torre Eiffel, com as ferrovias elevadas do plano de Mart Stam para o redesenvolvimento do Rokin. Acrescentam-se a tais comparações uma apoteose da École Polytechnique como sendo uma das fontes derradeiras da nova arquitetura, e uma lista de citações "proféticas" de Théophile Gautier, Anatole de Baudot, César Daly, Octave Mirbeau e outros — textos de escritura sagrada que Le Corbusier apressou-se a empregar em sua própria defesa durante as disputas sobre o concurso da Liga das Nações.

Muito disso havia envolvido trabalho de pesquisa sólido, embora indiscriminado, e reavaliações desinibidas de estruturas familiares como a Torre Eiffel; entretanto, destacam-se pela sua ausência da argumentação os "destroços" que desde então se acumularam e tornaram importantes para os arquitetos coisas como colunas soltas e paredes envidraçadas, ou seja, toda a revolução na teoria arquitetônica que se havia iniciado em 1908 e que mal estava terminada duas décadas mais tarde, quando *Bauen in Frankreich* foi publicado. O texto do livro, entretanto, revela, em muitos pontos, que o ponto de vista de Giedion estava largamente formado por essa revolução: a legenda, intitulada *Umgestaltung der Erdoberflaeche,* de uma reprodução de paisagem industrial nas cercanias de Marselha, mostra um interesse futurista na circulação em vários níveis e no "reordenamento da crosta terrestre" de Sant'Elia; faz referência ao *Konstruktivismus* no século XIX e, em um determinado ponto, emprega uma frase de origem manifestamente doesburguiana:

die Elemente für eine Kollektive Gestaltun schaffen.

Enquanto, claramente, os termos de referência empregados por Giedion não exigiam necessariamente que ele reconhecesse cada começo, e enquanto ele subseqüentemente corrigiu a omissão em seu livro posterior, *Space Time and Architecture,* a ausência de "destroços" teóricos e estéticos em *Bauen in Frankreich* deu à maioria de seus leitores a impressão de que o Estilo Internacional descende diretamente dos *Grands Constructeurs* do século XIX e é puramente racional e funcional em sua abordagem. Tal idéia atraía as simpatias de muitos arquitetos da época e foi de particular utilidade para os apologistas do estilo nas nações anglo-saxônicas onde, apesar dos esforços de Geoffrey Scott, preconceitos surgidos com Ruskin, firmemente estabelecidos, davam mais eficácia aos argumentos com fundamentos morais do que aos com fundamentos estéticos. Por uma feliz ironia da história, entretanto, quando os homens daquelas nações decidiram treinar os jovens arquitetos nas disciplinas supostamente funcionalistas da nova arquitetura, o único livro de texto pedagógico disponível para eles (livro que tornou o método de Bauhaus disponível para o mundo), tinha uma tendência quase exatamente oposta, era sofisticado exatamente nos assuntos em que Giedion era ingênuo e, por uma

483

outra ironia da história, era obra do tipógrafo de *Bauen in Frankreich,* Moholy-Nagy.

À primeira vista, poderia parecer que há mais do que uma conexão superficial entre os dois livros — Moholy é mencionado em uma nota calorosa em relação a *Bauen in Frankreich* e o título de seu livro, *Von Material zu Architektur,* poderia sugerir que também ele é obra das tendências racionalistas. Com efeito, a expressão *von... zu* faz pouco mais do que indicar a ordem em que o tema do livro é abordado; esse título, porém, poderia muito bem ter sido escolhido tendo em vista a maneira pela qual se desenvolvia a opinião arquitetônica avançada, uma vez que originalmente foi prometido como *Von Kunst zu Leben* e foi republicado em inglês como *The New Vision,* em fins da década de 30, quando a maré da opinião havia novamente sido modificada. Em todo caso, este último título era o mais apropriado, pois aquilo que Moholy expõe é algo que Le Corbusier poderia ter chamado de *formation de l'optique moderne.* Preocupa-se quase exclusivamente com problemas visuais e formais, e trata-os de uma maneira resolutamente moderna, sendo seus exemplos, preceitos e padrões extraídos quase inteiramente de dentro do próprio Movimento Moderno.

Sob este aspecto, o livro reflete muito da personalidade e *background* de seu autor. Nascido em 1895, Laszlo Moholy-Nagy era bem uma década mais jovem do que os pioneiros tanto da arquitetura quanto das artes plásticas, e cresceu em um mundo onde já existia a arte moderna. Suas primeiras imagens foram coloridas por um agente que tinha vindo ao mundo por volta da mesma época em que ele mesmo — as revistas ilustradas —, e a tal ponto que ele foi tomado pelo desapontamento ao descobrir que Szeged, o mais próximo núcleo urbano de seu lar na Hungria, não tinha arranha-céus. Um ferimento recebido poucos meses depois daquele que matou Sant'Elia, e na mesma zona de combate, embora em lado oposto, manteve-o fora da maioria dos combates posteriores da guerra, e deu-lhe tempo para investigar a arte moderna, embora seu treinamento formal, tal como o de Marinetti, fosse no campo das leis. Quando chegou em Berlim, em princípios de 1921, sofrendo de inanição, mas um pouco antes de outros abstracionistas da Europa Oriental, ele havia passado pela educação de um modernista, com revoluções e tudo, sob forma reduzida.

Embora mantivesse seus contatos húngaros e representasse o *MA-Gruppe* húngaro, exilado, em vários congressos (Weimar, Düsseldorf etc.) da época, logo se envolveu profundamente na turbulenta cultura artística de Berlim. Sua autoria de *Aufruf zur Elementarem Kunst* já foi mencionada, e esteve em contato com Lissitsky desde o momento em que este chegou, e também esteve em contato com Gabo, Schwitters e Arp, com associados do *de Stijl* e do *Sturm*. Contudo, uma vez que já dera vazão a uma parte da retórica futurista que trazia dentro de si, passou a dedicar-se quase exclusivamente aos associados russos e, a partir de um determinado momento de 1921 em diante, sua obra depende dos elementos suprematistas de Malevitch, de círculos, cruzes e quadrados, ao menos enquanto ponto de partida, freqüentemente enquanto seu inteiro repertório formal. Desde uma data ligeiramente anterior, ele havia começado a interessar-se por técnicas "modernas" tais como colagem e por materiais "modernos" tais como plásticos transparentes, não simplesmente porque eram novos, mas em virtude de um interesse devorador pela luz, visto que o derradeiro *malerische Element,* sentido por outros jovens pintores além dele, não podia ser satisfeito por meios tradicionais.

Entretanto, suas incursões mais espetaculares nos métodos modernos tinham um estímulo bem diferente e uma significação também bastante diversa, e alinham-se com o *Suporte de garrafas* de Duchamp como um dos principais gestos em direção a uma revisão do relacionamento entre artista, tema e público em uma sociedade mecanizada. Em sua exposição individual na galeria *Sturm* em 1922, Moholy expôs um grupo de composições elementaristas, incluindo três de desenho idêntico, mas tamanhos diferentes, sobre cuja criação ele fornece o seguinte relato [2]:

---

2. Esse relato sobre as pinturas por telefone foi extraído do fragmento autobiográfico, *Abstract of an Artist*, que foi publicado como suplemento da segunda edição norte-americana de *The New Vision* (Nova York, 1949).

485

... em 1922 encomendei por telefone, de uma fábrica de letreiros, cinco pinturas em esmalte de porcelana. Tinha à minha frente o catálogo de cores da fábrica e esbocei minhas pinturas em papel diagramado. Na outra extremidade do telefone, o supervisor da fábrica tinha o mesmo tipo de papel dividido em quadrados. Ele anotou as formas ditadas na posição correta.

Essa intrusão de toda uma organização industrial e de um serviço telefônico nas convenções aceitas da criação artística tem claramente o mesmo tipo de significação dadaísta que a eliminação feita por Duchamp do artista e pintor das mesmas convenções por meio do *Suporte de garrafas,* embora Moholy fosse, aparentemente, mais consciente dos aspectos positivos de sua atitude e das reivindicações que fazia em favor do *status* dos métodos mecânicos. E, enquanto os apologistas de Duchamp tendiam a explicar as intenções deste em um sentido platônico, Moholy estava preparado para fazer isso por si mesmo — já foi comentada sua predileção pelos sólidos filebianos e, a propósito das "pinturas de telefone", ele escreveu mais tarde:

Minha convicção, entretanto, é a de que formas matematicamente harmônicas, executadas com precisão, estão cheias de qualidade emocional, e representam o equilíbrio perfeito entre sentimento e intelecto.

Se ele se sentia dessa maneira, como parece possível, na época em que as pinturas foram executadas, então elas não devem ser colocadas na mesma categoria dos artefatos de mentalidade rígida dos associados da *G* — de fato, esse partido em Berlim parece ter considerado o Vorkurs de Moholy na Bauhaus como sendo exatamente e tão deploravelmente "artístico" quanto o de Itten.

Não obstante, deve-se notar que a primeira tarefa a ele confiada quando se juntou à Bauhaus em 1923 foi a reforma da oficina de trabalho em metais, fato que sugere que ele era considerado como estando particularmente apto para técnicas e materiais desse tipo, e ele somente assumiu o Vorkurs mais tarde no mesmo ano, em colaboração com Josef Albers, que tinha sido designado para o curso preliminar um ano antes. Exatamente quanto do Vorkurs, da maneira como encontrou seu lugar em *Von Material zu Architektur,* se deve a Albers e quanto a Moholy é agora difícil determinar, mas é evidente que este último logo se tornou a personalidade dominante e não somente no Vorkurs, pois parece que subiu rapidamente a uma posição de destaque, abaixo somente da ocupada por Gropius, como expoente das idéias da Bauhaus e como formador da política da Bauhaus. Assim, embora a editoração dos *Bauhausbücher* fosse partilhado ostensivamente por ele e por Gropius, os títulos e autores representam tão fielmente seus próprios interesses sincréticos que se pode suspeitar que foram principalmente escolha dele — como se quisesse que todo o público da Bauhaus tivesse a mesma ampla base nos "ismos" modernos que ele.

Um tal desejo encontra-se claramente subjacente, em parte, à organização do tema principal de *Von Material zu Architektur*. Embora Moholy negue que o mesmo seja *lexikalisch* em seu tratamento de materiais e métodos, o livro é enciclopédico na cobertura que faz do Movimento Moderno, e ilustra, além dos produtos da Bauhaus, trabalhos de Schwitters, Marinetti, Picasso, Brancusi, Archipenko, Barlach, Belling, Pevsner, Schlemmer, Vantongerloo, Servranckx, Rodin, Rodchenko, Cocteau, Gabo, Lipchitz, Le Corbusier, Stam e Eiffel. Também discute com maior ou menor extensão os seguintes movimentos: Abstracionismo, Dadaísmo, Futurismo, Construtivismo, Tactilismo, *merzbild,* Cubismo, Neoplasticismo, Realismo, Surrealismo, Purismo, Pontilhismo e Impressionismo, e as seguintes extensões da cultura visual dos europeus instruídos: fotografia, microfotografia, cristalografia, escultura cinética, filmes, anúncios luminosos, montagem e arte primitiva.

Essa erudição visual de longo alcance e aguda apreciação do meio ambiente da vida urbana dificilmente encontram paralelo, excetuando-se possivelmente a arte e os escritos de Boccioni; Moholy, porém, apresenta uma vantagem em relação a Boccioni em sua habilidade de lançar essa massa de informação e experiência em um corpo bastante compacto e ordenado de teoria — o primeiro corpo ordenado de teoria a ser extraído, antes do que colocado dentro, do Movi-

134. Richard Buckminster Fuller. Casa Dymaxion, 1927-1930: concebida à época em que o Estilo Internacional estava se cristalizando num conjunto de formas que simbolizavam a Idade da Máquina, este projeto para uma casa de metais leves e plástico, planejada radialmente ao redor de um núcleo de serviços mecânicos, estabelecia uma crítica tecnológica radical do Estilo Internacional enquanto mecanicamente inadequado.

mento Moderno. A primeira impressão que se tem ao ler o livro é que, para Moholy, a arte começou em 1900. Há umas poucas referências à arte do passado — as pirâmides e a Caaba de Meca a fim de comprovar um argumento sobre formas filebianas, um Leonardo e um Giambologna a fim de comprovar outro aspecto da discussão sobre escultura — mas sua visão panorâmica na realidade não retrocede além da Torre Eiffel. Ele não retorna à geometria da Grécia, nem à arte de construir da Idade Média, não se interessa por templos e catedrais, suas teorias fundamentam-se na condição presente da cultura, não na história.

A primeira parte do livro está, coerentemente, dedicada a uma discussão dos relacionamentos entre indivíduos, seu ambiente mecanizado, e o processo de educação. A linha de argumentação constituía, por volta de 1928, uma tese firmada da Bauhaus, referente à necessidade de educar personalidades completas e não especialistas estreitos, e o sabor da discussão é fornecido por alguns dos títulos dos parágrafos:

O futuro preciso do homem inteiro

Não contra a tecnologia, mas juntamente com ela

O homem, não o produto, é a meta

Toda pessoa tem talento

A responsabilidade de concretizar isso pertence a todos nós

Utopia?

A educação tem uma grande tarefa a desempenhar aqui

e essa tarefa da educação é assim delineada:

> Precisamos de utopistas de gênio, de um novo Júlio Verne; não para esboçar em ampla perspectiva uma utopia técnica facilmente compreensível, mas a própria existência dos homens futuros, cujas leis básicas de ser respondam à simplicidade instintiva, bem como aos relacionamentos complicados da vida.
>
> Nossos educadores têm a tarefa de ordenar o desenvolvimento em direção ao exercício saudável de nossos poderes, de lançar as bases de uma vida equilibrada mesmo nos primeiros estágios de treinamento.

135-136-137. Walter Gropius, carroceria para Adler Cabriolet, 1930: Sir Charles Burney, carros aerodinâmicos, 1930: Buckminster Fuller, unidade Dymaxion terrestre: o fim da Primeira Idade da Máquina do *design* pode ser demonstrado em sua máquina simbólica, o automóvel. O Adler de Gropius, embora elegante, está mecanicamente atrasado quando comparado com os precursores aerodinâmicos e de motor traseiro da fase seguinte.

Ele então presta homenagem aos pioneiros da educação cujo trabalho precedeu a Bauhaus — um registro de nomes e movimentos que em si mesmo constitui uma história, e os parágrafos finais da seção I procuram fixar o lugar da Bauhaus nesse retrato da sociedade, cultura e educação — e explicar mais uma vez as razões para o treinamento artesanal em uma sociedade mecanizada.

Embora o método educacional delineado nas outras três seções de *Von Material zu Architektur* esteja muito a dever aos pioneiros relacionados por Moholy na primeira seção, o método muito deve a três nítidas fontes mais próximas: ao Vorkurs original de Itten, a Klee e Kandinsky, e a Malevitch. A dívida em relação a Itten é clara e fundamental — a ênfase no aprendizado pela feitura e na natureza dos materiais. A contribuição original de Moholy, aqui, consiste na mudança da idéia de uma compreensão intuitiva da "natureza íntima" dos materiais, para uma determinação objetiva, física, de suas propriedades comprováveis de textura, força, flexibilidade, transparência, maleabilidade etc.

A dívida para com Klee e Kandinsky encontra-se na organização de *von... zu* do livro. Os *Bauhausbücher* de ambos haviam partido de uma consideração do ponto, prosseguindo daí para linhas e depois para planos, em cujo nível Kandinsky abandona o tema, embora Klee prossiga para volume e espaço. Na visão não-artesanal de Moholy, ponto e linha eram simplesmente aspectos de planos, aos quais ele chamaria de superfícies; porém, desse nível em diante, prossegue passo a passo com Klee, embora manipulando idéias de uma maneira que era completamente diferente, sob todos os aspectos, do *Paedagogisches Skizzenbuch*. Malevitch é seu predecessor em erudição visual, em análises críticas íntimas das pinturas cubistas, e na ênfase dada a coisas tais como a vista que se tem e de que se tem dos aeroplanos.

O primeiro ponto em que Moholy transcende todos os seus predecessores é em seu domínio fenomenal das experiências visuais não-artísticas de seu tempo. As palavras não podem transmitir o impacto feito na visão pela edição original desse livro, por sua composição tipográfica enfática, por seu *layout* sério e profissional, e pela gama de suas ilustrações, que ia desde diagramas claros e modelos de equipamento da Bauhaus, passava pelas reproduções de obras de arte originais e por fotografias documentárias científicas, até fotografias extraordinárias de coisas como montes de pneus velhos, aeronaves, acontecimentos esportivos, cenas de rua, *sets* de filmagem, e uma célebre seqüência (que ilustrava um ponto na argumentação sobre textura) do pêlo de um gato em negativo, a pele de um velho e uma maçã mofada. Educado com revistas ilustradas, Moholy comunica nesse livro algo da riqueza visual de uma cultura de revistas e faz com que esta tenha peso no problema da educação visual. Pois tais imagens, embora possam ser notáveis por direito próprio ou por sua justaposição, não são, por assim dizer, um *musée imaginaire*[3]; elas apóiam e explicam o sistema educacional que é exposto nas três principais seções do livro. A seção II começa com as qualidades táteis dos materiais e apresenta ilustrações das famosas máquinas-táteis que foram criadas para a investigação de tais qualidades na Bauhaus, e depois passa a considerar os outros aspectos das superfícies dos materiais que podem ser apreciados fisicamente e manipulados fisicamente, culminando no uso de superfícies como uma tela para a projeção de padrões de luz. A seção III também tem seu ponto culminante no uso da luz, enquanto meio final de criar volume escultórico, mas o caminho que leva a isso é interessante pelo modo como mostra em funcionamento a mente metódica de Moholy.

Ele começa com o "semelhante a um bloco", termo que inclui qualquer sólido não-modelado ou não-perfurado de forma geométrica reconhecível. Tais formas reconhecíveis são, como se poderia esperar, os sólidos filebianos, porém, mais adiante na mesma seção, ele produz uma lista extensa de formas, a fim

---

3. Não mais do que o são as ilustrações — algumas vezes até mesmo mais estranhas — no livro quase exatamente contemporâneo de Ozenfant, *The Foundations of Modern Art*.

de abranger também os sólidos não-filebianos encontrados na ciência e na tecnologia.

Até há pouco tempo [4], elementos geométricos, tais como a esfera, o cone, o cilindro, o cubo, o prisma, e a pirâmide, eram tomados como a base da escultura. Agora, porém, foram acrescentados elementos biotécnicos (...)
Tais elementos biotécnicos antigamente faziam parte, mais especificamente, da tecnologia, onde a abordagem funcional exigia o máximo de economia. Raoul Francé distinguiu sete elementos bioquímicos: cristal, esfera, cone, placa, tira, vara e espiral (parafuso); afirma ele que esses são os elementos técnicos básicos de todo o mundo. Eles bastam para todos os seus processos e são suficientes para fazer com que tais processos atinjam sua condição ótima [5].

Contudo, tais extensões do repertório de formas regulares ocorrem algo mais tarde na argumentação, depois de ele ter passado dos blocos puros aos blocos modelados e, daí, aos blocos perfurados, da escultura estática à escultura em equilíbrio e cinética ou móbiles, e logo antes de dedicar-se ao problema da criação de volumes virtuais pelo movimento das luzes no espaço (fogos de artifício, anúncios luminosos). Nesse ponto, ele já está às voltas com o tema da seção IV, Espaço; antes, porém, de passar ao espaço, ele coloca, em um quadro claro, a *Formlehre* que foi abordada até então

Uma sistematização dos elementos (da criação artística) está baseada nas relações de:

1. Formas conhecidas, tais como
   formas matemáticas e geométricas
   elementos biotécnicos

2. Formas novas, tais como
   formas livres

A produção de novas formas pode basear-se em:

1. relações de mensuração (seção de ouro e outras proporções)

---

4. A brevidade do período de tempo decorrido desde que tais sólidos filebianos haviam sido considerados em tão alta conta pode ser julgada comparando-se essa afirmação com a carta de Moholy e Wilhelm Wagenfeldt, citada no capítulo anterior.
5. Francé, cujas idéias foram discutidas em ocasião anterior, no livro, não era, parece, uma autoridade reconhecida no assunto, mas sim o autor de trabalhos de popularização de temas científicos.

posição (mensurável em ângulos)
movimento (velocidade, direção, impulso, interseção, interligação telescópica, penetração, interpenetração mútua)

2. aspectos diferenciais do material
estrutura
textura
tratamento da superfície
revestimento

3. luz (cor, ilusão óptica, luz refletida, espelhismo)

Os relacionamentos entre formas podem-se tornar efetivos como:

1. contrastes
2. divergências
3. variações
mudança de posição e deslocamento
repetição
rotação
imagens invertidas
} e suas combinações

Deixando isso para trás, volta-se para o espaço que, para ele, constitui tanto a preocupação da arquitetura, que os termos podem ser intercambiáveis. Ele vê o jogo de espaço como a característica diferenciadora da arquitetura moderna, de modo que não mais existe a possibilidade de confusão em nomenclatura como a que existia em culturas mais antigas entre grande escultura e pequena arquitetura, quando a arquitetura era apenas a manipulação de volume. A natureza desse espaço é por ele definida de várias maneiras — no princípio da seção IV, enumera quarenta e quatro adjetivos que têm sido usados para descrever aspectos do espaço, e depois cita uma definição mínima:

Espaço é a relação entre a posição de corpos.

Ele aceita essa definição científica somente como ponto de partida e, a partir dela, aborda seu tema sob uma série de aspectos. Primeiramente, como um aspecto da organização funcional:

Os elementos necessários à realização da função de um edifício unem-se em uma criação espacial que se pode tornar para nós uma experiência espacial. O ordenamento do espaço, nesse caso, não passa da união mais econômica de métodos de planejamento e necessidades humanas. O programa atual de vida tem nisso um importante papel, mas não determina inteiramente o tipo de espaço criado.

Uma justificativa visual desse conceito de espaço funcional é fornecida por uma vista de um conduto de ventilação, em que as escadas e patamares são perfurados para permitir melhor circulação do ar e, ao mesmo tempo, criam de modo bastante acidental o tipo de jogo de espaço que seria atraente para um elementarista. Uma explicação adicional pode ser encontrada na legenda de outra ilustração.

> O conceito de "fachada" já está desaparecendo da arquitetura. Não há mais lugar nos edifícios para aquilo que não se adapta a alguma função: ao desenvolvimento do frontispício (sacadas, propaganda) acrescenta-se a exploração dos telhados (terraços com jardim, pistas de aterrissagem).

Esta última visão de um edifício comprometido funcionalmente com o espaço que o cerca por todos os lados é nitidamente futurista, e existem outras descrições de manipulação espacial que confirmam que sua atitude é tanto elementarista quando futurista em sua abordagem. Do lado elementarista:

> No espaço cósmico, um "pedaço de espaço" é cortado por meio de uma rede, algumas vezes aparentemente complicada, de tiras, fios e folhas vítreas, que se limitam e se interpenetram, como se o espaço fosse uma substância compacta divisível.
>
> Assim, a arquitetura moderna está baseada em uma plena interpenetração do espaço exterior

e do lado futurista:

> A organização dessa criação de espaço será assim realizada: mensuravelmente, pelos limites dos corpos físicos; imensuravelmente, pelos campos dinâmicos de força, e a criação de espaço será a confluência de existências espaciais sempre fluidas.

Embora esta última citação seja uma versão moderada da "teoria dos campos" de Boccioni, a maioria das ilustrações dessa seção bradam com retórica futurista, chegando ao ponto de serem forjadas para aumentar o efeito, como onde obviamente foi feita uma colagem de cinco hidraviões suecos voando, por cima de uma interseção de trânsito em vários níveis de San Diego, Califórnia.

Nenhum outro documento da época fornece uma visão tão gráfica ou tão enciclopédica daquilo que o arquiteto pode fazer com o espaço, porém enfatiza-se que ele não trabalha sobre o espaço como um jogo estético particular:

A experiência do espaço não é privilégio de uns poucos dotados, mas uma função biológica

e isso introduz o aspecto mais interessante da visão de espaço de Moholy: espaço como experiência, e o conceito vinculado de "biológico".

Devemos reconhecer que, sob todos os aspectos, o espaço é uma realidade de nossa experiência sensorial.

O homem toma consciência do espaço... primeiro através do sentido da visão.

A experiência das relações visuais entre os corpos pode ser testada pelo movimento, pela mudança de posição do observador, e pelo sentido do tato. Outras possibilidades para a experiência de espaço encontram-se nos órgãos acústicos de equilíbrio.

Muito da importância dessa visão encontra-se na maneira como inverte idéias anteriores sobre o assunto. Exatamente como ele havia invertido a idéia de Itten sobre a "natureza interior" dos materiais e a havia substituído por uma ênfase em suas propriedades físicas determináveis, do mesmo modo Moholy substitui a idéia de espaço, digamos, de Geoffrey Scott, enquanto algo que afeta a natureza íntima do homem por uma *Einfühlung* simbólica, pela idéia de espaço como algo que afeta os órgãos sensoriais dos homens por uma *Erlebnis* física direta. Scott teria tomado o papel desempenhado pelos órgãos sensoriais como simples meios para a finalidade maior da experiência estética mas, para Moholy, o mecanismo é o que interessa, e é a experiência estética em si mesma.

A arquitetura — o ordenamento do espaço — é justificada aos olhos de Moholy, na medida em que favorece as necessidades biológicas comprováveis do homem, e o ponto fraco do livro aos olhos do leitor de hoje consiste em que jamais aborda, detalhadamente, essas necessidades. Na época em que foi escrito, tais necessidades podiam provavelmente ser tidas como comprovadas, uma vez que o assunto estava no ar, ao menos no sentido negativo de padrões mínimos de limpeza, iluminação natural, espaço do chão, ventilação etc., e qualquer pessoa familiarizada com favelas, como as que ainda estavam sendo demolidas em Frankfurt-sobre-o-Meno, saberia o que Moholy tinha em mente quando ele citou o *grausam wahren Spruch* de Heinrich Zille, ilustrador da vida pobre:

> Pode-se matar um homem com um edifício de maneira tão fácil como se empregasse um machado.

Mesmo assim, o conceito de "O Biológico tomado como guia para tudo" está claro em suas linhas gerais, e leva-o a uma recolocação de um princípio que tendia a ser deixado de lado nos anos 20:

> Hoje, trata-se de nada menos do que da reconquista dos fundamentos biológicos. Somente então pode-se fazer uso máximo dos avanços técicos na cultura física, ciência da nutrição, planejamento de habitações e a organização do trabalho.

resumido no *slogan* já citado:

> O homem, não o produto, é o alvo.

Sua atitude emerge como uma espécie de funcionalismo não-determinista, baseada, não mais na lógica nua do racionalismo estrutural, mas no estudo do homem enquanto organismo variável. Embora ele provavelmente aceitasse idéias como os *besoins-type* de Le Corbusier — o emprego que Giedion faz da palavra *Existenzminimum* é outra da mesma família —, seu sistema estava construído sobre bases mais liberais do que aquelas, e era passível de interpretação e reinterpretação em um contexto mais amplo do que aquele do Estilo Internacional. Por essa razão, se é que por nenhuma outra, o livro ocupa a posição inesperada de ser, ao mesmo tempo, o primeiro inteiramente derivado do Movimento Moderno, e também um dos primeiros a apontar o caminho para os passos seguintes à frente.

22. CONCLUSÃO: FUNCIONALISMO E TECNOLOGIA

Pela metade da década de 30 já era usual o emprego da palavra *Funcionalismo* como termo genérico para a arquitetura progressista dos anos 20 e para designar o grupo de pioneiros reconhecidos que tinha sido proposto por escritores como Sigfried Giedion. Todavia, pondo-se de lado o episódio de curta duração do grupo *G* em Berlim, é duvidoso que as idéias implícitas no Funcionalismo — e muito menos a própria palavra — já estivessem presentes de modo significativo na mente de qualquer dos arquitetos importantes desse período. Os eruditos podem querer discutir sobre a data exata em que esta palavra falaciosa foi pela primeira vez usada como rótulo do Estilo Internacional, mas há poucas dúvidas sobre o fato de que o primeiro uso coerente desse termo consta do livro *Gli elementi dell'architettura funzionale* de Alberto Sartoris, que foi publicado em Milão em 1932. A responsabilidade por esse termo é jogada sobre os ombros de Le Corbusier — essa obra originalmente deveria ter-se chamado *Architettura Razionale,* ou algo do gênero, porém, em uma carta que foi publicada como prefácio ao livro, Le Corbusier escreveu:

> O título de sua obra é limitado: é realmente um erro ver-se alguém constrangido a pôr a palavra *Racional* de um lado da barricada e deixar apenas a palavra *Acadêmico* do outro. Em vez de Racional, diga *Funcional* (...)

A maioria dos críticos dos anos 30 sentiu-se muito contente por poder fazer essa substituição de palavras, mas não de idéias, e o termo *Funcional* tem sido interpretado, quase sem exceção, no sentido limitado que Le Corbusier atribuía a *Racional,* tendência que culminou no ressurgimento de um determinismo do século XIX que tanto Le Corbusier como Gropius tinham rejeitado, e que se resumiu no *jingle* vazio de Louis Sullivan:

> A forma segue a função.

Pode ser que o funcionalismo, como credo ou programa, possua uma certa nobreza austera; simbolicamente, porém, está assolado pela pobreza. A arquitetura dos anos 20, embora capaz de produzir sua própria austeridade e nobreza, estava forte e intencionalmente carregada com significados simbólicos que foram postos de lado ou ignorados por seus apologistas nos anos 30. Há duas razões principais para se combater nesta frente restrita. Em primeiro lugar, a maior parte desses apologistas não provinha das nações — Holanda, Alemanha e França — que mais tinham contribuído para criar o novo estilo, e que atingiram tarde esse novo estilo. Deste modo, eles não participaram desse intercâmbio de idéias, de colisões entre homens e movimentos, congressos e polêmicas, nos quais se esboçaram as linhas de força do pensamento e da prática antes de 1925, e eram estranhos às condições que deram cor a essas linhas. É o caso de Sigfried Giedion, suíço, que alcançou apenas a parte final desse processo em 1923; Sartoris, italiano, não participou do movimento de um modo quase absoluto; Lewis Mumford, americano, a despeito de sua capacidade de percepção sociológica, estava a uma distância grande demais para sentir realmente as questões estéticas em jogo — donde, suas tergiversações amplamente irrelevantes sobre o problema da monumentalidade.

A segunda razão para a luta nessa frente restrita era que não mais havia escolha sobre lutar ou deixar de fazê-lo. Com o Estilo Internacional posto fora da lei politicamente na Alemanha e na Rússia, e economicamente enfraquecido na França, esse estilo e seus simpatizantes estavam lutando por um ponto de apoio na Itália fascista politicamente suspeita, na esteticamente indiferente Inglaterra e nos Estados Unidos atingidos pela depressão. Nestas circunstâncias, era melhor advogar ou defender a nova arquitetura em bases lógicas e econômicas, do que com base em uma estética ou em simbolismos que só poderiam atrair hostilidade. Essa pode ter sido uma boa tática — o que é discutível — mas foi certamente um enfoque errado do problema. A emoção havia representado um papel bem maior do que a lógica na criação do estilo; edifícios de custo módico tinham sido revestidos com ele, porém esse não era um estilo mais inerentemente econômico do que qualquer outro. O verdadeiro objetivo desse estilo tinha claramente sido, citando as palavras de Gropius sobre a Bauhaus e as relações desta com o mundo da Era da Máquina:

... inventar e criar formas que simbolizassem esse mundo.

e a justificação histórica desse movimento deve ser encontrada levando-se em conta tais formas simbólicas.

Pode-se julgar até que ponto o estilo teve êxito na criação desses termos e na veiculação desse simbolismo, através do exame de dois edifícios, geralmente considerados obras-primas, ambos projetados em 1928. Um deles é o Pavilhão alemão para a Exposição de Barcelona em 1929, obra de Mies van der Rohe, tão puramente simbólico na intenção que o conceito de funcionalismo teria de ser distendido a ponto de tornar-se irreconhecível antes de poder ser-lhe aplicado — tanto mais quanto não é fácil formular exatamente em termos racionais o que é que ele pretendia simbolizar. Um apanhado frouxo, e não propriamente uma exposição exata, das intenções prováveis pode ser estabelecido a partir dos pronunciamentos de Mies sobre as exposições em 1928:

> A era das exposições monumentais que faziam dinheiro está acabada. Atualmente, julgamos uma exposição por aquilo que ela realiza no campo cultural.
>
> As condições econômicas, técnicas e culturais mudaram radicalmente. Tanto a tecnologia quanto a indústria depararam-se com problemas inteiramente novos. É muito importante para nossa cultura e nossa sociedade, bem como para a tecnologia e para a indústria, encontrar boas soluções. A indústria alemã, e a indústria européia como um todo, deve compreender e resolver estes problemas específicos. O caminho deve levar da quantidade para a qualidade — do extensivo para o intensivo.
>
> Ao longo desse caminho, a indústria e a tecnologia se juntarão às forças do pensamento e da cultura.
>
> Estamos num período de transição — transição que mudará o mundo.
>
> Explicar e ajudar nesta transição será a responsabilidade das futuras exposições...

As ambigüidades dessas declarações foram resolvidas no Pavilhão por usos arquitetônicos que se alimentavam em várias fontes de simbolismo — ou, pelo menos, em fontes de prestígio arquitetônico. Nesse Pavilhão, nossa atenção foi atraída para ecos de Wright, do *de Stijl* e da tradição *Schinkelschüller,* mas sua plena riqueza é apenas aparente quando estas referências se tornam claras. Todos estes três ecos resumem-se, na prática, num modo de ocupar o espaço que é estritamente elementarista. Seus planos horizontais, que foram assemelhados a Wright, e suas superfícies verticais difusas (cuja distribuição no plano foi relacionada com van Doesburg) remetem de tal modo a um dos "pedaços de espaço" de Moholy que se consegue efetivamente "uma penetração completa no espaço exterior". Além do mais, a distribuição das colunas que suportam a laje do teto sem a ajuda de planos verticais é completamente regular, e seu espaçamento sugere o conceito elementarista do espaço como um contínuo mensurável, independentemente dos objetos que contém. E, também, o pódio sobre o qual toda a estrutura se assenta (no qual Philip Johnson viu "um toque de Schinkel"), estendendo-se de um lado por um bom trecho além da área coberta pela laje do teto, também é uma composição na planta, por direito próprio, em virtude dos dois tanques que ali existem, assemelhando-se assim aos rodapés padronizados que formam parte ativa dos estudos abstratos sobre as relações volumétricas que se originaram no círculo Ladowski-Lissitsky e, como estes, dando a impressão de simbolizar o "espaço infinito" como sendo componente ativo do projeto em sua totalidade.

Os materiais também contribuem para este efeito, dado que o chão de mármore do pódio (visível de toda parte ou, ao menos, podendo ser apreciado mesmo quando coberto por carpete) enfatiza a continuidade espacial de todo o esquema. Mas este mármore, bem como o das paredes, possui outro nível de significação — a sensação de luxo que proporciona sustenta a idéia da transição da quantidade para a qualidade da qual Mies havia falado, e introduz novos e paradoxais ecos do trabalho tanto de Berlage como de Loos. Estas paredes são criadoras de espaço, no sentido de Berlage, e foram "deixadas intocadas do chão à cornija" do modo como Berlage admirava em Wright. Todavia, se se objetar que as placas de mármore ou ônix com que são cobertas constituem uma "decoração nelas penduradas", tal como Berlage desaprovava, pode-se responder apropriadamente que Adolf Loos, o inimigo da decoração, estava preparado para admitir amplas áreas de mármore com padrão acentuado como revestimentos de paredes em seus interiores.

A continuidade do espaço é ainda demonstrada pela transparência das paredes de vidro existentes em várias partes do esquema, de tal forma que o olho do visitante pode passar de espaço a espaço ainda que seu pé não o possa fazer. Por outro lado, o vidro era colorido, de modo que também sua materialidade pudesse ser apreciada, à maneira do paradoxo *Ali e não ali* de Artur Korn. O vidro destas paredes é montado em barras de cromo brilhante, e a superfície de cromo é repetida na cobertura das colunas cruciformes. Este confronto entre ricos materiais modernos com o rico material antigo do mármore é uma manifestação da tradição de paridade entre materiais artísticos e não--artísticos que remonta, através do dadaísmo e do futurismo, aos *papiers collés* do cubismo.

É possível distinguir também algo ligeiramente dadaísta e mesmo anti-racionalista nas partes não-estruturais do pavilhão. Uma consistência lógica abstrata mondrianesca, por exemplo, teria exigido outra coisa que não a estátua (nu naturalista) de Kolbe colocada no tanque menor — nesta arquitetura, este fato possui algo da incongruência do *Suporte de garrafas* de Duchamp numa exposição de arte, embora a estátua se dê muito bem com a parede de mármore que lhe serve de fundo. Também a mobília móvel (e particularmente as maciças cadeiras com estrutura de aço) zomba — conscientemente, suspeita-se — dos cânones de economia inerentes naquele racionalismo proposto por del Marle como a força motriz por trás do uso do aço nas cadeiras; elas são, retoricamente, de grandes proporções, imensamente pesadas, e não utilizam o material de forma a dele extrair o máximo de desempenho.

Está claro que mesmo que fosse proveitoso aplicar os padrões estritos da eficiência racionalista ou do determinismo formal funcionalista a uma tal estrutura, a maior parte daquilo que a torna arquitetonicamente efetiva passaria despercebida numa tal análise. O mesmo aplica-se aos projetos de Le Corbusier, cuja obra (embora muitas vezes seja extremamente prática) não revela seus segredos à luz apenas de uma análise lógica. Em seu projeto *Dom-ino,* por exemplo, ele postulava uma estrutura cujos únicos elementos dados eram as lajes do chão e as colunas que as suportavam. A disposição das paredes, deste modo, eram de livre escolha, mas alguns críticos extrapolaram logicamente que isto deixava Le Corbusier à mercê de suas lajes do chão. Nada poderia estar mais distante da verdade no que diz respeito a seus edifícios terminados, que (da *villa* de Chaux-de-Fonds em diante) têm suas lajes do chão tratadas de um modo bastante *cavalier* e grande parte de sua arquitetura interna, criada através da abertura de passagens de um pavimento para outro. Ao contrário, se há um edifício em que as lajes horizontais são absolutas, este é o Pavilhão de Barcelona de Mies — com os tanques meramente diversificando a superfície do pódio, nada emerge das lajes do chão e nada se levanta sobre elas: todo o edifício é projetado quase em duas dimensões, e isto também se aplica a muitas de suas obras posteriores.

No caso do outro edifício de 1928 que se propõe abordar aqui, a casa de Le Corbusier *Les Heures Claires* (construída para a família Savoye em Poissy-sur--Seine e completada em 1930), as penetrações verticais são de fundamental importância no projeto. Elas não são grandes na planta, mas, uma vez que sofrem os efeitos de uma rampa para pedestres cujas balaustradas formam arrojadas diagonais em muitas vistas internas, aquelas penetrações são muito conspícuas para uma pessoa que esteja usando a casa. Além do mais, esta rampa foi projetada como o caminho preferido daquilo que o arquiteto chama de *promenade architecturale* (passeio arquitetônico) através dos vários espaços do edifício — conceito que parece estar próximo do significado quase místico da palavra "eixo" que ele tinha utilizado em *Vers une Architecture*. Os andares ligados por esta rampa são fortemente caracterizados em termos funcionais — *on vit par étage* —, com o andar térreo ocupado por serviços e serventes, transporte e entrada, e um quarto de hóspede, e o primeiro andar dando para o *living* principal, constituindo virtualmente um bangalô completo de fim de semana com pátio; e o andar superior é um jardim de cobertura com terraço para banhos de sol e uma plataforma de observação, cercado por uma parede corta-vento.

Esta, naturalmente, é apenas a parte funcional: o que transforma a construção em arquitetura, pelos padrões de Le Corbusier, e o que a torna capaz de nos sensibilizar é o modo pelo qual esses três andares foram manipulados visualmente. Em seu todo, a casa é branca — *le couleur-type* — e quadrada — uma das *plus belles formes* — assentada num mar de grama contínua — *le terrain idéal* — que o arquiteto chamou de Panorama Virgiliano. Sobre este terreno tradicional, ele ergueu uma das construções menos tradicionais de sua carreira, rica nas imagens dos anos 20. O andar térreo está recuado por uma distância considerável, em três lados, em relação ao perímetro do bloco, e a sombra conseqüente em que ele se vê mergulhado foi acentuada por tinta escura e por áreas de fenestração de absorção da luz. Quando a casa é vista do chão, este andar quase não é registrado pelo olho, e toda a parte superior da casa parece estar delicadamente pousada no espaço, suportada apenas pela fila de esbeltos pilotis sob a beirada do primeiro andar — exatamente aquele tipo de ilusionismo material-imaterial profetizado por Oud, mas praticado com maior freqüência por Le Corbusier.

Entretanto, o recuo do andar térreo tem outra significação. Ele abre espaço para que um carro passe entre a parede e os pilotis que sustentam o andar de cima; a curva nesta parede do lado mais afastado da estrada foi exigida, no dizer de Le Corbusier, pelo raio de curvatura mínimo de um carro. Tendo deixado seus passageiros na entrada principal situada no ápice desta curva, um carro poderia passar para o outro lado da casa (ainda sob a cobertura do andar de cima) e retornar à estrada por um caminho paralelo àquele usado para se aproximar da casa. Isto parece ser nada menos do que uma típica "inversão" corbusieriana da pista de testes no telhado da fábrica Fiat, feita por Matté-Trucco, colocada sob o edifício ao invés de em sua arte superior, criando uma aproximação adequadamente emotiva para a casa de uma família pós--futurista totalmente motorizada. Dentro deste pavimento, o *hall* de entrada tem uma planta irregular, porém ganha uma aparência série e ordenada graças às vidraças estreitas (como nas indústrias), graças às balaustradas simples da rampa e da escada em aspiral que leva ao andar de cima, e graças à pia, aos lustres etc., que parecem, como no *Pavillon de l'Esprit Nouveau,* ser de origem industrial ou náutica. No andar principal de cima, o projeto mostra um pouco menos da formalidade Beaux-Arts que era visível na casa um pouco anterior de Garches, sendo composto em grande parte tal como poderia ter sido composta uma pintura abstrata, através do encaixe de uma série de retângulos diferentes dentro de uma dada planta quadrada. A sensação de um arranjo de partes dentro de uma moldura predeterminada é acentuada pela faixa contínua e sem variações de janelas — a *fenêtre en longueur* — que corre ao redor deste andar sem levar em consideração as necessidades dos quartos ou dos espaços abertos situados por trás daquelas. Onde essa faixa passa pela parede do pátio aberto, contudo, ela não é envidraçada, como na janela da parede de anteparo do jardim do telhado — concretização, embora tardia e inconsciente, da exigência feita por Marinetti de *villas* localizadas tendo em vista o panorama e a ventilação. A parede de anteparo também provoca ecos pictóricos: em contraste com a planta quadrada do andar principal, ela é composta de curvas irregulares e retas curtas, distanciando-se bastante, em sua maior parte, do perímetro do edifício. Essas curvas, na planta, não só se assemelham às formas que podem ser encontradas em seu *Peintures Puristes,* como também a modelagem delas, vista sob a severa luz do sol, possui o mesmo ar delicado e incorpóreo das garrafas e copos em suas pinturas, e o efeito dessas formas curvas, colocadas sobre uma prancha quadrada erguida sobre colunas não é senão o de uma natureza morta colocada sobre uma mesa. E, situado dentro do panorama em que está, possui o mesmo tipo de qualidade dadaísta que a estátua no Pavilhão de Barcelona.

Muito já se disse com a finalidade de demonstrar que nenhum critério único, tal como o Funcionalismo, servirá para explicar as formas e superfícies destes edifícios, e muito também já deveria ter sido dito a fim de sugerir o modo pelo qual eles abundam em associações e valores simbólicos que eram correntes em seu tempo. E ainda muito já se disse com o objetivo de demonstrar que eles chegaram extraordinariamente perto da realização da idéia geral de uma arquitetura da Era da Máquina, tal como era esta arquitetura sustentada por seus *designers*. Sua condição de obras-primas assenta, tal como acontece com outras obras-primas da arquitetura, na autoridade e na felicidade com que conseguiram exprimir um ponto de vista dos homens em relação ao meio que os circundava. São obras-primas da ordem de uma Sainte--Chapelle ou da Villa Rotonda, e, se falamos delas no presente, a despeito do fato de que uma delas não mais existe e que o estado da outra está terrivelmente negligenciado, é porque na Era da Máquina gozamos do benefício de um maciço número de registros fotográficos de ambas em toda sua magnificência, e podemos formar delas uma idéia muito mais exata plasticamente do que poderíamos fazê-lo a partir, por exemplo, das anotações de Villard d'Honnecourt sobre os *Quattro Libri* de Palladio.

Por causa desse sucesso inquestionável, contudo, vemo-nos autorizados a indagar, no mais alto nível, se os objetivos do Estilo Internacional valiam a pena ser mantidos, e se era viável a avaliação que este fazia de uma Era da Máquina. Uma negação frontal tanto de seus objetivos, quanto de sua avaliação, pode ser encontrada nos escritos de Buckminster Fuller.

Era evidente que a corrente cegueira em questão de projeto no nível dos leigos... concedia aos projetistas europeus uma oportunidade... para desenvolver seu discernimento prévio das simplicidades mais atraentes das estruturas industriais que inadvertidamente tinham conseguido sua libertação arquitetônica, não através de uma invocação estética consciente, mas através da atitude (inspirada pelo lucro) de pôr de lado as irrelevâncias econômicas... Esta descoberta surpreendente, como o projetista europeu sabia muito bem, logo poderia tornar-se universalmente atraente como um modismo, pois eles mesmos não se tinham deixado inspirar por um modismo? O "Estilo Internacional" trazido aos Estados Unidos pelos inovadores da Bauhaus, demonstrou uma inoculação da moda sem necessidade de um conhecimento dos fundamentos científicos da química e mecânica estrutural.

A "simplificação" do Estilo Internacional, portanto, era apenas superficial. Descascava os embelezamentos exteriores de ontem e punha no lugar novidades formalizadas de uma quase-simplicidade, permitidas pelos mesmos elementos de estrutura oculta das ligas modernas que haviam possibilitado o descarte da ornamentação da Beaux-Arts. Ainda era um vestuário europeu. O novo estilista internacional pendurava "paredes despidas de motivo" de vasta supermeticulosa disposição de tijolos, a qual não possuía qualquer coesão de elasticidade dentro de seus próprios limites, mas estava, de fato, fixada dentro de molduras de aço escondidas, sustentadas por aço, *sem meios visíveis de sustentação.* Através de muitas maneiras assim ilusórias é que o Estilo Internacional obteve uma influência sensorial dramática sobre a sociedade, do mesmo modo como um prestidigitador obtém a atenção das crianças (...)

... a Bauhaus e o Internacional empregavam encanamentos padronizados e somente se aventuraram a persuadir os fabricantes a modificar a superfície das válvulas e das torneiras, e a cor, tamanho e tipos de disposição dos ladrilhos. A Bauhaus Internacional jamais passou além da superfície da parede a fim de olhar o encanamento... eles jamais levantaram questões sobre o problema global das próprias instalações sanitárias.

(...) Em suma, eles somente se preocuparam com os problemas de modificação da superfície dos produtos finais, produtos finais estes que eram subfunções inerentes de um mundo tecnicamente absoleto.

Há muito mais que isso (num tom de igual reprovação) incidindo sobre outros pontos vulneráveis do Estilo Internacional, além da falta de treinamento técnico da Bauhaus, o formalismo e o ilusionismo, o fato de deixar escapar os problemas fundamentais da tecnologia da construção, mas estes são os pontos principais de Buckminster. Embora haja evidentemente uma corrente de patriotismo americano correndo através desta sua hostil consideração, não se trata de um mero julgamento das coisas após terem estas acontecido, nem é um julgamento olímpico feito a partir de um ponto muito acima dos aspectos práticos da construção.

Já em 1927, Fuller tinha proposto, em seu projeto da Casa Dymaxion, um conceito de projeto doméstico que poderia ter sido construído nas condições da tecnologia dos materiais da época, e, se tivesse sido construído, teria tornado *Les Heures Claires,* por exemplo, tecnicamente obsoleta antes mesmo de que seu projeto tivesse começado. O conceito Dymaxion era inteiramente radical: um anel hexagonal de espaço habitacional, com paredes feitas por uma dupla camada de plástico de transparências diferentes conforme as necessidades de luz, e suspenso por fios a partir de um mastro central de duralumínio que abrigava também todos os serviços mecânicos. As qualidades formais deste projeto não são notáveis, a não ser na combinação com os métodos de estruturação e de planejamento envolvidos. A estrutura não deriva da imposição de uma estética perretesca ou elementarista sobre um material que foi elevado ao nível de um símbolo para "a máquina", mas é uma adaptação da metodologia de metais leves empregados na construção aérea à época. O planejamento deriva de uma atitude livre em relação àqueles serviços mecânicos que tinham precipitado toda a aventura moderna com sua invasão das casas e das ruas antes de 1914.

Mesmo aqueles como Le Corbusier, que tinham prestado uma atenção específica a esta revolução mecânica nos serviços domésticos, se tinha contentado, na maioria, com distribuí-los pela casa conforme a distribuição de seus equivalentes pré-mecânicos. Assim, as instalações da cozinha foram colocadas num cômodo que seria chamado de "cozinha" mesmo que não possuísse um forno a gás, assim como as máquinas de lavar foram colocadas num cômodo que ainda era concebido como "lavanderia", a vitrola na "sala de música", o aspirador de pó no "armário de limpeza" etc. Na versão de Fuller, todo este equipamento é visto mais como sendo assemelhado (porque mecânico) do que diferente em virtude das diferenciações funcionais provocadas pelo tempo, e é portanto reunido no núcleo central da casa, a partir de onde distribui seus serviços — aquecimento, luz, música, limpeza, alimentação, ventilação — para o ambiente circundante.

Por coincidência, há algo de notavelmente futurista na Casa Dymaxion. Ela deveria ser leve, não necessariamente duradoura em razão de seu baixo custo, feita com aqueles substitutos da madeira, pedra e tijolo de que Sant'Elia tinha falado, do mesmo modo como Fuller também compartilhava de seu objetivo de harmonizar o meio ambiente com o homem e de explorar todos os benefícios da ciência e da tecnologia.

Além do mais, na idéia de um núcleo central distribuidor de serviços para o espaço circundante encontra-se um conceito que lembra, de modo notável, a teoria de campo do espaço de Boccioni, com os objetos distribuindo linhas de força através do espaço circundante.

Muitas outras das idéias de Fuller, derivadas de um conhecimento em primeira mão das técnicas de construção e da investigação sobre outras tecnologias, revelam uma propensão futurista quase similar a esta, e, ao fazê-lo, indicam algo que estava sendo cada vez mais negligenciado na corrente principal da arquitetura moderna à medida que chegava ao fim a década de 20. Como se disse no começo deste livro, a teoria e a estética do Estilo Internacional desenvolveram-se entre o Futurismo e o Academicismo, mas a perfeição só foi atingida na medida em que se afastou do Futurismo e se aproximou da tradição acadêmica (quer esta se derivasse de Blanc ou de Guadet) e na medida em que justificou essa tendência através das teorias racionalistas e deterministas de espécie pré-futurista. A perfeição — tal como se vê no Pavilhão de Barcelona e nas *Heures Claires* — só poderia ser alcançada deste modo, uma vez que o Futurismo, dedicado à "constante renovação de nosso meio ambiente arquitetônico", evita processos com terminações definidas, tal como deve ser um processo de aperfeiçoamento.

Ao se separarem de aspectos filosóficos do Futurismo, embora esperando manter o prestígio deste como uma arte da Era da Máquina, os teóricos e os projetistas do fim da década dos 20 separaram-se, não apenas de suas raízes históricas, mas também de seu ponto de apoio no mundo da tecnologia, cuja natureza Fuller definiu, de modo acertado, como uma

... incontida tendência para uma mudança que se acelera constantemente,

tendência essa que os futuristas tinham apreciado plenamente antes dele. A corrente principal do Movimento Moderno, porém, havia começado a perder de vista este aspecto da tecnologia já bem no princípio da década de 20, como se pode ver: (*a*) pela escolha que fizeram de formas simbólicas e de processos mentais simbólicos, e (*b*) pelo uso que fizeram da teoria dos tipos. A aparente conveniência dos sólidos filebianos como símbolos de adequação mecânica dependia, em parte, de uma coincidência histórica que afetava a tecnologia dos veículos, totalmente (embora superficialmente) explorada por Le Corbusier em *Vers une Architecture,* e, em parte, de uma mística matemática. Ao escolher a matemática como fonte de prestígio tecnológico para suas próprias operações mentais, homens como Le Corbusier e Mondrian fizeram com que se acolhesse a única parte importante da metodologia científica e tecnológica que não era nova, mas que tinha sido igualmente corrente na época anterior à máquina. De qualquer modo, a matemática, como outros ramos da lógica, é apenas uma técnica operacional, e não uma disciplina criativa. Os artifícios que caracterizaram a Era da Máquina eram produtos da intuição, do conhecimento experimental ou pragmático — ninguém poderia agora projetar um *self-starter* sem um conhecimento da matemática da eletricidade, mas foi Charles F. Kettering, e não a matemática, que inventou o primeiro *starter* elétrico com base em um conhecimento sólido dos métodos mecânicos.

Escolhendo a matemática e os sólidos filebianos, os criadores do Estilo Internacional tomaram um atalho conveniente para a criação de uma linguagem *ad hoc* de formas simbólicas, mas se tratava de uma linguagem que só poderia comunicar nas condições especiais da década de 20, em que os automóveis eram visivelmente comparáveis ao Parthenon, em que a estrutura de um avião realmente se assemelhava às gaiolas de espaço elementaristas, em que as superestruturas dos navios realmente pareciam seguir as regras de simetria Beaux-Arts, e em que o método cumulativo de projetar perseguido em muitos ramos da tecnologia da máquina era surpreendentemente semelhante à composição elementar de Guadet. No entanto, certos eventos do começo da década de 30 deixaram claro que a aparente importância simbólica destas formas e métodos era apenas um artifício, e não um desenvolvimento orgânico a partir de princípios comuns tanto à tecnologia quanto à arquitetura, e, tal como aconteceu, um certo número de veículos projetados nos EUA, na Alemanha e na Inglaterra, revelavam a fraqueza da posição dos arquitetos.

Assim que o fator desempenho tornou necessário juntar os componentes de um veículo numa concha compacta e aerodinâmica, a ligação visual entre o Estilo Internacional e a tecnologia foi quebrada. Os "Aerodinâmicos" Burney na Inglaterra, e os carros de corrida projetados na Alemanha em 1933 para a Fórmula Grand Prix de 1934, o avião Heinkel He 70 e o transporte aéreo Boeing 247D nos Estados Unidos, pertenciam, todos, a um mundo radicalmente alterado em relação ao da década anterior. Embora não houvesse uma razão em especial pela qual a arquitetura devesse levar em consideração estes desenvolvimentos em outros campos, ou necessariamente transformar-se a fim de acertar passo com a tecnologia dos veículos, seria possível esperar que uma arte, que estava tão emocionalmente relacionada com a tecnologia, mostrasse alguns indícios desta sublevação.

Aquilo que de fato aconteceu é de importância vital para a pretensão do Estilo Internacional de ser a arquitetura da Era da Máquina. Nesses mesmos primeiros anos da década de 30, Walter Gropius projetou uma série de carrocerias estreitamente relacionadas para os carros Adler. Eram estruturas concebidas de modo elegante, com muita engenhosidade no tocante à parte interna, incluindo assentos reclináveis, mas não demonstram qualquer consciência da revolução ocorrida nas formas dos veículos que se processava naquela época; ainda são composições elementares e, além de melhoramentos mecânicos no chassi, motor e engrenagens (pelos quais Gropius não foi o responsável), não há progresso em relação às carrocerias que tinham sido mostradas em *Vers une architecture*. Por outro lado, vemos Fuller justificando seu direito de falar com desprezo do Estilo Internacional ao projetar, em 1933, um veículo tão avançado quanto os carros Burney, revelando com isso uma apreensão da mente tecnológica que o Estilo Internacional tinha deixado de fazer.

Esta falha foi seguida de modo imediato, embora não como conseqüência, pelo aparecimento de um outro tipo de veículo projetado para tirar vantagens de um outro aspecto da tecnologia que os mestres do Estilo Internacional também deixaram de apreender. Trata-se do primeiro carro projetado de modo genuinamente estilístico, o Lasalle de 1934, de Harley Earle, cuja estética foi concebida em termos de produção em massa para um mercado que mudava, e não de um tipo ou norma imutável. Há, aqui, um aspecto curioso: Le Corbusier havia dado grande ênfase à idéia de os objetos poderem ser jogados fora em um nível bastante elevado, porém parece que ele não visualizou tal fato como parte de um processo contínuo inerente à abordagem tecnológica, fadado a continuar enquanto continua a tecnologia, mas o visualizou como sendo meramente um estágio na evolução de uma norma ou tipo final, cujo aperfeiçoamento foi visto por ele, por Pierre Urbain, Paul Valéry, Piet Mondrian e muitos outros, como um evento do futuro imediato, ou mesmo do passado imediato. Na prática, o fato de nosso equipamento móvel poder ser abandonado em um índice alto não parece implicar nada semelhante, mas sim uma renovação constante do ambiente, uma tendência impossível de ser detida no sentido de uma mudança que se acelera constantemente. Ao optarem por normas ou tipos estabelecidos, os arquitetos optaram pelas pausas onde os processos normais da tecnologia sofriam pausas, processos esses de mudança e renovação que, até o ponto em que nos é dado ver, podem ser detidos apenas abandonando-se a tecnologia da maneira como a conhecemos hoje, e provocando uma parada, tanto na pesquisa, quanto na produção em série.

Se a execução de normas e tipos por uma tal manobra consciente seria ou não boa para a raça humana é um problema que escapa ao presente estudo. E tampouco foi uma questão que ocupou os teóricos e projetistas da Primeira Era da Máquina. Eles eram da opinião de que se deixasse a tecnologia seguir seu curso, e acreditavam que compreendiam para onde ela estava indo, mesmo não tendo se dado ao trabalho de se familiarizarem com ela. No final das contas, um historiador deve descobrir que eles produziram uma arquitetura da Era da Máquina só no sentido em que esses monumentos foram construídos numa Era da Máquina e exprimiam uma atitude em relação à maquinaria — no sentido em que se pode estar em solo francês, discutir a política francesa e mesmo assim estar falando em inglês. Pode ser que aquilo que até aqui entendemos como arquitetura e aquilo que começamos a entender como tecnologia sejam disciplinas incompatíveis. O arquiteto que se proponha acertar o passo com a tecnologia sabe agora que terá a seu lado uma companheira rápida e que, a fim de manter o ritmo, pode ser que ele tenha de seguir os futuristas e deixar de lado toda sua carga cultural, inclusive a indumentária profissional pela qual ele é reconhecido como arquiteto. Se, por outro lado, decidir não fazer isto, pode vir a descobrir que uma cultura tecnológica decidiu ir à frente sem ele. Trata-se de uma escolha que os mestres da década de 20 deixaram de observar até que a fizeram por acidente; este, entretanto, é um tipo de acidente ao qual a arquitetura pode não sobreviver uma segunda vez — podemos acreditar que os arquitetos da Primeira Era da Máquina estavam errados, mas nós, da Segunda Era da Máquina, ainda não temos uma razão para sermos superiores a eles.

ARQUITETURA NA PERSPECTIVA

Quadro da Arquitetura no Brasil
  Nestor Goulart Reis Filho (D018)
Bauhaus: Novarquitetura
  Walter Gropius (D047)
Morada Paulista
  Luís Saia (D063)
A Arte na Era da Máquina
  Maxwell Fry (D071)
Cozinhas, Etc.
  Carlos A. C. Lemos (D094)
Vila Rica
  Sylvio de Vasconcellos (D100)
Território da Arquitetura
  Vittorio Gregotti (D111)
Teoria e Projeto na Primeira Era da Máquina
  Reyner Banham (D113)
Arquitetura, Industrialização e Desenvolvimento
  Paulo J. V. Bruna (D135)
A Construção do Sentido na Arquitetura
  J. Teixeira Coelho Netto (D144)
Arquitetura Italiana em São Paulo
  Anita Salmoni e Emma Debenedetti (D173)
A Cidade e o Arquiteto
  Leonardo Benevolo (D190)
Conversas com Gaudí
  Cesar Martinell Brunet (D307)
Por Uma Arquitetura
  Le Corbusier (E027)
Espaço da Arquitetura
  Evaldo Coutinho (E059)
Arquitetura Pós-Industrial
  Raffaele Raja (E118)
A Casa Subjetiva
  Ludmila de Lima Brandão (E181)
Arquitetura e Judaísmo: Mendelsohn
  Bruno Zevi (E187)
A Casa de Adão no Paraíso
  Joseph Rykwert (E189)
Pós-Brasília: Rumos da Arquitetura Brasileira
  Maria Alice J. Bastos (E190)
A Idéia de Cidade
  Joseph Rykwert (E234)
Interior da História
  Marina Waisman (E308)
Espaço (Meta)Vernacular na Cidade Contemporânea
  Marisa Barda (K26)
História da Arquitetura Moderna
  Leonardo Benevolo (LSC)
Arquitetura Contemporânea no Brasil
  Yves Bruand (LSC)
História da Cidade
  Leonardo Benevolo (LSC)
Brasil: Arquiteturas Após 1950
  Maria Alice Junqueira Bastos e Ruth Verde Zein (LSC)

COLEÇÃO DEBATES
(ÚLTIMOS LANÇAMENTOS)

309. *Emmanuel Lévinas: Ensaios e Entrevistas*, François Poirié.
310. *Marcel Proust: Realidade e Criação*, Vera de Azambuja Harvey.
311. *A (Des)Construção do Caos*, Sergio Kon e Fábio Duarte (orgs.).
312. *Teatro com Meninos e Meninas de Rua*, Marcia Pompeo Toledo.
313. *O Poeta e a Consciência Crítica*, Affonso Ávila.
314. *O Pós-dramático: Um Conceito Operativo?*, J. Guinsburg e Sílvia Fernandes (orgs.).
315. *Maneirismo na Literatura*, Gustav R. Hocke.
316. *A Cidade do Primeiro Renascimento*, Donatella Calabi.
317. *Falando de Idade Média*, Paul Zumthor.
318. *A Cidade do Século Vinte*, Bernardo Secchi.
319. *A Cidade do Século XIX*, Guido Zucconi.
320. *O Hedonista Virtuoso*, Giovanni Cutolo.
321. *Tradução, Ato Desmedido*, Boris Schnaiderman.
322. *Preconceito, Racismo e Política*, Anatol Rosenfeld.
323. *Contar Histórias com o Jogo Teatral*, Alessandra Ancona de Faria.
324. *Judaísmo. Reflexões e Vivências*, Anatol Rosenfeld.
325. *Dramaturgia de Televisão*, Renata Pallottini.
326. *Brecht e o Teatro Épico*, Anatol Rosenfeld.
327. *Teatro no Brasil*, Ruggero Jacobbi.
328. *40 Questões Para Um Papel*, Jurij Alschitz.
329. *Teatro Brasileiro: Ideias de uma História*, J. Guinsburg e Rosangela Patriota.
330. *Dramaturgia: A Construção da Personagem*, Renata Pallottini.
331. *Caminhanta, Não Há Caminho. Só Rastros*, Ana Cristina Colla.
332. *Ensaios de Atuação*, Renato Ferracini.

Este livro foi impresso em São Bernardo do Campo,
nas oficinas da Paym Gráfica e Editora, em outubro de 2013,
para a Editora Perspectiva